기초 입문부터 쇼핑몰 구축까지!

JSP

WEB PROGRAMMING MASTER

북스홀릭
Publishing

국립중앙도서관 출판예정도서목록(CIP)

JSP web programming master : 기초 입문부터 쇼핑몰 구축까지! / 지은이: 이근왕, 조규철. — 서울 : 북스홀릭 퍼블리싱, 2018
458p. ; 19×26cm

ISBN 979-11-85123-94-3 93000 : 25000

JSP [Java Server Pages]
웹 프로그래밍[Web programming]

005.138-KDC6
005.2762-DDC23 CIP2018000237

기초 입문부터 쇼핑몰 구축까지!

JSP WEB PROGRAMMING MASTER

초판 1쇄 발행일_ 2018년 1월 22일
초판 2쇄 발행일_ 2019년 10월 22일

지 은 이_ 이근왕, 조규철
펴 낸 이_ 조완용, 고영진
표지디자인_ 블루기획

Publishing

주소_ 서울시 금천구 시흥1동 992-12 영광빌딩 203호
문의전화_ 02-896-7846 / 02-3142-3600 **팩스_** 02-896-7852
홈페이지_ http://www.booksholic.co.kr

발행처_ 북스홀릭 퍼블리싱 **출판등록번호_** 제2012-000063호

ISBN_ 979-11-85123-94-3 [93000]

머리말

동적 웹 어플리케이션 제작을 위해 현재 가장 많이 채택되고 있는 서버측 웹 프로그래밍 언어로 PHP, ASP, JSP가 있다. 이중 본 교재에서 소개하는 JSP(Java Server Page)는 Java 언어를 기반으로 한 SUN사의 기술로 현재 수많은 웹 개발자들을 자바의 영역으로 끌어들이는 데 큰 역할을 하고 있다. JSP는 ASP나 PHP 같은 템플릿 기반 스크립트 언어의 간단함과 다른 웹 프로그래밍 언어보다 뛰어난 확장성과 강력한 성능으로 웹 개발자들에게 무척 매력적으로 보일 것이다. 본 교재는 바로 그 JSP의 기초에서부터 다양한 활용 방법을 모두 포괄함으로서 웹 어플리케이션 제작을 시작하고자 하는 사용자를 위한 전문도서로 독자들에게 도움을 주고자 한다.

자신이 무엇을 원하고 무엇을 하고자 하는지가 뚜렷한 독자라면, 즉 구체적인 웹 개발 과제를 가지고 있는 자바 개발자라면 이 책이 많은 도움이 될 것이다. 또한, JSP에서부터 자바의 세계로 처음 발을 들여놓는 독자에게도 다양한 학습 주제들을 통해 웹 프로그래밍 기술을 얻을 수 있게 도움을 줄 것이다.

자신의 홈페이지뿐만이 아니라 서버를 구축하려는 독자, 또는 특정 목적으로 사이트를 개설하려는 독자들의 전문도서로서 이 책의 특징은 다음과 같다.

- 각 장의 이해력과 응용력을 다루는데 필요한 원리와 방법을 철저한 예제 중심으로 설명
- 본 전문도서를 읽으면 누구나 쉽게 완성된 결과를 볼 수 있도록 한 길잡이
- JSP를 다루는데 있어 필요한 추가 사항들을 제공
- JSP의 문법만을 익히는 것이 아니라, JSP가 채택한 진보적 개념의 학습에 중점
- 문법에 중점을 두는 나열식 지식 전달을 최대한 줄이고, 프로젝트 수행 과정을 상세히 보여주면서 개념을 확실히 할 수 있도록 구성

이 책은 모두 12장으로 구성하였다. 1장에서는 JSP의 기본 개요부터 12장에서는 전자상거래 시스템에서 가장 기본적인 영역인 물건을 사고파는 쇼핑몰 프로그램을 JSP로 구현하는 방법을 서술한다.

끝으로 그 동안 이 책이 출판되기까지 많은 후원을 아끼지 않으신 북스홀릭퍼블리싱 사장님과 편집, 교정 등을 위하여 고생하신 출판사 모든 분들에게 감사를 드립니다.

2018년 1월

공저자

목 차

Chapter 05 JSP 빈즈와 세션 _ 101

Chapter 06 JSP의 파일 클래스와 응용 _ 123

Chapter 07 데이터베이스 _ 155

Chapter 08 회원 관리 응용 _ 231

Chapter 01

JSP 소개와 개발환경

Chapter 01

JSP 소개와 개발환경

학습목표

JSP의 기본 개요를 알아보고, JSP의 등장 배경과 자바 서블릿의 개념을 다룬다.
그리고 JSP를 위한 환경에 대해서 알아본다.

1.1 JSP란 무엇인가?

JSP는 "Java Server Pages"의 각 첫 자로 만들어진 용어이며 사전적인 의미로 해석하면 "자바로 작성한 서버 페이지"로 해석될 수 있다.

여기에서 "자바"는 우리가 알고 있는 언어 자바를 뜻하므로 JSP의 기본 문법은 자바를 근거로 한다는 것을 알 수 있다. 그리고 "서버 페이지"라는 것에 약간의 설명을 붙이면 "서버에서 실행되는 페이지"로 바꿀 수 있다. 웹에서 보여지는 페이지(문서)의 가장 일반적인 형태는 HTML 페이지이다. 이 HTML 페이지는 클라이언트(웹에서의 클라이언트는 사용자 컴퓨터를 통해 현재 웹 페이지를 방문하고 있는 각각의 브라우저로 볼 수 있다.)에서 해석되고 실행된다.

만일 HTML 페이지에서 서버에 저장된 데이터를 제어(검색 또는 저장과 같은)하려면 HTML 페이지 내에서는 방법이 없다. HTML 페이지에서 서버의 데이터를 접근할 수 없기 때문이다.

HTML 페이지에서 서버에 저장된 데이터를 제어하기 위해서는 그 작업을 실행할 수 있는 다른 페이지에게 원하는 작업을 요청(request)해야 하고 요청을 받은 페이지는 서버의 데이터를 접근하여 요청에 합당한 처리를 수행한 다음 그 결과를 HTML 페이지에게 넘겨주어야(response) 한다.

HTML 페이지(또는 또 다른 페이지)로부터 요청을 받아서 서버의 데이터를 처리한 다음 그 결과를 요청을 한 페이지에게 넘겨주는 역할을 하는 페이지는 당연히 서버에서 실행되는 페이지이어야 하는데 JSP 페이지는 바로 이러한 페이지를 의미한다. JSP를 발표한 선마이크로시스템사에서 제공하는 JSP 문서에 의하면 JSP를 "**답변(response)을 만들기 위해 요청(request)을 어떻게 처리할 것인지를 기술하는 텍스트기반의 문서**"라고 정의하였다.

이 전에는 이 작업을 CGI프로그램을 통해서 해결하였었다. 그러나 CGI(쉘이나 perl로 구현됨)는 HTML 페이지로부터의 요청을 파일에 작성하고 작업을 위해 새로운 프로세스를 생성해야 하는 등의 단점을 가지고 있었으며 이를 극복하기 위한 방법으로 등장한 것들이 ASP나 JSP 같은 서버 페이지들이다.

자바를 만든 회사인 선마이크로시스템에서는 CGI를 대체하기 위한 기술로 자바 서블릿(Servlet)이라는 것을 내놓았다. 자바 서블릿은 이제까지의 CGI 단점을 보완하고 자바의 장점을 충분히 살릴 수 있었지만 자바 코드안에 HTML을 포함시킨 형식이기 때문에 자바 코드에 포함된 HTML의 아주 작은 변경에도 자바코드를 다시 컴파일 한 다음 이전의 서블릿을 내리고(unload) 새로운 서블릿을 다시 올려야(reload) 하는 번거로움을 가지고 있었다.

그래서 선마이크로시스템에서 고안해낸 것이 JSP이다. JSP는 자바스크립트, VB스크립트, ASP등과 마찬가지로 HTML 페이지에 자바 코드를 포함시키는 형식이다. 이 점이 자바 서블릿과의 가장 큰 차이점이며 자바 서블릿이 가지고 있는 장점을 거의 모두 받아들였다. 더군다나 코딩 구문은 스크립트 형식으로 간단해서 자바가 어렵게 느껴졌던 사람들이 쉽게 익힐 수 있다.

또한 선마이크로시스템사에서 제공하는 JSP 문서에서는 JSP의 가장 큰 장점을 "플랫폼의 독립성"이라고 설명하고 있다. 한번 작성한 JSP 페이지는 아무런 수정 없이 어떠한 웹 페이지(HTML, XML...)이건, 어떠한 웹 서버이건, 그리고 어떠한 서버 컴포넌트하에서도 실행될 수 있다고 했는데, 그러나 이것은 한글 문제를 고려하지 않은 것으로 보인다. 한글처리에 대한 추가적인 작업은 웹 서버 종류, JDBC 종류에 따라서 약간의 수정을 필요로 한다.

아직까지는 JSP를 사용하여 웹 사이트를 구축하는 사람들의 대부분이 자바 또는 자바 서블릿 경험자들이다. 따라서 이들은 순수한 JSP 구성만으로 원하는 작업을 수행하도록 코딩하지 않는다. 이미 자바(또는 자바 서블릿)의 무한하고도 강력한 기능에 대해서 터득하고 있는 사람들이기 때문에 자바 서블릿과 순수한 JSP에 작업을 분배하여 처리한다. 사실 순수한 JSP라는 것은 의미가 없을 지도 모른다. **JSP가 자바머신(JVM)에서 컴파일된 결과는 결국 자바 서블릿이기 때문이다.** 그리고 순수한 JSP 코딩만으로는 웹상에서의 모든 작업을 처리하기에는 한계가 있다고 하는 사람도 있고 특정 작업을 수행하는 것을 자바 서블릿으로 구현해 놓고 필요할 때마나 JSP 페이지에서 불러오는 것이 성능면에서 훨씬 좋다고 하기도 한다.

그러나 이런 식으로 JSP를 접근하면 자바를 모르는 상태에서 JSP를 사용하려는 사람들에게는 커다란 부담이 될 수밖에 없다.

따라서 이 책에서는 가능하면 JSP만을 가지고 해결하는 방법을 소개하려고 한다. 어쩔 수 없는 경우를 제외하고는 JSP만 이해해도 충분히 웹 사이트를 쉽게 구축할 수 있는 방법을 보여줄 것이다.

1.2 정적 웹 페이지와 동적 웹 페이지

항상 같은 내용을 표시하는 웹 페이지를 작성하기 위해서는 HTML로도 충분하다. 그러나 정보는 항상 바뀌게 되므로 같은 내용을 표시한다는 것은 잘못된 정보를 표시할 가능성이 있고, 이렇게 같은 내용을 표시하는 페이지를 정적 웹 페이지라고 한다.
그렇다면 왜 HTML은 늘 같은 내용을 표시하는 정적인 웹페이지밖에 작성할 수 없는 것일까? 이유는 여러 가지가 있지만 그 중에서도 가장 핵심적인 것은 프로그래밍 코드를 이용할 수 없다는 점과 데이터베이스에 연동할 수 없다는 점이다. 프로그래밍을 사용할 수 없다는 것은 다양한 형태를 표현할 수 없고, 데이터베이스를 사용할 수 없다는 것은 정보를 저장하거나 얻어낼 수 없다는 것을 의미한다. 결과적으로 HTML만 가지고는 문제가 있다는 것이다.
그래서 등장한 것이 동적 웹 페이지이다. 개인 홈 페이지를 만들 때는 HTML 태그와 JavaScript만으로도 표현이 가능하다. 최근에는 홈페이지를 만들기보다는 블로그나 트위터 등을 사용하고 있는 추세이다. 이러한 블로그나 트위터 조차도 어떠한 정보를 입력한 글들이나 댓글들은 모두 데이터베이스에 저장된다. 하물며 기업의 웹 사이트는 말할 것도 없다. 이러한 사이트들은 방대한 데이터의 관리를 위하여 데이터베이스를 사용하고, 동시에 접속하는 사용자의 수가 많더라도 사이트의 성능이 떨어지지 않도록 해야 하는 등 수 많은 작업들이 필요하다. 그런데 HTML만으로는 기업의 방대한 데이터나 쇼핑몰과 같이 실시간으로 수많은 데이터의 변화를 처리하거나 저장하는 작업을 처리한다는 것이 불가능하다. 즉, HTML은 동적으로 변하는 데이터를 처리하고 표시하기에는 문제가 있다는 것이다.
이런 불편을 해소하고 동적으로 변화하는 데이터를 처리하고 표시하기 위해서 개발된 언어가 CGI, ASP, PHP, JSP 등이다.
웹 프로그래밍은 기본적으로 클라이언트(Client)/서버(Server) 방식으로 다음과 같은 형태를 갖게 된다.

클라이언트(웹 브라우저)가 특정 페이지를 웹 서버에 요청(Request)하게 되면 웹 서버가 이를 처리한 후 결과를 클라이언트(웹 브라우저)에게 응답(Response)을 하게 되는 구조이다.

1.3 JSP를 위한 환경

1.3.1 웹 서버 설치의 개요

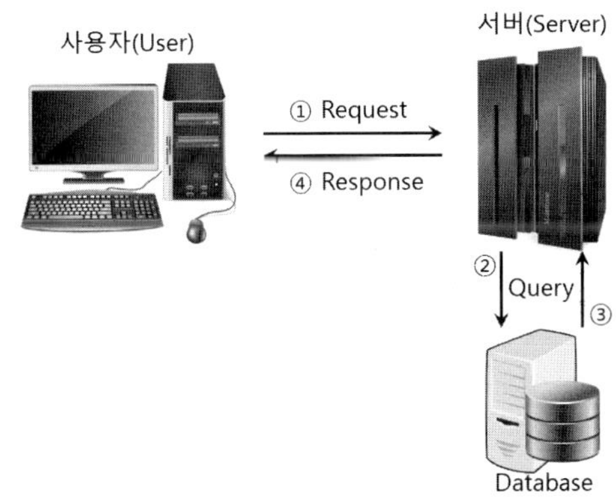

[그림 1-1] 기본적인 웹서버 환경

[그림 1-1]은 일반적인 인터넷 환경이다. 인터넷에서 사용자가 해당 사이트에 접속을 하면 서버 컴퓨터는 사용자에게 서버 컴퓨터의 웹 페이지를 보여주어야 한다. 그렇게 하려면 우리에게는 사이트를 서비스해 주는 물리적인 서버가 있어야 한다. 그림에서 가운데에 서버가 있다. 처음부터 서버로 출시되는 하드웨어를 서버로 쓰면 좋겠지만 개발할 때는 PC를 서버의 환경처럼 설정을 하고 개발이 끝나고 본격적인 서비스에 들어가면 그때 개발한 프로그램을 서버로 올려놓기만 하면 되는 것이다. 그래서 비록 PC지만 개발에 쓰일 때는 서버의 역할을 수행한다고 해서 이런 경우를 실무에서는 '개발 서버'라고 부른다.

이제부터 개발 서버를 세팅해 보도록 한다. 이제 서버용은 아니지만 서버를 대신할 컴퓨터가 있다. 우선 서버의 역할을 할 프로그램(Application)을 설치해야 한다. DB서버를 설정하려면 Oracle, MS-SQL 등의 데이터베이스 프로그램을 설치해야 하는 것과 같이 웹서버를 설정하려면 Apache, IIS, JWS(Java Web Server) 등의 웹 서버 프로그램이 설치되어 있어야 한다.

웹서버 구성시 단지 JSP를 사용할 때는 톰캣만으로도 기본적인 웹 서비스가 가능하지만, 안전성과 보안문제 그리고 기타 부가 기능을 사용하기 위하여 아파치 웹 서버를 설치하고 톰캣과 연동하여 사용한다.

웹서버를 설정하는 방법은 각 운영체제 별로 조금씩 다르고, Apache 웹서버나 IIS 웹서버를 설치하고, JSP 컨테이너인 Resin이나 톰캣 등을 설치하는 방법도 조금씩 다르다. 이 장에서는 윈도우즈(Windows) 환경에서 JDK를 설치하고 톰캣만을 이용한 웹서버를 구축한다.

1.3.2 JDK 설치하기

JSP 기반의 웹 프로그래밍을 개발하기 위해서는 먼저 JDK를 설치해야 한다. JSP는 자바를 기반으로 이루어져 있기 때문에 JSP의 개발 환경을 설정하려면 반드시 제일 먼저 JDK를 설치해야 한다. 설치할 JDK는 최신 버전인 1.8.0_144 버전으로, 웹 브라우저 주소에 http://java.oracle.com을 입력하여 사이트에 접속한 후 [그림 1-2]와 같이 Java Downloads를 클릭한다.

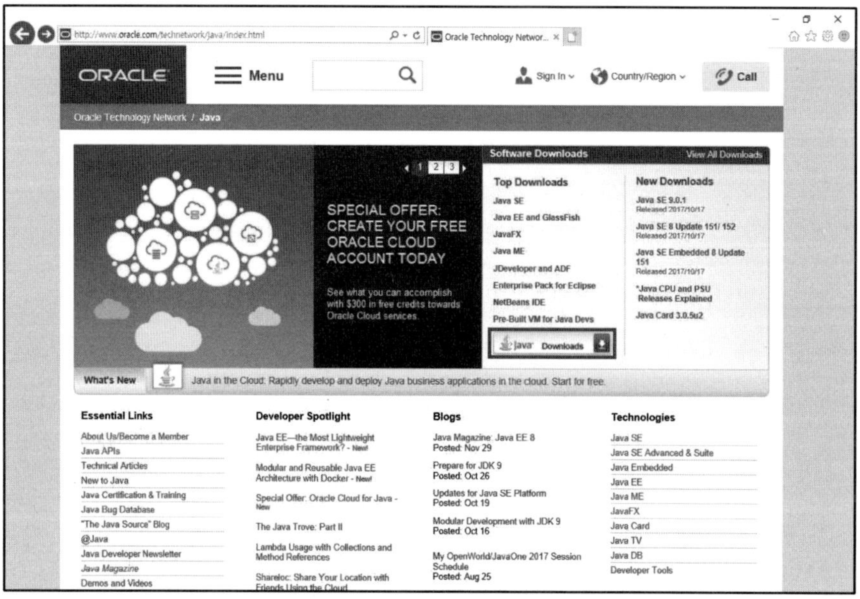

[그림 1-2] Oracle 사이트 화면

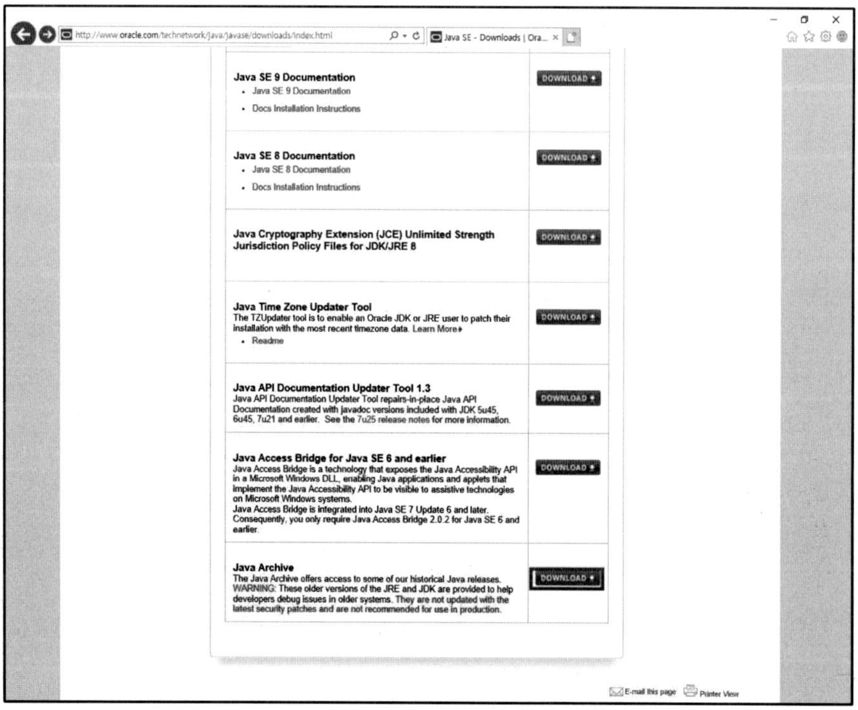

[그림 1-3] JAVA SE Downloads 선택 페이지 화면

클릭 후 스크롤을 내리면 [그림 1-3]의 화면이 나타난다. Java Archive를 클릭한 다음에 Java SE 8을 클릭한다.

본 저서의 프로그램은 64bit 환경의 Win7(Win10 동일 사용 가능)을 사용할 것이므로 [그림 1-4]에서와 같이 Windows x86 jdk-8u144-windows-i586.exe를 클릭하여 JDK를 다운로드 한다. 여기서 Accept License Agreement를 선택 한 후 다운로드를 할 수 있다.

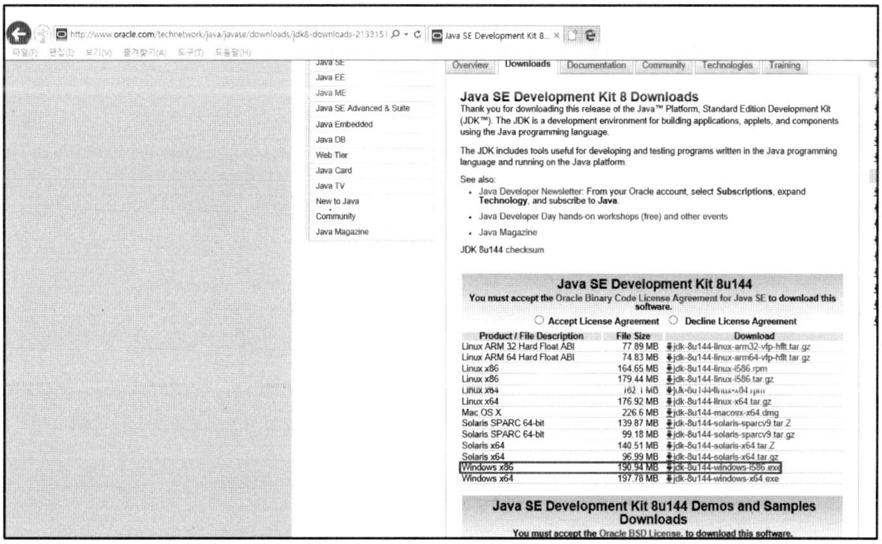

[그림 1-4] JDK 다운로드 선택 화면

다운로드 한 후, 설치프로그램을 실행하면 [그림 1-5]와 같이 설치 환영 메시지가 나타난다. [NEXT] 버튼을 클릭하고 계속 진행한다.

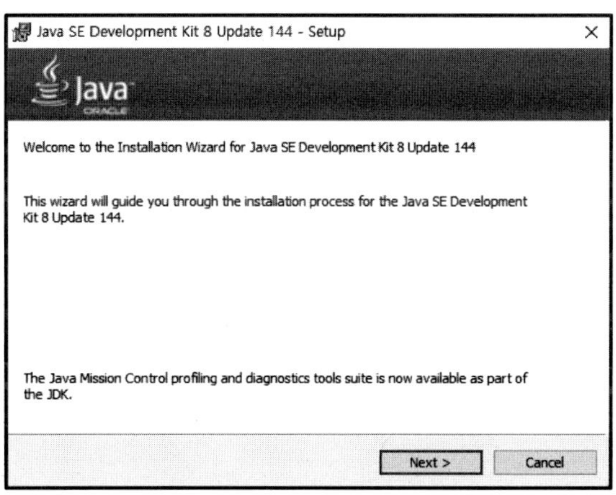

[그림 1-5] JDK 설치 화면

[그림 1-6]에서 보듯이 각 항목을 설명하면 다음과 같다.

◇ Development Tools - 자바 개발 도구인 JDK
◇ Source Code - 자바 예제 소스 코드
◇ Public JRE - 자바 실행 환경

이 세 가지 설치 구성 요소 중에서 Development Tools와 Public JRE는 반드시 선택해야 한다. 일반적으로 세 가지 설치 항목을 모두 설치한다.
[그림 1-6]에서 [Next] 버튼을 클릭하고 진행한다.

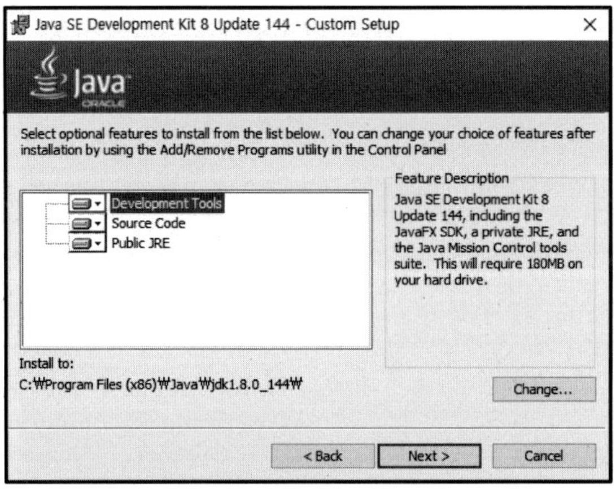

[그림 1-6] JDK 구성요소 설치 선택 화면

[Next] 버튼을 클릭하면 [그림 1-7]과 같이 설치가 진행 중인 것을 알 수 있다.

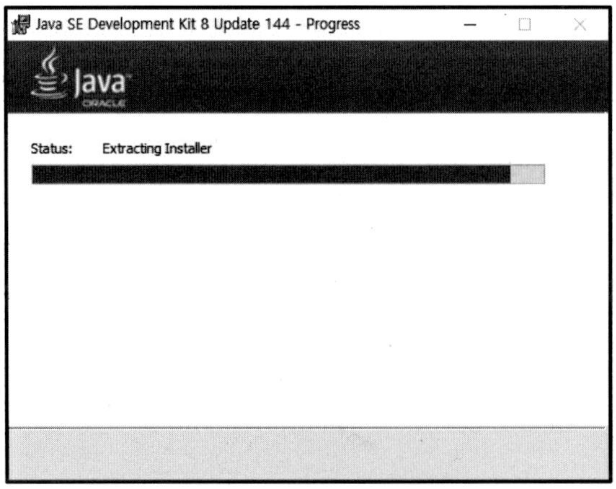

[그림 1-7] JDK 설치 진행 화면

JDK 설치 중 [그림 1-8]과 같이 자바실행환경 설치 화면이 나타나면 원하는 경로를 선택하고 [다음] 버튼을 클릭하여 진행한다.

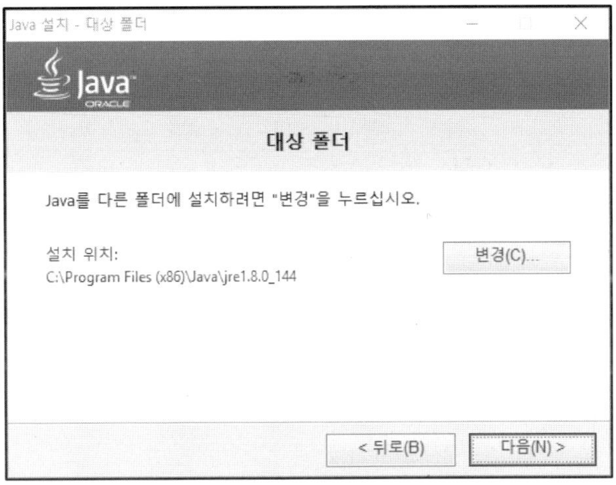

[그림 1-8] 자바실행환경 설치 화면

JDK 설치가 모두 완료되면 [그림 1-9]와 같이 설치 완료 화면이 출력된다. [Close] 버튼을 클릭하면 설치가 종료 되며, [Next Steps] 버튼을 클릭하면 [그림 1-10]과 같이 튜토리얼, 개발가이드를 볼 수 있는 인터넷 사이트로 연결이 된다. 만약 JDK Demos 및 Samples를 다운 받고 싶다면 [그림 1-4] 화면과 같은 oracle 페이지에서 다운 받을 수 있다.

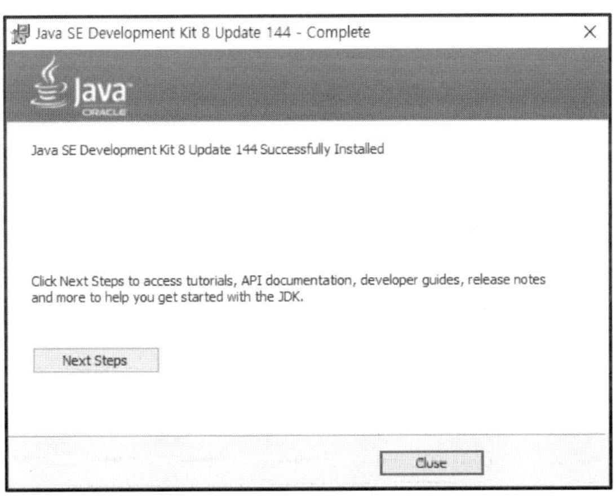

[그림 1-9] JDK 설치 완료 화면

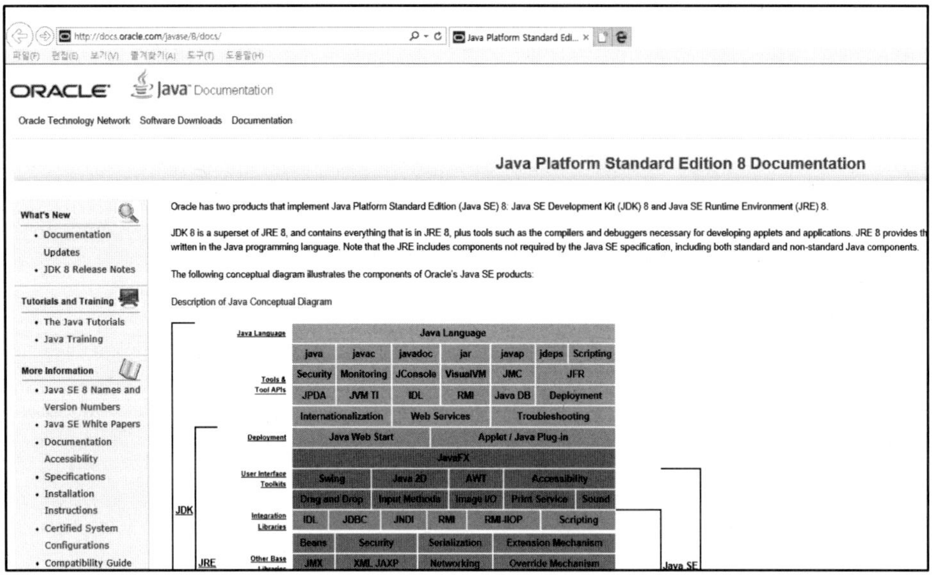

[그림 1-10] JDK 튜토리얼, 개발가이드 페이지 화면

설치한 JDK를 실행하기 위해서 환경 변수 설정을 해주어야 한다. 다음과 같이 환경 변수를 시스템에 등록할 수 있다. 윈도우즈 7에서 [시작] ➜ [내 컴퓨터]에서 우측 마우스를 클릭 후 [속성] 메뉴가 나오는 것을 확인할 수 있다. [속성] 메뉴를 클릭하면 [그림 1-11]과 같은 화면이 나타난다.

OS가 window xp 사용자는 [그림 1-12]와 같은 화면이 나타나게 되므로 환경변수 설정은 [그림 1-12]부터 진행하면 된다.

[그림 1-11] 내 컴퓨터 속성 클릭 시 화면

이 화면에서 왼쪽 메뉴의 고급 시스템 설정 버튼을 클릭하면 [그림 1-12]와 같은 화면을 볼 수 있으며 [고급]탭이 선택되어 있는 것을 확인할 수 있다.

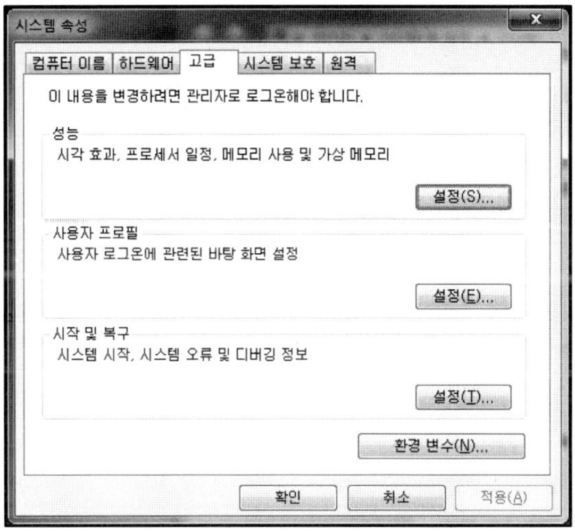

[그림 1-12] 고급 시스템 설정 화면

[그림 1-12]에서 [환경변수] 버튼을 클릭하면 환경변수를 변경할 수 있는 창이 출력된다. 시스템 변수의 [새로 만들기] 버튼을 클릭하면 [그림 1-13]과 같이 "새 시스템 변수"를 입력할 수 있는 창이 뜨는데, [그림 1-13], [그림 1-14], [그림 1-15]에서 보는 것처럼 환경 변수를 입력한 후 [확인] 버튼을 클릭하면 변수가 등록된다. JDK의 설치 경로나 버전에 따라 변수 값이 달라질 수 있으므로 자신의 환경에 맞도록 변수 값을 입력한다.

◇ PATH : ;C:₩Program Files₩Java₩jdk1.8.0_144₩bin

◇ CLASSPATH : .;

◇ JAVA_HOME : C:₩Program Files₩Java₩jdk1.8.0_144

[그림 1-13] 환경변수 "PATH" 입력 창

[그림 1-14] 환경변수 "CLASSPATH" 입력 창

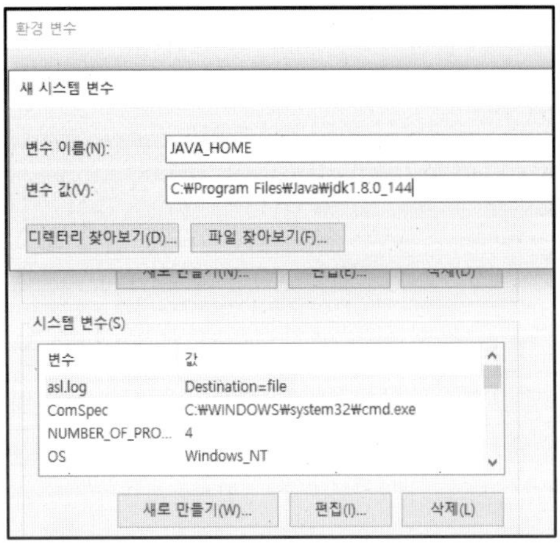

[그림 1-15] 환경변수 "JAVA_HOME" 입력 창

환경변수를 다 등록하였다면, [시작] → [프로그램] → [보조 프로그램] → [명령 프롬프트]를 실행하고, 프롬프트에서 "JAVAC"을 입력한 후 엔터키를 클릭하면 다음과 같은 화면이 출력된다. [그림 1-16]과 같이 출력이 되면 정상적으로 환경변수가 입력된 것이다.

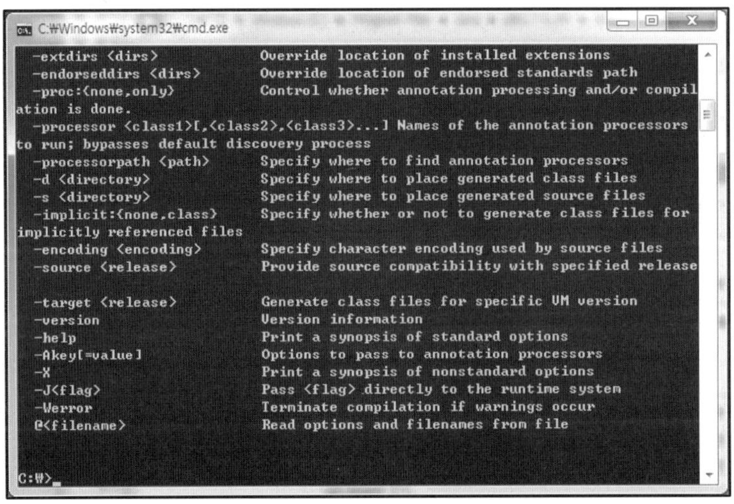

[그림 1-16] JAVAC 명령어 출력 화면

1.3.3 Tomcat 설치하기

실행할 톰캣은 9.0.0 버전으로서 http://tomcat.apache.org/ 사이트에 접속하면 [그림 1-17]과 같이 나타난다.

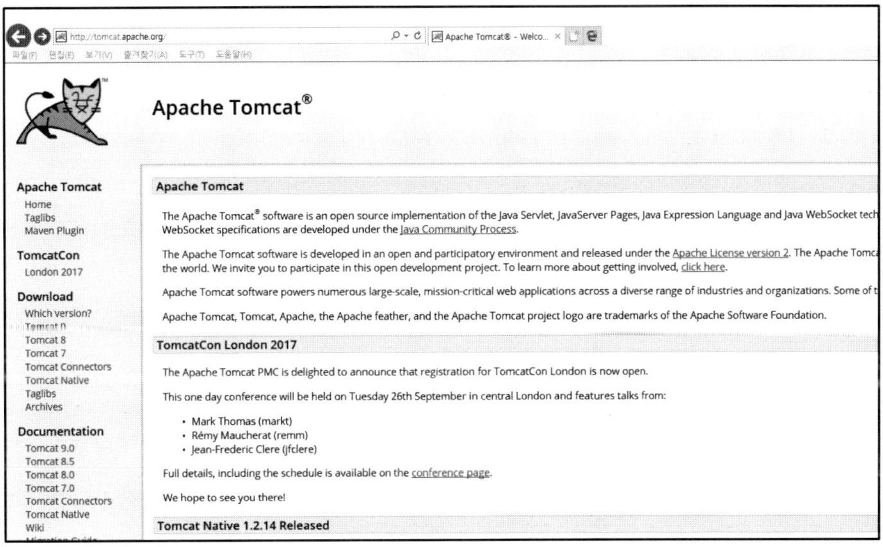

[그림 1-17] apache-tomcat 사이트 화면

왼쪽 메뉴 Download에서 [Tomcat 9]를 클릭하면 [그림 1-18]과 같은 화면으로 이동한다. Binary Distributions ➜ Core ➜ 32-bit Windows Zip을 클릭하여 다운받는다. 여기서 다운로드가 되지 않는다면 [그림 1-19]와 같이 미러사이트를 변경하여 다운받으면 된다.

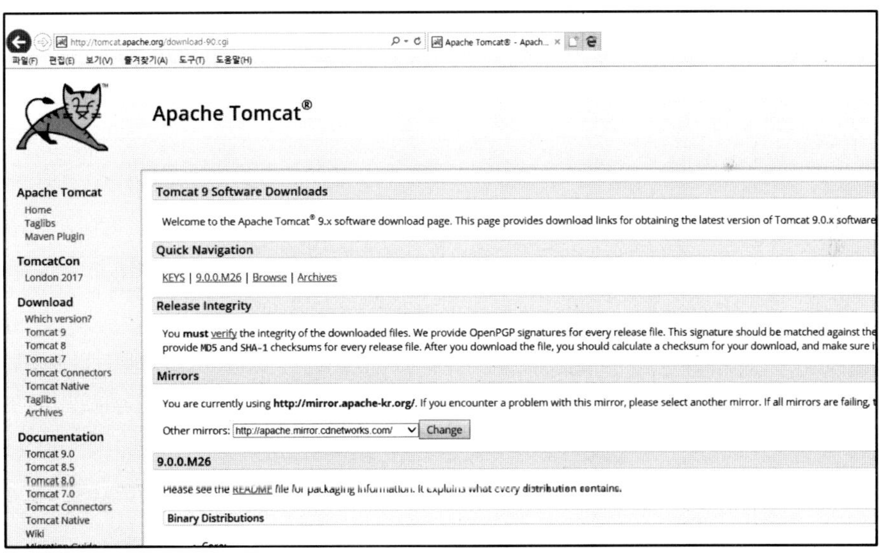

[그림 1-18] apache-tomcat downloads 페이지 화면

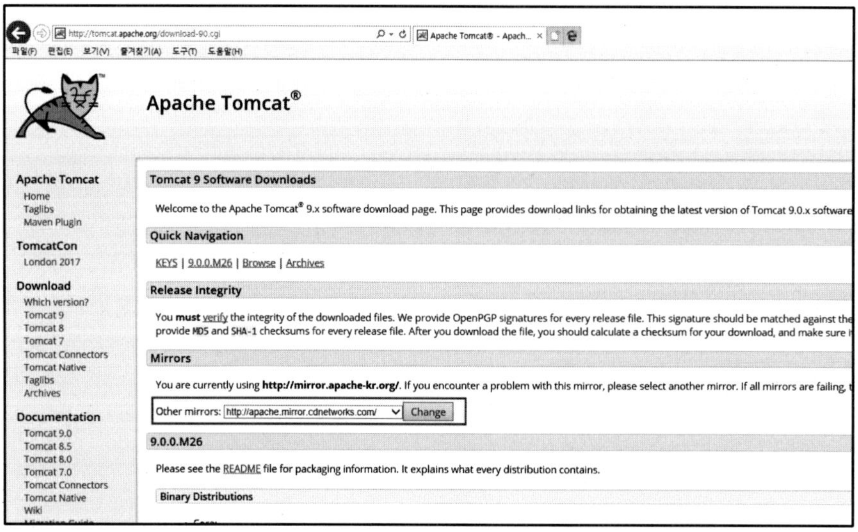

[그림 1-19] apache-tomcat download mirror site 변경 화면

Apache-Tomcat-9.0.0-M26-windows-x86.zip 파일을 다운받고 C:₩에 압축을 풀면 폴더가 생성된다. C:₩Apache-Tomcat-9.0.0-M26₩bin 폴더를 보면 [그림 1-20]과 같은 폴더가 생성되며 여러 가지 스크립트 파일들을 볼 수 있다. 여기에서 *.bat 파일은 윈도우즈 플랫폼에서 사용되는 스크립트이며, *.sh 파일은 유닉스나 리눅스 플랫폼에서 사용되는 스크립트이다.
필자는 여기서 폴더명을 Apache-Tomcat-9.0.0-M26에서 tomcat으로 변경하였다.

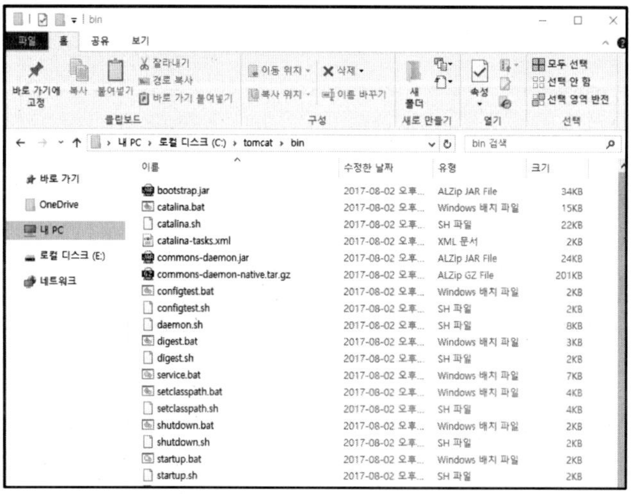

[그림 1-20] tomcat 폴더 내 bin 폴더 구성 파일 화면

톰캣을 시작하고 종료하는 스크립트 파일은 아래와 같다.

◇ startup.bat - 톰캣을 시작한다.
◇ shutdown.bat - 톰캣을 중지한다.

이 두 파일을 이용하여 톰캣을 시작하고 중지할 수 있다. 먼저 톰캣을 사용하기 위하여 환경변수에 추가한다. [그림 1-13] 작업을 반복하여 실행한 후, 다음과 같이 입력한다. [CATALINA_HOME]은 [그림 1-21]과 같이 [새로 만들기] 버튼을 클릭하여 추가한다.
본 필자는 폴더명을 Apache-Tomcat-9.0.0-M26에서 tomcat으로 변경하였기 때문에 환경변수 값의 경로는 C:₩tomcat으로 설정하였다.

◇ CATALINA_HOME : C:₩tomcat

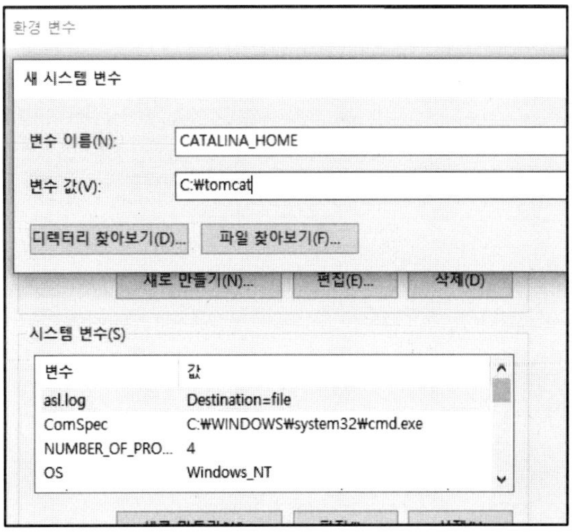

[그림 1-21] CATALINA_HOME 환경변수 등록 화면

C:₩tomcat₩bin 폴더에 있는 startup.bat 파일을 실행해 보자. startup.bat 파일을 실행하면 [그림 1-22]와 같이 새로운 명령 프롬프트가 생기면서 톰캣이 실행된다. JSP를 사용하는 중에는 계속 실행시켜 놓아야 한다.

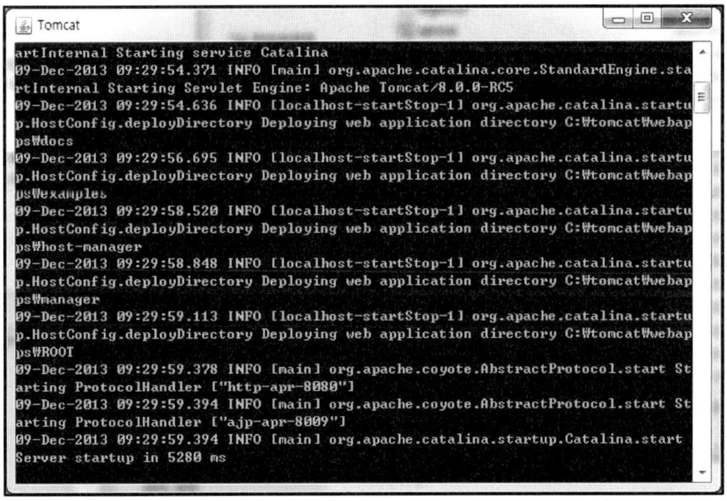

[그림 1-22] startup.bat 파일 실행 화면

Internet Explorer를 실행한 후, 주소창에 "http://localhost:8080"과 같이 입력한다. 웹 브라우저의 실행 결과가 [그림 1-23]과 같이 나오면 톰캣이 올바르게 실행된 것이다.

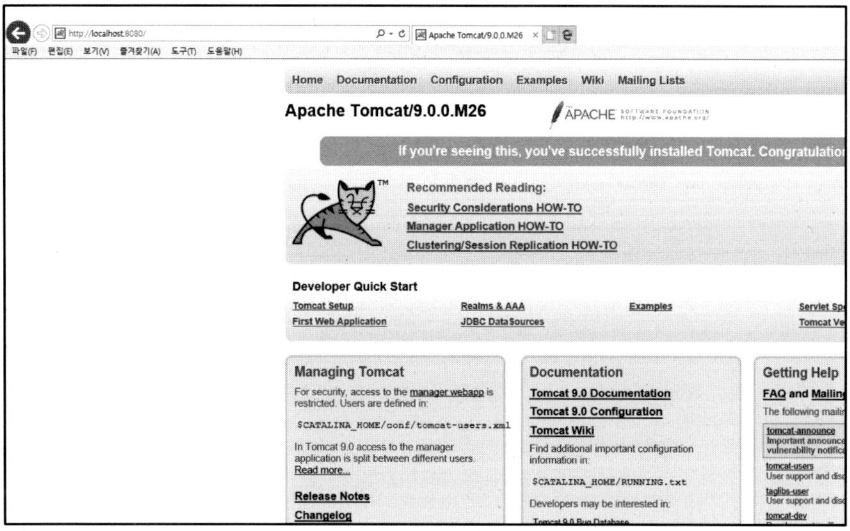

[그림 1-23] tomcat 실행 후 Explorer http://localhost:8080 입력 화면

톰캣이 정상적으로 실행된 첫 화면에서 중앙에 있는 [Examples] 메뉴를 클릭하여 다양한 JSP 예제를 실행해볼 수가 있는데, 이 JSP 예제들이 올바르게 실행되는지의 여부를 직접 확인해보기 바란다. 톰캣을 종료하기 위해서는 C:₩tomcat₩bin 폴더의 shutdown.bat 파일을 실행하면 된다. 앞에서 톰캣을 시작했던 명령 프롬프트에서 shutdown.bat 파일을 실행하면 새롭게 띄어져 있던 명령 프롬프트가 닫히면서 톰캣이 종료된다.

1.3.4 웹 어플리케이션 생성하기

Tomcat이 정상적으로 설치되었으면 웹 어플리케이션을 생성해 보자. 우선 C:₩jsp₩WEB-INF 폴더를 생성한 후 C:₩tomcat₩conf 폴더에 있는 web.xml 파일을 복사한 다음 [그림 1-24]와 같이 C:₩jsp₩WEB-INF 폴더에 붙여 넣는다.

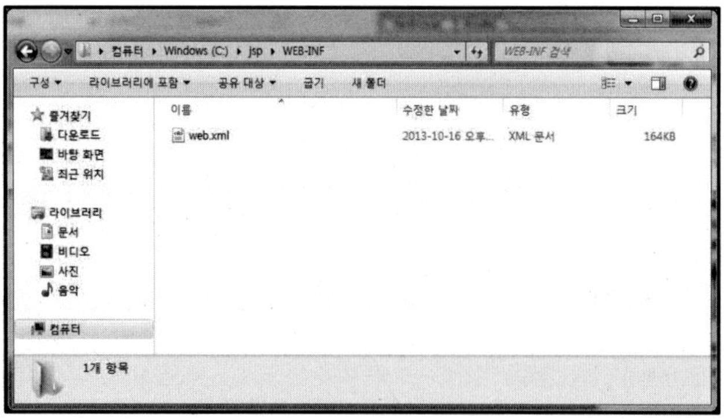

[그림 1-24] WEB-INF 폴더에 web.xml을 옮겨 놓은 화면

[그림 1-25]와 같이 C:₩tomcat₩conf 폴더에 있는 server.xml 파일을 메모장에 불러온 다음 </Host> 태그 위에 <Context path="/jsp" docBase="C:₩jsp" />를 입력한 후 저장한다.

여기서 docBase는 root경로를 설정 하는 속성이며, path는 보여 지는 경로를 설정하는 속성이다. 예를 들면 path="/test"라고 설정을 하게 되면 test라는 폴더가 실질적으로 C:₩jsp 폴더 안에 없더라도 url에는 "/test/hello.jsp"를 포함시켜줘야지만 해당 페이지가 정상적으로 보여 지게 된다. 즉, 루트 경로를 뜻하는 "/"가 "/test"가 되는 것이다.

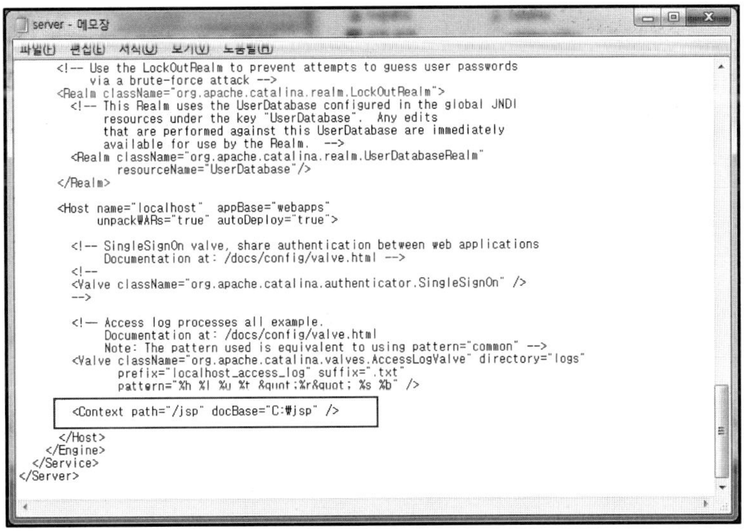

[그림 1-25] server.xml 수정 화면

server.xml 파일을 수정하였기 때문에 C:₩tomcat₩bin 폴더에 있는 shutdown.bat을 실행 시킨 후 startup.bat 파일을 다시 실행 시킨다. jsp 응용 프로그램을 메모장을 이용하여 [그림 1-26]과 같이 작성한 다음 C:₩jsp 폴더에 hello.jsp 파일 이름으로 저장한다.

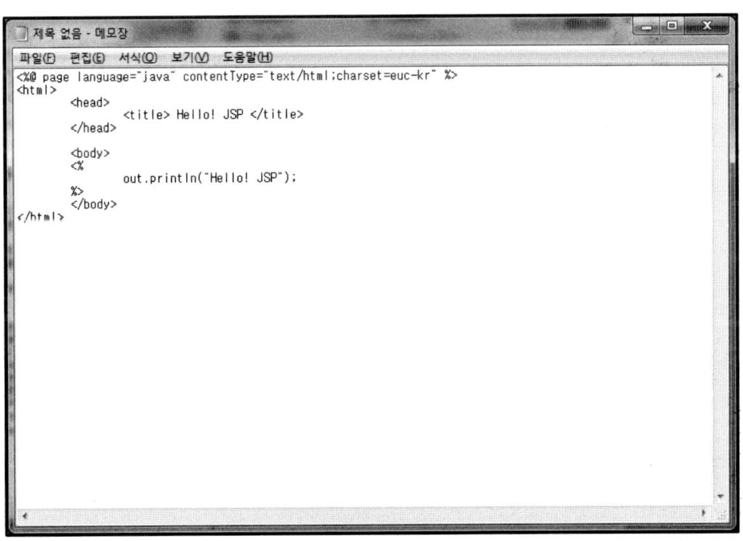

[그림 1-26] hello.jsp 소스 화면

모든 작업이 끝났으므로 인터넷 주소창에 http://localhost:8080/jsp/hello.jsp를 입력하면 [그림 1-27]과 같은 화면이 출력되면서 정상적으로 웹 어플리케이션이 생성될 것이다.

[그림 1-27] hello.jsp 파일이 Internet Explorer에서 보여 지는 화면

1.3.5 편집 프로그램

JSP 문서는 특별한 전용 편집기가 필요하지 않다. 대표적인 편집기로 Windows 운영체제에 내장된 메모장이 있다. 이 외에 프로그램을 작성하는데 편리하게 사용할 수 있는 몇 가지 편집기를 소개하면 다음과 같다. 자신에게 맞는 편집기를 선택하여 이용하기 바란다. 필자는 AcroEdit, EditPlus를 주로 사용하고 있다.

AcroEdit, EditPlus는 각종 프로그래밍 언어에 대해 문법 강조 기능을 적용하여 프로그래밍을 좀 더 편리하게 할 수 있도록 도와준다.

EditPlus

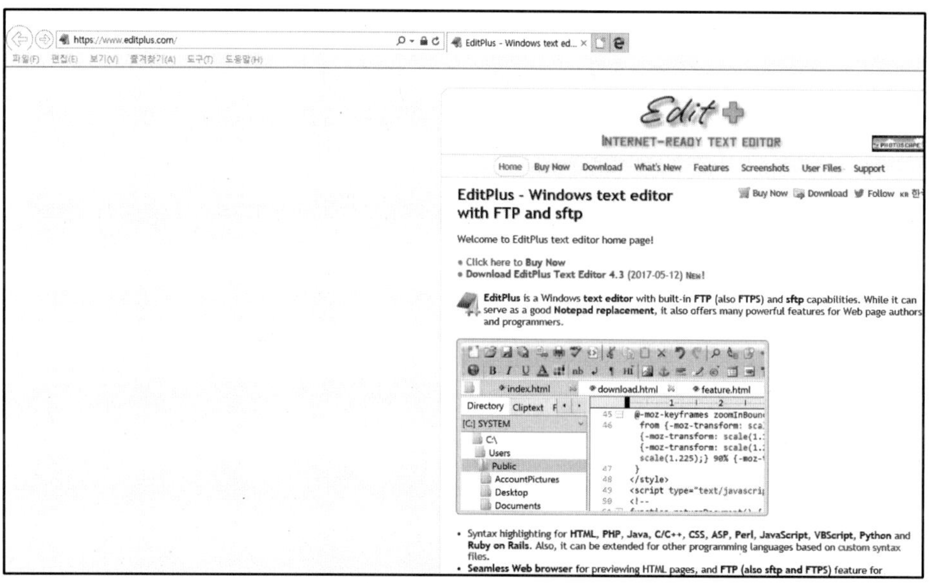

[그림 1-28] EditPlus 사이트 화면

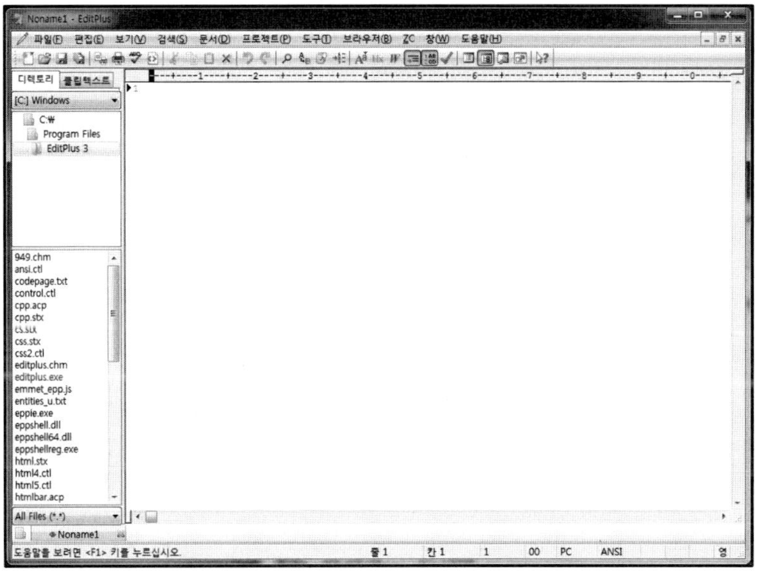

[그림 1-29] EditPlus 실행 화면

AcroEdit

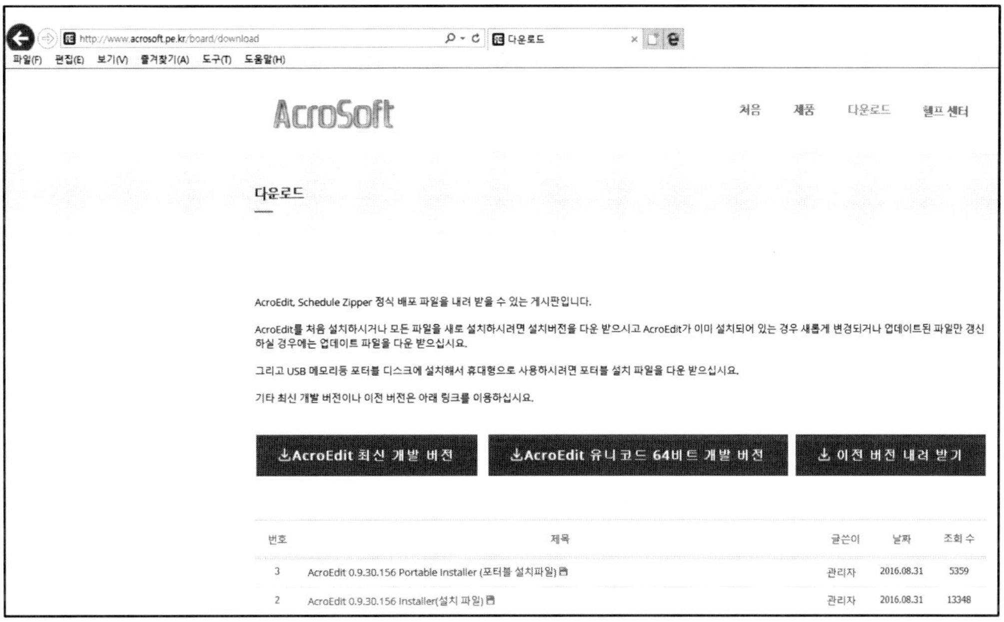

[그림 1-30] AcroEdit 사이트 화면

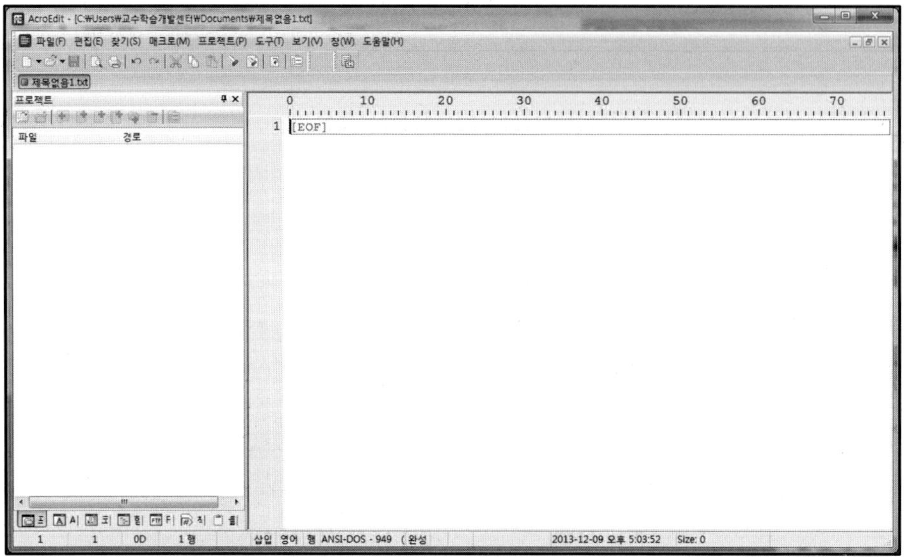

[그림 1-31] AcroEdit 실행 화면

Chapter 02

JSP 기초

Chapter 02

JSP 기초

학습목표

이 장에서는 JSP 페이지의 기초 문법에 대해 학습한다.
JSP 페이지의 기본요소인 선언문, 표현식, 스크립트문에 대하여 배우고, 식별자, 변수, 자료형, 형변환, 연산자, 제어문, 배열, 주석문에 대하여 예제와 함께 학습한다.

2.1 JSP 페이지의 기본 요소

JSP 페이지는 선언문, 표현식, 스크립트 문의 세 가지 요소로 구성된다.

2.1.1 선언문(Declaration)

선언문은 변수나 메서드를 선언할 때 사용하며, JSP태그(〈% %〉)안에서 느낌표(!)로 시작한다.

예제 var.jsp

```
<%@ page contentType="text/html; charset=euc-kr" %>

<%!
  int a=100;
%>
```

예제 method.jsp

```
<%@ page contentType="text/html; charset=euc-kr" %>

<%!
  public int sum() {
     int a=10, b=20, c;

     c=a+b;
```

```
        return c;
    }
%>
```

2.1.2 표현식(Expression)

문자열이나 변수, 또는 메서드의 값을 출력할 때 사용하며 JSP 태그(〈% %〉)안에서 등호(=)기호로 시작한다. out.print() 메서드와 동일한 기능을 수행한다.

사용형식

```
<%=출력할 문자열이나 변수 또는 메서드의 값 %>
```

예제 varexp.jsp

```
<%@ page contentType="text/html; charset=euc-kr" %>

<%!
  int a=100;
%>

a의 값은 : <%=a %>
```

실행결과

```
a의 값은 : 100
```

예제 methodexp.jsp

```
<%@ page contentType="text/html; charset=euc-kr" %>

<%!
  public int sum() {
      int a=10, b=20, c;
      c=a+b;
      return c;
  }
```

```
%>

10 + 20의 값은 : <%=sum() %>
```

※ 주의 : 출력문 안에서는 세미콜론(;)을 사용하지 않는다.
즉, 〈%=sum( ); %〉과 같이 출력문내에서는 문장의 끝이라도 세미콜론(;)을 사용해서는 안된다.

실행결과

```
10+20의 값은 : 30
```

2.1.3 스크립트 문(Scriptlets)

JSP 스크립트 태그(〈% %〉)내에서는 자바 코드를 사용할 수 있으며 일반적인 자바 코드와 마찬가지로 각 문장은 세미콜론(;)으로 끝난다. 또한, 한 줄의 문장으로 끝낼 수 없는 문장은 여러 줄에 걸쳐 기술할 수 있으며 마지막은 동일하게 세미콜론으로 끝난다.

사용형식

```
<% 자바코드; %>

<%
  자바코드1;
  자바코드2;
    ...
%>

<%
  자바코드...
  ... 이어지는 자바코드;
%>
```

예제 scriptlet1.jsp

```
<%@ page contentType="text/html; charset=euc-kr" %>

<% out.print("이곳에서는 자바 코드를 마음껏 사용할 수 있다"); %>
```

실행결과

```
이곳에서는 자바 코드를 마음껏 사용할 수 있다
```

예제 scriptlet2.jsp

```
<%@ page contentType="text/html; charset=euc-kr" %>

<%
  int a=20;
  float pi=3.14f;

  out.print("a = " + a + ", pi = " + pi);
%>
```

실행결과

```
a = 20, pi = 3.14
```

예제 scriptlet3.jsp

```
<%@ page contentType="text/html; charset=euc-kr" %>

<%
  int a=10, b=20, c=30, d=40, e=50, f=60, g=70, h=80, i=90, j=100;

  out.print("a = " + a + ", b = " + b + ", c = " + c + ", d = " + d
  + ", e = " + e + ", f = " + f + ", g = " + g + ", h = " + h
  + ", i = " + i + ", j = " + j);
%>
```

실행결과

```
a = 10, b = 20, c = 30, d = 40, e = 50, f = 60, g = 70, h = 80, i = 90, j = 100
```

JSP 페이지 내에서 HTML 태그를 사용할 수 있다. 단, JSP 스크립트를 사용하는 중간에 HTML 태그를 사용해야 할 경우에는 스크립트 종료 태그(%>)로 닫은 다음 HTML 태그를 사용해야 한다.

사용형식 JSP 페이지 내에서 HTML 태그 사용하기

```
<% 자바코드; %>
HTML태그
  ...
```

```
<%
  자바코드1;
  자바코드2;
    ...
%>

<%
  out.print("HTML태그");
%>

<%= "HTML태그" %>
```

예제 htmltag.jsp

```
<%@ page contentType="text/html; charset=euc-kr" %>

<HTML>
<HEAD>
<TITLE>HTML 태그 사용하기</TITLE>
</HEAD>
<BODY>

<%
  int a=100;
  out.print("이곳에서는 자바 코드를 사용할 수 있다.<BR>");
%>

HTML 태그를 사용해서 줄을 바꿀 수 있다.<BR>

<%
  out.print("변수 a의 값은 : " + a + "<P>");
  out.print("\'out.print()\' 메서드 내에서 HTML 태그 사용이 가능하다. <BR>");
%>

<%="<B> 출력문에서도 당연히 HTML 태그를 사용할 수 있다.</B>" %>

</BODY>
</HTML>
```

```
실행결과

이곳에서는 자바 코드를 사용할 수 있다.
HTML 태그를 사용해서 줄을 바꿀 수 있다.
변수 a의 값은 : 100

out.print() 메서드 내에서 HTML 태그 사용이 가능하다.
출력문에서도 당연히 HTML 태그를 사용할 수 있다.
```

JSP 스크립트 문내에서는 자바 코드를 사용하기 때문에 자바 구문을 잘 알고 있어야 한다. 하지만, 자바 구문을 모두 설명하기에는 지면 관계상 어렵기 때문에 JSP를 이용하여 웹 사이트를 구축하기 위해 가장 많이 사용되는 구문을 중심으로 설명 하였다. 그 외의 내용은 자바를 전문적으로 다루고 있는 서적이나 자바의 공식 홈페이지인 http://java.sun.com을 참조하기 바란다.

2.2 식별자

변수, 메서드, 클래스, 객체의 이름 등과 같이 사용자가 직접 선언하는 단어를 식별자라고 한다. 식별자는 사용자가 직접 정의하는 것으로 다음과 같은 규칙을 따라야 한다.

① 문자나 숫자, _, $로 구성되어야 한다.
② 특수문자를 사용할 수 없다. (단, _와 $는 예외)
③ 한글을 식별자로 사용할 수 있다.
④ 첫 글자는 문자만 사용할 수 있다.
⑤ 대소문자를 구분한다.
⑥ 예약어는 사용할 수 없다.

식별자 규칙의 예를 들면 다음과 같다.

[표 2-1] 사용 가능한 식별자

name	문자는 사용 가능하다.
student_name	특수문자 '_'와 '$'은 예외적으로 사용 가능하다.
강아지	한글도 사용 가능하다.
New	대소문자를 구분하기 때문에 자바 예약어인 new와 같지 않아서 사용할 수 있지만, 혼돈될 수 있으므로 사용하지 않는 것이 좋다
Str2008	숫자도 사용 가능하다.

[표 2-2] 사용 불가능한 식별자

student-name	특수문자는 사용이 불가능 하다. (단, '_'와 '$'는 제외)
#Number	
7th	첫 문자는 숫자를 사용할 수 없다.
1004	숫자나 특수문자만으로 구성될 수 없다.
###	
new	자바 예약어는 사용할 수 없다.

[표 2-3] 자바 예약어

abstract	boolean	break	byte	case	catch	char	class
continue	default	do	double	else	extends	false	final
finally	float	for	if	implements	import	instanceof	int
long	native	new	null	package	private	protected	public
return	short	static	super	switch	synchronized	this	throw
throws	transient	true	try	void	volatile	while	

2.3 변수

JSP에서 변수 선언은 Java의 형식에 따라 선언한다. 변수 지정의 예를 들면 다음과 같다.

[표 2-4] 변수 지정 예

형식	자료형 식별자(변수이름)
예	String name;
	int hakbun;

선언된 변수에 특정한 값을 초기화 시키기 위해서는 다음과 같이 입력하여 나타낸다.

예 name = "임꺽정";
hakbun = 20100001;

'name' 변수는 String 자료형으로 선언해서 문자열이 저장된 것이고 문자열을 변수에 저장할 때에 " "를 사용한다. 또한 'hakbun'변수는 int 자료형으로 선언해서 정수 값이 저장된 것이다.

만약에 변수 선언을 하지 않고 변수를 사용하였다면 다음과 같이 선언이 안 된 변수를 사용한 곳에서 에러가 발생할 것이다.

예제 variable1.jsp

```
<%
  String name;
  int hakbun;
  name = "임꺽정";
  hakbun = 20100001;
  department = "multimedia_science";
%>
```

변수 선언의 예제는 다음과 같다.

예제 variable2.jsp

```
<%@ page language='java' contentType="text/html;charset=euc-kr" %>
<HTML>
<HEAD>
<TITLE> 변수 </TITLE>
</HEAD>
<BODY>
<%
String name;
int hakbun;
name="임꺽정";
hakbun=20100001;
out.print(name + "<BR>" + hakbun);
%>
</BODY>
</HTML>
```

실행결과

```
임꺽정
20100001
```

2.4 자료형

자바에서 제공하는 자료형은 크게 기본 자료형과 참조 자료형의 두 가지로 나눌 수 있다.

2.4.1 기본 자료형

기본 자료형은 변수가 실제의 값을 갖는 자료형으로 boolean, byte, char, short, int, long, float, double 의 자료형들이 있다.

[표 2-5] JSP의 기본 자료형

자료형	크기(bit)	유효값
boolean	8	true / false
byte	8	–128 ~ 127 (정수)
char	16	유니코드 문자
short	16	–32768 ~ 32767 (정수)
int	32	–2147483648 ~ 2147483647 (정수)
long	64	–9223372036854775808 ~ 9223372036854775807 (정수)
float	32	음수 : –3.402823E38 ~ –1.401298E–45 (실수) 양수 : 1.401298E–45 ~ 3.402823E38
double	64	음수 : –1.79769313486232E308 ~ –4.94065645841247E–324 (실수) 양수 : 4.94065645841247E–324 ~ 1.79769313486232E308

2.4.2 참조 자료형

참조 자료형은 값이 아닌 객체의 주소 값을 갖는 있는 자료형으로 배열, 클래스, 인터페이스 등이 있다.

[표 2-6] 참조 자료형 종류

참조 자료형	설명
배열	배열 객체를 참조하기 위해 배열의 시작 값을 참조 값으로 사용한다.
클래스	클래스 자료형 객체가 갖는 참조 값을 나타낸다.
인터페이스	인터페이스 자료형 객체가 갖는 참조 값을 나타낸다.

2.5 형 변환(Type Conversion)

기본 자료형 값을 다른 자료형으로 변환할 수 있는 기능을 지원한다. 형 변환에는 내부적으로 자동으로 형 변환을 수행하는 묵시적 형 변환(Implicit Type Conversion)과 사용자가 형 변환을 지정할 수 있는 명시적 형 변환(Explicit Type Conversion)이 있다.

2.5.1 묵시적 형 변환

[경우 1] 대입 연산에서 왼쪽의 자료형이 오른쪽 결과의 자료형보다 클 때 발생한다.

예제 conversion1.jsp

```
<%@ page contentType="text/html; charset=euc-kr" %>

<%
  int i='A';   //정수형 변수 i에 문자 'A'를 대입하면 정수 65로 자동 형 변환 된다.
  float f=10;  //실수형 변수 f에 정수 10을 대입하면 실수 10.0f로 자동 형 변환 된다.

  out.print("i의 값은 : " + i + "<BR>");
  out.print("f의 값은 : " + f);
%>
```

실행결과

```
i의 값은 : 65
f의 값은 : 10.0
```

[경우 2] 다음과 같은 산술식에 의해 발생한다.

산술식	연산 결과
정수 산술연산자 문자	정수
정수 산술연산자 정수	정수
정수 산술연산자 실수	실수
실수 산술연산자 정수	실수
실수 산술연산자 실수	실수

예제 conversion2.jsp

```
<%@ page contentType="text/html; charset=euc-kr" %>

<%
  int a=10, b=20, c;
  float fa=10.5f, fb=20.0f, fc;

  //정수와 문자의 연산시 정수형으로 자동 형 변환 된다.
  c=a+'A';
  out.print("c의 값은 : " + c + "<P>");

  //정수와 정수의 연산시 결과는 정수형이 된다.
  c=a+b;
  out.print("c의 값은 : " + c + "<P>");

  //정수와 실수, 실수와 정수 또는 실수간의 연산시 실수형으로 자동 형 변환 된다.
  fc=a+fb;
  out.print("fc의 값은 : " + fc + "<P>");

  fc=fb+a;
  out.print("fc의 값은 : " + fc + "<P>");

  fc=fa+fb;
  out.print("fc의 값은 : " + fc + "<P>");
%>
```

실행결과

```
c의 값은 : 75
c의 값은 : 30
fc의 값은 : 30.0
fc의 값은 : 30.0
fc의 값은 : 30.5
```

[경우 3] 메서드로 매개 변수를 전달할 때 넘겨주는 값보다 넘겨받는 자료형이 클 때, 또는 메서드에서 반환(return)하는 자료형 보다 메서드의 반환 자료형이 클 때 변환이 일어난다.

예제 conversion3.jsp

```
<%@ page contentType="text/html; charset=euc-kr" %>
```

```
<%!
  public float show(float f) {
     return f;
  }
%>

<!-- 정수 5는 메서드의 매개 변수인 float 자료형으로 자동 형 변환 된다. -->
<%= "show() 메서드의 호출 결과는 : " + show(5) %>
```

실행결과

```
show() 메서드의 호출 결과는 : 5.0
```

예제 conversion4.jsp

```
<%@ page contentType="text/html; charset=euc-kr" %>

<%!
  public float divide() {
     int a=10, b=5, c;
     c=a/b;

     return c;
  }
%>

<!-- divide() 메서드의 반환형인 float형으로 자동 형 변환 된다. -->

<%="divide() 메서드의 호출 결과는 : " + divide() %>
```

실행결과

```
메서드의 호출 결과는 : 2.0
```

2.5.2 명시적 형 변환

묵시적 형 변환은 형 변환을 했을 때 저장되어 있던 값을 크게 잃어버리지 않는 한도에서만 자동으로 일어난다. 하지만 명시적 형 변환은 작성자가 임의로 지정하는 것으로 원래 값을 잃어버릴 수 있으며 이것은 전적으로 사용자의 책임이다.

명시적 형 변환은 다음과 같이 변환하려는 자료형을 값 앞에 명시해 줌으로써 실행된다.

사용형식

(자료형)값 또는 (자료형)수식

예제 cast1.jsp

```
<%@ page contentType="text/html; charset=euc-kr" %>

<%
  int i;
  float pi=3.14f;

  //실수형을 정수형으로 축소 변환시 값의 손실이 일어난다.
  i=(int)pi;

  out.print("float형 3.14f를 int형으로 강제 형 변환하면 : " + i);
%>
```

실행결과

```
float형 3.14f를 int형으로 강제 형 변환하면 : 3
```

예제 cast2.jsp

```
<%@ page contentType="text/html; charset=euc-kr" %>

<%
  int i=5;
  float f;

  //정수형을 실수형으로 확대 변환시 값의 손실이 나타나지 않는다.
  f=(float)i;

  out.print("int형 5를 float형으로 강제 형 변환하면 : " + f);
%>
```

※ 주의 : 참조 자료형과 boolean형은 형 변환을 할 수 없다.

실행결과

```
int형 5를 float형으로 강제 형 변환하면 : 5.0
```

2.6 연산자

연산자는 수학적 또는 논리적인 연산을 수행하는 기호로 산술, 비교, 논리, 대입 연산자 등이 있다.

2.6.1 산술 연산자

산술 연산을 위한 연산자로 다음과 같은 연산자들이 있다.

[표 2-7] 산술 연산자

연산자	설명
+	덧셈
-	뺄셈
*	곱셈
/	몫
%	나머지

2.6.2 증가 / 감소 연산자

변수의 값을 1씩 증가 또는 감소할 때 사용하는 연산자로 변수의 앞이나 뒤에 위치할 수 있다.

[표 2-8] 증감 연산자

연산자	설명
++	변수의 값을 1씩 증가
--	변수의 값을 1씩 감소

단, 다음 예제와 같이 연산자의 위치(앞과 뒤)에 따라 연산 후에 결과가 달라짐으로 주의해야 한다.

예제 operator.jsp

```
<%@ page contentType="text/html; charset=euc-kr" %>

<%
  int a=5, b=5, x, y;

  out.print("변수 a의 값은 : " + a + "<P>");
  out.print("변수 b의 값은 : " + b + "<P>");
```

```
    x = a++;  //현재 a의 값인 5를 변수 x에 대입 후에, a의 값은 1 증가되어 6이 된다.
    y = ++b;  //현재 b의 값을 먼저 1증가시켜 6이 된후에, b의 값을 y에 대입한다.

    out.print("a++; 연산 시점에서 변수 a의 값은 : " + x + "<P>");
    out.print("++b; 연산 시점에서 변수 b의 값은 : " + y + "<P>");

    out.print("a++; 연산 후에 변수 a의 값은 : " + a + "<P>");
    out.print("++b; 연산 후에 변수 b의 값은 : " + b + "<P>");
%>
```

실행결과

```
변수 a의 값은 : 5
변수 b의 값은 : 5
a++; 연산 시점에서 변수 a의 값은 : 5
++b; 연산 시점에서 변수 b의 값은 : 6
a++; 연산 후에 변수 a의 값은 : 6
++b; 연산 후에 변수 b의 값은 : 6
```

2.6.3 대입 연산자

우측의 값(리터럴이나 변수, 또는 연산식 등)을 좌측의 변수에 저장할 때 사용한다.

사용형식

```
변수 = 값;
```

2.6.4 단축 대입 연산자

좌변의 변수를 산술 연산 후에 좌변의 변수에 저장할 때 사용하는 연산자로 다음과 같은 종류가 있다.

[표 2-9] 단축 대입 연산자

연산자	예	수식의 결과
+=	a += 1	a = a + 1
-=	a -= 1	a = a - 1
*=	a *= 1	a = a * 1
/=	a /= 1	a = a / 1
%=	a %= 1	a = a % 1

2.6.5 비교 연산자

두 변수를 비교할 때 사용하는 연산자로 연산의 결과로 "true"나 "false" 값을 리턴한다. 비교 연산자의 목록은 다음과 같다.

[표 2-10] 비교 연산자

연산자	설명
==	같다
〉	크다
〉=	크거나 같다
〈	작다
〈=	작거나 같다
!=	같지 않다

2.6.6 논리 연산자

논리 연산을 위한 연산자로 조건들을 비교해 연산의 결과에 따라 "true"나 "false" 값을 리턴한다. 사용할 수 있는 연산자는 다음과 같다.

[표 2-11] 논리 연산자

<table>
<tr><th>연산자</th><th>설명</th></tr>
<tr><td>&</td><td>모든 조건들이 참이면 참
조건들을 모두 비교</td></tr>
<tr><td>&&</td><td>모든 조건들이 참이면 참
거짓인 조건이 발견되면 그 이후는 비교하지 않음</td></tr>
<tr><td>|</td><td>모든 조건들 중 하나의 조건만 참이면 참
모든 조건들을 모두 비교</td></tr>
<tr><td>||</td><td>모든 조건들 중 하나의 조건만 참이면 참
참인 조건이 발견되면 그 이후는 비교하지 않음</td></tr>
<tr><td>!</td><td>조건 값을 반대로</td></tr>
</table>

2.6.7 비트 연산자

비트 단위로 연산할 수 있는 연산자로 다음과 같은 연산자들이 있다.

[표 2-12] 비트 연산자

연산자	설명
<<	좌측으로 쉬프트 (결과적으로 2n을 곱한 것과 같다)
>>	우측으로 쉬프트 (결과적으로 2n으로 나눈 것과 같다)
>>>	우측으로 쉬프트 부호에 관계없이 왼쪽에 항상 0이 채워짐
&	비트 단위의 AND
|	비트 단위의 OR
^	비트 단위의 XOR
~	비트 단위의 보수

2.6.8 삼항 연산자

if ~ else 구문을 축약해서 쓸 수 있는 연산자로 다음과 같은 형식을 갖는다.

사용형식

```
변수 = 수식1? 수식2 : 수식3;

수식1이 참이면 수식2를, 거짓이면 수식3을 변수에 대입한다.
```

2.6.9 연결 연산자

문자열을 합칠 때 사용하는 연산자로 '+'를 사용해서 문자열들을 연결한다.

2.6.10 연산자의 우선순위

연산자들은 다음 표와 같이 연산의 우선순위를 갖는다.

[표 2-13] 연산자의 우선순위

우선순위	연산자	우선순위	연산자
1	( ), [ ]	8	&
2	++, --, ~, !, new	9	^
3	*, /, %	10	|
4	+, -	11	&&
5	<<, >>, >>>	12	||
6	>, >=, <, <=	13	삼항 연산자 (수식1? 수식2 : 수식2)
7	==, !=	14	=, 단축 대입 연산자들(+=, -=, ...)

예제 operator2.jsp

```
<%@ page contentType="text/html; charset=euc-kr" %>
<%
  int a=5, b=10;
  boolean what;
  boolean c = true, d = false;

  out.print("a의 값은 : " + a + " b의 값은 : " + b + "<P>");
  out.print("a < b 의 값은 : " + (a<b) + "<P>");
  out.print("a <= b 의 값은 : " + (a<=b) + "<P>");
  out.print("a == b 의 값은 : " + (a==b) + "<P>");
  out.print("a > b 의 값은 : " + (a>b) + "<P>");
  out.print("a >= b 의 값은 : " + (a>=b) + "<P>");
  out.print("c의 값은 : " + c + " d의 값은 : " + d + "<P>");
  out.print("c && d 의 값은 : " + (c&&d) + "<P>");
  out.print("c || d 의 값은 : " + (c||d) + "<P>");
  what=a>b? true:false;
  out.print("a>b? " + what + ", !(a>b)=" + !what);
%>
```

실행결과

```
a의 값은 : 5 b의 값은 : 10

a < b 의 값은 : true

a <= b 의 값은 : true

a == b 의 값은 : false

a > b 의 값은 : false

a >= b 의 값은 : false

c의 값은 : true d의 값은 : false

c && d 의 값은 : false

c || d 의 값은 : true

a>b? false, !(a>b)=true
```

2.7 제어문

JSP 페이지의 스크립트를 구성하는 문장은 선언문, 선택문, 반복문, 분기문, 예외처리문, 그리고 동기화문 등으로 구분할 수 있다.

2.7.1 if 문

if 문은 주어진 조건의 참과 거짓에 따라 각각 다른 문장을 수행한다. 만약 수행해야 할 문장이 두 줄 이상일 때는 중괄호({ })로 블록을 지정해야 한다.

사용형식 1 if 구문

```
if(조건식) 문장;

또는

//문장이 두 줄 이상이면 다음과 같이 중괄호({})로 블록을 지정해야 한다.
if(조건식) {
   문장1;
   문장2;
     ...
}
```

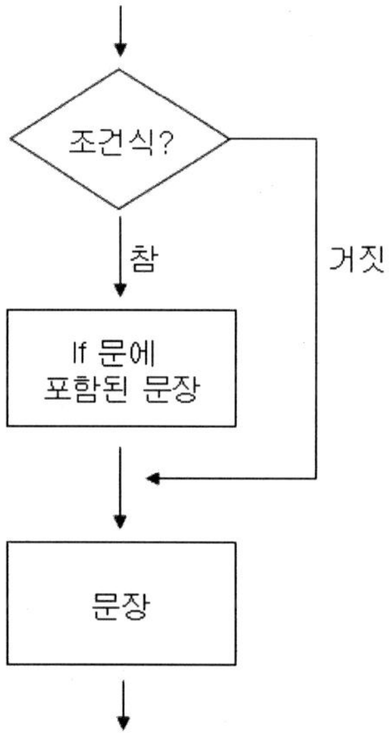

[그림 2-1] if 문

예제 if1.jsp

```
<%@ page contentType="text/html; charset=euc-kr" %>

<%
  boolean flag = true;

  if(flag == true)
     out.print("flag의 값은 true입니다. <BR>"); //조건이 참이면 이 문장이 수행된다.

  out.print("if 문을 벗어났습니다.");
%>
```

실행결과

```
flag의 값은 true입니다.
if 문을 벗어났습니다.
```

사용형식 2 if ~ else 구문

```
if(조건식1)
  문장1; //조건식이 참이면 이 부분이 수행된다.
else
  문장2; //조건식이 거짓이면 이 부분이 수행된다.

또는

//문장이 두 줄 이상일 경우
if(조건식1) {
  문장1;
  문장2;
  ...
} else {
  문장3;
  문장4;
  ...
}
```

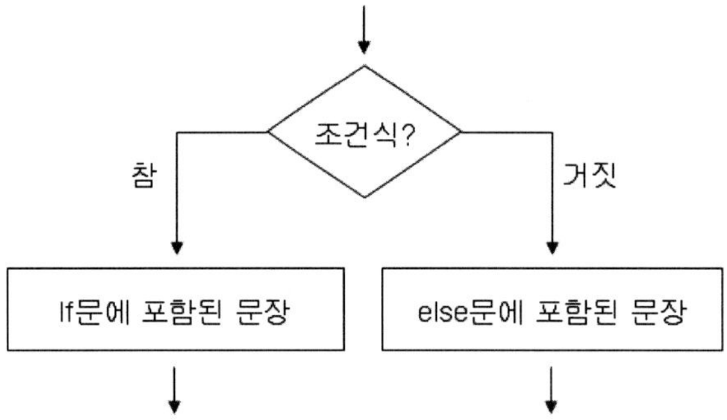

[그림 2-2] if ~ else 문

예제 if2.jsp

```
<%@ page contentType="text/html; charset=euc-kr" %>

<%
  int a=10, b=20;

  if(a >= b)
     out.print("a가 b보다 크다. <BR>"); //조건이 참이면 이 문장이 수행된다.
  else
     out.print("a가 b보다 작다. <BR>"); //조건이 거짓이면 이 문장이 수행된다.

  out.print("if 문을 벗어났습니다.");
%>
```

실행결과

```
a가 b보다 작다.
if 문을 벗어났습니다.
```

사용형식 3 if ~ else if 구문

```
if (조건식1)
   문1;
else if(조건식2)
   문2;
else if(조건식3)
   문3;
else if(조건식4)
   문4;
```

또는

문장이 두 줄 이상일 때는 마찬가지로 중괄호를 이용해 묶는다.

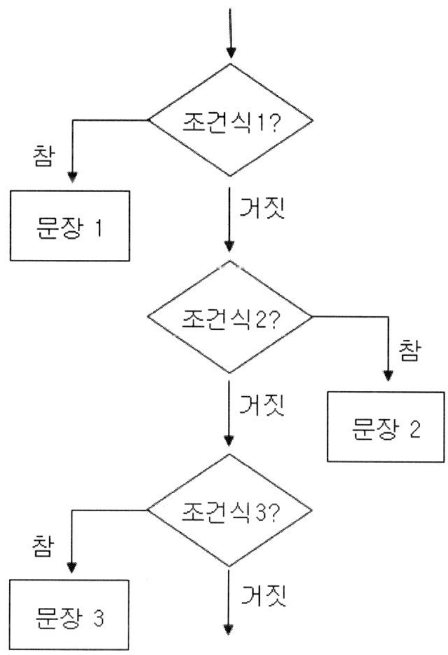

[그림 2-3] if ~ else if 문

예제 if3.jsp

```
<%@ page contentType="text/html; charset=euc-kr" %>

<%
  int score = 83, i;
  i = score/10;

  if(i==10) {
     out.print("만점입니다. <BR>");
     out.print("수고하셨습니다. <BR>");
  } else if(i==9) {
     out.print("90점대입니다 <BR>");
     out.print("조금만 더 노력하세요. <BR>");
  } else if(i==8) {
     out.print("80점대입니다. <BR>");
     out.print("열심히 하세요. <BR>");
  } else {
```

```
        out.print("80점대 미만입니다. <BR>");
        out.print("많이 노력하세요. <BR>");
    }
%>
```

실행결과

```
80점대입니다.
열심히 하세요.
```

사용형식 4 중첩된 if 구문

```
if (조건식1)
  if (조건식2)
      문장1;   //조건식1과 조건식2가 모두 참이면 이 문장을 수행
  else
      문장2;   //조건식1은 참이지만 조건식2가 거짓이면 이 문장을 수행
else
  문장3;       //조건식1이 거짓이면 이 문장을 수행

또는

문장이 두 줄 이상일 때는 마찬가지로 중괄호를 이용해 묶는다.
```

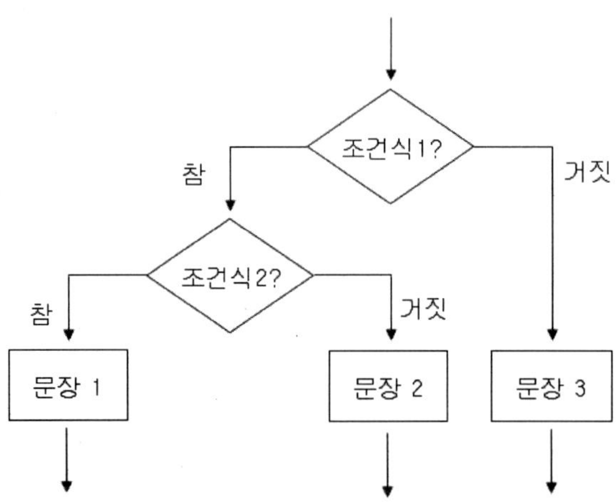

[그림 2-4] 중첩된 if 문

예제 if4.jsp

```
<%@ page contentType="text/html; charset=euc-kr" %>

<%
  int score = 70;

  if(score >= 70) {
      if(score == 100) {
          out.print("합격했습니다. <BR>");
          out.print("만점입니다. <BR>");
      } else {
          out.print("합격했습니다. <BR>");
          out.print("하지만, 만점은 아닙니다. <BR>");
      }
  } else {
      out.print("불합격했습니다. <BR>");
  }
%>
```

실행결과

```
합격했습니다.
하지만, 만점은 아닙니다.
```

2.7.2 switch 문

다중 선택을 하기 위한 구문으로 switch 문의 조건에서 쓰일 수 있는 자료형은 byte, short, char, int 유형만이 가능하다.

사용형식 switch 구문

```
switch (표현식) {
  case 표현식1:
       문장1;
        ...
       break;
  case 표현식2:
       문장2;
        ...
       break;
        ...
```

```
    default:  // 만족하는 조건이 없을시 수행된다.
          문장3;
          ...
}
```

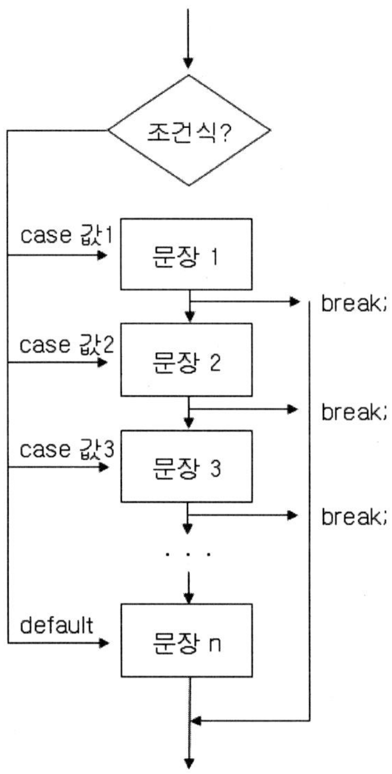

[그림 2-5] switch 문

예제 switch1.jsp

```
<%@ page contentType="text/html; charset=euc-kr" %>

<%
int score = 96;
char grade;

switch (score/10) {
  case 10:  //case 문에 break;를 쓰지 않는다면 아래의 case 구문까지 수행된다.
  case  9:
      grade = 'A';
      out.println("점수는 : " + score + " 이고 학점은 : " + grade);
      break;
```

```
        case  8:
            grade = 'B';
            out.println("점수는 : " + score + " 이고 학점은 : " + grade);
            break;
        case  7:
            grade = 'C';
            out.println("점수는 : " + score + " 이고 학점은 : " + grade);
            break;
        case  6:
            grade = 'D';
            out.println("점수는 : " + score + " 이고 학점은 : " + grade);
            break;
        default:
            grade = 'F';
            out.println("점수는 : " + score + " 이고 학점은 : " + grade);
    }
%>
```

실행결과

```
점수는 : 96 이고 학점은 : A
```

만일 몇 가지 경우를 동일하게 처리하려면 break 문 없는 case 문만을 작성하고 다음에 나오는 case 문에 원하는 작업과 break 문을 기술한다.

예제 switch2.jsp

```
<%@ page contentType="text/html; charset=euc-kr" %>

<%
  int year = 5;

  switch(year) {
     case 1:
     case 2:
     case 3:
        out.print("저학년이군요");
        break;
     case 4:
     case 5:
     case 6:
        out.print("고학년이군요");
```

```
            break;
    }
%>
```

실행결과

```
고학년이군요
```

2.7.3 while 문

조건식이 참인 동안 문장을 반복 수행한다.

사용형식 while 구문

```
while (조건식) 문장;

또는

while (조건식) {
    문장1;
    문장2;
      ...
}
```

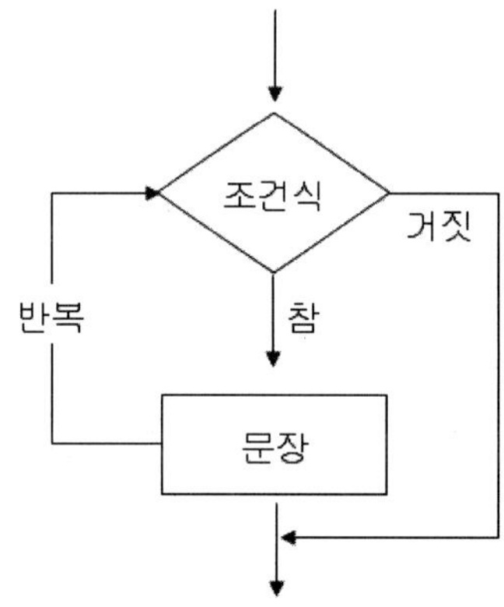

[그림 2-6] while 문

예제 while.jsp

```
<%@ page contentType="text/html; charset=euc-kr" %>

<%
  int i, sum;
  i = sum = 0;

  while(i < 10) {
     i++;
     sum = sum + i;

     out.print("반복횟수 : " + i + "  지금까지의 합 : " + sum + "<BR>");
  }
%>
```

실행결과

```
반복횟수 : 1 지금까지의 합 : 1
반복횟수 : 2 지금까지의 합 : 3
반복횟수 : 3 지금까지의 합 : 6
반복횟수 : 4 지금까지의 합 : 10
반복횟수 : 5 지금까지의 합 : 15
반복횟수 : 6 지금까지의 합 : 21
반복횟수 : 7 지금까지의 합 : 28
반복횟수 : 8 지금까지의 합 : 36
반복횟수 : 9 지금까지의 합 : 45
반복횟수 : 10 지금까지의 합 : 55
```

2.7.4 do ~ while 문

while 문과 마찬가지로 반복을 수행한다. while 문과의 차이점은 조건식의 판단이 나중에 이루어진다는 것으로 조건식의 결과와 상관없이 무조건 한번은 반복문이 실행된다.

사용형식 do ~ while 구문

```
do 문장;  while (조건식);

또는

do {
  문장1;
```

```
    문장2;
    ...
} while (조건식);
```

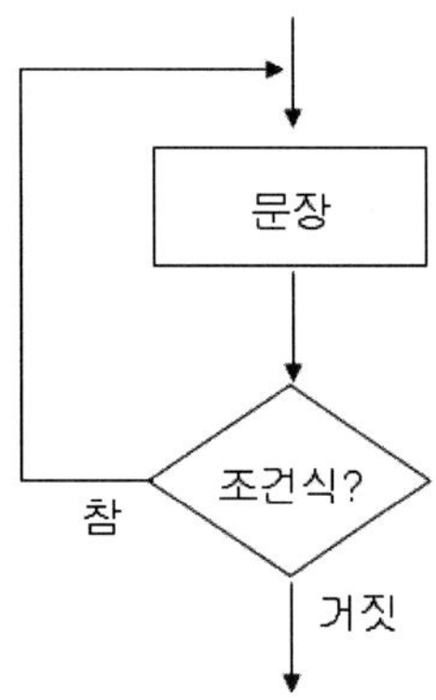

[그림 2-7] do ~ while 문

예제 dowhile.jsp

```
<%@ page contentType="text/html; charset=euc-kr" %>

<%
  int i, sum;
  i = sum = 0;

  do {
     // 이 블록은 무조건 실행된다.
     i++;
     sum = sum + i;

     out.print("반복횟수 : " + i + "  지금까지의 합 : " + sum + "<BR>");
  } while(i > 10);  // 조건식을 비교해서 참일 경우만 반복을 계속 수행한다.
%>
```

실행결과

```
반복횟수 : 1 지금까지의 합 : 1
```

※ 주의 : while 문과 do~while 문 사용 시 조건식에서 사용되는 변수의 증감을 해주지 않으면 무한 반복에 빠질 수 있으므로 주의해야 한다.

예제 errorwhile.jsp

```
<%@ page contentType="text/html; charset=euc-kr" %>

<%
  int i, sum;
  i = sum = 0;

  while(i < 10) {
     // 변수 i를 증가시키는 구문이 제외되면 무한 반복에 빠지게 되므로 주의한다.
     // i++;
     sum = sum + i;

     out.print("반복횟수 : " + i + "  지금까지의 합 : " + sum + "<BR>");
  }
%>
```

실행결과

```
반복횟수 : 0 지금까지의 합 : 0
반복횟수 : 0 지금까지의 합 : 0
반복횟수 : 0 지금까지의 합 : 0
반복횟수 : 0 지금까지의 합 : 0
반복횟수 : 0 지금까지의 합 : 0
반복횟수 : 0 지금까지의 합 : 0
반복횟수 : 0 지금까지의 합 : 0
반복횟수 : 0 지금까지의 합 : 0

계속 반복된다.
```

2.7.5 for 문

초기값, 조건식, 증감식을 한꺼번에 모두 지정할 수 있는 반복문이다.

사용형식 for 구문

```
for(초기값; 조건식; 증감식)  문장;

또는

for(초기값; 조건식; 증감식) {
  문장1 ;
```

```
    문장2 ;
    ...
  }
```

for 문은 다음 단계로 동작한다.

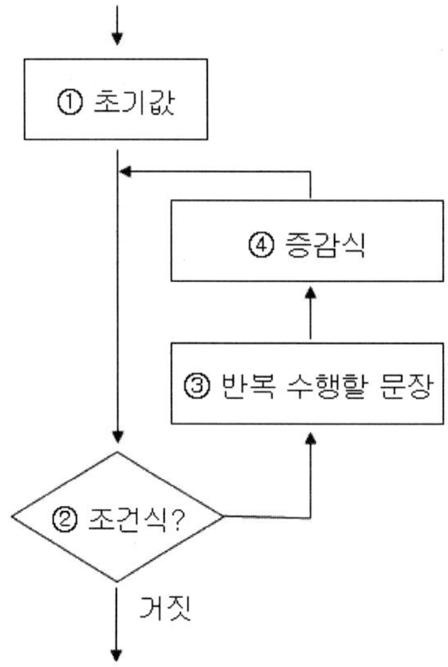

[그림 2-8] for 문

① 반복 수행을 처음 시작할 때 변수를 초기화한다. 이 단계는 한번만 실행된다.
② 조건식을 검사하고 조건식이 참이면,
③ 반복을 수행하고 거짓이면 for 문을 종료한다.
④ 변수에 저장된 값을 지정한 증감식에 따라서 값을 증감한 후, 단계 ②로 간다.

예제 for1.jsp

```
<%@ page contentType="text/html; charset=euc-kr" %>

<%
  int i;

  for(i=10; i>0; i--)
     out.print("i의 값은 : " + i +"<BR>");
%>
```

실행결과

```
i의 값은 : 10
i의 값은 : 9
i의 값은 : 8
i의 값은 : 7
i의 값은 : 6
i의 값은 : 5
i의 값은 : 4
i의 값은 : 3
i의 값은 : 2
i의 값은 : 1
```

다음 예제와 같이 초기값에 사용되는 변수는 for 문내에서도 선언될 수 있으며 이 변수는 for 문내에서만 사용 가능한 지역 변수가 된다. 또한, 다른 제어문이나 반복문들과 마찬가지로 for 문도 중첩해서 사용할 수 있다.

예제 for2.jsp

```
<%@ page contentType="text/html; charset=euc-kr" %>

<%
  for(int i=1; i<=10; i++) {
      for(int j=1; j<=i; j++) {
          out.print(" * ");
      }
      out.print("<BR>");
  }
%>
```

◇ 참고 : while, do~while 문을 무한 반복 하려면 while(true)처럼 조건에 참값인 'true' 값을 넣으면 된다. 그리고 for 문은 for(;;) 와 같이 for 문에 세미콜론(;)만 연속해서 두 번 넣으면 된다.

실행결과

```
*
* *
* * *
* * * *
* * * * *
* * * * * *
* * * * * * *
* * * * * * * *
* * * * * * * * *
* * * * * * * * * *
```

사용형식 반복문의 무한 반복

```
while(true) {
  문장1;
  문장2;
}

do {
  문장1;
  문장2;
} while(true);

for(;;) {
  문장1;
  문장2;
}
```

※ 주의 : 무한 반복에서 벗어날 수 있는 구문(break 문)이 반복문내에 존재해야 한다.

예제 loop.jsp

```
<%@ page contentType="text/html; charset=euc-kr" %>

<%
  int i=0;
  //while 조건문에 'true' 값을 넣으면 무한 반복한다.
  while(true) {
     i++;

     //무한 반복을 종료하기 위해 break 문을 이용한다.
     if(i>10)
        break;

     out.print(i + "번 반복합니다.<BR>");
  }
%>
```

실행결과

```
1번 반복합니다.
2번 반복합니다.
3번 반복합니다.
4번 반복합니다.
5번 반복합니다.
6번 반복합니다.
7번 반복합니다.
8번 반복합니다.
9번 반복합니다.
10번 반복합니다.
```

2.7.6 break 문

break 문은 다음의 3가지 기능을 수행하며 자신이 속한 반복문만 벗어난다.

① switch 문을 벗어나는데 사용

② 반복문(while, do~while, for)을 벗어나는데 사용

③ 기존의 goto 문을 대체

◇ 참고 : 자바에는 goto 문이 없다.

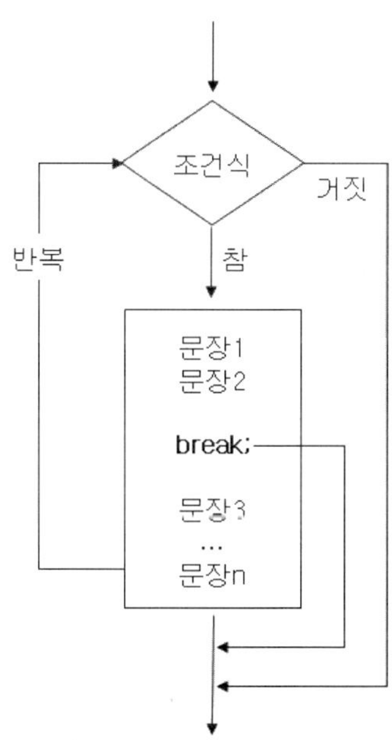

[그림 2-9] break 문

예제 break.jsp

```
<%@ page contentType="text/html; charset=euc-kr" %>

<%
  int i=0;

  //while의 조건문에 'true' 값을 넣어 무한 반복한다.
  while(true) {
     //만약 변수 i의 값이 10이면 break 문에 의해 for 문을 벗어난다.
     if(i==10)
        break;

     i++;

     out.print(i + "번 수행 <BR>");
  }

  out.print("while 문을 벗어났습니다.<BR>");
%>
```

실행결과

```
1번 수행
2번 수행
3번 수행
4번 수행
5번 수행
6번 수행
7번 수행
8번 수행
9번 수행
10번 수행
while 문을 벗어났습니다.
```

2.7.7 continue 문

반복문(while, do~while, for 문)에서 사용하며 다음 그림과 같이 반복문내에서 continue 문을 만나면 수행을 중지하고 반복문의 처음으로 이동한다.

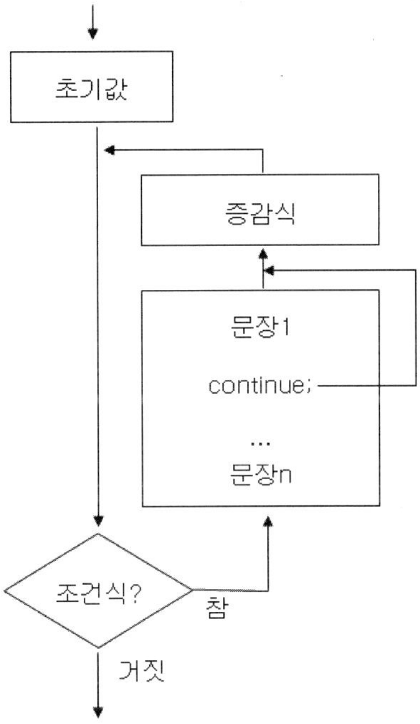

[그림 2-10] continue 문

예제 continue.jsp

```
<%@ page contentType="text/html; charset=euc-kr" %>

<%
  for(int i=0; i<=10; i++) {
     /* i를 2로 나누었을 때 나머지가 0이면 즉, 짝수이면 continue 구문 이후 문장을
        수행하지 않고 증감한 후에 제어를 다시 for 문으로 옮긴다. */
     if(i%2 == 0)
     continue;

     out.print(i + "<BR>");
  }
%>
```

실행결과

```
1
3
5
7
9
```

2.8 배열

배열은 동일한 자료형의 데이터를 연속적으로 저장하고 사용하기 위한 자료형으로 배열을 사용하기 위해서 우선 다음과 같이 선언을 해야 한다. 또한 배열의 선언시에는 배열 크기를 지정하지 않는다.

사용형식 배열 선언하기

```
배열에저장될자료형  배열이름[ ] ;

또는

배열에저장될자료형[ ]  배열이름;
```

예제 array1.jsp

```
<%@ page contentType="text/html; charset=euc-kr" %>

<%!
  //정수형의 number 배열을 선언한다.
  int number[];
  //문자열형의 name 배열을 선언한다.
  String[ ] name;
%>
```

자바에서는 배열도 객체로 다루기 때문에 객체를 생성하는 방법과 동일하게 new 연산자를 사용하여 배열의 메모리를 생성한다. 배열의 메모리를 생성하는 방법은 배열을 선언한 후 메모리를 할당 하거나, 또는 배열의 선언과 동시에 메모리를 할당할 수도 있다.

사용형식 배열 객체 선언하기

```
배열이름=new 배열에저장될자료형[배열크기];

또는

배열에저장될자료형  배열이름[ ]=new 배열에저장될자료형[배열크기];
```

예제 array2.jsp

```
<%@ page contentType="text/html; charset=euc-kr" %>

<%!
  //정수형의 num 배열을 선언하고 배열의 크기가 10인 배열 객체를 생성한다.
  int num[ ] = new int[10];

  //문자열형의 name 배열을 선언한다.
  String[ ] name;
%>

<%
  //선언된 name 배열에 크기가 5인 배열 객체를 생성한다.
  name = new String[5];
%>
```

배열은 배열의 각 요소들을 가리키는 정수 값인 "인덱스"를 통해 배열의 값들에 접근할 수 있다. 인덱스는 0부터 배열크기-1 범위까지의 정수를 사용할 수 있다.

배열의 각 요소를 특정 값으로 초기화하는 방법은 다음과 같다.

① 배열 선언시 초기화

② 배열의 객체를 생성하는 과정에서 배열을 초기화

③ 배열 객체의 생성 후 배열의 각 요소에 값을 대입하여 초기화

사용형식 배열의 초기화 방법

```
배열에저장될자료형    배열이름[ ]={값리스트};

또는

배열이름=new 배열에저장될자료형[ ] {값리스트};
```

예제 array3.jsp

```
<%@ page contentType="text/html; charset=euc-kr" %>

<%
  //배열을 선언하면서 1부터 10까지의 값으로 초기화
  int number[ ] = {1, 2, 3, 4, 5, 6, 7, 8, 9, 10};
```

```
    //배열의 선언, 객체 생성 그리고 초기화
    String[ ] season = new String[ ] {"봄","여름","가을","겨울"};

    //배열의 객체를 생성한 후 인덱스를 이용하여 각 배열 요소에 값을 대입
    String[ ] fruit = new String[3];
    fruit[0] = "바나나";
    fruit[1] = "사과";
    fruit[2] = "키위";

    out.print("좋아하는 숫자는 : " + number[8] + "<BR>");
    out.print("좋아하는 계절은 : " + season[0] + "<BR>");
    out.print("좋아하는 과일은 : " + fruit[2] + "<BR>");

    //배열의 길이는 length 속성을 이용하여 구할 수 있다.
    out.print("배열 number[ ]의 길이는 : " + number.length);
  %>
```

※ 주의 : 배열 선언시 배열의 초기값을 지정한 경우에는 new 연산자 없이 자동으로 메모리가 할당된다. 초기화 값의 수에 따라 배열의 크기가 자동으로 결정되기 때문에 배열의 크기를 넣지 않아도 된다.

실행결과

```
좋아하는 숫자는 : 9
좋아하는 계절은 : 봄
좋아하는 과일은 : 키위
배열 number[ ]의 길이는 : 10
```

다차원 배열을 선언하는 방법은 기본적으로 일차원 배열을 선언하는 방법과 같으며 원하는 차원 수만큼의 배열 기호([ ])를 추가한다.

사용형식 **다차원 배열의 선언**

```
배열에저장될자료형  배열이름[ ][ ] ;

또는

배열에저장될자료형[ ][ ]  배열이름;
```

사용형식 다차원 배열 객체 생성

```
배열이름=new 배열에저장될자료형[배열크기][배열크기];

또는

배열에저장될자료형  배열이름[ ][ ]=new 배열에저장될자료형[배열크기][배열크기];
```

예제 array4.jsp

```
<%@ page contentType="text/html; charset=euc-kr" %>

<%
  // 3행 2열의 이차원 배열 생성
  String[ ][ ] list = new String[3][2];

  list[0][0] = "홍길동";
  list[0][1] = "hong@mail.net";

  list[1][0] = "이순신";
  list[1][1] = "lee@sun.net";

  list[2][0] = "강감찬";
  list[2][1] = "kang@abc.co.kr";

  out.print(list[0][0] + "의 메일주소는 : " + list[0][1] + "<BR>");
  out.print(list[1][0] + "의 메일주소는 : " + list[1][1] + "<BR>");
  out.print(list[2][0] + "의 메일주소는 : " + list[2][1] + "<BR>");
%>
```

실행결과

```
홍길동의 메일주소는 : hong@mail.net
이순신의 메일주소는 : lee@sun.net
강감찬의 메일주소는 : kang@abc.co.kr
```

만약, 다차원 배열을 선언시에 초기화 시키려면 다음과 같이 중괄호({})를 사용하면 된다. 또한, 일차원 배열과 동일하게 초기화 값의 수에 따라 행과 열의 크기가 자동으로 결정되기 때문에 배열의 행과 열을 넣을 필요가 없다.

예제 array5.jsp

```
<%@ page contentType="text/html; charset=euc-kr" %>

<%
  // 3행 2열의 이차원 배열을 선언시 초기화
  String[ ][ ] list = {
     { "홍길동", "hong@mail.net"} ,
     { "이순신", "lee@sun.net"} ,
     { "강감찬", "kang@art.co.kr"}
  } ;

  out.print(list[0][0] + "의 메일주소는 : " + list[0][1] + "<BR>");
  out.print(list[1][0] + "의 메일주소는 : " + list[1][1] + "<BR>");
  out.print(list[2][0] + "의 메일주소는 : " + list[2][1] + "<BR>");
%>
```

실행결과

```
홍길동의 메일주소는 : hong@mail.net
이순신의 메일주소는 : lee@sun.net
강감찬의 메일주소는 : kang@abc.co.kr
```

2.9 주석문

주석문(Comment)은 프로그램의 내용 자체와는 아무런 상관없이 자바 코드의 실행에 영향을 주지 않고 코드를 설명하기 위하여 사용된다. JSP 페이지 내에서 사용할 수 있는 주석은 다음과 같다.

[표 2-14] JSP 페이지 내에서 사용할 수 있는 주석들

주석	설명
〈!-- 주석의 내용 --〉	HTML 형식의 주석
〈%-- 주석의 내용 --%〉	JSP 형식의 주석
// 주석의 내용	자바 형식의 한 줄 주석
/* 주석의 내용 */	자바 형식의 여러 줄에 걸친 주석

예제 comment.jsp

```
<%@ page contentType="text/html; charset=euc-kr" %>

<!-- HTML식 주석 : 이것은 출력되지 않는다. -->
<!-- 브라우저에서 "소스 보기"를 하면 보인다. -->

<%-- JSP식 주석 : 이것도 출력되지 않는다. --%>
<%-- 브라우저에서 "소스 보기"를 해도 보이지 않는다 --%>

<%
  // 자바식 주석 : 한 줄만 주석으로 처리된다.
  // out.print("한 줄씩 주석 처리할 때 사용한다. ");

  /*
     자바식 주석 : 이 범위에 포함되는 코드들은 수행되지 않는다.
     out.print("하나");
     out.print("둘");
     out.print("셋");
     여러 줄을 주석 처리할 때 사용한다.
  */

  out.print("주석 처리가 되지 않은 코드는 수행됩니다.");
%>
```

실행결과는 [그림 2-11]과 같다.

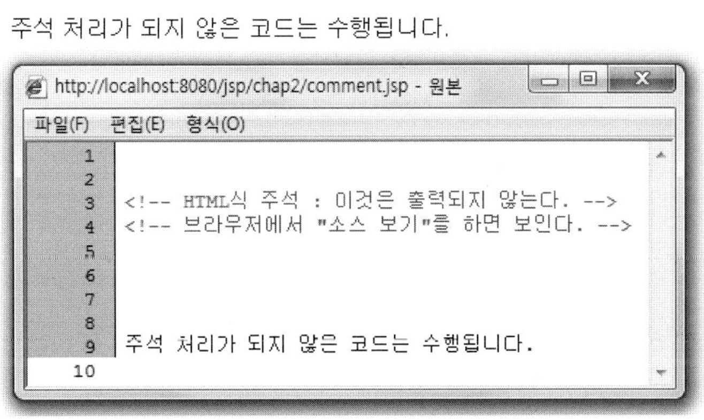

[그림 2-11] 주석 처리 실행결과

연습문제

1 JSP 페이지의 세 가지 기본 요소에 대해 설명하시오.

2 break 문과 continue 문의 차이점을 설명하시오.

3 continue 문을 이용하여 1부터 100까지 5의 배수의 합을 구하는 프로그램을 작성하시오.

4 for 문을 사용하여 다음과 같은 결과를 나타내는 프로그램을 작성하시오.

```
*
* *
* * *
* * * *
* * * * *
* * * * * *
* * * * * * *
* * * * * * * *
* * * * * * * * *
* * * * * * * * * *
```

5 다음 결과와 같이 다차원 배열을 이용하여 프로그램을 작성하시오.

6 다음 결과와 같이 1부터 100까지의 수중에서 짝수의 합과 홀수의 합을 구하는 프로그램을 작성하시오.

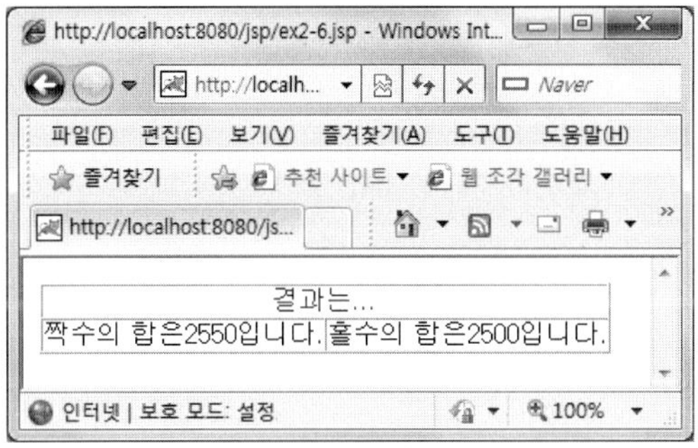

7 다음 결과와 같이 do~while 문을 사용하여 1+2=3, 3+3=6, 6+4=10처럼 1부터 10까지의 수를 계속해서 그때마다 합의 결과를 구하는 프로그램을 작성하시오.

8 다음 결과를 나타내는 프로그램을 작성하시오.

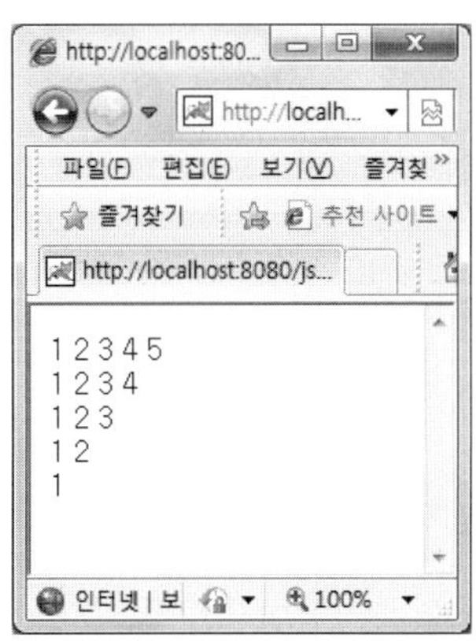

Chapter

03

지시문(directives)과 액션 태그

Chapter **03**

지시문과 액션 태그 (directives)

학습목표

지시문은 JSP 컨테이너에게 현재 페이지에 대한 처리 정보를 알려주기 위해 사용된다.
액션 태그는 JSP 페이지에서 액션이 일어나는 시점에서 페이지간의 이동이나 애플릿과 자바빈을 이용하기 위해 사용한다.

3.1 지시문

"〈%" 다음에 에트(@)표시로 시작해서 정의하는 문을 **지시문(directives)**이라고 한다. 지시문은 JSP 컨테이너에게 메시지를 보내는데 지시자에는 **"page"**, **"include"**, **"taglib"** 등이 있다.

사용형식 지시문

```
〈%@ 지시자 속성1="값" 속성2="값" ... %〉
```

JSP의 지시문에서 사용할 수 있는 지시자는 다음과 같다.

[표 3-1] JSP의 지시자(directive)

지시자(directive)	설명	정의할 수 있는 속성
page	현재 JSP 페이지의 속성을 정의한다.	language, extends, import, session, buffer, autoFlush, isTreadSafe, info, isErrorPage, errorPage, contentType
include	JSP 파일이 서블릿으로 변환되는 시점에서 포함할 파일을 지정한다. 즉 컴파일시에 포함된다.	file
taglib	JSP 페이지내에서 사용된 사용자 태그를 위한 라이브러리와 접두사를 정의한다.	url이나 호스트이름, prefix

"page" 지시자에서 지정할 수 있는 속성의 의미는 다음과 같다.

[표 3-2] "page" 지시자에서 정의하는 속성들

속성	설명
language="언어"	JSP 스크립트 코드에서 사용되는 프로그래밍 언어를 지정한다. 기본값은 "java"로 생략 가능하다.
extends="패키지이름.클래스이름"	JSP 페이지가 서블릿(클래스)으로 변환될 때 부모 클래스를 정의한다.
import="패키지이름.*" import="패키지이름.클래스이름"	포함(import)할 패키지와 클래스를 지정한다. 여러 개를 지정할 경우에는 쉼표(,)로 구분한다, Java에서의 import문과 동일하다.
session="논리값"	session 객체를 사용할 것인지를 지정한다. 기본 값은 "true"이다.
buffer="버퍼링여부 | 버퍼크기"	출력 스트림을 버퍼에 저장할지 여부를 결정한다. 기본 값은 "8kb"이다. "autoFlush" 속성과 함께 사용되며 "none" 또는 "8kb", 그리고 직접 크기를 "kb"단위로 지정한다.
autoFlush="논리값"	"true(기본 값)" 로 설정하면, 버퍼가 채워진 경우 예외를 발생시키지 않고, 자동으로 버퍼의 내용을 비운다(출력한다).
isThreadSafe="논리값"	기본 값은 true이다. JSP 엔진에게 여러 클라이언트 요청을 한번에 처리하도록 지시한다. "false"로 설정하면 단일 스레드 모델이 사용되며, 해당 페이지에 대한 클라이언트의 접근이 통제된다. 즉 클라이언트 요청이 한번에 하나씩 처리된다.
info="텍스트"	현재 페이지에 대한 정보를 지정하며 이 정보는 Servlet.getServletInfo( ) 메서드를 통해 구할 수 있다.
errorPage="오류제어페이지경로"	현재 JSP 페이지에서 오류가 발생했을 때 실행되는 페이지를 지정한다. 즉, 오류를 제어하는 페이지를 따로 작성한 경우에 사용된다.
isErrorPage="논리값"	"true"로 설정하면 현재 JSP 페이지에서 오류를 다루는 exception 객체를 사용할 수 있다. 기본 값은 "false"이다.
contentType="MIME유형; charset=문자인코딩"	JSP 페이지와 응답을 표시할 때 사용되는 MIME 유형과 문자 인코딩을 정의한다. 한글을 지원하려면 "text/html; charset=euc-kr"이라고 정의한다.

3.2 액션 태그

액션 태그는 JSP 페이지에서 액션이 일어나는 시점에서 페이지간의 이동이나 애플릿과 자바 빈을 이용하기 위해 사용한다.

다음은 JSP에서 사용 가능한 액션 태그의 목록이다.

[표 3-3] 액션 태그의 목록

속성	설명
include	현재 페이지에 다른 페이지를 포함
forward	현재 페이지에서 다른 페이지로 제어를 이동
plugin	자바 애플릿이나 자바 빈을 JSP에서 실행
useBean	자바빈즈를 사용할 때 사용
setProperty	자바빈즈의 프로퍼티 값을 수정
getProperty	자바빈즈의 프로퍼티 값을 가져 옴

3.2.1 include 액션 태그

현재 페이지에 다른 문서를 포함시킬 때 사용한다. 이때 포함할 수 있는 문서로는 HTML, JSP, Servlet 등이 있다.
include 액션 태그는 include 지시자가 단순히 다른 문서의 정적인 내용을 텍스트로 포함 시키는 것과 달리 include 액션 태그는 다른 페이지의 처리 결과인 동적인 내용도 포함시킨다는 차이점이 있다.

사용형식

```
<jsp:include page="포함할 페이지" flush="false"/>
```

① page 속성

포함할 페이지를 지정한다.

② flush 속성

현재 페이지에서 포함할 페이지로 제어의 흐름을 이동시 출력 버퍼의 flush 여부를 설정하며 기본값은 false이다.

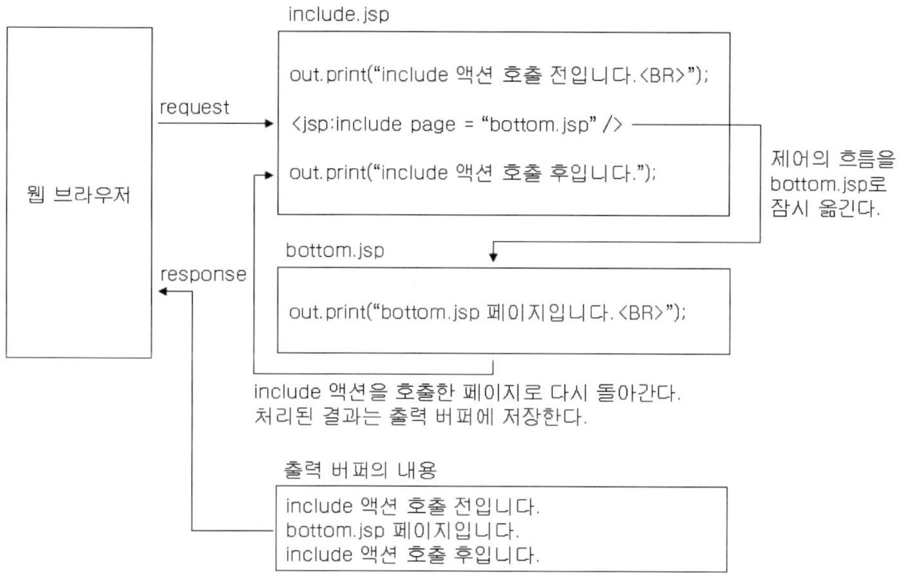

[그림 3-1] include 액션 태그의 동작

예제 include.jsp

```
<%@ page contentType="text/html; charset=euc-kr" %>

<%
  out.print("include 액션 호출 전입니다. <BR>");
%>

<jsp:include page="bottom.jsp" flush="false" />

<%
  out.print("include 액션 호출 후입니다. <BR>");
%>
```

예제 bottom.jsp

```
<%@ page contentType="text/html; charset=euc-kr" %>

<%
  out.print("bottom.jsp 페이지입니다.<BR>");
%>
```

실행결과

```
include 액션 호출 전입니다.
bottom.jsp 페이지입니다.
include 액션 호출 후입니다.
```

3.2.2 forward 액션 태그

현재 페이지에서 다른 페이지로 제어를 옮길 때에 사용한다.

forward 액션 태그는 이동할 페이지로 현재 페이지의 request와 response 객체를 전달하기 때문에 이동되는 페이지에서도 원래 요청한 페이지의 객체를 그대로 사용할 수 있다. 또한 포워딩이 일어난 후에도 시작 페이지의 URL에 요청한 페이지의 주소가 나타나며 redirect() 메서드보다 속도가 빠르다.

사용형식

```
<jsp:forward page="이동할 페이지" />
```

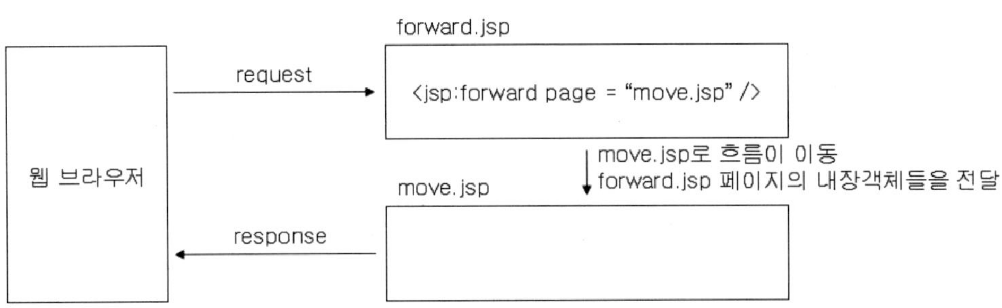

[그림 3-2] forward 액션 태그의 동작

예제 forward.jsp

```
<%@ page contentType="text/html; charset=euc-kr" %>

<B> 이제 move.jsp로 이동합니다. </B><P>

<jsp:forward page="move.jsp" />
```

예제 move.jsp

```
<%@ page contentType="text/html; charset=euc-kr" %>

<B> 이 페이지는 move.jsp입니다. </B><P>
```

실행결과

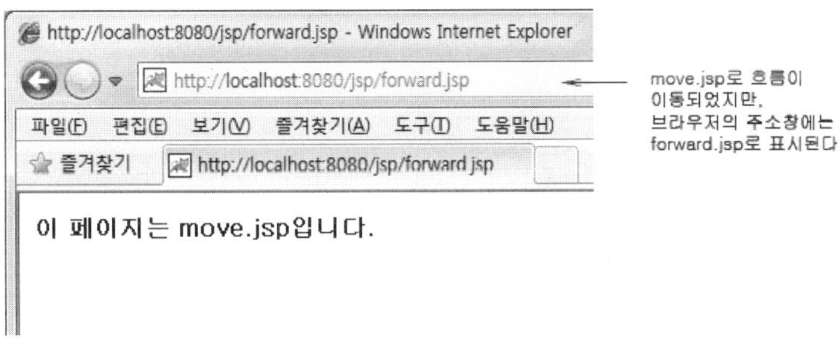

3.2.3 plugin 액션 태그

자바 애플릿이나 자바 빈을 JSP에서 실행할 때 사용한다.

사용형식

```
〈jsp:plugin
  type = "bean | applet"
  code = "클래스명"
  codebase = "클래스 파일의 경로"
  〈jsp:params〉
     〈jsp:param name="속성이름" value="속성값"/〉
     ...
  〈/jsp:params〉
  〈jsp:fallback〉
     "에러 메시지"
  〈/jsp:fallback〉
〈/jsp:plugin〉
```

3.2.4 useBean 액션 태그

자바빈즈를 사용할 때 자바빈즈 클래스 객체의 생성이나 생성된 객체를 사용하기 위한 태그이다. 다음과 같이 선언한다.

사용형식

```
<jsp:useBean id="객체명" class="자바클래스명"  scope="객체유효범위" />
```

① id 속성

페이지내의 자바빈즈 객체들을 구별하기 위한 유일한 명칭을 지정할 때 사용한다. id 속성은 식별자의 규칙과 동일하다.

② class 속성

페이지에서 사용하려는 자바빈즈 클래스의 패키지명과 클래스명을 지정할 때 사용한다.

③ scope 속성

자바빈즈 객체의 유효 범위와 사용 범위를 지정하며 다음과 같은 속성 값들을 갖는다.

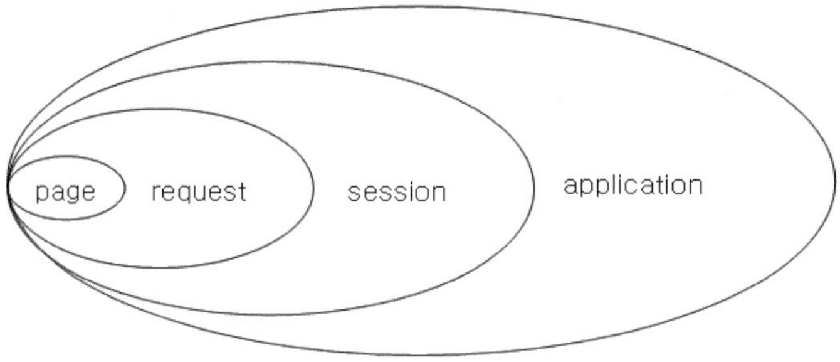

[그림 3-3] scope 속성

[표 3-4] scope 속성의 기능

속성 값	기능
page	현재 페이지에서만 객체를 사용할 수 있으며 페이지가 요청될 때마다 객체가 새로 생성된다.
request	요청(request)과 응답(response)이 이루어질 때 까지 객체를 유지시키며 페이지가 요청될 때마다 객체가 새로 생성된다. forward나 include되는 다른 페이지에서도 객체를 공유할 수 있다.
session	동일한 브라우저상의 사용자 세션이 유지되는 동안 객체를 유지시키며 다른 페이지간의 공유도 가능하다.
application	JSP 컨테이너(본 교재에서는 톰캣)를 재시작하기 전까지 객체가 유지된다.

3.2.5 <jsp:getProperty>

자바빈즈의 프로퍼티 값을 가져온다.

① name 속성

〈jsp:useBean〉에서 지정한 객체명을 지정한다.

② property 속성

호출하고자 하는 getXXX() 메서드나 setXXX() 메서드의 XXX 부분을 소문자로 지정한다. 만약 모든 프로퍼티를 선택하려면 property의 속성을 "*"로 설정한다.

사용형식

```
〈jsp:getProperty name="객체명" property="속성" /〉
```

3.2.6 〈jsp:setProperty〉

자바빈즈의 프로퍼티 값을 수정한다.

사용형식

```
〈jsp:setProperty name="객체명" property="속성" /〉
```

예제 Echo.java

```
package MyEcho;

public class Echo {
  private String msg="";

  public String getMsg() {
     return msg;
  }

  public void setMsg(String msg) {
     this.msg = msg;
  }
}
```

작성한 java 파일은 jsp 소스가 있는 폴더에 ₩WEB-INF₩classes 폴더를 생성 후 저장한다. 그리고 javac -d . Echo.java 명령으로 컴파일을 한다.

새로운 class 파일이 생성 되었으므로 shutdown.bat을 실행하여 톰캣을 중지한 후 다시 startup.bat 파일을 실행시켜 톰캣을 시작한다.

예제 echo.jsp

```
<%@ page import="MyEcho.Echo" contentType="text/html; charset=euc-kr" %>
<jsp:useBean id="myEcho" class="MyEcho.Echo" scope="page"/>
<jsp:setProperty name="myEcho" property="msg"/>

<%
  out.print("Echo 빈즈에서 받은 내용 : " + myEcho.getMsg() + "<BR>");
%>
```

예제 echo.html

```
<HTML>
  <HEAD>
     <TITLE> Echo 빈즈 사용하기 </TITLE>
  </HEAD>

  <BODY>
     <FORM Action = "echo.jsp" Method = "post">
        서버로 전송할 값 : <Input Type = "Text" Name = "msg">
        <Input Type = "Submit" Value = "전송">
        <Input Type = "Reset" Value = "취소">
     </FORM>
  </BODY>
</HTML>
```

실행결과

서버로 전송할 값 : [Hello] [전송] [취소]

Echo 빈즈에서 받은 내용 : Hello

연습문제

1 지시자의 종료와 해당 지시자의 대해 설명하시오.

2 액션 태그의 종료와 해당 액션 태그의 대해 설명하시오.

3 include 액션 태그와 include 지시자를 비교 설명하시오.

4 forward 액션 태그와 redirect( ) 메서드를 비교 설명하시오.

5 자바빈즈 객체의 유효 범위에 대해 설명하시오.

6 하나의 정수를 입력 받아 입력 받은 정수의 수만큼의 누적된 합을 구하는 프로그램을 자바빈즈를 이용하여 작성하시오.

Chapter 04

JSP의 내장 객체

Chapter 04

JSP의 내장 객체

학습목표

JSP에서 제공하는 객체인 내장 객체는 별도로 객체의 생성이 필요 없이 바로 사용할 수 있는 객체이다. 이번 장에서는 내장 객체들에 대해 학습한다.

내장 객체는 객체의 생성을 하지 않아도 사용할 수 있는 객체로 JSP에서 사용할 수 있는 내장 객체들의 목록은 다음과 같다.

[표 4-1] 내장 객체

내장 객체	설명	용도
request	클라이언트가 요청한 정보를 저장	페이지 입출력 관련 객체
response	서버의 응답 정보를 저장	
out	페이지 콘텐츠 출력용 스트림	
page	페이지를 구현한 자바클래스 인스턴스	JSP 페이지 구현 서블릿 관련 객체
config	페이지 설정 정보 저장	
pageContext	페이지 정보 저장	외부 환경정보 제공 객체
application	웹 어플리케이션 정보 저장	
session	HTTP 세션 정보 저장	
exception	예외 객체	에러처리 객체

4.1 페이지 입출력 관련 내장 객체

JSP 페이지의 입력과 출력에 관한 내장 객체로 request, response, out 객체가 있다.

4.1.1 request 객체

사용자가 브라우저를 통해 서버로 요청한 정보를 저장하는 객체로 웹 브라우저와 서버의 정보를 얻을 수 있다.

[표 4-2] request 객체

메서드	설명
getCharacterEncoding( )	클라이언트가 요청한 정보를 전송할 때 사용한 인코딩 리턴
getContentLength( )	클라이언트가 전송한 요청 정보의 길이 리턴
getContentType( )	클라이언트가 요청한 정보를 전송할 때 사용한 콘텐츠 타입 리턴
getContextPath( )	페이지가 속한 웹 어플리케이션의 콘텍스트 경로 리턴
getMethod( )	웹 브라우저가 정보를 전송할 때 사용한 방식 리턴
getProtocol( )	클라이언트가 요청한 프로토콜 리턴
getRemoteAddr( )	웹 서버에 연결한 IP 주소 리턴
getRequestURL( )	웹 브라우저가 요청한 URL 경로 리턴
getServerName( )	연결할 때 사용한 서버명 리턴
getServerPort( )	실행중인 포트 번호 리턴

다음은 request 객체의 메서드를 사용하여 웹 브라우저와 서버의 정보를 출력하는 예제이다.

예제 request1.jsp

```
<%@ page contentType="text/html; charset=euc-kr" %>

<B>request 객체 정보</B><P>

<%="인코딩 방식 : " + request.getCharacterEncoding() + "<P>" %>
<%="MIME 타입 : " + request.getContentType() + "<P>" %>
<%="요청정보 길이 : " + request.getContentLength() + "<P>" %>
<%="헤더 이름 : " + request.getHeaderNames() + "<P>" %>
<%="웹 전달 경로 : " + request.getPathInfo() + "<P>" %>
<%="클라이언트 이름 : " + request.getRemoteHost() + "<P>" %>
<%="클라이언트 IP 주소 : " + request.getRemoteAddr() + "<P>" %>
<%="클라이언트 URL 경로 : " + request.getRequestURL() + "<P>" %>
<%="전송 방식 : " + request.getMethod() + "<P>" %>
<%="프로토콜 이름 : " + request.getProtocol() + "<P>" %>
<%="서버 이름 : " + request.getServerName() + "<P>" %>
<%="서버 포트 번호 : " + request.getServerPort() + "<P>" %>
```

실행결과

```
request 객체 정보
인코딩 방식 : null
MIME 타입 : null
요청정보 길이 : -1
```

```
헤더 이름 : org.apache.tomcat.util.http.NamesEnumaerator@16a3cbc
웹 전달 경로 : null
클라이언트 이름 : localhost
클라이언트 IP 주소 : 127.0.0.1
클라이언트 URL 경로 : http://localhost:8080/myjsp/request1.jsp
전송 방식 : GET
프로토콜 이름 : HTTP/1.1
서버 이름 : localhost
서버 포트 번호 : 8080
```

또한, request 객체의 메서드를 이용하면 웹 브라우저가 서버로 전송한 파라미터 값을 읽어 올 수 있으며 관련된 메서드들의 목록은 다음과 같다.

[표 4-3] request 메서드

메서드	설명
getParameter(String name)	이름이 name인 파라미터 값 리턴
getParameterValues(String name)	이름이 name인 파라미터 값을 배열로 리턴
getParameterNames( )	웹 브라우저가 전송한 파라미터 값들을 리턴
getParameterMap( )	웹 브라우저가 전송한 파라미터 맵을 리턴

웹 브라우저에서 서버로 데이터를 전송하는 방법 중 Get과 Post 방식이 있다.
Get 방식은 URL에 정보를 넣어서 전송하는 방식으로 웹 브라우저 주소창에 정보가 보이므로 보안상 취약하며 크기 또한 1024바이트로 제한되어 있다.

Get 또는 Post 방식을 설정하기 위해서는 사용자가 입력한 값을 서버로 전달하는 HTML의 〈FORM〉 태그의 Method 속성 값을 Get이나 Post로 설정해 주면 된다. 다음은 〈FORM〉 태그의 형식이다.

사용형식 〈FORM〉 태그

```
〈FORM Method = "전송방식"  Action = "값을 받을 JSP 페이지의 URL"〉
```

다음은 Get 방식을 이용하여 데이터를 서버로 전송하는 예제이다.

예제 request2.html

```
<HTML>
  <HEAD>
     <TITLE> Get 메서드를 이용한 파라미터 전송 </TITLE>
  </HEAD>

  <BODY>
     <FORM Action = "request2.jsp" Method = "get">
        서버로 전송할 값 : <Input Type = "text" Name = "data">
        <INPUT Type = "Submit" Value = "전송">
        <INPUT Type = "Reset" Value = "취소">
     </FORM>
  </BODY>
</HTML>
```

예제 request2.jsp

```
<%@ page contentType="text/html; charset=euc-kr" %>

<%
  String FormData = request.getParameter("data");

  out.print("웹 브라우저에서 받은 데이터 : " + FormData );
%>
```

실행결과

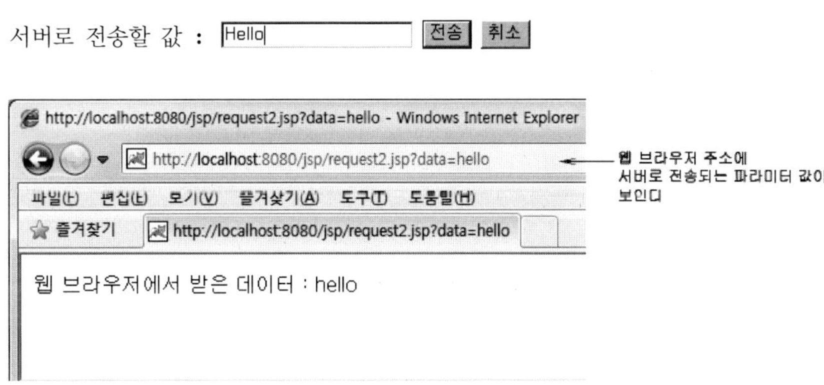

또 다른 방식은 Post로 데이터의 크기에 제한 없이 전송할 수 있으며 Get 방식과 달리 웹 브라우저의 주소창에 전송되는 정보가 보이지 않아 성능이나 보안적인 측면에서 Get 방식보다 우수하다.

다음은 Post 방식으로 데이터를 서버로 전송하는 예제로 〈FORM〉 태그의 Method 속성을 Post로 변경하기만 하면 된다.

예제 request3.html

```
<HTML>
  <HEAD>
     <TITLE> Post 메서드를 이용한 파라미터 전송 </TITLE>
  </HEAD>

  <BODY>
     <FORM Action = "request3.jsp" Method = "post">
        서버로 전송할 값 : <Input Type = "text" Name = "data">
        <INPUT Type = "Submit" Value = "전송">
        <INPUT Type = "Reset" Value = "취소">
     </FORM>
  </BODY>
</HTML>
```

위 예제들에서 영어를 입력했을 때는 아무 이상이 없지만 한글을 입력했을 때에 한글이 제대로 출력되지 않는다. 이때 setCharacterEncoding() 메서드를 사용하면 한글이 제대로 출력된다.

예제 request3.jsp

```
<%@ page contentType="text/html; charset=euc-kr" %>

<%
  request.setCharacterEncoding("euc-kr");

  String FormData = request.getParameter("data");

  out.print("웹 브라우저에서 받은 데이터 : " + FormData );
%>
```

실행결과

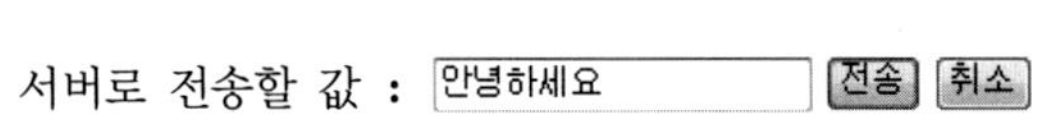

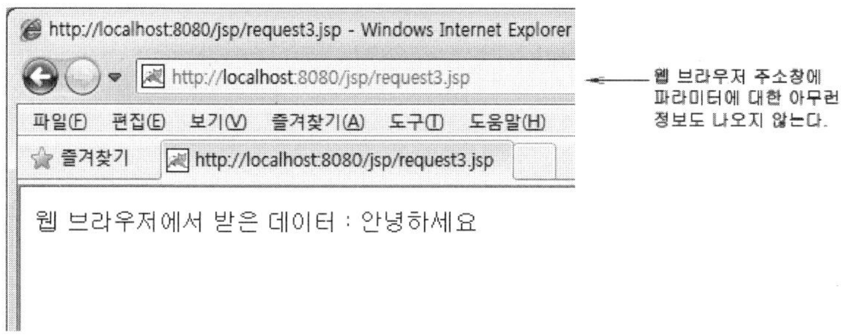

4.1.2 response 객체

서버가 웹 브라우저에게 보내는 응답에 대한 정보를 저장하는 객체로 다음과 같은 메서드들이 있다.

[표 4-4] response 객체의 메서드

메서드	설명
addCookie(Cookie cookie)	쿠키 데이터 설정
addHeader(String name, String value)	응답 헤더 내용 설정
containsHeader(String name)	name의 헤더 값이 있는지 확인
sendError(int status_code)	에러 응답을 클라이언트로 전송
sendRedirect(String location)	현재 페이지를 다른 페이지로 이동
sendStatus(int status_code)	HTTP 응답 상태 코드 설정
setBufferSize(int size)	출력 버퍼 크기 설정
setContentType(String type)	응답할 내용의 MIME 타입을 설정
setHeader(String name, String value)	지정된 이름과 값으로 응답 헤더 설정
flushBuffer( )	버퍼의 내용을 클라이언트로 전송
getBufferSize( )	출력 버퍼 크기를 리턴
encodeURL(String url)	세션 ID와 URL을 합해 전송 코드로 변환
encodeRedirectURL(String url)	sendRedirect에 세션 ID를 넘길 때 사용

예제 response.jsp

```
<%@ page contentType="text/html; charset=euc-kr" %>

<%
  //자바 홈페이지로 이동합니다.
  response.sendRedirect("http://www.oracle.com/technetwork/java/index.html");
%>
```

실행결과

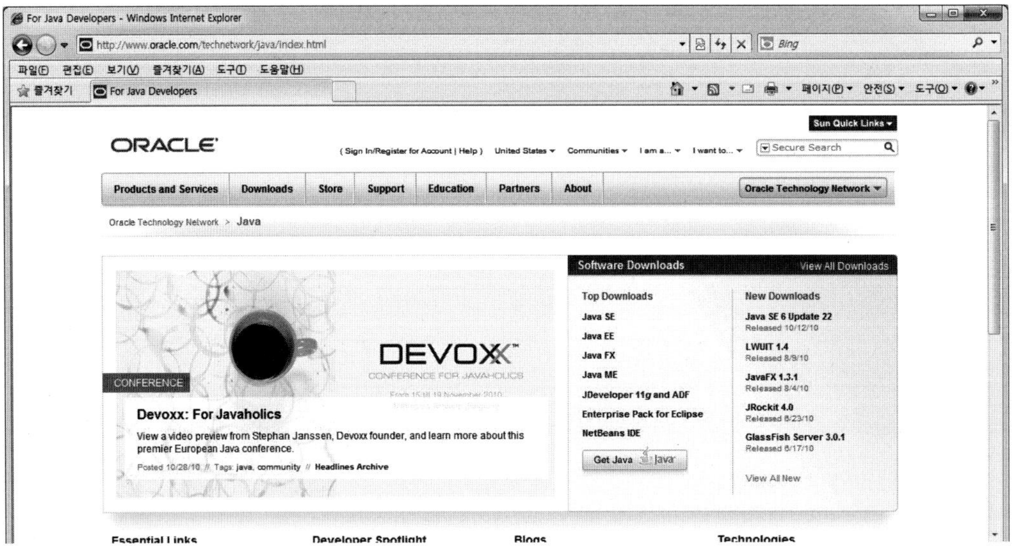

4.1.3 out 객체

JSP 페이지에서 생성되는 내용을 모두 전달 받는 객체이다.
out 객체의 메서드 중 출력에 관련된 메서드는 print()가 있다.

예제 out.jsp

```
<%@ page contentType="text/html; charset=euc-kr" %>

<%
  out.print("이 내용을 출력합니다.");
%>
```

실행결과

```
이 내용을 출력합니다.
```

또한, out 객체의 내부적으로 사용되는 버퍼와 관련된 메소들의 목록은 다음과 같다.

[표 4-5] 버퍼 메서드

메서드	설명
getBufferSize( )	버퍼의 크기를 리턴
getRemaining( )	현재 버퍼의 크기를 리턴
clearBuffer( )	버퍼의 내용을 비움
clear( )	버퍼의 내용을 비움
close( )	버퍼의 내용을 플러쉬한 후 스트림을 닫음
flush( )	버퍼를 플러쉬
isAutoFlush( )	버퍼가 가득 찼을 때 자동으로 플러쉬하고 true 값을 리턴

◇ 참고 : 플러쉬란 버퍼가 가득 찼을 때 버퍼에 있는 데이터를 전송하고 버퍼를 비우는 동작을 말한다.

4.2 JSP 페이지의 외부 환경 정보를 제공하는 객체

4.2.1 session 객체

웹 브라우저의 요청에 대한 세션 정보를 저장하고 관리하는 기능을 제공하는 객체로 웹 브라우저당 한 개의 세션이 할당된다.

session 객체와 관련된 메서드의 목록은 다음과 같다.

[표 4-6] session 객체 메서드

메서드	설명
getId	세션 ID를 리턴
getCreationTime( )	세션의 생성 시간을 리턴
getLastAccessedTime( )	현재 세션의 마지막 접근 시간을 리턴
getMaxInactiveInterval( )	세션의 유지 시간을 리턴
setMaxInactiveInterval(time)	세션의 유효 시간을 time 값으로 설정
invalidate( )	현재 세션을 종료

예제 session.html

```
<HTML>
  <HEAD>
     <TITLE> 사용자 인증 </TITLE>
  </HEAD>
  <BODY>
```

```
      <Form Action = "session.jsp" Method = "post">
         사용자명 : <Input Type = "Text" Name = "id"><BR>
         비밀번호 : <Input Type = "Password" Name = "passwd"><BR>
         <Input Type = "Submit" Value = "접속">
         <Input Type = "Reset" Value = "취소">
   </BODY>
</HTML>
```

예제 session.jsp

```
<%@ page contentType="text/html; charset=euc-kr" %>

<%
   String userId = request.getParameter("id");
   String userPasswd = request.getParameter("passwd");

   String sessionId = session.getId();
   int sessionTime = session.getMaxInactiveInterval();

   out.print(userId + " 님 환영합니다.<P>");
   out.print("생성된 세션 ID : " + sessionId + "<P>");
   out.print("세션 유지 시간 : " + sessionTime);
%>
```

실행결과

사용자명 : JSP
비밀번호 : ●●●●●●

접속 취소

JSP님 환영합니다.
생성된 세션 ID : E85055A65A1ED737171373B0A1DF6192
세션 유지 시간 :1800

4.2.2 application 객체

현재 웹 어플리케이션이 실행되고 있는 서버와 자원의 정보를 담고 있는 객체로 어플리케이션이 실행되고 있는 서버측의 정보와 실행시 발생한 이벤트들에 대한 로그를 저장하기 위한 기능을 제공한다. 또한 웹 어플리케이션당 한 개의 객체만 생성됨으로 이를 통한 객체의 공유도 가능하다.
다음은 application 객체에서 지원하는 메서드들이다.

[표 4-7] application 객체 메서드

메서드	설명
getAttributeNames( )	application 객체의 속성명을 리턴
getMajorVersion( )	컨테이너가 지원하는 Major 버전 리턴
getMinorVersion( )	컨테이너가 지원하는 Minor 버전 리턴
getMimeType(String file)	file의 MIME 타입 리턴
getRealPath(String path)	path 경로의 실제 경로 리턴
getContext(String path)	path 경로 자원의 컨텍스트 정보 리턴
getServerInfo( )	JSP 컨테이너의 이름과 버전 리턴
log(String msg)	msg의 내용을 로그 파일에 기록
log(String msg, Throwable exception)	msg와 예외처리 정보를 로그 파일에 기록

예제 application.jsp

```
<%@ page contentType="text/html; charset=euc-kr" %>

<%="JSP 컨테이너 정보 : " + application.getServerInfo() + "<BR>"%>
<%="JSP 컨테이너의 Major버전 : " + application.getMajorVersion() + "<BR>"%>
<%="JSP 컨테이너의 Minor버전 : " + application.getMinorVersion() + "<BR>"%>
```

실행결과

```
JSP 컨테이너 정보 : Apache Tomcat/4.1.37
JSP 컨테이너의 Major버전 : 2
JSP 컨테이너의 Minor버전 : 3
```

4.2.3 pageContext 객체

다른 내장 객체를 접근할 수 있게 하는 객체의 기능과 현재 페이지에서 다른 페이지로 흐름 제어를 옮길 수 있는 기능을 제공한다.

다른 내장 객체를 참조하기 위해서 다음과 같은 메서드들을 사용할 수 있다. 하지만 pageContext 객체를 통해 내장 객체를 호출하는 것보다 해당 내장 객체를 사용하는 편이 좋다.

[표 4-8] pageContext 객체 메서드

메서드	설명
getPage( )	page 내장 객체를 리턴
getRequest( )	request 내장 객체를 리턴
getResponse( )	response 내장 객체를 리턴
getOut( )	out( ) 내장 객체를 리턴
getSession( )	session 내장 객체를 리턴
getServletConfig( )	config 내장 객체를 리턴
getServletContext( )	application 내장 객체를 리턴
getException	exception 내장 객체를 리턴

예제 pagecontext.jsp

```
<%@ page contentType="text/html; charset=euc-kr" %>

<%
  out.print("out.print() 메서드를 이용해서 출력합니다.<BR>");

  //pageContext객체의 getOut() 메서드를 통해 out객체의 print() 메서드를 호출한다.
  pageContext.getOut().print("pageContext.getOut() 메서드를 통해 출력합니다.<BR>");
%>
```

실행결과

```
out.print() 메서드를 이용해서 출력합니다.
pageContext.getOut() 메서드를 통해 출력합니다.
```

또한, 제어권을 다른 페이지로 넘기기 위한 forward( ) 메서드와 현재 페이지에 다른 페이지를 포함시키는 include( ) 메서드를 제공하는데 이는 forward 액션 태그와 include 액션 태크의 기능을 각각 수행한다.

4.3 에러 처리를 위한 내장 객체

4.3.1 exception 객체

JSP 페이지에 관련된 일을 처리하는 과정에서 발생한 예외를 처리하기 위한 객체로 exception 객체가 있다.
JSP 페이지에서 발생한 예외를 처리할 페이지를 지정할 때 전달되는 객체다. 단, page 지시자의 isErrorPage 속성 값을 true로 설정해야 사용이 가능하다. 다음은 exception 객체와 관련된 메서드들의 목록이다.

[표 4-9] exception 객체 메서드

메서드	설명
getMessage( )	에러 메시지를 반환
printStackTrace( )	예외의 발생시 실행 스택을 추적하여 출력 스트림을 통해 출력
toString	예외 클래스 이름과 에러 메시지 문자열을 반환

예제 exception1.jsp

```
<%@ page contentType="text/html; charset=euc-kr" %>
<%@ page errorPage="exception2.jsp" %>

<%
  int div = 10 / 0;
%>
```

예제 exception2.jsp

```
<%@ page contentType="text/html; charset=euc-kr" %>
<%@ page isErrorPage="true" %>

<%
  out.print("에러 메시지 : " + exception.getMessage() + "<BR>");
%>
```

실행결과

```
에러 메시지 : / by zero
```

연습문제

1 내장 객체인 request, response, out 객체에 대해 각각 설명하시오.

2 session 객체와 application 객체를 비교 설명하시오.

3 웹 브라우저에서 서버로 전송하는 방식 중 Get 방식과 Post 방식을 비교 설명하시오.

4 다음과 같이 목록에서 항목을 선택시 해당 항목의 홈페이지로 이동하는 프로그램을 response 객체를 사용하여 작성하시오.

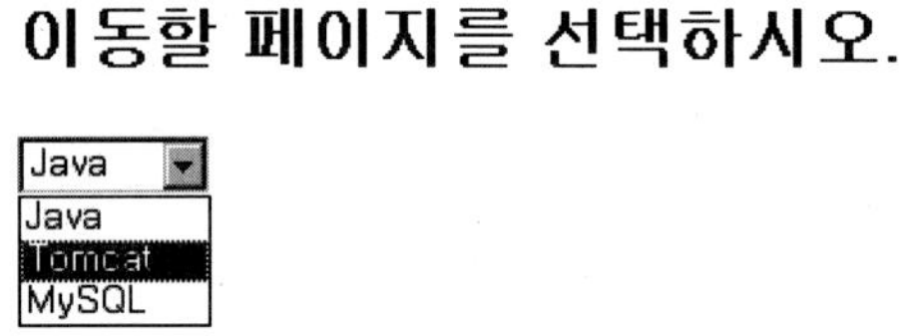

Chapter 05

JSP 빈즈와 세션

Chapter 05

JSP 빈즈와 세션

학습목표

JSP의 액션문을 사용하여 JSP Beans를 이용하는 방법을 다룬다. 우선 JSP의 액션문을 서술한 다음 JSP Beans를 예제와 함께 사용하는 방법을 설명한다. 그리고 JSP 페이지에 기본적으로 포함되는 묵시적인 객체중 하나인 세션 객체의 개념을 알아본 후, 예제를 이용하여 세션 객체를 사용하는 방법을 다룬다.

브라우저를 통해서 사이트를 방문하면 처음으로 보여주는(홈) 페이지에서 현재까지의 방문자 수(접속자 수)를 보여주는 것을 자주 볼 수 있다.

JSP를 이용하여 이러한 기능(방문자 카운터)을 구현해 보자.

카운터 기능은 다음과 같이 동작한다.

① 사이트가 오픈하면서 처음 방문자 수는 0으로 초기화 된다. 방문자 수를 저장할 변수는 사이트를 방문하는 모든 클라이언트(방문자 브라우저)에서 공유해야 한다.
② A가 브라우저를 통해서 사이트의 기본(첫) 페이지를 방문하면 현재 방문자 수에서 1을 더하고 그 결과를 보여준다.
③ B가 브라우저를 통해서 사이트의 기본(첫) 페이지를 방문하면 현재 방문자 수에서 1을 더하고 그 결과를 보여준다.
④ A 또는 B가 브라우저의 [새로 고침] 버튼을 누른 경우에는 현재 방문자 수에 또다시 1을 더하지 않도록 해야 한다.
⑤ A 또는 B가 현재 사이트의 다른 페이지(또는 다른 사이트의 페이지)로 이동했다가 다시 사이트의 기본(첫) 페이지를 방문한 경우에도 현재 방문자 수에 또다시 1을 더하지 않도록 해야 한다.
⑥ ④나 ⑤의 경우에도 적정한 시간이 지난 다음이라면 현재 방문자 수에서 1을 더한다.

JSP에서의 구현방법은 다음과 같다.

① 변수 사용 범위가 사이트를 방문한 모든 클라이언트에서 참조할 수 있고 변수의 수명 기간(scope)이 사이트가 다운되지 않는 한 그 값이 유지되어야 한다. 이를 위해 JSP의 액션(Actions)문인 〈jsp:useBean〉을 사용하여 scope속성이 application으로 지정된 JSP Beans을 이용할 것이다.

② 위의 ④와 ⑤를 해결하기 위해 클라이언트가 사이트를 방문할 때 형성되는 세션동안 그 값을 유지하는 session객체(javax.servlet.http패키지의 HttpSession클래스)의 변수와 속성을 이용한다.
③ 위의 ⑥을 해결하기 위해 session객체가 살아있는 기간을 정한다. 예를 들어 한번 사이트를 방문한 다음 1시간이나 30분(기본값)이 지난 다음 다시 방문했다면 방문자 수에 1을 더한다.

◇ 참고 : JSP의 액션(Actions)문은 객체를 변경하거나 생성하기 위해 사용되며 액션(Actions)문의 종류는 다음과 같다.

[표 5-1] JSP의 액션(Actions)문

<table>
<tr><th>구문</th><th>설명</th></tr>
<tr><td>〈jsp:useBean id="새로운인스턴스이름" class="패키지이름.클래스이름" scope="인스턴스의수명"〉</td><td>자바 객체의 인스턴스를 생성하거나 참조하기 위해 사용된다. scope속성에는 다음 값 중에서 지정한다.
<table>
<tr><th>속성 값</th><th>수명 기간</th></tr>
<tr><td>page</td><td>page가 끝날 때까지 (기본값)</td></tr>
<tr><td>session</td><td>session이 끝날 때까지</td></tr>
<tr><td>application</td><td>application이 끝날 때까지</td></tr>
<tr><td>request</td><td>웹 서버에 한 번 요청하는 동안만 존재하며 page와 다른 점은 〈jsp:forward〉 태그와 〈jsp:include〉 태그를 사용하여 넘겨지거나 포함되는 문서에서도 bean(인스턴스)이 소멸되지 않고 존재한다는 점이다.</td></tr>
</table></td></tr>
<tr><td>〈jsp:setProperty name="객체이름" property="속성이름" param="Form의 요소 이름" value="값"〉</td><td>Bean의 속성값을 설정하기 위해 사용된다. 속성과 대응하는 Form의 요소 이름이 동일할 경우에는 "param"을 생략한다. 직접 값을 설정하려면 "value"를 지정한다. 먼저 〈jsp:useBean〉문에 의해 JSP Bean의 인스턴스가 생성되어 있어야 한다.</td></tr>
<tr><td>〈jsp:getProperty name="객체이름" property="속성이름" 〉</td><td>Bean의 속성값을 참조하기 위해 사용된다. 먼저 〈jsp:useBean〉문에 의해 JSP Bean의 인스턴스가 생성되어 있어야 한다.</td></tr>
<tr><td>〈jsp:include page="url주소"〉</td><td>JSP 페이지를 현재 페이지에 포함시키기 위해 사용된다. 요청되는 시점에서 포함된다. 즉 컴파일시에 포함되지 않으므로 문제가 있어도 컴파일시에 오류가 발생하지 않는다. 참고로 〈%@ %〉태그(지시문)에서의 include는 JSP 페이지가 서블릿으로 변환 될 때 파일이 포함된다.</td></tr>
<tr><td>〈jsp:forward page="url주소"〉</td><td>현재 페이지의 실행을 종료하고 지정한 페이지로 이동할 때 사용한다.</td></tr>
</table>

5.1 JSP Beans 사용하기

5.1.1 JSP Beans

Beans는 일종의 특정한 일을 독립적으로 수행하는 콤포넌트이다. Beans에는 Java Beans와 Enterprise Java Beans, 그리고 JSP Beans 등이 있지만 여기에서는 JSP Beans에 대해서만 설명한다.

각 bean은 객체이다. 따라서 객체의 가장 기본적인 특성인 속성과 메서드를 갖으며 메서드에는 가지고 있는 속성에 값을 설정(set)하고 참조할 수(get) 있는 방법뿐만 아니라 속성을 제어하고 다양한 기능을 수행하는 방법들도 정의할 수 있다. Bean은 클래스로 표현되며 bean의 속성은 클래스의 내부 필드 값으로, 속성을 제어하는 방법들은 함수로 정의한다.

◇ 참고 : Beans를 사용하면 JSP 코드가 좀 더 간결해지고 로드를 줄일 수 있지만 이 책에서는 가능하면 JSP코드만으로 구현하려고 하였다.

5.1.2 JSP Beans 예제

다음 예제를 통해서 JSP Beans를 사용하는 방법을 이해해 보자.

① 다음과 같은 자바 프로그램을 메모장에서 작성하여 user.java로 저장한다.

예제 JSP Beans(user.java)

```
package key;

public class user {
  String name;
  int num;

  public user() {
    name=null;
    num=0;
  }

  public String getname() {
    return name;
  }
  public int getnum() {
    return num;
  }

  public void setname(String name) {
    this.name=name;
  }
  public void setnum(int num) {
    this.num=num;
  }
}
```

줄번호	설명
01	클래스를 key라는 패키지안에서 참조되도록 패키지를 정의하였다. 여기에서 정의한 패키지 이름은 반드시 Class 패스(서블릿 엔진에 따라서 정의되어 있는 경로)에 폴더 이름으로 있어야 하고 컴파일한 결과로 만들어지는 class 파일이 폴더에 존재해야 한다.
03	클래스 user를 정의한다. 클래스명은 반드시 파일명과 동일해야만 한다.
04~05	user 클래스의 필드로 name과 num을 정의하였다. 이때의 name과 num은 user 클래스의 속성으로 정의된다.
07~10	user 클래스의 새로운 인스턴스가 만들어질 때 실행되며 2개의 속성(필드) name과 num을 각각 null과 0으로 초기화한다. 이러한 메서드를 생성자(constructor)라고 하며 클래스 이름(user)과 메서드 이름(user())이 동일해야 한다.
12~17	속성 name과 num값을 구할 때 실행되며 각 필드(속성) name과 num에 저장된 값을 반환한다.
19~24	속성 name과 num값을 설정할 때 실행되며 넘어온 값(Form 요소로부터나 직접 지정한 값)을 현재 객체(this)의 속성 name과 num에 저장한다. "this"는 현재 사용중인 객체를 참조하는데 같은 객체내에서 자신의 메서드를 호출할 때나 자신의 속성을 참조할 때 사용한다.

② 단계 ①의 파일이 저장된 경로에서 자바를 컴파일한다. 오류가 있다면 수정한 다음 다시 컴파일한다. 컴파일 결과로 만들어지는 클래스 파일(user.class)은 기본적으로 JAVA 파일(user.java)이 저장된 경로에 생성된다.

[그림 5-1] 명령 프롬프트 창에서 user.java를 컴파일한 화면

③ Class 패스에 java코드에서 지정한 package 폴더(key로 정의하였다)를 하나 만들고 user.class 파일을 복사해 놓는다. 생성된 class 파일은 jsp 소스가 있는 폴더에 \WEB-INF\classes 폴더를 생성 후 "key" 폴더를 만들고 그 폴더에 복사해놓는다.
본 책에서는 C:\jsp\WEB-INF\classes\key\user.class 파일이 위치한다.

④ 다음의 JSP 파일을 작성하여 저장한다.

예제 user.jsp

```
<%@ page contentType="text/html; charset=euc-kr" %>
<% request.setCharacterEncoding("euc-kr"); %>
<jsp:useBean id="info" scope="page" class="key.user" />
<jsp:setProperty name="info" property="name" />
```

```
<jsp:setProperty name="info" property="num" param="id" />
<HTML>
<BODY>
  <CENTER>
  <TABLE border=0 width=300 >
    <FORM method="POST">
    <TR>
      <TH bgcolor=#996699 colspan=2>
        <FONT color=white size=+1>JSP Beans테스트</FONT>
      </TH>
    </TR>
    <TR>
      <TH width=20% bgcolor=#BB6699 width=40% >
        <FONT color=white size=-1>이름</FONT>
      </TH>
      <TD bgcolor=#99ccff width=60%>
        <INPUT type=text name="name" value=<%=info.getname()%> size=10>
      </TD>
    </TR>
    <TR>
      <TH width=40% bgcolor=#BB6699 >
        <FONT color=white size=-1>학번</FONT>
      </TH>
      <TD bgcolor=#99ccff>
        <INPUT type=text name="id" value=<%=info.getnum()%>  size=10>
      </TD>
    </TR>
    <TR>
      <TD colspan=2>
        <INPUT type=submit value=" 보내기 " >
        <INPUT type=reset value=" 다시쓰기 " >
      </TD>
    </TR>
    </FORM>
  </TABLE>
  </CENTER>
<jsp:include page="setget.jsp" />
</BODY>
</HTML>
```

줄번호	설명
03	자바 객체(user)의 인스턴스(info라는 이름으로)를 생성하기 위해 JSP Bean 액션을 정의하였다. 자바 객체를 참조할 때 패키지안에 정의되었다면 "패키지이름.클래스이름"으로 지정해야 한다. 또한 "scope"을 "page"로 지정했기 때문에 생성한 Bean(info라는 이름의 인스턴스)은 현재 페이지에서만 그 값을 유지한다.
04	생성된 인스턴스(info)의 속성 name을 Form의 요소중에 이름이 name으로 지정된 요소 값으로 설정한다(user.java의 19~21 참조).
05	생성된 인스턴스(info)의 속성과 대응하는 Form의 요소 이름과 서로 다른 경우에는 이와 같이 "param"을 지정해야 한다. 생성된 인스턴스(info)의 속성 num을 Form의 요소중에 이름이 id로 지정된 요소 값으로 설정한다(user.java의 22~24 참조).
21~29	생성된 인스턴스(info)의 속성 name과 num에 저장된 현재 값을 구해서 Form의 text요소 값으로 지정한다(user.java의 12~17 참조).
41	현재 페이지에 지정한 JSP 파일을 포함시킨다. 페이지가 요청될 때 지정한 JSP 페이지가 포함된다.

⑤ 다음의 JSP 파일을 작성하여 setget.jsp라는 이름으로 저장한다.

예제 setget.jsp

```
<%@ page contentType="text/html; charset=euc-kr"%>
<jsp:useBean id="info" scope="page" class="key.user" />

현재 값 :
<jsp:getProperty name="info" property="name"/>
<jsp:getProperty name="info" property="num"/>

<BR>
Form으로부터 설정된 값:
<jsp:setProperty name="info" property="name" />
<jsp:setProperty name="info" property="num" param="id" />
<jsp:getProperty name="info" property="name"/>
<jsp:getProperty name="info" property="num"/>

<BR>
직접 설정한 값 :
<jsp:setProperty name="info" property="name" value="모짜르트" />
<jsp:setProperty name="info" property="num" value="123456" />
<jsp:getProperty name="info" property="name"/>
<jsp:getProperty name="info" property="num"/>
```

줄번호	설명
02	자바 객체(user)의 인스턴스(info라는 이름으로)를 생성하기 위해 JSP Bean 액션을 정의하였다.
05~06	생성된 인스턴스(info)의 속성 name과 num에 저장된 현재 값을 구한다. user.jsp에 의해 새로운 값이 설정되었다고 하더라도 bean을 정의할 때 "scope"를 "page"로 설정했기 때문에 (user.jsp에서) include된 페이지에서는 그 값이 유지되지 않는다. 따라서 이 경우에는 속성의 초기값이 구해진다(user.java의 07~10 참조).
10	생성된 인스턴스(info)의 속성 name을 Form의 요소 중에 이름이 name으로 지정된 요소 값으로 설정한다(user.jsp의 21 참조).
11	생성된 인스턴스(info)의 속성과 대응하는 Form의 요소 이름이 서로 다르므로 "param"에 속성 num과 대응하는 Form의 요소 이름(여기서는 id)을 지정하였다(user.jsp의 29 참조).
12~13	생성된 인스턴스(info)의 속성 name과 num에 저장된 현재 값을 구한다. 문장번호 10, 11에 의해 Form의 요소 값(사용자가 입력했다면 새롭게 입력한 값)으로 저장되어 있을 것이다.
17~18	생성된 인스턴스(info)의 속성 name과 num에 직접 값을 설정하였다.
19~20	생성된 인스턴스(info)의 속성 name과 num에 저장된 현재 값을 구한다. 문장번호 17, 18에 의해 직접 지정한 값으로 저장되어 있을 것이다.

⑥ 브라우저에서 단계 ③에서 작성한 user.jsp를 연다.

[그림 5-2] user.jsp 파일을 브라우저에서 처음 열었을 때의 결과

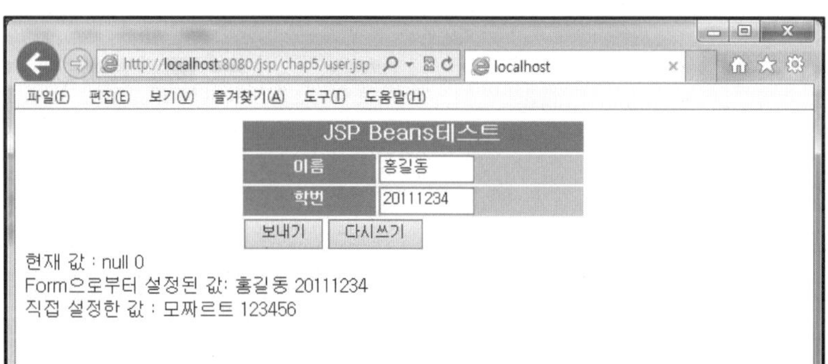

[그림 5-3] Form 요소에 값을 입력한 다음 [보내기] 버튼을 누른 결과

⑦ Bean의 "scope"에 따라서 속성 값이 어떻게 유지되는지 이해하기 위해 단계 ③에서 작성한 user.jsp 파일과 단계 ④에서 작성한 setget.jsp 파일을 복사하여 user-scope.jsp, setget-scope.jsp로 파일명을 수정한 뒤 아래 내용과 같이 소스코드를 수정한다.

수정내용

▶ user-scope.jsp를 열고 jsp:useBean에서 "scope"를 "request"로, jsp:include에서 page를 setget-scope.jsp로 변경한다.

▶ setget-scope.jsp를 열고 jsp:useBean에서 "scope"를 "request"로 변경한다.

수정예제 user-scope.jsp(수정)

```
<jsp:useBean id="info" scope="request" class="key.user" />
<jsp:include page="setget-scope.jsp" />
```

수정예제 setget-scope.jsp(수정)

```
<jsp:useBean id="info" scope="request" class="key.user" />
```

⑧ 브라우저에서 user-scope.jsp를 열고 Form에 값을 입력한 다음 [보내기] 버튼을 눌러서 무엇이 달라졌는지 확인한다. bean의 "scope"을 "request"로 지정했기 때문에 include된 페이지에서도 이전에 설정된 값이 그대로 유지된다.

[그림 5-4] bean의 scope을 request로 변경한 다음의 결과

▲ 팁 : 클래스에 정의한 모든 속성과 대응하는 Form의 요소들과 개수와 이름이 모두 동일할 경우, 그리고 Form 요소에 입력한 값으로 속성 값을 모두 설정할 경우에는 각각의 속성을 따로 기술하지 않고 다음의 한 문장으로 지정할 수 있다.
〈jsp:setProperty name="info" property="*" /〉

5.2 JSP 세션

앞에서 한 클라이언트가 연속해서 페이지를 연 경우에는 카운터를 증가시키지 않도록 하기 위해 session객체를 사용한다고 하였다. session객체는 JSP 페이지에 기본적으로 포함되는 묵시적인 객체중 하나이다.

카운터를 구현하기 전에 먼저 session 객체에 대해서 이해해보자.

5.2.1 세션 개념

한 클라이언트가 사이트를 방문하면 세션이 형성되며 서블릿 엔진은 유일한 ID를 세션에 지정한다. 웹에서의 세션은 특정 사용자와 지속적으로 대화가 일어나고 있는 것을 의미하는데, 브라우저를 닫거나 세션이 형성되고 사용자의 마지막 요구(request)가 있은 다음 지정된 시간(기본 30분)이 지나면 세션이 종료된다. 또는 세션을 종료시키는 메서드를 사용하면 강제로 종료된다. 또한 세션은 각 클라이언트마다 각각 설정되고 세션이 설정되는 순간 session 객체가 클라이언트마다 만들어진다. 한 클라이언트에서 세션이 유지되는 동안에는 자신의 session 객체의 속성 값이 그대로 유지되는 것이다.

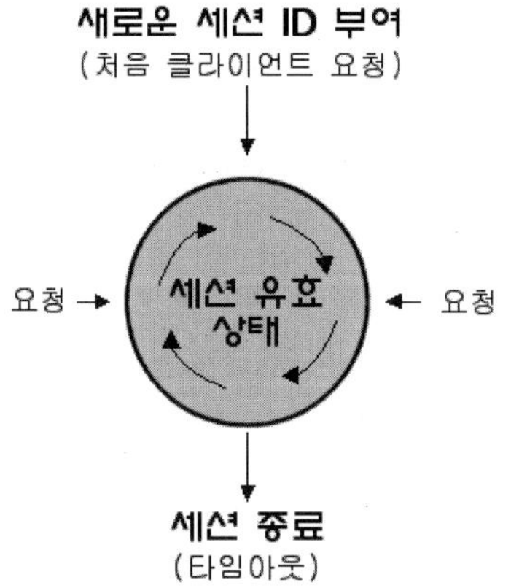

[그림 5-5] session 주기

따라서 하나의 세션동안 방문자 수를 카운팅하는 페이지를 반복해서 열었을 때 session 객체를 이용해서 한번 카운팅된 방문자는 카운팅되지 않도록 할 수 있다. 한 번의 세션이 얼마동안 유지되는 가는 제어할 수 있다. 즉, 아침 9시에 방문했던 방문자가 브라우저를 닫지 않은 상태에서 10시쯤 다시 방문했을 때 다시 카운팅 할 것인가는 사이트 운영자가 정해야 한다.

session 객체는 javax.servlet.http 패키지의 HttpSession 클래스로 정의되어 있다. session 객체를 사용하려면 javax.servlet.http 패키지를 import시켜야 하는데 JSP에서는 기본적으로 이 패키지를 포함하므로 따로 지정할 필요는 없다. 또한 session 객체는 JSP의 묵시적인 객체인데 그 의미는

JSP 코드가 서블릿으로 변환될 때 session 객체를 만드는 다음의 문장이 포함되어 별도로 session 객체를 만드는 문이 필요없다는 의미이다.

```
HttpSession session = pageContext.getSession(); //자동으로 정의된다.
```

JSP 페이지는 위의 문장을 기본적으로 포함시켜서 session이라는 객체를 생성하는데 이때의 session은 pageContext 객체의 getSession( )이라는 메서드를 통해서 생성된다. pageContext는 JSP 페이지에 기본적으로 포함되어 있는 또 다른 묵시적인 객체인데 javax.servlet.http 패키지의 PageContext 클래스로 정의되며 하나의 JSP 페이지와 연관된 모든 이름들을 참조할 수 있는 객체이다.

현재 요청(request)과 연관된 session만을 반환하려면 다음과 같은 문장을 추가하여 이미 만들어진 session 객체를 재 정의한다.

```
session = request.getSession();
```

5.2.2 session 객체(HttpSession클래스)의 메서드

session 객체에 포함되어 있는 메서드는 다음과 같다.

[표 5-2] session 객체의 메서드

메서드	반환 값 유형	설명
getCreationTime( )	long	세션이 형성될 때의 시간을 표준시의 1970년 1월1일 자정을 기준으로 하여 계산된 1/1000초 단위 값으로 반환한다.
getId( )	String	서블릿 엔진에 의해 지정된 세션의 ID값을 반환한다.
getLastAccessedTime( )	long	세션동안 클라이언트가 마지막으로 서버에 보낸 요청(request)시간을 표준시의 1970년 1월1일 자정을 기준으로 하여 계산된 1/1000초단위 값으로 반환한다
getMaxInactiveInterval( )	int	서블릿 엔진이 세션을 유지하는 시간을 초단위로 반환한다.
getValue(java.lang.String name)	object	세션에서 지정한 이름으로 연결된 객체를 반환한다.
getValueNames( )	String배열	세션에 연결된 모든 객체의 이름을 배열로 반환한다.
invalidate( )	없음.	세션을 종료시키고 연결된 객체를 해제한다.
isNew( )	boolean	웹서버가 쿠키 기반의 세션을 생성했지만 클라이언트가 쿠키를 사용하지 못하도록 했을 때 세션은 아직 new상태이고 isNew( )는 true를 반환한다.
putValue(이름, 값)	없음.	세션에 지정한 "이름(String)"을 이용하여 "값(Object)"를 연결한다. 만일 동일한 "이름"으로 "값"이 이미 연결되어 있다면 새로운 "값"으로 변경된다. "이름(String)"은 연결할 객체의 이름이고 값은 String과 같은 Object 유형의 값으로만 설정할 수 있다.

removeValue(이름)	없음.	세션으로부터 지정한 "이름(String)"을 가진 객체의 연결을 제거한다.
setMaxInactiveInterval(초단위값)	없음.	세션이 형성된 다음 사용자 요청이 없을 때부터 세션을 유지하는 기간(int)을 지정한다.(Servlet2.0 API를 기준으로 하는 JServ에서는 이 메서드를 지원하지 않는다.)

※ 주의 : JSDK2.1(Servlet Spec 2.1) 에서는 보안상의 문제로javax.servlet.http.HttpSessionContext 클래스를 더 이상 지원하지 않는다.

예제 session 객체 메서드(test.jsp)

```
01  <%@ page contentType="text/html; charset=EUC-KR" %>
02  <HTML>
03  <BODY>
04  <H3> session 테스트 </H3>
05  <%
06  session = request.getSession();
07  String[] a = session.getValueNames();
08  out.println("세션 ID : "+ session.getId()+"<BR>");
09  out.println("세션 유지 시간 : "+session.getMaxInactiveInterval()+"<BR>");
10  if(a.length == 0) {
11    session.putValue(session.getId(), "A");
12  } else {
13    String what = (String)session.getValue(a[0]);
14    out.println("이름 :"+a[0]+ " 값:"+what+"<BR>");
15    session.putValue(session.getId(), what+"A");
16  }
17  %>
18  <A href=test.jsp>다시 읽기 </A>
19  </BODY>
20  </HTML>
```

줄번호	설명
06	이미 포함되어 있는 session 객체를 다시 request와 연관된 현재 session만을 반환하기 위해 request 객체의 getSession() 메서드를 이용하여 재정의 하였다.
07	session에 정의되어 있는 이름들을 구해서 배열에 저장한다.
08	현재 session의 ID를 구해서 보여준다. ID는 session이 형성될 때 서블릿 엔진에 의해 유일한 값이 지정된다.
09	현재 session의 최대 세션 유지시간을 구해서 보여준다. 세션의 최대 유지시간은 사용자의 마지막 요청(request)이 있은 다음부터 얼마동안을 세션으로 유지할 것인가를 의미한다. 단위는 초단위이다.

10~11	세션에 지정된 이름이(문장 07 참조) 없으면, 즉 배열의 길이(인덱스)가 0이면 현재 session의 id를 이름으로 하여 String 객체인 "A"를 session에 연결한다.
12~13	세션에 지정된 이름이 하나라도 있으면 배열에 저장된 값을 이름으로 하여 그 이름으로 지정된 객체를 구하는데 String 유형으로 저장한다.
14	그 이름(배열에 저장된 값)과 그 이름으로 지정된 객체를 출력한다. count 값을 설정할 때 실행되며 현재 count값에 1을 더한다.
15	그 이름(배열에 저장된 값)으로 session에 객체를 연결하는데 이전에 지정된 객체(Strinf 객체)에 "A"를 추가하여 지정한다.

※ 주의 : session의 putValue메서드에 지정하는 두 번째 인자에는 반드시 객체 유형만 가능하다. 즉, 일반적인 데이터 유형인 int값은 지정할 수 없다.

[그림 5-6] test.jsp 파일을 브라우저로 처음 페이지를 연 결과 : 연결된 객체가 없다.

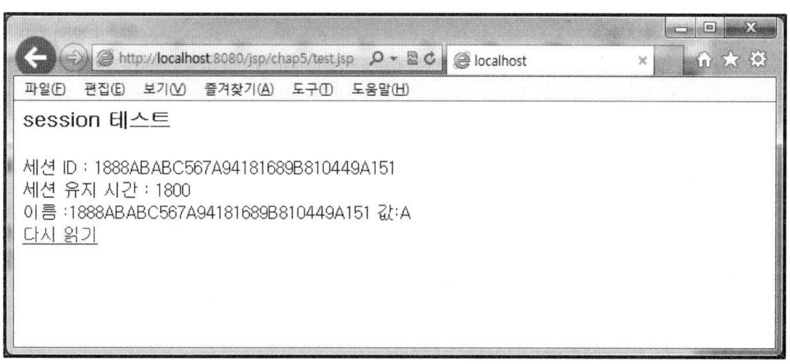

[그림 5-7] 다시 읽기 링크를 눌러서 다시 연 결과 : 세션에 "A"라는 String 객체가 세션 id이름으로 연결되었다.

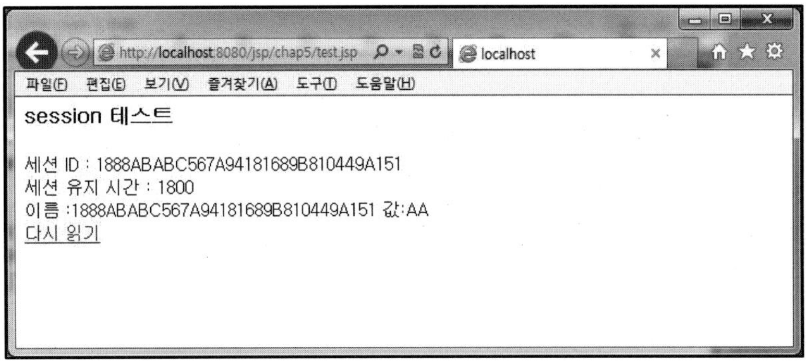

[그림 5-8] 다시 읽기 링크를 다시 눌러서 연 결과 :
세션에 "AA"라는 String 객체가 세션 id이름으로 다시 연결되었다.

5.3 카운터 구현하기

카운터 기능을 JSP로 구현하기 위해 필요한 JSP Beans와 session 객체에 대해서 이해했다면 이제 방문자 수를 카운팅하는 JSP 파일을 작성해보자. 의외로 소스가 간단하지만 앞에서 설명한 JSP Beans와 session 객체를 이해하지 못했다면 이해하기 어렵다.

5.3.1 일반적인 카운터

먼저 카운터 값을 조회하고 증가시키기 위한 클래스를 정의하고 정의한 클래스의 인스턴스(Bean)를 생성(참조)하는데 응용이 실행되는 동안(사이트가 사용하는 서버가 가동중인 동안) 카운터(클래스에서 속성으로 정의됨) 값을 유지하기 위해 bean의 "scope"을 "application"으로 정의한다.

① 다음과 같은 JAVA 소스를 작성하고 counter.java로 저장한다.

예제 counter.java

```
package key;

public class counter {
  int count;
  public counter() {
    count =0;
  }

  public int getcount() {
    return count;
```

```
11     }
12
13     public void setcount() {
14       count = count+1;
15     }
16 }
```

줄번호	설명
01	클래스를 key라는 패키지 안에서 참조되도록 패키지를 정의하였다. 여기에서 정의한 패키지 이름은 빈드시 Class 패스(시블릿 엔진에 따라시 정의되이 있는 경로)에 폴디 이름으로 있어야 하고 컴파일한 결과로 만들어지는 class 파일이 이 폴더에 존재해야 한다.
03	클래스 counter를 정의한다.
04	counter 클래스의 필드(속성)로 count를 정의하였다.
05~07	counter 클래스의 새로운 인스턴스가 만들어질 때 실행되며 이렇게 클래스이름(counter)과 동일한 이름으로 정의되는 메서드를 특별히 생성자(constructor)라고 한다. 클래스는 반드시 인스턴스를 만들 때 실행되는 생성자를 가지고 있어야 한다. 객체를 1개의 속성(필드) count를 0으로 초기화한다.
09~11	속성 count 값을 구할 때 실행되며 필드(속성) count에 저장된 값을 반환한다.
13~15	속성 count 값을 설정할 때 실행되며 현재 count값에 1을 더한다.

② 단계 ①의 파일이 저장된 경로에서 자바를 컴파일한다. 오류가 있다면 수정한 다음 다시 컴파일한다. 컴파일 결과로 만들어지는 클래스 파일(counter.class)은 기본적으로 JAVA 파일(counter.java)이 저장된 경로에 생성된다.

[그림 5-9] couonter.java 컴파일 화면

③ Class 패스에 java코드에서 지정한 package 폴더(key로 정의하였다.)를 하나 만들고 counter.class 파일을 복사해 놓는다. 생성된 class 파일은 jsp 소스가 있는 폴더에 ₩WEB-INF₩classes 폴더를 생성 후 "key" 폴더를 만들고 그 폴더에 복사해놓는다.

패키지를 만든다는 것은 패키지 이름으로 정의된 것과 동일한 폴더 구조를 갖게 되는 것이므로, import한 클래스는 먼저 CLASSPATH 환경 변수에 정의된 "패키지의 루트 디렉토리"를 알아내고, 패키지 이름을 근거로 패키지 루트 디렉토리에서부터 패키지/클래스 계층을 따라 찾아서 가져오게 된다.

일반적으로 자바 컴파일러는 자바 파일을 컴파일한 결과로 만들어지는 class 파일을, 자바 소스 파일이 있는 폴더에 생성한다. 따라서 컴파일 결과로 만들어진 클래스를 특정 패키지로 그룹화 시키려면, 컴파일 한 다음 class 파일을 특정 클래스 폴더(패키지 루트 폴더 밑에 패키지 이름으로 된 폴더 경로)로 복사해와야 한다.

복사하는 작업이 번거롭다면 컴파일시에 다음과 같이 컴파일 옵션 -d 를 사용하여 결과로 만들어지는 class 파일의 경로를 지정할 수 있다.

```
javac  -d  클래스파일을저장할경로  자바소스파일이름
```

④ 다음의 JSP 파일을 작성하여 저장한다.

예제 counter.jsp

```
<%@ page contentType="text/html; charset=EUC-KR" %>
<jsp:useBean id="cnt" scope="application" class="key.counter" />

<%
  int count=0;
  session=request.getSession();
  session.setMaxInactiveInterval(1);
  String first=(String)session.getValue("checkfirst");

  if (first != null) {
    count = cnt.getcount();
  } else {
    cnt.setcount();
    count = cnt.getcount();
    session.putValue("checkfirst", "first");
  }
out.println("현재까지 방문자 수 : "+ count);
%>
```

줄번호	설명
02	자바 객체(counter)의 인스턴스(cnt라는 이름으로)를 생성하기 위해 JSP Bean 액션을 정의하였다. 이때, 생성된 인스턴스 cnt(JSP Bean)의 scope(수명기간)을 application으로 지정한다.
06	이미 포함되어 있는 session 객체를 다시 request와 연관된 현재 session만을 반환하기 위해 request 객체의 getSession() 메서드를 이용하여 재정의 하였다.
07	현재 session의 최대 세션 유지시간을 1초로 정의한다. 이유는 브라우저를 닫지 않고 카운팅을 빨리 증가시켜서 그 결과를 확인하기 위한 목적이므로 실제로 구현할 때는 적정한 값으로 지정한다.
08	현재 session에서 "checkfirst"이라는 이름으로 연결된 String 값을 구한다.
10~11	지정한 "checkfirst"라는 이름으로 객체가 연결되어 있다면, 즉 이 페이지를 연 방문자를 위해 이전에 카운팅을 했다면 방문자 수를 더하지 않고 cnt 인스턴스의 getcount() 메서드를 호출한다. getcount() 메서드는 현재 count 값을 반환한다(counter.java의 09~11 참조).
12~13	지정한 "checkfirst"라는 이름으로 값이 연결되어있지 않거나 그 값이 공백이라면 이 페이지를 연 방문자에 대한 카운팅을 하기 위해 cnt 인스턴스의 setcount() 메서드를 호출한다. setcount() 메서드는 현재 count 값에 1을 더한다(counter.java의 13~15 참조).
14	cnt 인스턴스의 getcount() 메서드를 호출한다. getcount() 메서드는 현재 count 값을 반환한다(counter.java의 09~11 참조). 즉, 1을 더한 결과를 보게 된다.
15	session에 정의되어 있는 "checkfirst"이라는 이름의 요소의 값을 "first"를 정의하여 동일 사용자가 현재 페이지를 반복하여 열었을 때 카운터가 되지 않도록 한다. 위의 세션 최대 유지시간을 30초로 변경을 한다면, 브라우저 페이지 로딩 후 30초 이내에는 카운터가 되지 않는다.
17	현재 방문자 수를 출력한다.

⑤ 단계 ④에서 작성한 counter.JSP 페이지를 브라우저에서 연다.

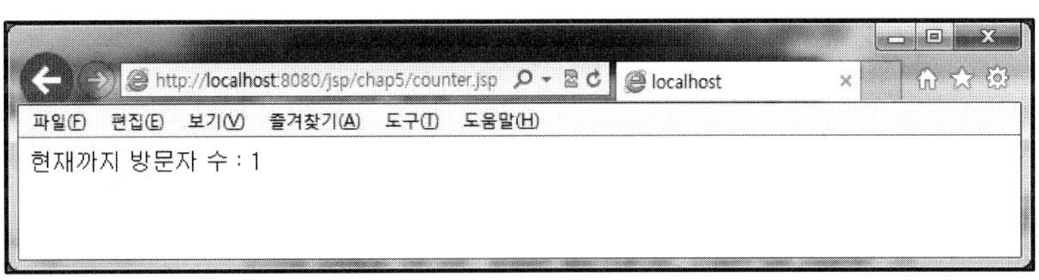

[그림 5-10] counter.JSP 페이지를 브라우저에서 처음 연 결과

[그림 5-11] 같은 방문자가 1초 후에 다시 페이지를 연 결과(1초가 지나기 전에 페이지를 열면 방문자 수는 증가되어 있지 않을 것이다.)

브라우저를 종료한 다음 다시 실행시켜서 counter.jsp 페이지를 열어본다. 카운터 값을 유지하고 있을 것이다. 즉, 브라우저를 종료했어도 사이트가 구축된 서버가 가동중이라면 scope이 "application"인 인스턴스(JSP Bean)는 그대로 유지된다.

◇ 참고 : 이 예제에서는 방문자수만을 보여주는 페이지를 작성했지만 실제로 구현할 때는 사이트의 시작 페이지에 방문자 수를 보여주는 내용을 포함시켜서 원하는 위치에서 보여준다.

5.3.2 파일로 저장하기

방문자 수를 카운트하기 위해 "scope"이 "application"인 인스턴스(JSP Bean)을 사용했는데 이 값은 사이트가 구축되어 있는 서버가 가동 중인 한 그 값을 유지하지만 서버가 다운된 경우에는 그 값을 잃어버린다.

이 경우를 위해서 파일을 이용해 보자. 방문자 수를 카운팅하는 작업을 파일에서 하는 것이 아니라 파일은 단순히 현재의 방문자 수를 백업받는 차원에서 사용하는 것이므로 방문자 수가 몇 번 카운팅 될 때마다 그 값을 저장해 놓도록 한다. 방문자 수가 몇 번 카운팅 될 때마다 저장할 것인가는 사이트 운영자가 결정하는데 서버가 다운되었을 때 몇 건 정도는 잃어버려도 될 것인가를 고려한다.

또한 이렇게 백업해 두었던 방문자 수를 언제 유용하게 사용할 것인가를 생각해 보자. 서버가 다운되었다가 다시 가동한 다음 사이트가 누군가에 의해 방문 될 때 현재 방문자 수를 확인한다. 그 값이 0이라면 서버의 다운을 추측할 수 있다. 이때, 백업 해 두었던 파일을 열고 그 값을 가져온 다음 그 값으로부터 카운팅이 시작되어야 한다. 만일 서버가 다운되지 않았고 정말로 방문자 수가 0이라면 백업 파일이 없거나 있다고 하더라도 그 값이 0이거나 공백일 것이다. 이때 그 값부터 시작한다고 하더라도 아무 문제없다.

앞에서 작성한 counter.jsp 파일을 복사하여 counter-file.jsp로 파일명을 바꾸고 다음과 같이 수정한다. 저장할 파일은 미리 만들어 놓지 않아도 되지만 어떤 경로에 둘 것인가는 정해야 하며 그 경로는 반드시 존재해야 한다.

수정내용

▶ **09-01~09-20** : counter-file.jsp 파일을 열고 09와 10사이에 내용을 추가한다. 현재 방문자 수를 구해서 그 값이 0인 경우에는 파일의 첫줄을 읽어서 그 값만큼 setcount( ) 메서드를 호출하여 카운팅 되도록 한다. 파일이 없는 경우(실제로 방문자수가 0인 경우)에는 실행하지 않게 되므로 상관없다.

- **09-10** : 파일로부터 읽어온 내용이 String 유형이므로 int 유형으로 변경하는 Integer 클래스의 parseInt( ) 메서드를 사용한다.

▸ 09-11 : 파일에 저장된 방문자 수만큼 setcount( ) 메서드를 호출하여 방문자 수를 증가시켰는데 counter.java 페이지에서 넘어온 값으로 count속성을 설정하는 새로운 메서드를 만든 다음 그 메서드를 호출하면서 파일로부터 읽은 값을 넘겨주도록 할 수도 있다.

▶ 16-01~16-10 : 16~17사이에 내용을 추가한다. 매 10건(방문자 수가 10증가 할 때마다)마다 파일에 방문자 수를 기록하였다.

여기서 사용되는 file클래스에 대해서는 다음 장에서 자세히 다루도록 한다.

수정예제 counter-file.jsp(수정)

```
   01  <%@ page contentType="text/html; charset=EUC-KR" %>
01-01  <%@ page import="java.io.*" %>
   02  <jsp:useBean id="cnt" scope="application" class="key.counter" />
   03
   04  <%
   05    int count=0;
   06    session=request.getSession();
   07    session.setMaxInactiveInterval(1);
   08    String first=(String)session.getValue("checkfirst");
   09
09-01    String count_file = "c:/jsp/chap5/count.txt";
09-02    if(cnt.getcount() == 0) {
09-03      int j=0;
09-04      String old=null;
09-05      File infile = new File(count_file);
09-06      try{
09-07        if (infile.exists()) {
09-08          BufferedReader input=new BufferedReader(new FileReader(infile));
09-09          if ((old = input.readLine())!=null) {
09-10            int i = Integer.parseInt(old);
09-11            for(j=0;j<i;j++) {
09-12              cnt.setcount();
09-13            }
09-14            input.close();
09-15          }
09-16        }
09-17      } catch(IOException e) {
09-18        out.println(e.getMessage());
09-19      }
09-20    }
   10    if (first != null) {
   11      count = cnt.getcount();
   12    } else {
```

```
    cnt.setcount();
    count = cnt.getcount();
    session.putValue("checkfirst", "first");
  }
  if (count % 10 == 0){
    try{
      count_file = "c:/jsp/chap5/count.txt";
      PrintWriter pw = new PrintWriter(new FileWriter(count_file));
      pw.println(count);
      pw.close();
    } catch (IOException e) {
      out.println(e.getMessage());
    }
  }
out.println("현재까지 방문자 수 : "+ count);
%>
```

테스트하기

- counter-file.jsp 페이지를 브라우저에서 몇 번(10번 이상) 열어서 파일에 저장될 수 있도록 한 다음 자바 웹 서버를 종료시킨다.
- 자바 웹 서버를 다시 실행시키고 브라우저에서 counter-file.jsp 페이지를 열어본다. 이전의 값을 유지하는지 확인한다.

▲ 팁 : 현재 웹 폴더 밑의 파일을 지정하려면 **"/파일이름"(예:"/count.txt")으로 설정하고** 현재 웹 폴더 밑의 또 다른 서브 폴더 밑의 파일을 지정하려면 **"/폴더명/폴더명"(예:"jsp/count.txt")으로 지정한다.**

5.3.3 이미지 카운터

방문자 수를 단순하게 숫자가 아닌 이미지로 표현해 보자.

우선 이미지 카운터를 구현하기 위하여 각 숫자(0,1,2,3,...9)에 해당하는 이미지들을 구하거나 만든 다음 각각 숫자에 맞게 0.gif, 1.gif,...9.gif라는 이름으로 JSP 페이지와 같은 경로에 저장해 놓는다. 특정 폴더에 저장한 경우에는 〈IMG〉태그에서 이미지 파일을 지정할 때 경로까지 지정해야 한다. 이미지를 저장하였다면, counter-file.jsp를 복사하여 파일명을 counter-image.jsp로 저장한 후 다음과 같이 소스코드를 수정한다.

수정내용

▶ 각 숫자(0,1,2,3,...9)에 해당하는 이미지들을 구하거나 만든 다음 각각 숫자에 맞게 0.gif, 1.gif,...9.gif라는 이름으로 JSP 페이지와 같은 경로에 저장해 놓는다. 특정 폴더에 저장한 경우에는 〈IMG〉 태그에서 이미지 파일을 지정할 때 경로까지 지정해야 한다.

▶ 01-2 : counter-image.jsp 파일을 열고 01과 02사이에 "java.text"패키지에 정의되어 있는 클래스들을 import시킨다. 4자리수로 방문자수를 포맷할 때 사용되는 DecimalFormat 클래스가 정의되어 있는 패키지이다.

▶ 17 : 카운트 숫자를 이미지로 표현하기 위해 count 변수 값을 출력하는 부분을 삭제한다.

```
out.println("현재까지 방문자 수 : "+ count);
=> out.println("현재까지 방문자 수 : ");
```

▶ 17-01~17-10 : 17과 18사이에 방문자 수를 이미지로 대치하는 내용을 추가한다. 여기에서는 전체 자릿수를 4자리로 하고 4자리가 안 되는 숫자에 대해서는 앞에 0이 오도록 하였다.

수정예제 counter-image.jsp(수정)

```
   01  <%@ page contentType="text/html; charset=EUC-KR" %>
01-01  <%@ page import="java.io.*" %>
01-02  <%@ page language="java" import="java.text.*" %>
   02  <jsp:useBean id="cnt" scope="application" class="key.counter" />

   17    out.println("현재까지 방문자 수 : ");
17-01    DecimalFormat formatc = new DecimalFormat("0000");
17-02    String scount=null;
17-03    String pos=null;
17-04    int p=0;
17-05    scount = formatc.format(count);
17-06    for(p=0; p<4;p++) {
17-07    pos=scount.substring(p,p+1);
17-08    pos="n"+pos+".gif";
17-09    out.println("<IMG SRC=img/"+ pos+" />");
17-10  }
   18  %>
```

테스트하기

counter-image.jsp 페이지를 브라우저에서 열어서 확인한다.

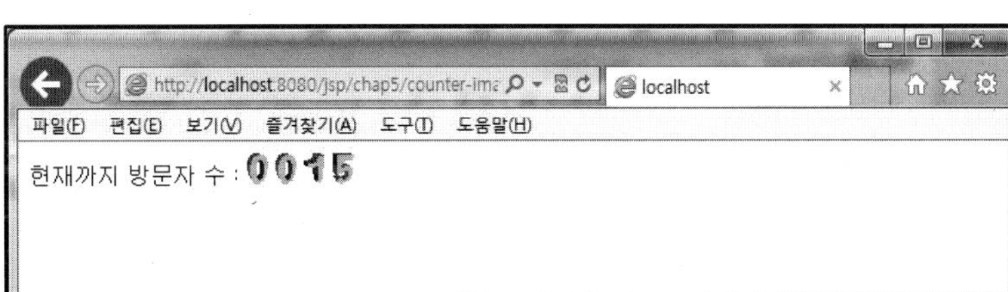

[그림 5-12] 이미지로 보여주는 카운터

연습문제

1. JSP의 액션문에서 scope 속성값 page와 request의 차이점에 대하여 서술하시오.

2. JSP의 액션문에서 <jsp:include page="url주소 ">의 의미를 설명하시오.

3. JSP의 액션문에서 <jsp:forward page="url주소 ">의 의미를 설명하시오.

4. 세션 객체는 javax.servlet.http 패키지의 HttpSession 클래스로 정의되어 있다. 세션의 개념을 서술하시오.

5. 세션 객체의 메서드인 putValue(이름, 값)에 대하여 설명하시오.

Chapter 06

JSP의 파일 클래스와 응용

Chapter 06

JSP의 파일 클래스와 응용

학습목표

JSP에서 파일을 처리하기 위한 파일 클래스를 다룬다. 그리고 배운 내용을 가지고 응용 프로그램을 작성하면서 중요한 부분을 상세히 설명한다.

자바의 입출력은 모든 하드웨어에 독립적으로 설계되어 있으며 파일의 입출력은 모든 데이터를 형태와는 관계없이 일련의 바이트의 흐름으로 수행한다. 일련의 바이트의 흐름을 스트림(stream)이라고 하며 다양한 입출력 장치에 대하여 독립적인 입출력 방식을 제공한다.
입출력을 위한 클래스들을 "java.io" 패키지로 제공하고 있는데 JSP에서는 기본적으로 포함되는 패키지이므로 파일 입출력을 위해 import해 올 필요는 없다.

6.1 객체지향

6.1.1 클래스(Class)

클래스는 객체를 만들어 내기 위한 틀이다. 따라서 객체를 생성하기 위해서는 우선 클래스부터 정의해야 한다. 예를 들어, 클래스와 객체는 붕어빵 틀과 붕어빵의 관계와 같다. 붕어빵 틀이 있으면 똑같은 붕어빵을 계속 찍어낼 수 있듯이 우선 클래스를 선언해 놓고 그 후에는 객체를 무한대로 만들 수 있게 된다.

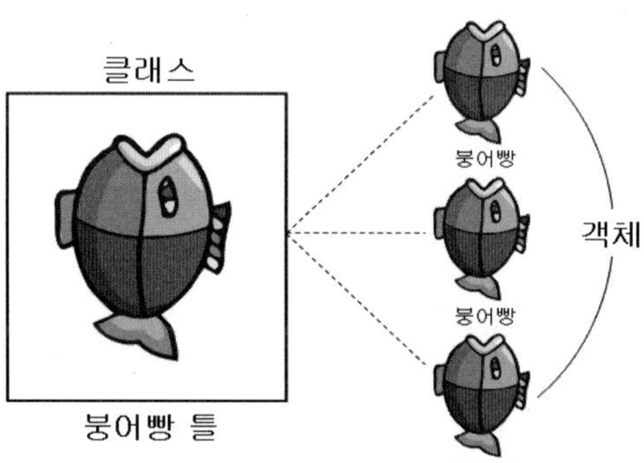

[그림 6-1] 클래스와 객체의 관계

클래스는 다음과 같이 크게 속성(attribute)과 메서드(method)의 두 가지의 구성 요소로 나눌 수 있다.

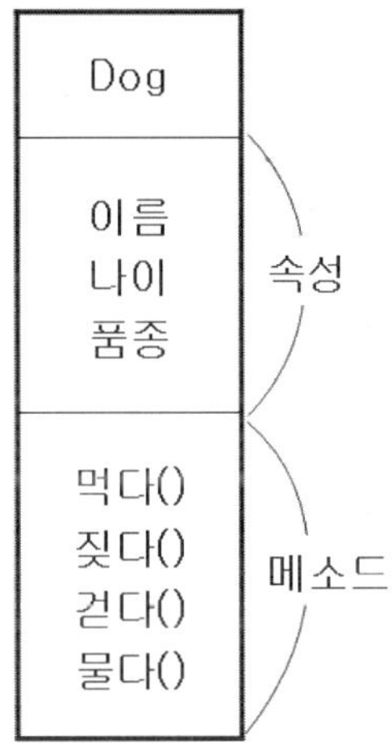

[그림 6-2] 클래스의 구조

6.1.2 객체(Object)

객체는 정보를 관리하기 위해 의미를 부여하고 분류하는 논리적인 단위이다. 객체의 구성 요소는 객체 자신의 데이터를 저장하는 속성과 이러한 속성의 값을 처리하거나 조작하는 메서드 등 두 가지로 구성되어 있다.

이러한 속성과 메서드는 클래스에서 정의하며 이 클래스를 이용해서 다음과 같이 객체를 생성할 수 있다.

[그림 6-3] 객체 생성 방법

6.1.3 패키지(package)

패키지는 서로 관련 있는 작업을 하는 클래스 또는 인터페이스들을 묶어 놓은 묶음이다. 패키지를 사용하면 클래스들이 필요할 때만 사용될 수 있으며, 클래스를 패키지 이름과 함께 계층적인 형태로 사용함으로써 다른 그룹에 속한 클래스의 이름과 같은 경우에 구분될 수 있다.

6.1.4 패키지 사용하기

다른 클래스를 사용하기 위해서는 다음과 같은 구문으로 포함시켜야 한다. 패키지내의 특정 클래스만을 포함하려면 패키지와 클래스의 이름을 모두 지정하고 패키지내의 public으로 선언된 모든 클래스들을 포함 시키려면 클래스 이름 자리에 와일드 카드 문자('*')를 사용하여 지정한다.

사용형식

```
<%@ page import="패키지이름.클래스이름" %>

또는

<%@ page import="패키지이름.*" %>
```

※ 주의 : 와일드 카드 문자('*')를 사용하여 패키지 이름을 지정한 경우에 지정한 패키지의 하위 패키지는 포함되지 않는다. 따라서 하위 패키지에 속한 클래스를 사용하려면 하위 패키지도 지정해 주어야 한다.

6.2 File 클래스

File 클래스는 파일을 처리하기 위한 클래스이다. 입출력을 위해 필요한 파일과 폴더를 다루며 파일의 날짜와 시간 표식도 관리하고, 서브 폴더 계층도 관리한다.

File 클래스는 파일, 폴더, 참조 방법 등에 대한 정보를 저장하는 시스템 독립적인 메서드를 제공한다. 파일에 대한 정보 외에 폴더를 나타내는 File 클래스의 객체를 만들 수 있다.

● File 클래스의 객체 만들기

File 클래스의 객체를 만드는 방법은 다음과 같다.

(방법 1) 지정한 경로의 폴더 구조에 기초하여 File 객체를 만든다.

```
File 객체이름 = new File(경로);

예 1: File dir = new File("c:\\temp\\myfile");
예 2: File dir = new File("c:/temp/myfile");
```

(방법 2) 특정 파일을 위한 File 클래스의 객체를 만든다.

```
File 객체이름 = new File(경로,파일이름);
```

```
예 1: File infile = new File("c:\\temp\\myfile", "count.txt");

예 2: File infile = new File("c:/temp/myfile", "count.txt");
```

(방법 3) 방법 2와 비슷하지만 String 유형의 값으로 경로를 지정하는 대신 이전에 File 클래스의 객체로 생성한 객체이름을 전달한다. 이때의 File객체는 경로가 지정된 객체여야 한다.

File 객체이름 = new File(File객체이름,파일이름);

```
예 1: File dir = new File("c:/temp/myfile");
      File infile = new File(dir, count.txt);

예 2: File infile = new File(new File("c:/temp/myfile"), count.txt);
```

▲ 팁 : 경로를 지정할 때 역슬래쉬(₩)로 표시할 경우에는 역슬래쉬를 두 번(₩₩)사용하거나 슬래쉬(/)는 한번만을 사용한다.

● File 클래스의 메서드

File 클래스에 포함된 메서드들은 다음과 같다.

[표 6-1] File 클래스의 메서드

메서드	반환 값 유형	설명
canWrite( )	boolean	파일이 존재하고 기록 가능하면 true를 반환한다.
canRead( )	boolean	파일이 존재하고 읽을 수 있으면 true를 반환한다.
delete( )	boolean	파일을 삭제하며 삭제가 성공적이면 true를 반환한다.
equals(File객체이름)	boolean	현재의 객체와 "File객체이름"으로 지정된 객체가 같은 파일을 가지고 있으면 true를 반환한다.
exists( )	boolean	파일이 존재하면 true를 반환하고 없으면 false를 반환한다.
getAbsolutePath( )	String	객체가 절대 경로 이름을 나타내면 경로 이름을 반환하지만 그렇지 않으면 현재 사용자 폴더, 구분 문자, 이 파일 객체의 경로 이름이 결합된 이름을 반환한다.
getCanonicalPath( )	String	파일에 대한 정규 경로를 반환한다.
getName( )	String	파일 이름을 문자열로 반환한다. 경로는 포함되지 않는다.
getParent( )	String	상위 폴더의 이름을 반환하며 존재하지 않을 경우에는 null을 반환한다.
isAbsolute( )	boolean	경로가 절대 경로이면 true를 반환한다.
isDirectory( )	boolean	현재의 객체가 폴더이면 true를 반환한다.
isFile( )	boolean	File 객체가 유효하고 일반 파일이면 true를 반환한다.
lastModified( )	long	파일이 마지막으로 변경된 시간을 1970년 1월 1일(GMT) 자정을 기준으로 하여 1/1000초 단위로 반환한다.
length( )	long	파일의 바이트 수를 반환한다.

list( )	String[ ]	File 클래스의 폴더 내용을 열거한다. 각 파일과 폴더 이름을 배열로 반환한다. 폴더인 File 클래스 객체에만 동작한다.
renameTo(File객체이름)	boolean	"File클래스"에 지정된 파일/폴더 이름으로 파일/폴더의 이름을 변경한다. 이름을 성공적으로 변경하면 true를 반환한다.
mkdir( )	boolean	현재 폴더와 관련된 File 클래스에 폴더를 만든다. 성공적으로 만들어졌다면 true를 반환한다. 지정한 상위 폴더들은 반드시 존재해야 한다.
mkdirs( )	boolean	mkdir( )과 비슷하지만, 경로로 지정된 폴더가 상위 폴더들이 존재하지 않으면 그 폴더들까지 만든 다음 지정한 폴더를 만든다.

예제 File 객체 다루기(file.jsp)

```
<%@ page contentType="text/html; charset=EUC-KR" %>
<%@ page import="java.io.*" %>

<%
String indir = "C:/tomcat/webapps/ROOT";
String infile = "temp.txt";
int i=0;
File dir=new File(indir);
File afile=null;
File check=new File(indir,infile);
if (check.exists())
  out.println(indir+"경로에 "+infile+"파일이 존재합니다.");
else // infile 변수 값의 파일명이 해당 경로에 없으면 다음 소스 출력
  out.println(indir+"경로에 "+infile+"파일은 없습니다.");

out.println("<P>");

String [] dirlist = dir.list();
out.println("localhost 디렉토리에 있는 파일/폴더들<BR>");
out.println("<SELECT size=10>");
for(i=0;i<dirlist.length;i++) {
  afile=new File(indir,dirlist[i]);
  out.print("<OPTION>"+dirlist[i]);
  if (afile.isFile()) out.print(" ("+afile.length()+" Byte)");
  out.print("</OPTION>");
}
out.println("</SELECT>");
%>
```

줄번호	설명
05	문자형 indir 변수에 값(폴더 경로) 정의
08	파일 객체 생성
11~12	infile 변수 값의 파일명이 해당 경로에 있으면 다음 소스 출력
13~14	infile 변수 값의 파일명이 해당 경로에 없으면 다음 소스 출력
18	파일객체에서 얻어지는 목록을 배열 dirlist에 치환
21~26	dirlist의 길이 만큼 루틴을 돌며 소스 실행

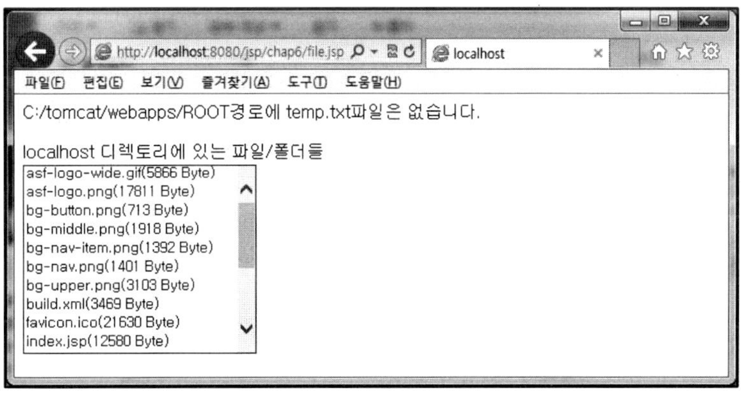

[그림 6-4] File 클래스 예제 결과

6.3 입출력 스트림을 위한 클래스

문자 스트림은 16비트 문자나 문자열을 읽고 쓰기 위한 스트림이며 Reader, Writer 클래스와 그 하위 클래스를 이용한다.

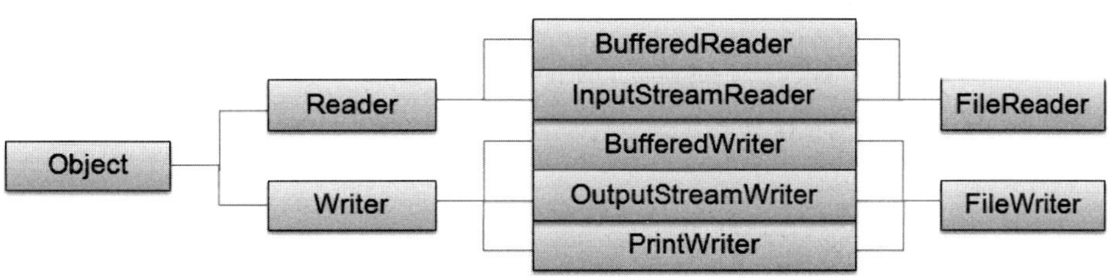

[그림 6-5] 입출력 스트림을 위한 클래스 도식화

JSP를 이용하여 입출력 스트림을 제어하는 대부분의 경우, 문자 스트림을 대상으로 하므로 이 책에서는 문자 스트림을 제어하는 클래스 위주로 설명한다.

6.3.1 Reader와 Writer 클래스

Reader와 Writer 클래스는 문자 스트림의 입출력에 필요한 다양한 메서드를 제공하는 추상 클래스이다.

● Reader 클래스

Reader 클래스는 입력 장소를 기억하고 이 장치로부터 유니코드 문자 자료를 읽어 들이고 제어하는 메서드를 제공하는 문자 입력 스트림 클래스의 최상위 클래스이다.

입력되는 소스 자료가 바이트 스트림인 경우에는, 바이트 자료로부터 유니코드 문자 자료로 변환을 함으로써 유니코드 문자를 입력받을 수 있게 해 준다.

또한 Reader 클래스는 바이트 스트림을 제어하는 InputStream 클래스와 사용법이 거의 유사하며 다음과 같은 메서드 들을 제공한다.

[표 6-2] Reader 클래스의 메서드

메서드	반환 값 유형	설명
close( )	void	입력 스트림을 닫는다. 즉 스트림 객체와 관련된 자원의 연결을 끊는다.
mark(문자수)	void	입력 스트림에서 지정한 "문자수(int)" 위치에 마크한다.
markSupported( )	boolean	입력 스트림이 mark( )와 reset( )을 지원하면 true를 반환한다.
read( )	int	입력 유니코드 문자를 해당 코드 값으로 반환하는데, int는 4 바이트이므로 제일 오른 쪽에 있는 2 바이트에 읽은 char 내용을 채우고, 나머지에는 0으로 채워서 반환한다. 더 이상 입력 자료가 없을 경우 −1을 반환한다.
read(char형배열)	int	입력 스트림으로부터 지정한 "char형배열" 크기만큼의 문자를 읽어 "char형배열"에 저장한다. 읽어들인 문자수를 반환한다.
read(char형배열, 시작위치, 길이)	int	지정한 "char형배열"의 "시작위치(int)" 부터 "길이(int)" 만큼 읽어 들이고, 읽어 들인 유니코드 문자수를 반환한다.
ready( )	boolean	다음 read( )문을 수행할 수 있으면 true, 입력 스트림이 없어서 기다려야 되는 경우에는 false를 반환한다.
reset( )	void	입력 스트림의 현재 위치를 mark( )에서 지정한 위치로 설정한다.
skip(건너뛸문자수)	int	"건너뛸문자수(long)"로 지정된 문자 수 만큼을 건너뛰고 건너뛴 문자수를 반환한다.

● Writer 클래스

Writer 클래스는 출력 목적지를 기억하고, 이 장치에 유니코드 형의 문자를 출력하고 제어하는 메서드를 제공하는 문자 출력 스트림 클래스의 최상위 클래스이다.

출력 목적지가 바이트 스트림인 경우에는 유니코드 문자 자료로부터 바이트 자료로 변환하여 유니코드 문자를 출력할 수 있게 해준다.

Writer 클래스는 바이트 스트림을 제어하는 OutputStream 클래스와 유사하며, 다음과 같은 메서드들을 지원한다.

[표 6-3] Writer 클래스의 메서드

메서드	반환 값 유형	설명
close( )	void	출력 스트림을 닫는다. 즉 스트림 객체와 관련된 자원의 연결을 끊는다.
flush( )	void	출력 버퍼에 저장된 모든 데이터를 출력 장치로 출력한다.
write(정수)	void	지정한 "정수"의 하위 16비트를 스트림으로 출력한다.
write(char형배열)	void	지정한 "char형배열"에 있는 문자들을 스트림으로 출력한다.
write(char형배열, 시작위치, 길이)	void	출력 스트림으로 지정한 "char형배열"의 "시작위치(int)" 부터 "길이(int)" 만큼을 출력한다.
write(문자열)	void	지정한 "문자열(String)"을 스트림으로 출력한다.
write(문자열,시작위치,길이)	void	지정한 "문자열(String)"의 "시작위치(int)"부터 "길이(int)" 만큼의 문자를 스트림으로 출력한다.

6.3.2 InputStreamReader와 OutputStreamWriter 클래스

InputStreamReader 클래스는 Reader 클래스로부터 상속된 클래스이며 따라서 Reader 클래스의 메서드들을 상속받고 바이트 스트림을 문자 스트림으로 변환하는 기능을 제공한다.

추가된 메서드 getEncoding( )은 스트림의 변환 방법(인코딩 이름)을 String유형으로 반환한다.

● InputStreamReader 클래스의 객체 만들기

InputStreamReader 클래스의 객체를 만드는 방법은 다음과 같다.

(방법 1) 지정한 파일이름을 가진 파일을 데이터 소스로 갖는 InputStreamReader 객체를 생성한다.

```
InputStreamReader   객체이름 = new  InputStreamReader(InputStream객체);
```

```
예 : InputStreamReader   inf = new  InputStreamReader("count.txt");
```

(방법 2) "인코딩 방법"을 지정하여 InputStreamReader 객체를 생성한다.

```
InputStreamReader   객체이름 = new  InputStreamReader(InputStream객체,인코딩방법);

예 : InputStreamReader  inf = new  InputStreamReader("count.txt", );
```

OutputStreamWriter 클래스는 Writer 클래스로부터 상속된 클래스이며 문자 스트림을 바이트 스트림으로 변환하는 기능을 제공한다.

Writer 클래스로부터 메서드를 상속받으며 InputStreamReader 클래스와 마찬가지로 메서드 getEncoding( )을 지원한다.

● OutputStreamWriter 클래스의 객체 만들기

OutputStreamWriter 클래스의 객체를 만드는 방법은 다음과 같다.

(방법 1) 지정한 파일이름을 가진 파일을 데이터 소스로 갖는 OutputStreamWriter 객체를 생성한다.

```
OutputStreamWriter   객체이름 = new  OutputStreamWriter(OutputStream 객체);

예 : OutputStreamWrite   outf = new  OutputStreamWrite("count.txt");
```

(방법 2) "인코딩방법"을 지정하여 OutputStreamWriter 객체를 생성한다.

```
OutputStreamWriter   객체이름 = new  OutputStreamWriter(OutputStream객체,인코딩방법);

예 : OutputStreamWrite   outf = new  OutputStreamWrite("count.txt", );
```

6.3.3 FileReader와 FileWriter 클래스

FileReader와 FileWriter 클래스는 파일 문자 입출력 스트림 클래스이다.

FileReader 클래스는 Reader 클래스를 상속받은 것으로, 파일에 저장된 바이트를 유니코드 문자로 변환하여 읽어 들이는데 사용된다.

FileReader 클래스는 데이터를 읽어 들일 소스가 되는 파일과 직접 연결하여 사용하기 때문에, 만약

지정한 파일이 존재하지 않는 경우에는 FileNotFoundException 이라는 예외를 발생시킨다.

● FileReader 클래스의 객체 만들기

FileReader 클래스의 객체를 만드는 방법은 다음과 같다.

(방법 1) 지정한 파일이름을 가진 파일을 데이터 소스로 갖는 FileReader 객체를 생성한다.

```
FileReader   객체이름 = new   FileReader(String형의 파일이름);
```

```
예 1 : FileReader   filer = new  FileReader("count.txt");
예 2 : String strfiler = "count.txt";
       FileReader   filer = new  FileReader(strfiler);
```

(방법 2) 방법 1과 비슷하지만 String 유형의 값으로 파일이름을 지정하는 대신 이전에 File 클래스의 객체로 생성한 객체이름을 전달한다.

```
FileReader   객체이름 = new   FileReader(File객체이름);
```

```
예 1 : File infile = new File("count.txt");
       FileReader   filer = new  FileReader(infile);
예 2 : FileReader   filer = new  FileReader(new File("count.txt"));
```

FileWriter 클래스는 출력할 유니코드 문자열을 시스템에 맞는 디폴트 문자 인코딩의 바이트로 변환하여 파일에 출력한다.

FileWriter 클래스는 Writer 클래스를 상속받은 것으로, 유니코드를 바이트로 변환하는 기능을 한다.

FileOutputStream 클래스와 마찬가지로 파일명이나 File 클래스의 객체를 인수로 넘겨줌으로 시스템에 파일을 직접 생성하며, 기본적으로 파일이 이미 존재한다면 그 파일을 덮어쓰게 된다.

● FileWriter 클래스의 객체 만들기

FileWriter 클래스의 객체를 만드는 방법은 다음과 같다.

(방법 1) 지정한 파일이름을 가진 파일을 데이터 소스로 갖는 FileWriter 객체를 생성한다. 생성하려는 파일이름이 이미 존재할 때, "추가모드"를 "false(기본값)"로 지정하면 덮어쓰고, "true"로 지정하면 뒷부분에 추가된다.

```
FileWriter   객체이름 = new  FileWriter(String형의 파일이름[,추가모드]) );
```

```
예 1 : FileWriter  filew = new  FileWriter("count.txt");
예 2 : FileWriter  filew = new  FileWriter("count.txt", true);
```

(방법 2) 방법 1과 비슷하지만 String 유형의 값으로 파일이름을 지정하는 대신 이전에 File 클래스의 객체로 생성한 객체이름을 전달한다.

```
FileWriter   객체이름 = new  FileWriter(File객체이름);
```

```
예 1 : File outfile = new File("count.txt");
       FileWriter  filew = new FileWriter(outfile);
예 2 : FileWriter  filew = new  FileWriter(new File("count.txt"));
```

작성한 예제 파일(filerw.jsp)을 한 문자씩 읽어서 복사(filerwcopy.txt)하는 예제이다.

예제 FileReader와 FileWriter 클래스(filerw.jsp)

```
<%@ page contentType="text/html; charset=EUC-KR" %>
<%@ page import="java.io.*" %>
<%
String infile = "C:/jsp/chap6/filerw.jsp";
String outfile = "C:/jsp/chap6/filerwcopy.txt";
int ch=0;
File inf=new File(infile);
File outf=new File(outfile);
FileReader filer = new FileReader(inf);
FileWriter filew = new FileWriter(outf);
try{
  while ((ch = filer.read()) != -1) {
    filew.write(ch);
  }
  filer.close();
  filew.close();
} catch (IOException e) {
  out.println(e.getMessage());
}
%>
```

줄번호	설명
04	읽어올 파일경로 정의
05	생성할 파일경로 정의
07	파일 객체 생성(읽어올 파일)
08	파일 객체 생성(생성할 파일)
09	FileReader 객체 생성
10	FileWriter 객체 생성
12~14	filer객체에 read()함수를 이용하여 파일을 읽어 filew객체에 write()함수를 이용하여 파일 생성
15~16	생성한 객체를 닫는다. 객체를 생성하였으면 반드시 객체를 닫아(종료)야 한다.
17~18	infile 예외처리 에러 메시지 출력

브라우저에서 실행시킨 다음 복사한 파일(filerwcopy.txt)을 열어서 확인하면 다음과 같다.

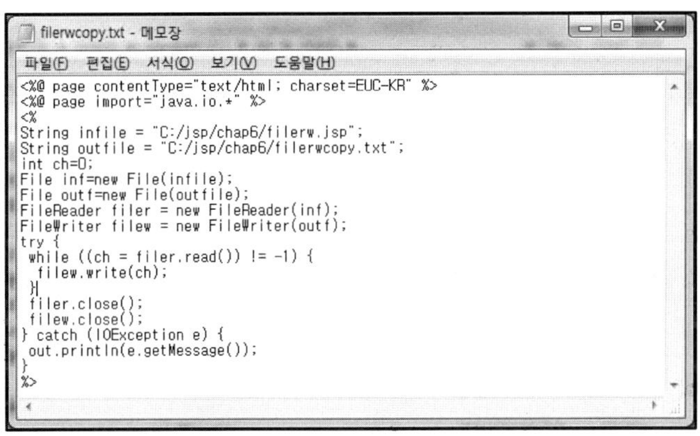


```
<%@ page contentType="text/html; charset=EUC-KR" %>
<%@ page import="java.io.*" %>
<%
String infile = "C:/jsp/chap6/filerw.jsp";
String outfile = "C:/jsp/chap6/filerwcopy.txt";
int ch=0;
File inf=new File(infile);
File outf=new File(outfile);
FileReader filer = new FileReader(inf);
FileWriter filew = new FileWriter(outf);
try {
 while ((ch = filer.read()) != -1) {
  filew.write(ch);
 }
 filer.close();
 filew.close();
} catch (IOException e) {
 out.println(e.getMessage());
}
%>
```

[그림 6-6] FileReader와 FileWriter클래스 예제 결과

6.3.4 BufferedReader와 BufferedWriter 클래스

BufferedReader 클래스는 Reader 클래스의 하위 클래스이며 문자 스트림으로부터 읽어올 때 버퍼를 사용한다.

추가된 메서드 readLine()을 이용하여 한 라인을 읽어 올 수 있다. 반환되는 값은 읽어온 문자열(String)이며 더 이상 읽어올 내용이 없으면 null을 반환한다.

● BufferedReader 클래스의 객체 만들기

BufferedReader클래스의 객체를 만드는 방법은 다음과 같다.

(방법 1) 지정한 파일이름을 가진 Reader 객체를 매개변수로 하여 BufferedReader 클래스의 객체를 만든다.

```
BufferedReader   객체이름 = new  BufferedReader(Reader객체) ;
```

```
예 1 : File infile = new File("e:/jsp/read.txt");
       FileReader  filer =  new FileReader(infile);
       BufferedReader  bufr = new  BufferedReader(filer) ;
예 2 : FileReader  filer =  new FileReader("e:/jsp/read.txt");
       BufferedReader  bufr = new  BufferedReader(filer) ;
예 3 : FileReader  filer =  new FileReader(new File("e:/jsp/read.txt"));
       BufferedReader  bufr = new  BufferedReader(filer) ;
예 4 : File infile = new File("e:/jsp/read.txt");
       BufferedReader  bufr = new  BufferedReader(new FileReader(infile)) ;
```

(방법 2) 버퍼크기(int)를 지정하여 BufferedReader 클래스의 객체를 만든다. 버퍼크기의 기본값은 512이다.

```
BufferedReader   객체이름 = new  BufferedReader(Reader객체, 버퍼크기) ;
```

```
예 1 : File infile = new File("e:/jsp/read.txt");
       FileReader  filer =  new FileReader(infile);
       BufferedReader bufr =new BufferReader(filer, 1024);
예 2 : File infile = new File("e:/jsp/read.txt");
       BufferedReader bufr =new BufferReader(new FileReader(infile), 1024);
```

BufferedWriter 클래스는 Writer 클래스의 하위 클래스이며 문자 스트림에 출력할 때 버퍼를 사용한다.

추가된 메서드 **newLine()**을 이용하여 새로운 라인으로 이동하여 출력할 수 있다.

● BufferedWriter 클래스의 객체 만들기

BufferedWriter클래스의 객체를 만드는 방법은 다음과 같다.

(방법 1) 지정한 파일이름을 가진 Writer 객체를 매개변수로 하여 BufferedWriter 클래스의 객체를 만든다.

```
BufferedWriter   객체이름 = new  BufferedWriter(Writer객체) ;
```

```
예 1 : File outfile = new File("e:/jsp/read.txt");
       FileWriter  filew =  new FileWriter(outfile);
       BufferedWriter  bufw = new  BufferedWriter(filew) ;

예 2 : FileWriter  filew =  new FileWriter("e:/jsp/read.txt");
       BufferedWriter  bufw = new  BufferedWriter(filew) ;

예 3 : FileWriter  filew =  new FileWriter(new File("e:/jsp/read.txt"));
       BufferedWriter  bufw = new  BufferedWriter(filew) ;

예 4 : File outfile = new File("e:/jsp/read.txt");
       BufferedWriter  bufw = new  BufferedWriter(new FileWriter(outfile)) ;
```

(방법 2) 버퍼크기(int)를 지정하여 BufferedWriter 클래스의 객체를 만든다.

BufferedWriter 객체이름 = new BufferedWriter(Writer 객체, 버퍼크기) ;

```
예 1 : FileWriter  filew =  new FileWriter("e:/jsp/read.txt");
       BufferedWriter  bufw = new  BufferedWriter(new  FileWriter(outfile), 1024);

예 2 : File outfile = new File("count.txt");
       BufferedWriter  bufw = new  BufferedWriter(new  FileWriter(outfile), 1024);
```

작성한 예제 파일(bufrw.jsp)을 한 줄씩 읽어서 복사(bufrwcopy.txt)하는 예제이다.

예제 BufferedReader와 BufferedWriter 클래스(bufrw.jsp)

```
<%@ page contentType="text/html; charset=EUC-KR" %>
<%@ page import="java.io.*" %>
<%
String infile = "C:/jsp/chap6/bufrw.jsp";
String outfile ="C:/jsp/chap6/bufrwcopy.txt";
String strline=null;
FileReader filer = new FileReader(new File(infile));
FileWriter filew = new FileWriter(new File(outfile));
BufferedReader bufr =new BufferedReader(filer);
BufferedWriter bufw = new BufferedWriter(filew);
try {
  while ((strline = bufr.readLine()) != null) {
    strline = strline+"<BR>";
    bufw.write(strline,0,strline.length());
    bufw.newLine();
  }
  bufw.close();
} catch(IOException e) {
```

```
19     out.println(e.getMessage());
20   }
21   bufr =new BufferedReader(new FileReader(outfile));
22   try {
23     while ((strline = bufr.readLine()) != null) {
24       out.println(strline);
25     }
26     bufr.close();
27   } catch(IOException e) {
28     out.println(e.getMessage());
29   }
30   %>
```

줄번호	설명
11~20	대상 파일의 내용이 없을 때까지 을 **BufferedReader** 객체를 이용하여 **readLine** 함수로 한 줄씩 읽어 **strline** 변수에 값을 치환하며 **newline()** 함수로 한줄씩 새로운 줄에 출력한다. 예외가 발생할 경우 에러 메시지를 출력한다.
22~29	읽어온 파일 내용을 출력하며, 예외가 발생할 경우 에러 메시지를 출력한다.

브라우저에서 실행시키면 복사한 파일(bufrw.jsp)로부터 한 줄씩 읽어서 출력한 결과(bufrwcopy.txt)를 [그림 6-7]과 같이 볼 수 있다.

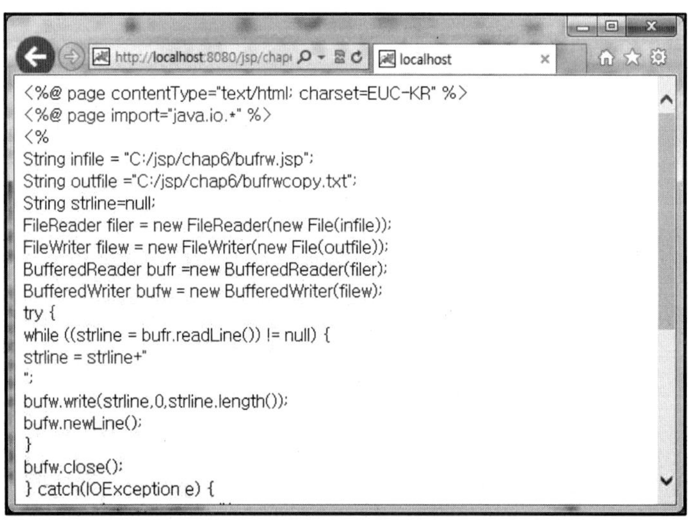

[그림 6-7] 브라우저에 출력된 결과

복사한 결과 파일(bufrwcopy.txt)을 열어보면 다음과 같다.

```
<%@ page contentType="text/html; charset=EUC-KR" %> <BR>
<%@ page import="java.io.*" %><BR>
<%<BR>
String infile = "C:/jsp/chap6/bufrw.jsp";<BR>
String outfile ="C:/jsp/chap6/bufrwcopy.txt";<BR>
String strline=null;<BR>
FileReader filer = new FileReader(new File(infile));<BR>
FileWriter filew = new FileWriter(new File(outfile));<BR>
BufferedReader bufr =new BufferedReader(filer);<BR>
BufferedWriter bufw = new  BufferedWriter(filew);<BR>
try {    <BR>
 while ((strline = bufr.readLine()) != null) {<BR>
  strline = strline+"<BR>";<BR>
  bufw.write(strline,0,strline.length());<BR>
  bufw.newLine();<BR>
 }<BR>
 bufw.close();<BR>
} catch(IOException e) {<BR>
 out.println(e.getMessage());<BR>
}<BR>
```

[그림 6-8] 복사한 bufrwcopy.txt의 내용

6.3.5 PrintWriter 클래스

Writer 클래스로부터 상속된 클래스이며 기본 자료형이나 객체에 해당하는 문자열을 출력하는 기능을 제공한다.

추가된 메서드로는 print()와 println() 메서드가 있고 이 메서드를 이용하여 자바의 모든 기본 자료형이나 객체 등을 출력할 수 있다.

● PrintWriter 클래스의 객체 만들기

PrintWriter클래스의 객체를 만드는 방법은 다음과 같다.

(방법 1) 지정한 파일이름을 가진 Writer 객체를 매개변수로 하여 PrintWriter 클래스의 객체를 만든다.

```
PrintWriter   객체이름 = new  PrintWriter(Writer객체) ;
```

```
예 1 : File outfile = new File("e:/jsp/read.txt");
       FileWriter  filew =  new FileWriter(outfile);
       PrintWriter   prtw = new  PrintWriter(filew) ;

예 2 : FileWriter  filew =  new FileWriter("e:/jsp/read.txt");
       PrintWriter   prtw = new  PrintWriter(filew) ;

예 3 : File outfile = new File("e:/jsp/read.txt");
       PrintWriter   prtw = new  PrintWriter(new FileWriter(outfile)) ;
```

(방법 2) "버퍼비우기모드(boolean)"를 지정하여 PrintWriter 클래스의 객체를 만든다. "버퍼비우기모드(boolean)"는 줄이 바뀔 때마다 버퍼의 모든 내용을 출력시킬 것인지를 지정하는데, "true"로 지정하면 줄이 바뀔 때마다 버퍼의 모든 내용이 출력된다.

```
PrintWriter   객체이름 = new   PrintWriter(Writer객체, 버퍼비우기모드) ;
```

```
예 1 : File outfile = new File("count.txt");
       PrintWriter   prtw = new  PrintWriter(new  FileWriter(outfile), 512);

예 2 : FileWriter  filew =  new FileWriter("e:/jsp/read.txt");
       PrintWriter   prtw = new  PrintWriter(filew, 1024);
```

앞의 BufferedReader와 BufferedWriter 클래스 예제를 PrintWriter 클래스로 변경한 예제이다.

예제 PrintWriter 클래스(printwriter.jsp)

```
<%@ page contentType="text/html; charset=EUC-KR" %>
<%@ page import="java.io.*" %>
<%
String infile = "C:/jsp/chap6/bufrw.jsp";
String outfile ="C:/jsp/chap6/pwcopy.txt";
String strline=null;
FileReader filer = new FileReader(new File(infile));
FileWriter filew = new FileWriter(new File(outfile));
BufferedReader bufr =new BufferedReader(filer);
PrintWriter pw = new PrintWriter(filew);
try {
  while ((strline = bufr.readLine()) != null) {
  pw.println(strline+"<BR>");
}
  pw.close();
} catch(IOException e) {
  out.println(e.getMessage());
}
bufr =new BufferedReader(new FileReader(outfile));
try {
  while ((strline = bufr.readLine()) != null) {
     out.println(strline);
  }
  bufr.close();
} catch(IOException e) {
  out.println(e.getMessage());
}
%>
```

브라우저에서 실행시키면 복사한 파일(bufrw.jsp)로부터 한 줄씩 읽어서 출력하는데 그 결과와 만들어진 pwcopy.txt 파일의 내용은 앞의 BufferedReader와 BufferedWriter 클래스 예제 결과와 동일하다.

6.4 파일 클래스 응용

다음은 파일을 이용하여 방명록을 만들어본다. 앞에서 설명한 문자 입출력 스트림을 제어하는 클래스들과 묵시적인 객체들을 이용할 것이며 작성할 페이지는 다음 구성도에서 보여주는 것처럼 글 작성을 위한 페이지, 현재 올려있는 글을 보여주기 위한 페이지, 그리고 작성한 글을 서버 파일에 저장하는 페이지이다.

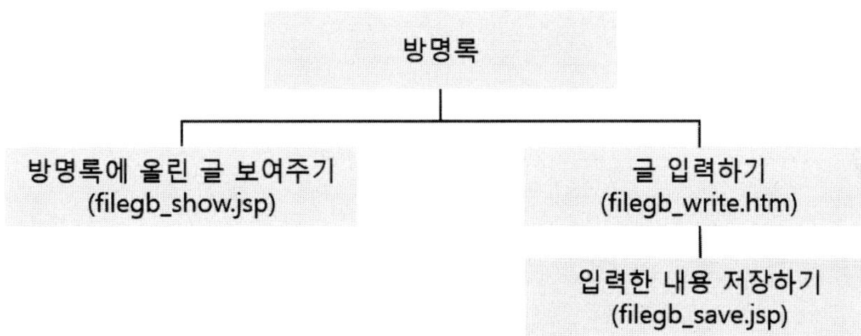

[그림 6-9] 방명록 구성도

작업 단계는 다음과 같다.

① 방명록에 글을 올릴 수 있도록 하는 HTML 파일을 작성한다.

예제 filegb_write.htm

```
<HTML>
<HEAD>
<SCRIPT language="javascript">
function trim(str) {
 return str.replace(/^\s*|\s*$/g,"");  // 앞쪽공백제거 replace(/^\s*|,"");
}                                       // 뒤쪽공백제거 replace(|\s*$/g,"");

function check() {
  with(document.filegbwrite) {

    if(!trim(name.value)) {
```

```
      alert("이름을 입력해 주세요!!");
      name.focus();
      return false;
    }

    if(!trim(subject.value)) {
      alert("제목을 입력해 주세요!!");
      subject.focus();
      return false;
    }

    if(!trim(content.value)) {
      alert("내용을 입력해주세요!!");
      content.focus();
      return false;
    }
    document.filegbwrite.submit();
  }
}
</SCRIPT>
<link href="style.css" rel="stylesheet" type="text/css">
<meta http-equiv="Content-Type" content="text/html; charset=euc-kr">
</HEAD>

<BODY>
<FORM name="filegbwrite" method="post" action="filegb_save.jsp">
<CENTER>
<table width="600" cellspacing="0" cellpadding="2">
  <tr>
    <td colspan="2" bgcolor="#1F4F8F" height="1"></td>
  </tr>
  <tr>
    <td colspan="2" bgcolor="#DFEDFF" height="20" class="style1"> 
      글 쓰 기</td>
  </tr>
  <tr>
    <td colspan="2" bgcolor="#1F4F8F" height="1"></td>
  </tr>
  <tr>
    <td width="124" bgcolor="#f4f4f4" class="style2">이 름</td>
    <td width="494" ><input type="text" name="name" class="input_style1"></td>
  </tr>
  <tr>
    <td colspan="2" bgcolor="#dddddd" height="1"></td>
```

```
</tr>
<tr>
  <td width="124" bgcolor="#f4f4f4" class="style2">E-mail</td>
  <td width="494" height="25"><input type="text" name="email" class=
   "input_style1"></td>
</tr>
<tr>
  <td colspan="2" bgcolor="#dddddd" height="1"></td>
</tr>
<tr>
  <td width="124" bgcolor="#f4f4f4" class="style2">제 목</td>
  <td width="494" height="25"><input type="text" name="subject" size="60"
   maxlength="60" class="input_style2"></td>
</tr>
<tr>
  <td colspan="2" bgcolor="#dddddd" height="1"></td>
</tr>
<tr>
  <td width="124" height="162" bgcolor="#f4f4f4" style="padding-top:5px;"
   valign="top" class="style2">내 용</td>
  <td width="494" valign="top"><textarea cols="65" rows="10" name="content"
   maxlength="2000" class="textarea_style1"></textarea></td>
</tr>
<tr>
  <td colspan="2" height="1"></td>
</tr>
<tr>
  <td colspan="2" height="1" bgcolor="#1F4F8F"></td>
</tr>
<tr>
  <td colspan="2" height="10"></td>
</tr>
<tr>
  <td colspan="2" align="right">
    <table width="100%" border="0" cellpadding="0" cellspacing="0">
      <tr>
        <td width="28%"> </td>
        <td width="51%"> </td>
        <td width="12%"><a href="filegb_show.jsp"><img src="image/
         cancle.gif" width="46" height="20" border="0"></a></td>
        <td width="9%"><a href="#" onClick="javascript:check(this.form);">
         <img src="image/ok.gif" width="46" height="20" border="0"></a></td>
      </tr>
    </table>
```

```
      </td>
    </tr>
  </table>
  </FORM>
  </BODY>
  </HTML>
```

테스트하기

브라우저에서 불러들인다.

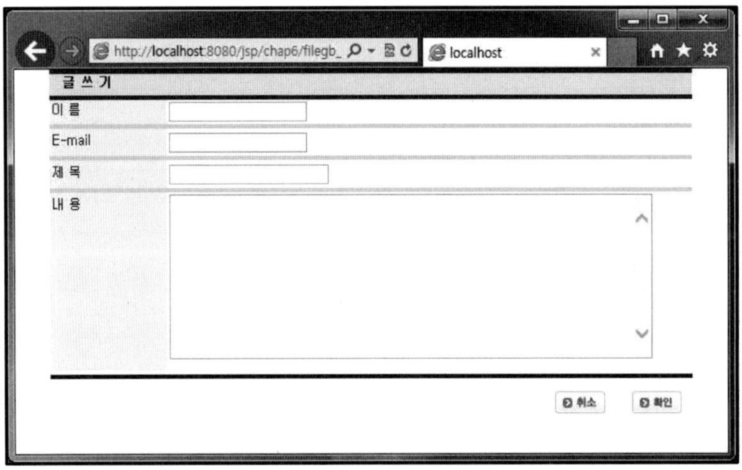

[그림 6-10] filegb_write.htm 파일이 브라우저에 출력된 화면

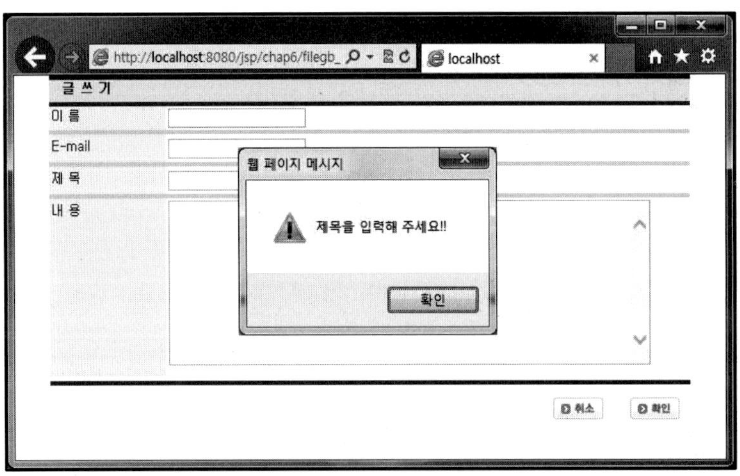

[그림 6-11] 내용 작성 없이 화면을 [확인] 버튼을 클릭했을 경우 나타나는 경고창 화면

② 단계 ①에서 작성한 HTML 페이지를 브라우저에서 연 다음 내용을 입력하고 [확인] 버튼을 눌렀을 때 작성한 글을 파일에 저장하는 액션을 처리하는 JSP 파일을 다음과 같이 작성한다.

예제 filegb_save.jsp

```
<%@ page contentType="text/html; charset=EUC-KR" %>
<%@ page import="java.io.*" %>
<% request.setCharacterEncoding("euc-kr"); %>
<%
String board_file = "C:/jsp/chap6/write.txt";
String email=null;
File check=new File(board_file);

if (!check.exists()) {
  FileWriter filew = new FileWriter(board_file);
  filew.write("");
  filew.close();
}

if (request.getParameter("email") != "") {
  email = "<A href=mailto:" ;
  email += request.getParameter("email") ;
  email += ">" + request.getParameter("email") ;
  email += "</A>";
}
try {
  PrintWriter pw = new PrintWriter(new FileWriter(board_file, true));
  pw.println("<table border='0' width='600' cellspacing='0' cellpadding='2'>");
  pw.println("<tr align='right'>");
  pw.println("<td height='22'> </td></tr>");
  pw.println("<tr align='center'>");
  pw.println("<td height='1' bgcolor='#1F4F8F'></td>");
  pw.println("</tr>");
  pw.println("<tr align='center' bgcolor='#DFEDFF'>");
  pw.println("<td class='button' bgcolor='#DFEDFF'>");
  pw.println("<div align='left'><font size='2'>"+request.getParameter("subject"));
  pw.println("</div></td>");
  pw.println("</tr>");
  pw.println("<tr align='center' bgcolor='#FFFFFF'>");
  pw.println("<td align='center' bgcolor='#F4F4F4'>");
  pw.println("<table width='100%' border='0' cellpadding='0'cellspacing='4'>");
  pw.println("<tr bgcolor='#F4F4F4'>");
  pw.println("<td width='13%' height='7'></td>");
  pw.println("<td width='38%' height='7'>글쓴이:" + request.getParameter
```

```
        ("name") + "</td>");
    pw.println("<td width='38%' height='7'>E-mail: "+ email +"</td>");
    pw.println("<td width='11%' height='7'></td>");
    pw.println("</tr>");
    pw.println("<tr bgcolor='#F4F4F4'>");
    pw.println("<td width='13%'></td>");
    pw.println("<td colspan=2>작성일:" + (new java.util.Date()).toLocaleString()
        + "</td>");
    pw.println("<td width='11%'></td>");
    pw.println("</tr></table>");
    pw.println("</td></tr>");
    pw.println("<tr align='center'>");
    pw.println("<td bgcolor='#1F4F8F' height='1'></td>");
    pw.println("</tr>");
    pw.println("<tr align='center'>");
    pw.println("<td style='padding:10 0 0 0'>");
    pw.println("<div align='left'><br>");
    pw.println("<font size='3' color='#333333'><PRE>"+request.getParameter
        ("content"));
    pw.println("</PRE></div>");
    pw.println("<br>");
    pw.println("</td></tr>");
    pw.println("<tr align='center'>");
    pw.println("<td class='button' height='1'></td>");
    pw.println("</tr>");
    pw.println("<tr align='center'>");
    pw.println("<td bgcolor='#1F4F8F' height='1'></td>");
    pw.println("</tr>");
    pw.println("</table>");
    pw.close();
} catch(IOException e) {
    out.println(e.getMessage());
}
%>
<HTML>
<BODY>
<CENTER>
    <FONT color=blue size=+1><A href=filegb_write.htm>작성하는 곳으로</A></FONT>
</CENTER>
</BODY>
</HTML>
```

줄번호	설명
05	폼에서 입력한 방명록 글을 저장하는 파일을 지정한다.
09~13	방명록 글을 저장하는 파일이 있는지 확인한 후 없을 경우 파일을 생성한다.
15~20	폼에 입력한 내용 중에서 이름이나 메일 주소를 입력한 경우에는 메일 주소를 보여줄 때 메일 주소를 클릭 하면 해당하는 메일 주소로 메일을 보낼 수 있도록 메일 전송할 수 있는 창을 보여주기 위해 태그를 추가한다.
22	문자 출력 스트림 파일을 위해 `PrintWriter`클래스의 인스턴스를 만든다.
23~65	방명록 입력 폼에 입력된 내용들을 나중에 테이블 형태로 보여 주기 위해 테이블을 만드는 태그들을 입력된 내용에 덧붙여서 파일에 저장한다.
66	출력 스트림을 닫는다.

③ 단계 ①에서 작성한 HTML 페이지(filegb_write.htm)을 브라우저에서 열고 내용을 입력한 다음 그 결과를 확인한다.

테스트하기

내용을 정확히 입력한 다음 [확인] 버튼을 누르면 다음과 같은 내용이 브라우저 화면에 출력되는지 확인한다.

[그림 6-12] filegb_write.htm 화면에서 글 작성 후 확인을 클릭하면 데이터를 파일에 저장한 후 나타나는 화면

내용이 입력되는 write.txt 파일을 열어서 다음의 내용을 확인한다.

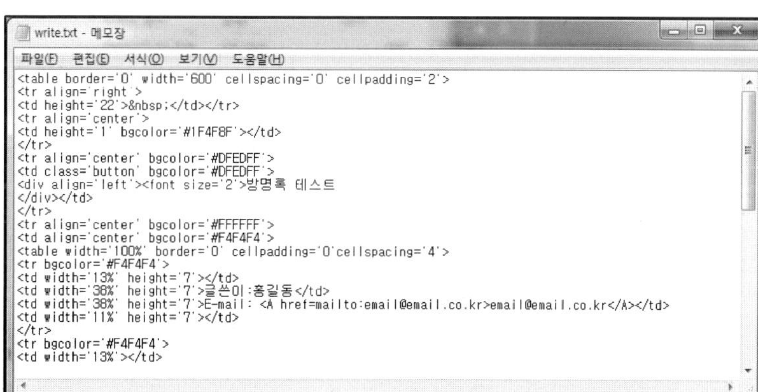


```
<table border='0' width='600' cellspacing='0' cellpadding='2'>
<tr align='right'>
<td height='22'> </td></tr>
<tr align='center'>
<td height='1' bgcolor='#1F4F8F'></td>
</tr>
<tr align='center' bgcolor='#DFEDFF'>
<td class='button' bgcolor='#DFEDFF'>
<div align='left'><font size='2'>방명록 테스트
</div></td>
</tr>
<tr align='center' bgcolor='#FFFFFF'>
<td align='center' bgcolor='#F4F4F4'>
<table width='100%' border='0' cellpadding='0'cellspacing='4'>
<tr bgcolor='#F4F4F4'>
<td width='13%' height='7'></td>
<td width='38%' height='7'>글쓴이:홍길동</td>
<td width='38%' height='7'>E-mail: <A href=mailto:email@email.co.kr>email@email.co.kr</A></td>
<td width='11%' height='7'></td>
</tr>
<tr bgcolor='#F4F4F4'>
<td width='13%'></td>
```

[그림 6-13] write.txt 파일에 데이터가 저장된 화면

③ 내용을 보여주는 JSP 파일을 작성한다.

예제 filegb_show.jsp

```
01 <%@ page contentType="text/html; charset=EUC-KR" %>
02 <%@ page import="java.io.*" %>
03 <HTML>
04   <HEAD>
05     <link href="style.css" rel="stylesheet" type="text/css">
06   </HEAD>
07 <BODY>
08 
09 <%
10 File board_file = new File("C:/jsp/chap6/write.txt");
11 String s=null;
12 
13 try{
14   FileReader in1 = new FileReader(board_file);
15   BufferedReader in2 = new BufferedReader(in1);
16   while((s=in2.readLine()) != null) {
17     out.println(s);
18   }
19   in2.close();
20 } catch(IOException e) {
21   out.println(e.getMessage());
22 }
23 %>
24 <CENTER>
25   <A href="filegb_write.htm"><img src="image/write.gif" width="54" height="19"
26    border=0></A>
   </CENTER>
27 </BODY>
28 </HTML>
```

줄번호	설명
14	문자 입력 스트림을 제어하기 위해 FileReader클래스의 인스턴스를 만든다. 방명록 글이 저장된 파일의 내용을 문자 입력 스트림으로 읽어오기 위한 목적이다.
15	문자 입력 스트림으로부터 읽어올 때 버퍼를 사용하기 위해 BufferedReader클래스의 인스턴스를 만든다.
16~18	버퍼로 읽어들인 파일의 내용을 한 줄씩 읽어서 출력한다.

테스트하기

브라우저에서 불러서 입력한 내용을 정상적으로 출력되는지 확인한다.

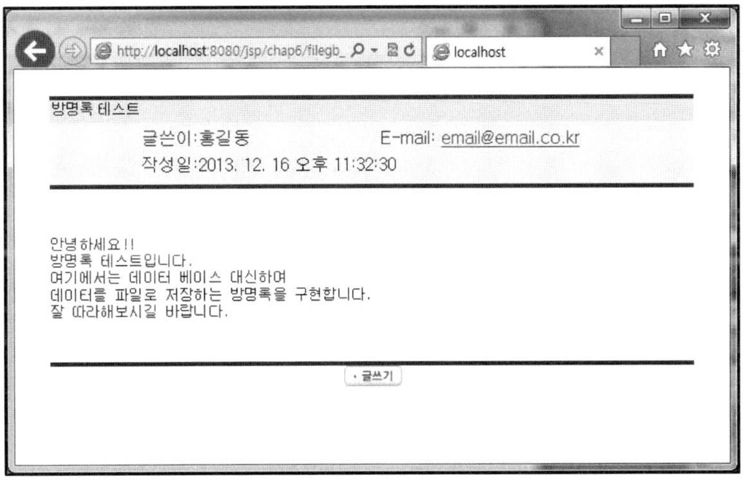

[그림 6-14] filegb_show.jsp 파일을 브라우저에서 확인한 화면

④ 글을 올리자마자 방명록 글을 볼 수 있도록 filegb_save.jsp에서 폼에 입력한 내용을 파일에 출력한 다음 즉시 목록을 보여주는 filegb_show.JSP 페이지로 이동되도록 한다.
이를 위하여 filegb_write.htm과 filegb_save.jsp를 복사한다음 filegb_write2.htm, filegb_save2.jsp로 변경한다.

수정내용

수정예제 filegb_save2.jsp(수정)

```
70  %>
71  <jsp:forward page=" filegb_show.jsp" />
```

▶ 71~77 : filegb_save2.jsp의 71에서 77까지를 삭제하고 filegb_show.JSP 페이지로 이동되도록 하는 다음 문장으로 대체한다.

```
<jsp:forward page=" filegb_show.jsp" />
```

◇ 참고 : 태그 "<%"와 "%>"안에서 기술하려면 다음과 같은 response객체의 메서드를 이용하여 다른 페이지로 이동하도록 할 수 있다.
response.sendRedirect(response.encodeURL("filegb_show.jsp");
또는
response.sendRedirect(response.encodeRedirectURL("filegb_show.jsp");

수정예제 filegb_write2.htm(수정)

```
37  <FORM name="filegbwrite" method="post" action="filegb_save2.jsp">
```

▶ 37 : filegb_write.htm 소스코드중 위와 같은 부분을 아래와 같이 변경한다.
<FORM name="filegbwrite" method="post" action="filegb_save2.jsp">

테스트하기

단계 ①에서 작성한 HTML 페이지(filegb_write2.htm)를 브라우저에서 열고 방명록 글을 입력한 다음 [확인] 버튼을 클릭하여 글 등록과 동시에 목록을 보여주는 페이지로 이동되는지 확인한다.

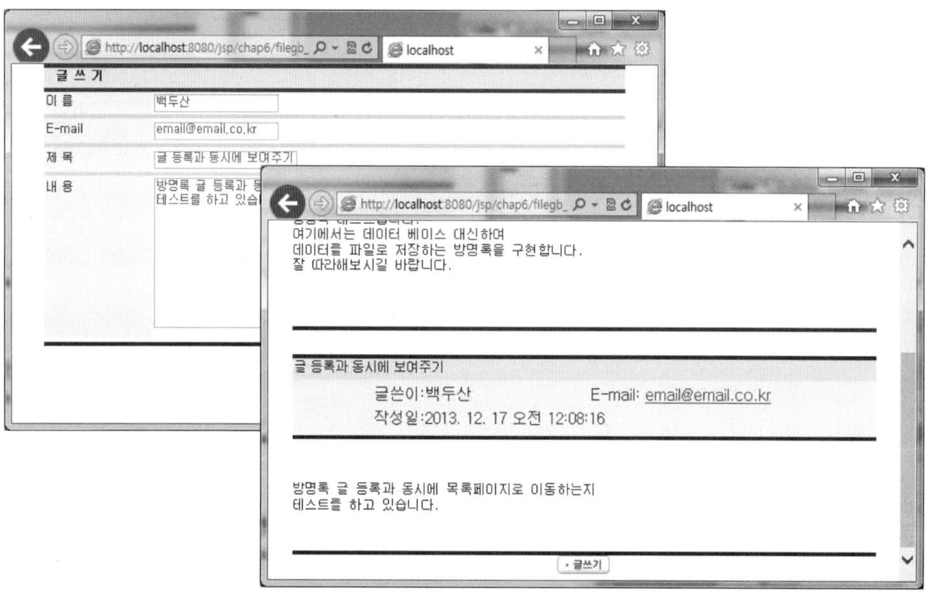

[그림 6-15] 글 등록과 동시에 목록 페이지로 이동하는 화면

6.5 개선된 방명록

앞 절에서 작성한 방명록은 항상 처음 입력했던 글 순서로 보여준다. 그러나 방문자들은 자신이 글을 올린 다음 자신의 글이 가장 먼저 보여지기를 원할 것이다.

방명록에 올린 글을 데이터베이스를 이용하여 저장했다면 정렬순서를 지정하여 간단하게 해결할 수 있지만 파일의 경우에는 항상 처음부터 순차적으로 읽어야하기 때문에 다음에 설명하는 약간 변칙적인 방법을 사용하여 이를 해결한다.

① A가 글을 올려서 저장한 다음 B가 글을 올리려고 할 때 이전에 저장되어 있는 파일의 내용을 모두 읽어서 임시 저장소에 저장해 놓는다.
② B가 올린 글을 방명록에 올린 글을 저장하는 파일에 추가모드가 아닌 형태로 작성한다. 즉, 이전에 내용이 저장되어 있다고 하더라도 현재 글만이 기록된다.
③ 단계 ①에서 임시 저장소에 저장해 둔 내용을 방명록에 올린 글을 저장하는 파일에 추가모드로 기록한다. 그러면 항상 현재 올린 글이 파일의 가장 위에 있게 되고 이 파일의 내용을 읽어서 출력하면 최근 글부터 보여주게 된다.

이를 위하여 filegb_write2.htm과 filegb_save2.jsp를 복사한 다음 filegb_write3.htm, filegb_save3.jsp로 변경한다.

수정내용

수정예제 filegb_write3.htm(수정)

```
37  <FORM name="filegbwrite" method="post" action="filegb_save3.jsp">
```

▶ **37** : filegb_write3.htm 소스코드중 위와 같은 부분을 아래와 같이 변경한다.
<FORM name="filegbwrite" method="post" action="filegb_save3.jsp">

filegb_save3.jsp(수정)

▶ **14-01~14-14** : 문장 번호 14번 다음에 내용을 입력한다.
- **14-02~14-03** : File 객체를 만든다.
- **14-04~14-12** : 이전 글을 저장해 둔 방명록 파일의 내용을 한 줄씩 모두 읽어서 String 버퍼에 저장해 놓는다. 버퍼에 저장할 때 append( ) 메서드를 사용하여 읽어들인 줄의 내용이 계속 추가되도록 하고 한 줄의 내용 끝에 줄이 넘어갈 수 있도록 특수문자인 "₩n"을 덧붙인다. 만일 해당 파일이 없거나 있어도 내용이 없다면 버퍼에 저장되는 내용은 없다.
- **14-13~14-14** : 저장해 둔 String 버퍼의 내용을 String으로 변환하여 String 변수에 저장한 다음 버퍼를 비운다.

▶ **22** : FileWriter 객체의 추가모드를 false로 수정하여 파일에 덮어씌우기를 한다.
▶ **65-1** : 임시 저장소에 저장해 두었던 내용을 현재 방명록 글을 파일에 기록한 다음에 기록한다.

데이터를 파일에 저장하는 filegb-save3.jsp의 소스 코드를 아래와 같이 수정 및 추가한다.

수정예제 filegb-save3.jsp(수정)

```
13  }
```

```
String old=null;
File infile = new File(board_file);
StringBuffer buf = new StringBuffer();
try{
  BufferedReader input=new BufferedReader(new FileReader(infile));
  while((old = input.readLine())!=null){
    buf.append(old +"\n");
  }
  input.close();
} catch(IOException e){
  out.println(e);
}
old = buf.toString();
buf.setLength(0);

PrintWriter pw = new PrintWriter(new FileWriter(board_file, false));

pw.println("</table>");
pw.println(old);
 pw.close();
```

테스트하기

filegb_write3.htm을 브라우저에서 열고 새로운 내용을 입력한 다음 이동되는 방명록 목록 페이지에서 현재 글이 가장 위에서 보여주는 지 확인한다.

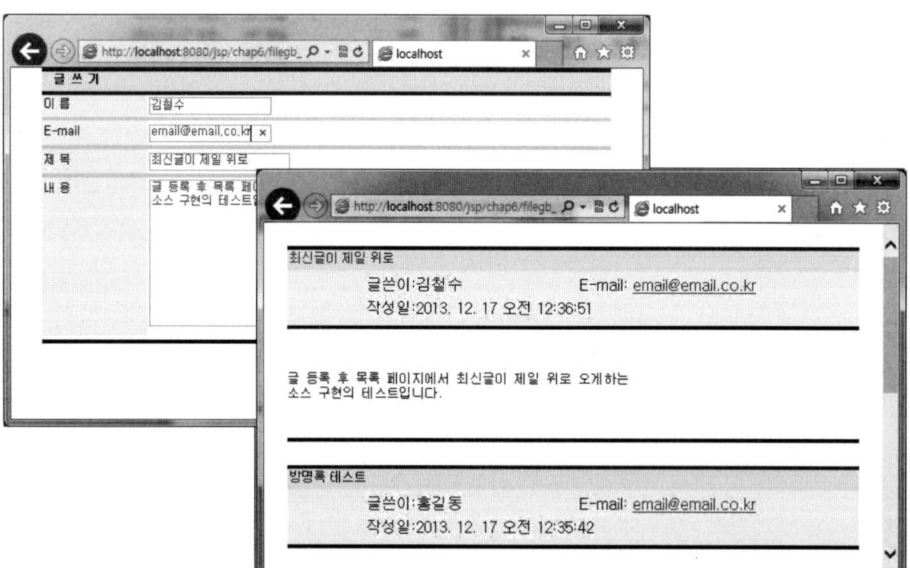

[그림 6-16] 최신 글이 제일 위로 나오게 구현한 화면

연습문제

1 스트림(Stream)을 설명하시오.

2 Reader와 Writer 클래스를 설명하시오.

3 InputStreamReader와 OutputStreamWriter 클래스를 각각 설명하시오.

4 FileReader와 FileWriter 클래스를 각각 설명하시오.

5 BufferedReader와 BufferedWriter 클래스를 사용하는 이유를 설명하시오.

6 본문에서 작성한 방명록에 수정과 삭제 기능을 추가하시오.

Chapter 07

데이터베이스

Chapter 07

데이터베이스

학습목표

자바에서 데이터베이스를 제어하기 위해 지원하는 JDBC에 대하여 JDBC API, JDBC 드라이버, JDBC 드라이버 관리자 등에 대하여 서술한다. JSP에서 SQL을 사용하는 방법들에 대해서도 학습한다.

7.1 데이터베이스의 개요

데이터베이스(Database) 란 데이터를 조직적으로 통합해 구조화시켜 놓은 데이터의 집합체이다. 이를 통해 데이터의 중복을 없애고 쉽게 관리하고 검색하며, 갱신할 수 있도록 한 것이다. 인터넷 쇼핑몰에서 데이터베이스의 사용 예를 생각해 보자

고객이 인터넷 쇼핑몰에 회원가입을 하면 그 정보는 데이터베이스에 저장된다. 이러한 정보를 통해 인터넷 쇼핑몰은 고객을 관리하고 편의를 제공해 줄 수 있다. 즉 고객의 관심분야나 그동안 고객이 구입한 상품의 데이터베이스를 통해 고객이 필요로 하는 정보를 메일로 발송할 수 있다. 그리고 고객이 어떤 물건들을 구입했을 때 그것의 데이터가 저장되어 언제든지 검색 가능하므로 자신이 언제 무엇을 샀는지 쉽게 알 수 있다. 또한, 쇼핑몰에서는 상품의 데이터를 저장해 사용자가 쉽게 검색 가능하도록 할 수 있으며 해당 상품의 정보 갱신 또한 쉽게 할 수 있다.

데이터베이스를 생성하고, 검색하며, 추가, 삭제를 원활히 하려는 프로그램의 집합을 데이터 관리 시스템(DBMS : DataBase Management System)이라고 한다.

데이터베이스를 사용할 때에 발생할 수 있는 문제를 생각해 보자. 만약 서로 다른 상품이 관리자의 잘못된 입력으로 같은 상품코드로 저장됐다고 생각해보자. 고객이 해당 상품을 구입했을 때 다른 상품을 발송할 수 있을 것이다. 이처럼 중복된 데이터로 발생하는 피해를 막는 역할을 하는 것이 DBMS의 역할 중 하나이다.

DBMS의 기능을 정리하자면 다음과 같다.

① 데이터 구조 정의
② 데이터 검색과 정의
③ 데이터 추가와 삭제
④ 복수의 사용자로부터의 데이터 처리 동시 실행 제어
⑤ 정보 보호

DBMS의 형태 중 가장 일반적인 것은 관계형 데이터베이스 관리 시스템(RDBMS : Relation DBMS)이다. 관계형 DBMS 데이터 모델은 테이블의 집합으로 표현되어 있다.

데이터베이스는 한 개 이상의 테이블이 존재한다. 또한, 테이블은 여러 개의 레코드로 존재한다.

7.2 데이터베이스 서버

MySQL은 RDBMS(관계형 데이터베이스관리시스템, Relational Database Management System)의 하나로 중소형 또는 대형 어플리케이션을 제작하는데 많이 사용되고 있다.
Oracle이나 MS-SQL에 비해 기능은 적은 반면, 속도에 있어서는 최고의 서버라고 할 수 있다. 보통의 경우 일반적인 어플리케이션에는 MySQL을 사용하고, 인증이 필요하거나 Trigger나 Stored Procedure 등이 필요할 경우에는 Oracle이나 MS-SQL 등을 사용하는 것이 일반적이다.

MySQL 서버의 구조를 살펴보면 아래와 같다.

```
MySQL 〉 Database 〉 Table 〉 Record 〉 Datatype
```

MySQL 서버 안에 여러 데이터베이스가 존재하고, 데이터베이스 안에 테이블이 있으며, 테이블 안에 레코드가 있고, 그 안에는 데이터형으로 구성된다.
데이터 값이 저장되는 곳은 테이블이고, 이 테이블을 만들기 위해서는 반드시 데이터베이스를 선택하거나 데이터베이스를 만들어야 한다.

7.2.1 Mysql 설치

데이터베이스를 실행하기 위해서는 MySQL 5.7.19 버전을 사용한다. MySQL 배포판은 http://dev.mysql.com/ 사이트로 접속하면 [그림 7-1]과 같은 화면을 볼 수 있다. 사이트에서 Downloads 탭을 클릭한다.

[그림 7-1] dev.mysql.com 사이트 메인 화면

[그림 7-1] 화면에서 [Downloads] 탭을 클릭하면 [그림 7-2]와 같은 페이지로 이동한다. 여기서는 [그림 7-2]의 MySQL Community Server(GPL)의 DOWNLOAD를 클릭하여 다음 페이지로 이동한다.

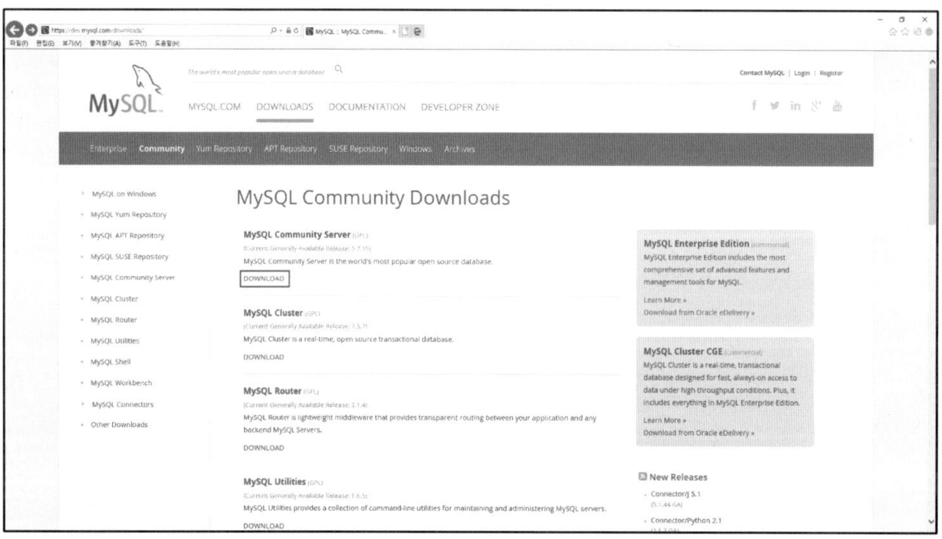

[그림 7-2] Downloads 탭 클릭 화면

[그림 7-3]과 같이 화면이 로드되면 스크롤을 내려서 Windows(x86,64-bit),MySQL Installer MSI 다운로드를 클릭한다.

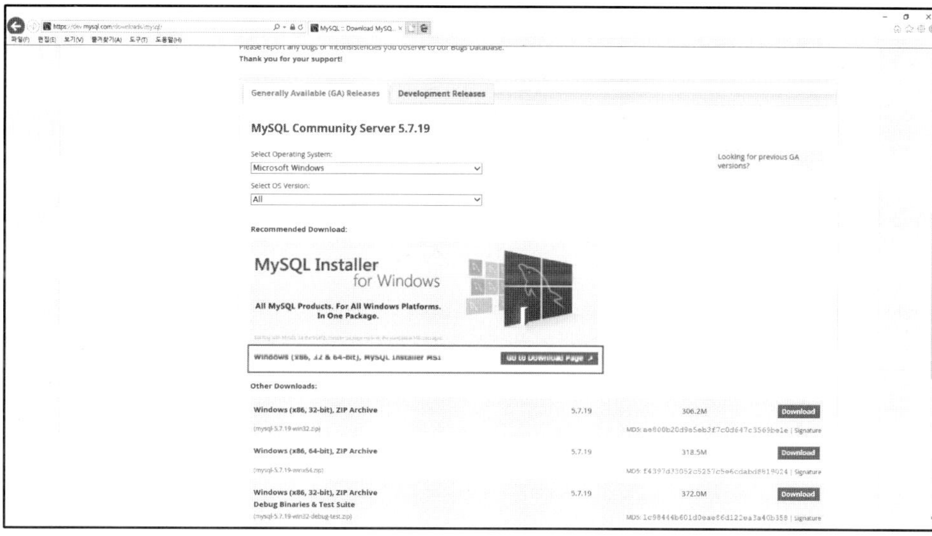

[그림 7-3] Windows(x86,64-bit),MySQL Installer MSI 클릭 화면

[그림 7-3]과 같이 화면이 나타나며 스크롤을 내려서보면 MySQL Installer 5.7.19 버전이 나타나 있다. OS는 윈도우즈를 사용하기 때문에 Platform을 Microsoft Windows를 선택하고 Windows (x86, 32-bit), MSI Installer의 오른쪽 버튼인 [Download] 버튼을 클릭한다.

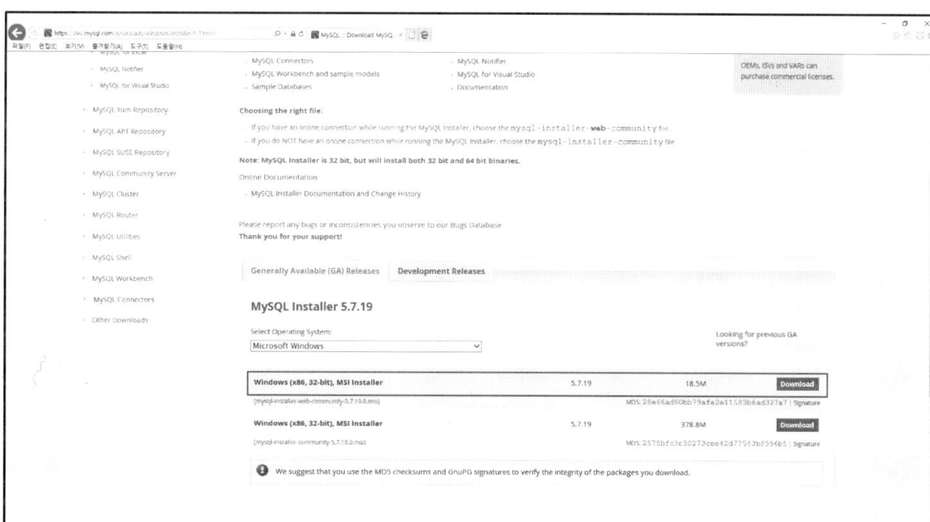

[그림 7-4] Download 버튼 클릭 화면

[그림 7-4]의 다운로드를 클릭하면 [그림 7-5]와 같은 화면이 나타나는데 여기서 Login은 기존 mysql 사이트에 회원가입이 되어 있을 경우 클릭 후 로그인 후에 프로그램을 다운받으면 된다. sign up은 비회원일 경우 회원가입을 하는 페이지로 이동된다.

[그림 7-5]의 테두리 안의 문구를 클릭하면 회원가입 및 로그인 없이 프로그램을 다운 받을 수 있다.

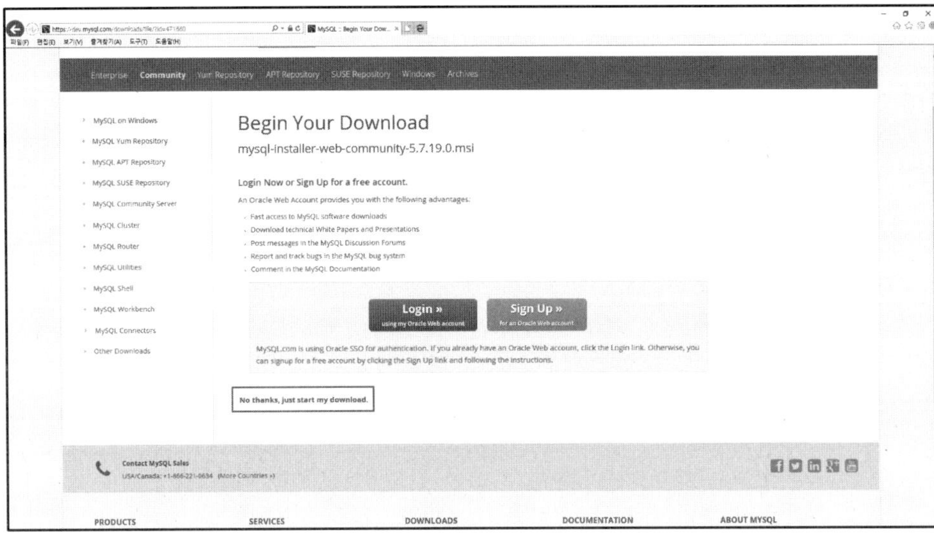

[그림 7-5] No thanks, just start my download.를 클릭한 화면

다운로드 받은 파일을 실행하면 [그림 7-6]과 같이 License Agreement 페이지가 나타난다. 아래의 체크박스를 체크한 후 [Next] 버튼을 클릭하고 계속 진행한다.

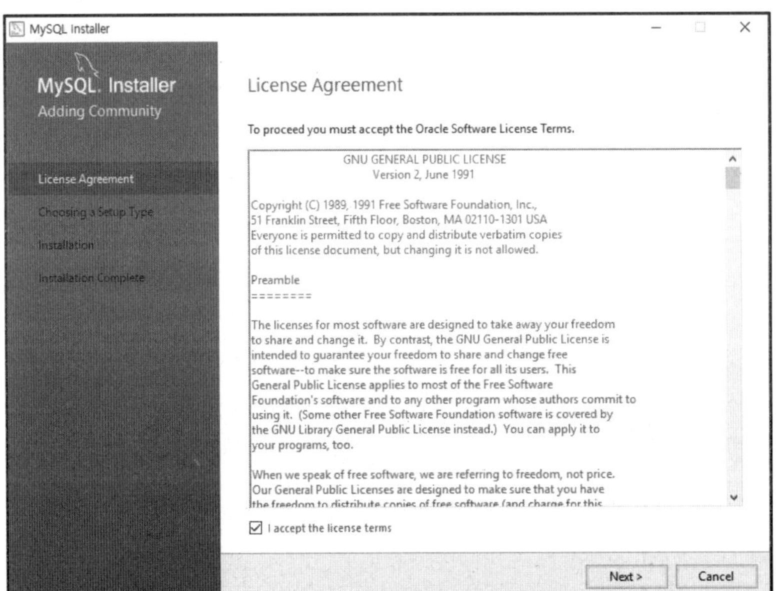

[그림 7-6] License Agreement 페이지

기존에 MySQL이 설치되어 있는지 체크하는 곳이다. [Execute] 버튼을 클릭하고 계속 진행한다. 체크가 끝나면 [그림 7-8]과 같이 [NEXT] 버튼이 활성화되면 [Next] 버튼을 클릭하고 계속 진행한다.

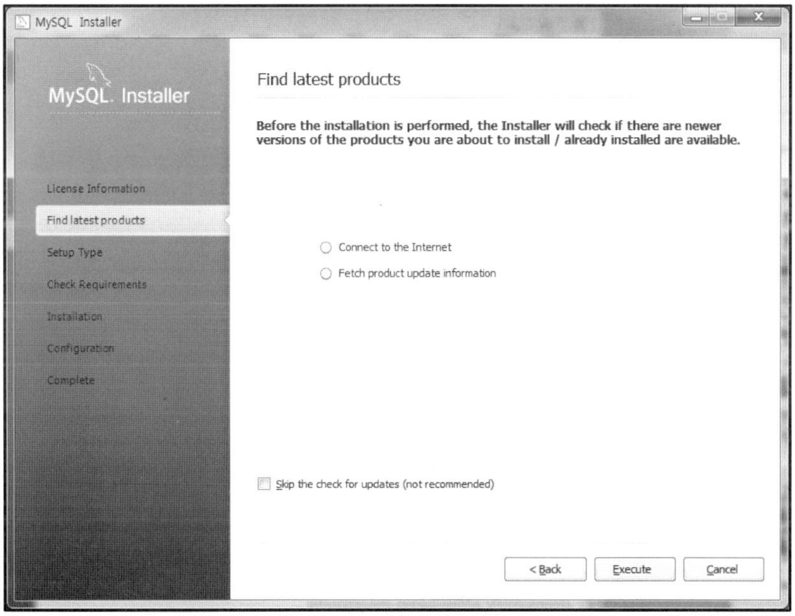

[그림 7-7] 기존 MySQL 설치유무 체크하는 화면

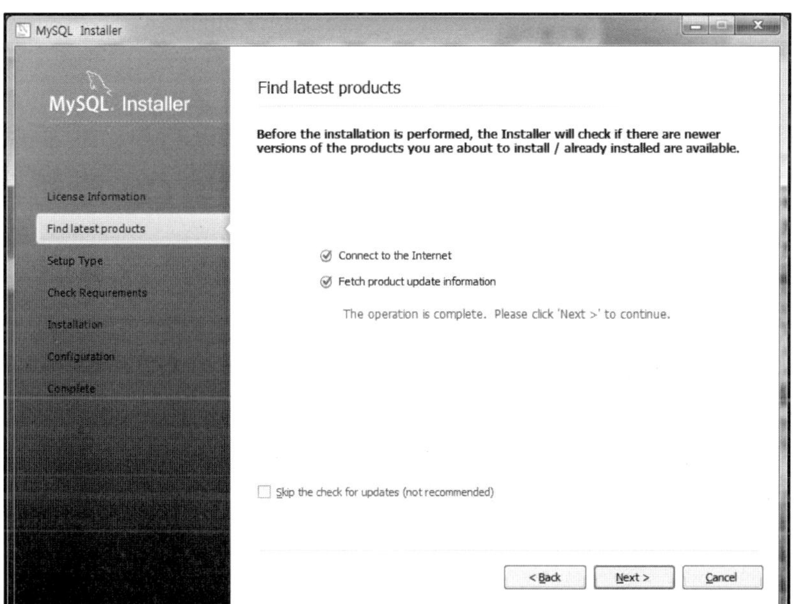

[그림 7-8] [NEXT] 버튼 활성화 화면

설치 옵션을 설정하는 곳이다. 프로그램 기본 선택은 [Developer Default]이나 본 책에서 필요한 프로그램만을 설치하기 위하여 Custom을 선택하고 계속 진행한다.

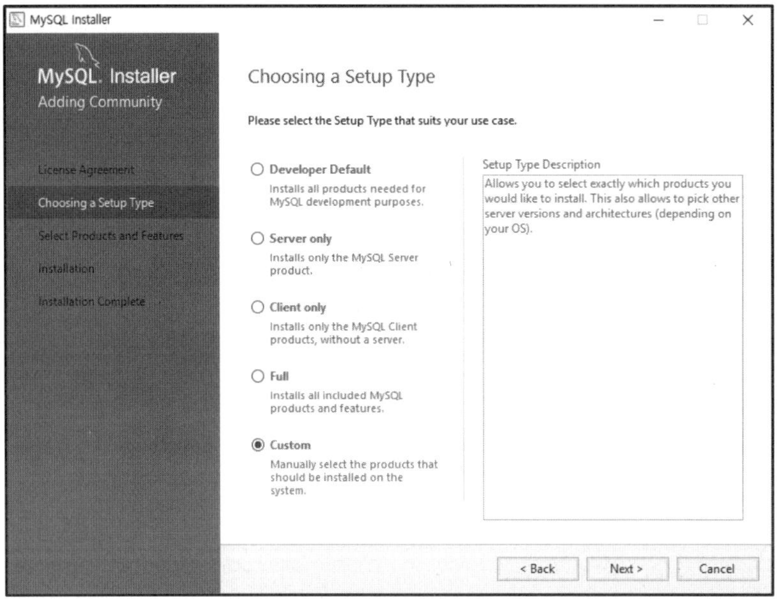

[그림 7-9] Custom을 선택 화면

기능선택 화면이다. 위에서 [Custom]을 선택하여 진행하였기 때문에 본 화면이 나타나며 여기서 [그림 7-10]과 같이 MySQL Server 5.7.19 앞의 체크 박스를 선택하고 jsp와 mysql을 연동하는데 필요한 MySQL Connectors의 Connector/J 5.1.44을 선택한 후 [NEXT] 버튼을 클릭하고 계속 진행한다.

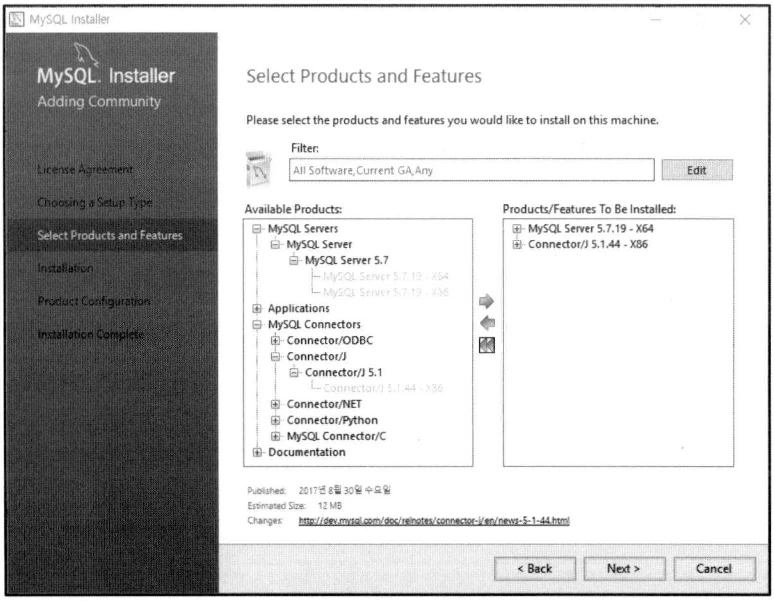

[그림 7-10] MySQL Connectors의 Connector/J 5.1.44 선택 화면

요구사항을 체크하는 화면이다. 위와 동일하게 설치를 진행 하였다면 [그림 7-11]과 같이 '설치를 위해 추가로 묻는 요구사항이 없음'이라고 나온다. [NEXT] 버튼을 클릭하고 계속 진행한다.

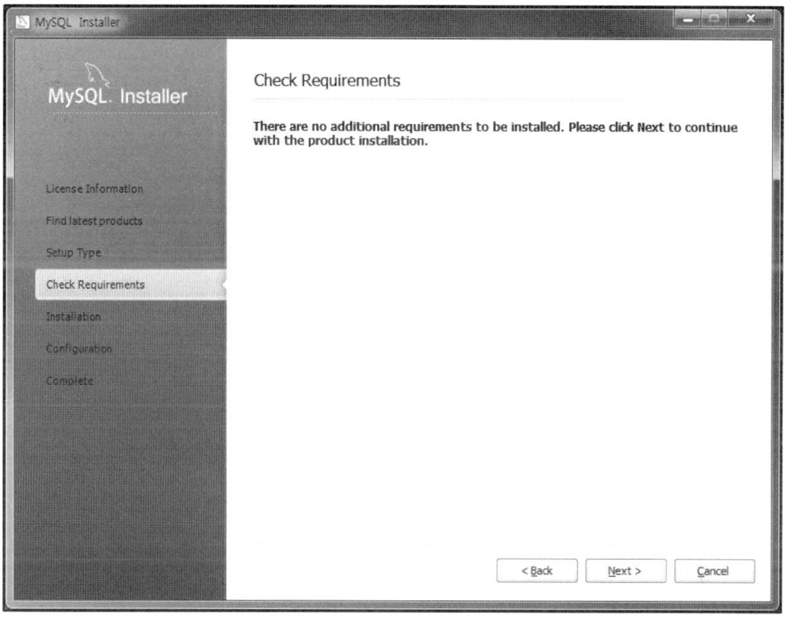

[그림 7-11] 추가로 묻는 요구사항이 없음

설치에 필요한 프로그램을 다운로드 하는 화면이다. [Execute] 버튼을 클릭하여 계속 진행한다.

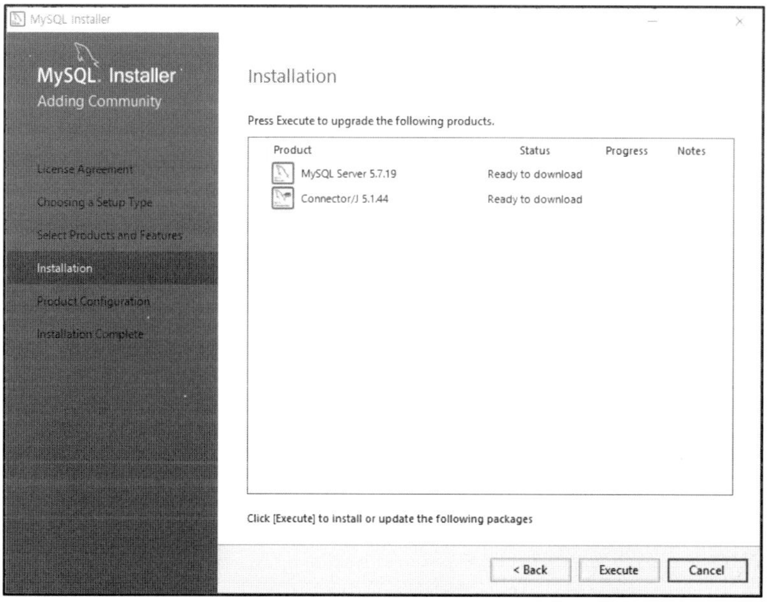

[그림 7-12] 설치에 필요한 프로그램을 다운로드 하는 화면

프로그램을 설치하는 화면이다. 설치가 성공적으로 끝나면 [NEXT] 버튼을 클릭하여 계속 진행한다.

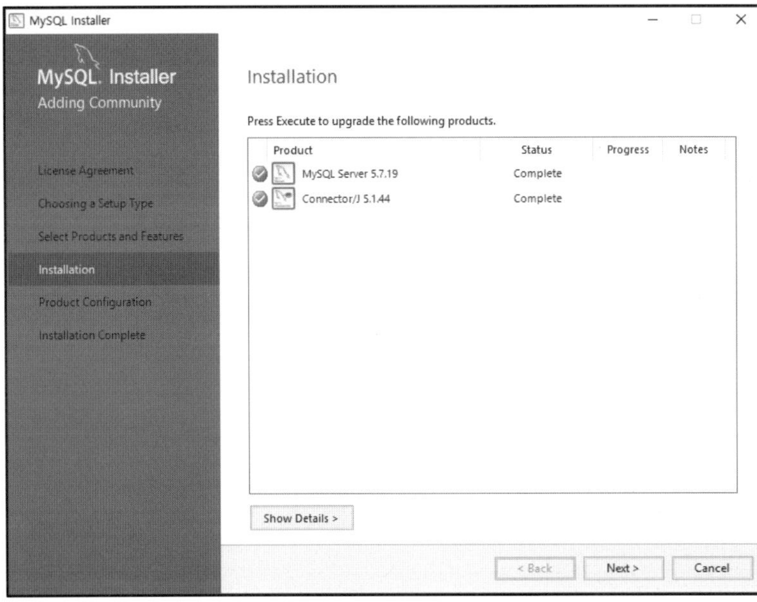

[그림 7-13] 프로그램 설치 화면

프로그램 설치가 완료되어 지금부터 구성요소를 설정한다고 알려주는 화면이다. [NEXT] 버튼을 클릭하여 계속 진행한다.

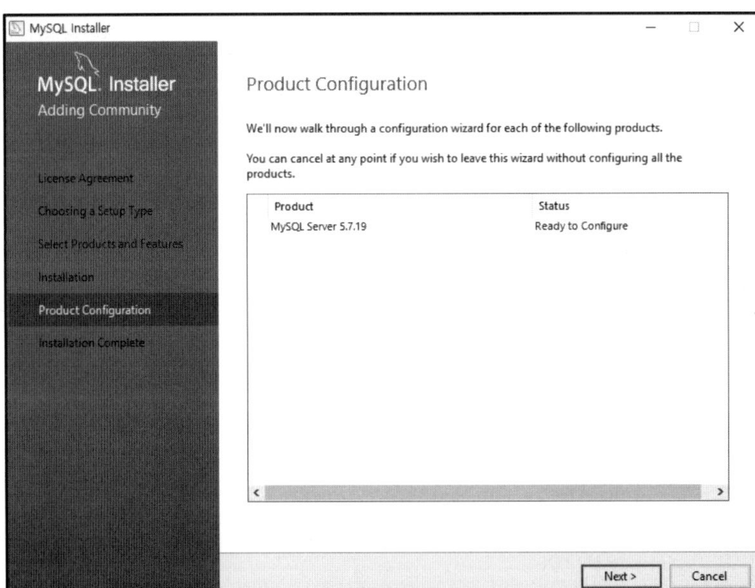

[그림 7-14] 구성요소 설정 화면

서버를 구성하는 화면이다. 서버 구성 타입은 MySQL의 사용 용도(목적)에 따라 선택할 수 있다. 소규모 또는 개발 및 테스트의 목적이라면 "Development Machine"을 선택한다.
포트 번호는 MySQL이 인터넷에 연결되어 사용할 포트를 설정하는 곳이나 특별히 수정할 필요가 없으므로, [Next] 버튼을 클릭하고 계속 진행한다.

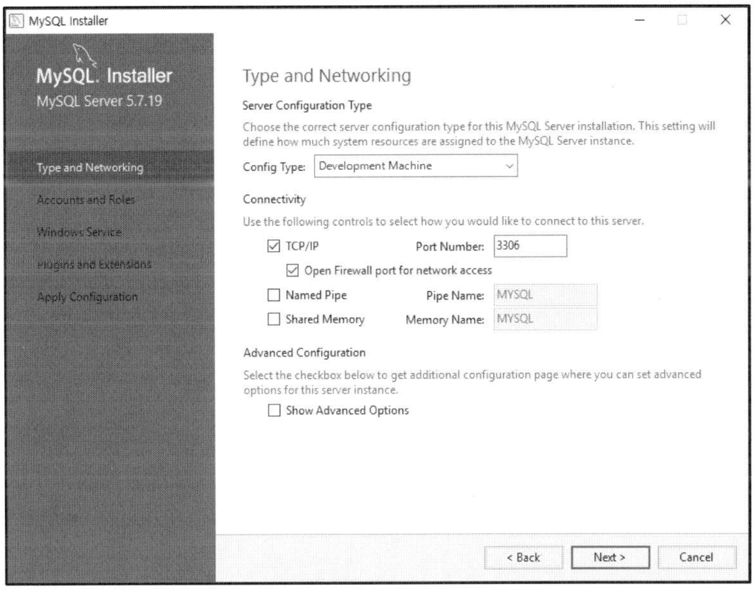

[그림 7-15] 서버를 구성하는 화면

MySQL의 최고 관리자 계정인 root 계정의 비밀번호를 지정 및 사용자 계정을 추가 하는 화면이다. 사용자 계정은 뒤에 스크립트로 하는 방법을 설명하기로 하며 비밀번호만 입력한 후 다음 단계로 간다.

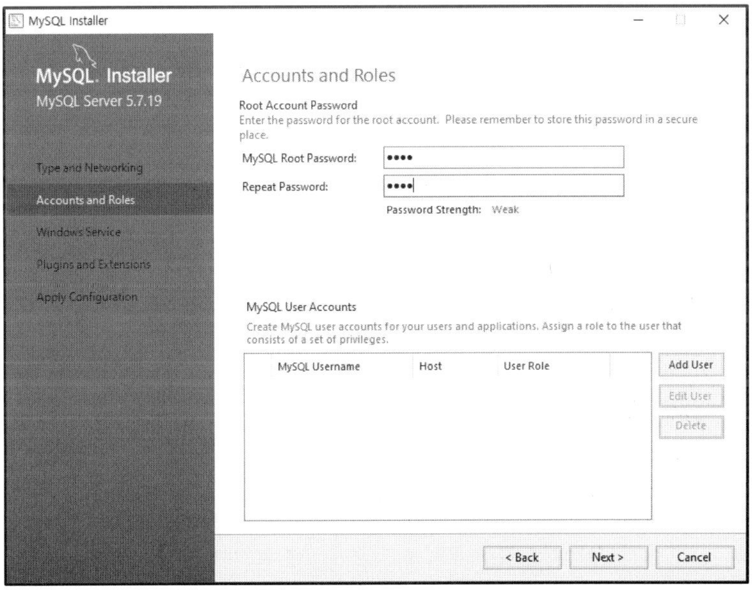

[그림 7-16] root 계정의 비밀번호를 및 사용자 계정을 추가 하는 화면

윈도우즈 서비스 등록 및 서비스 이름을 설정하는 곳이다. 특별히 수정할 필요가 없으므로, [Next] 버튼을 클릭하고 계속 진행한다.

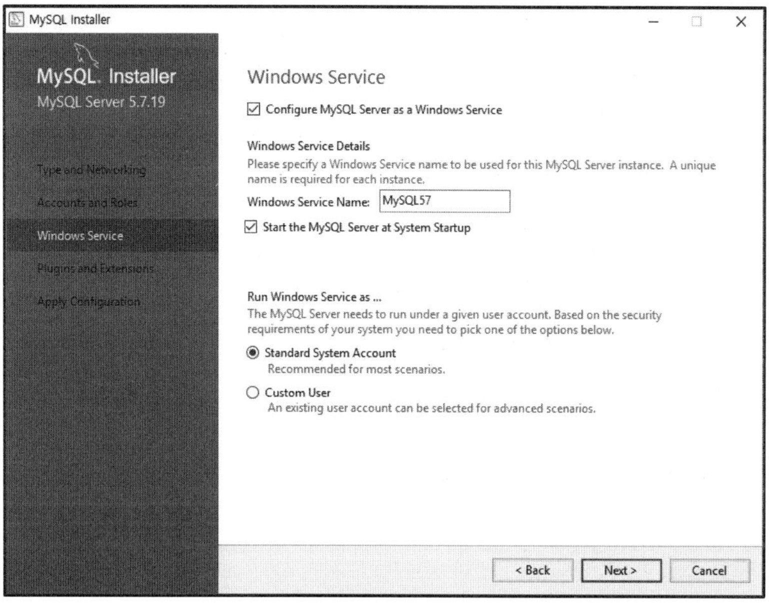

[그림 7-17] 윈도우즈 서비스 등록 및 서비스 이름을 설정

위 단계에서 진행한 구성을 적용하는 화면이다. [그림 7-19]와 같이 구성이 완료되면, [Next] 버튼을 클릭하고 계속 진행한다.

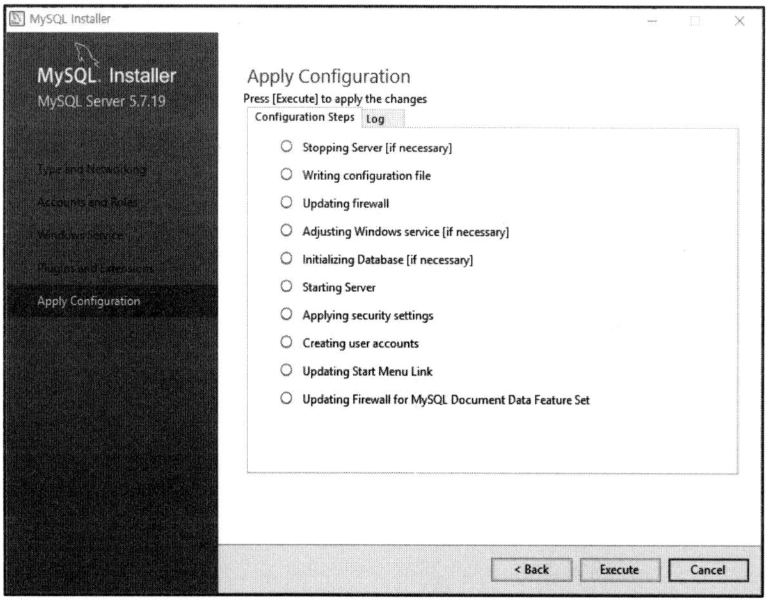

[그림 7-18] 위 단계에서 진행한 구성을 적용하는 화면

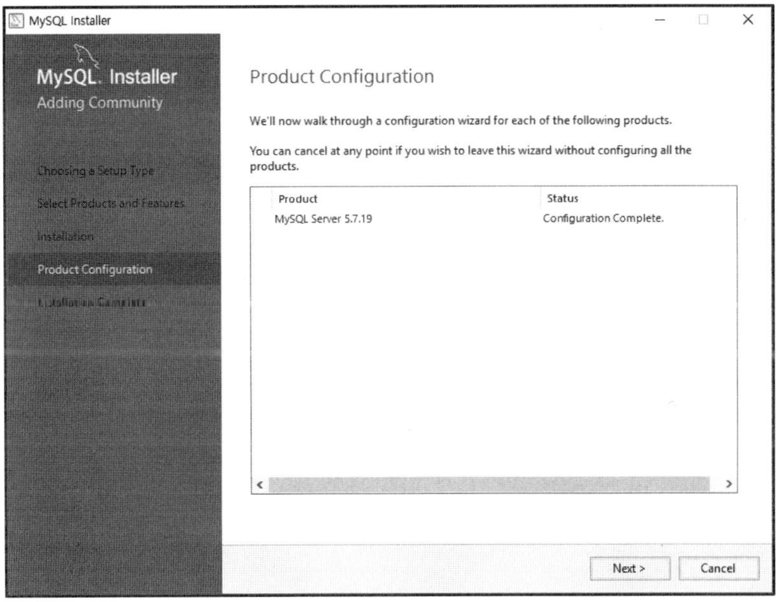

[그림 7-19] 구성 완료 화면

모든 설치 과정이 종료된 화면이다. [Finish] 버튼을 클릭하여 설치를 종료한다.

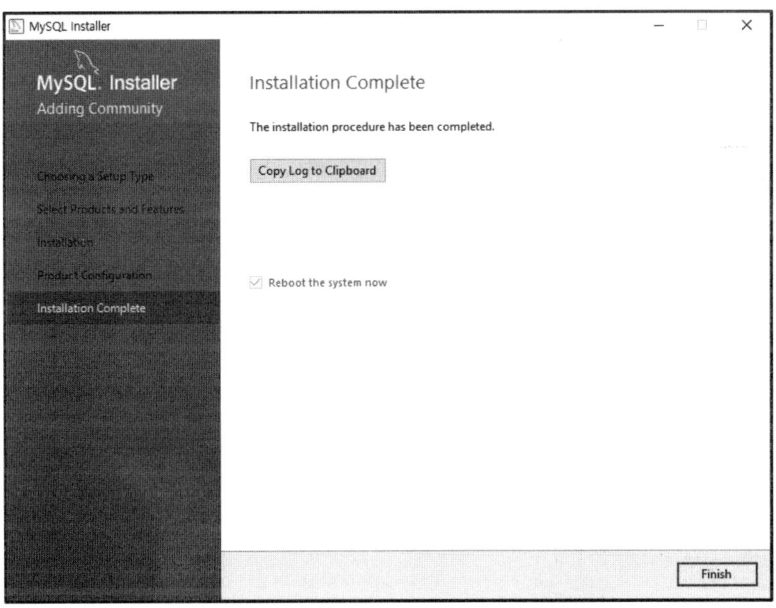

[그림 7-20] 설치 과정 종료 화면

MySQL이 정상적으로 설치되었는지 확인하기 위하여 [시작] →[프로그램]→[MySQL]→[MySQL Server 5.7]→[MySQL 5.7 Command Line Client]를 실행한다.

프롬프트 창에서 설치할 때 입력한 root 계정의 비밀번호를 입력하도록 한다. [그림 7-21]처럼 mysql〉 프롬프트가 나타나면 정상적으로 설치된 것이다.

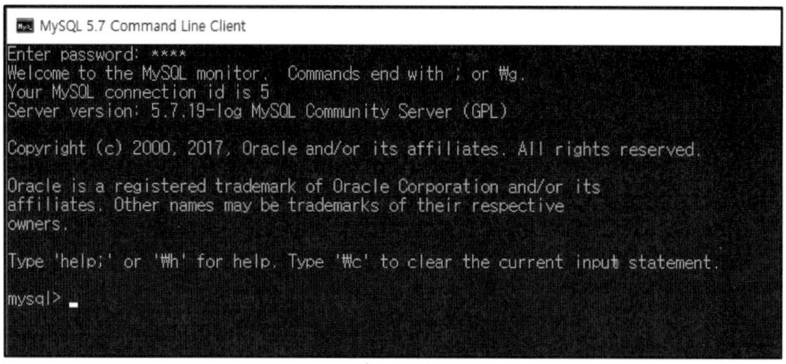

[그림 7-21] 정상적 설치 화면

만일 MySQL이 정상적으로 설치되지 않았을 경우에는 제어판의 프로그램추가/제거 항목에서 MySQL Server 5.7, MySQL Installer를 선택 삭제하고, MySQL이 설치된 경로에 남아 있는 파일도 모두 제거한 후 재설치 하여야 한다.

Jsp 와 Mysql을 연동하기 위해서 mysql-connector-java-5.1.44-bin.jar 파일을 옮겨야 한다. JAR 파일은 C:₩Program Files₩MySQL₩Connector J 5.1.44 폴더에 있다. 만약 Connector J 5.1.44의 폴더가 보이지 않는다면 [그림 7-10] 설치 단계에서 Connectors의 Connector/J 5.1.44을 선택하여 설치하지 않은 것이다.
이와 같은 경우에는 http://dev.mysql.com/downloads/ 사이트로 이동하여 Connector를 다운받아 설치하면 된다. 이 방법은 아래에서 다루도록 하겠다.
mysql-connector-java-5.1.44-bin.jar을 복사하여 C:₩Program Files₩Java₩jdk1.8.0_144₩jre₩lib₩ext 폴더에 붙여넣기를 한다. ext 폴더 안의 파일을 보면 [그림 7-22]와 같다.

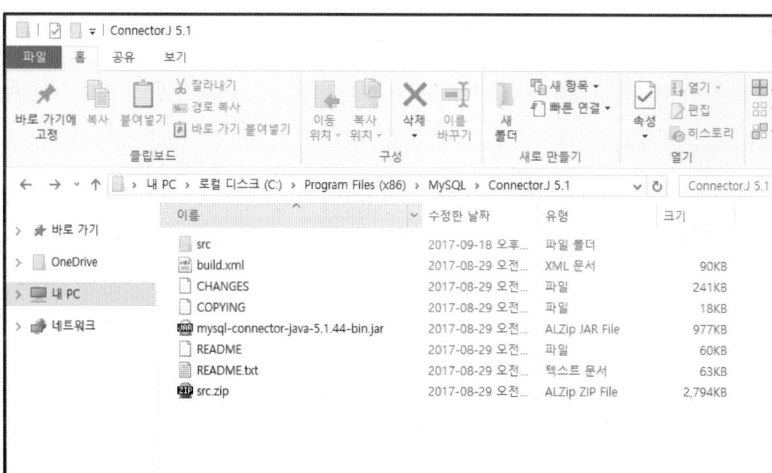

[그림 7-22] ext 폴더 안의 파일

그 다음은 환경변수 등록이다. 1장에서 환경변수 등록 방법을 이미 다루었으므로 1장을 참고하기 바란다.

win7 : [시작] → [내 컴퓨터 or 컴퓨터] 우측마우스 클릭 → [속성] → [고급 시스템설정] → [환경변수], CLASSPATH에 등록.

xp : [시작] → [내 컴퓨터] 우측마우스 클릭 → [속성] → [고급] → [환경변수], CLASSPATH에 등록.

CLASSPATH : ".;C:₩Program Files₩Java₩jdk1.8.0_144₩jre₩lib₩ext₩mysql-connector-java-5.1.44-bin.jar"를 등록한다.

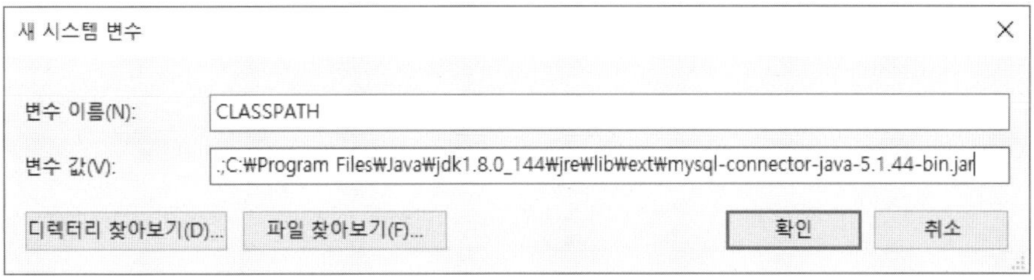

[그림 7-23] 환경변수 등록

Connector가 설치가 되지 않아 다운받아야 하는 경우 http://dev.mysql.com/downloads/ 사이트로 이동하여 다운 받는다.

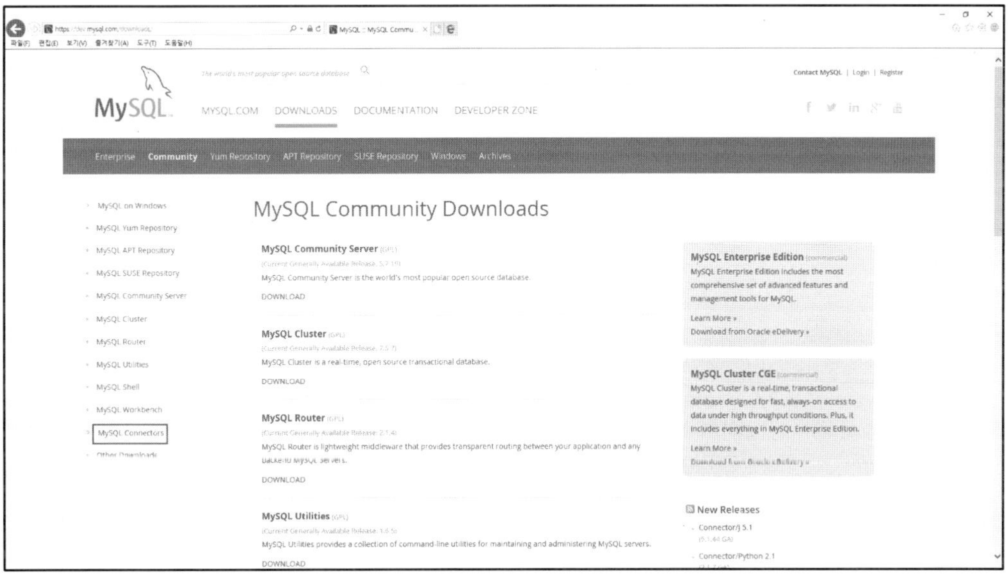

[그림 7-24] http://dev.mysql.com/downloads/ 사이트 화면

MySQL Connectors 텍스트를 클릭하면 [그림 7-25]의 화면으로 이동한다.

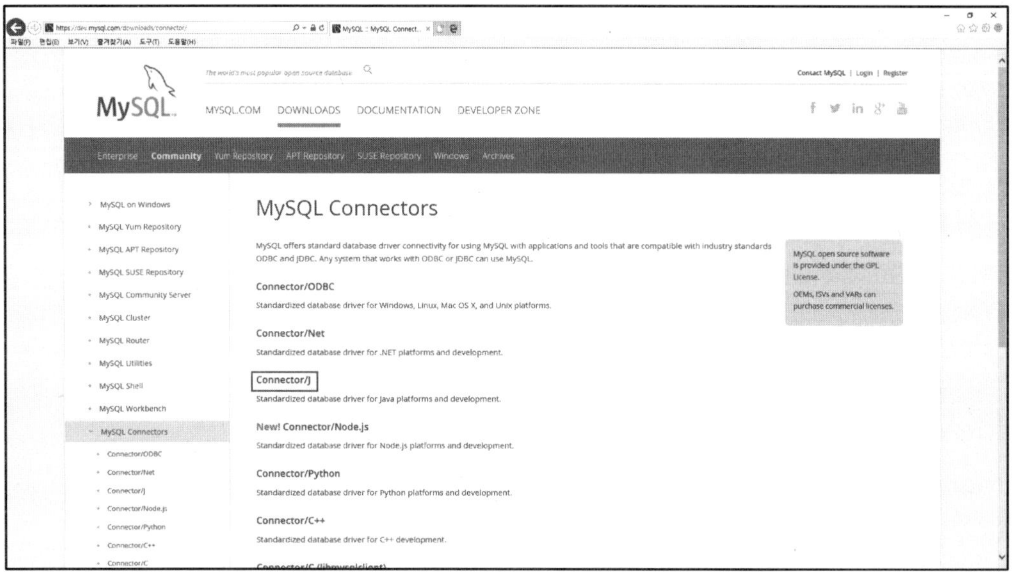

[그림 7-25] MySQL Connectors 텍스트 클릭 화면

Connector/J 텍스트를 클릭하면 [그림 7-26]의 화면으로 이동한다.

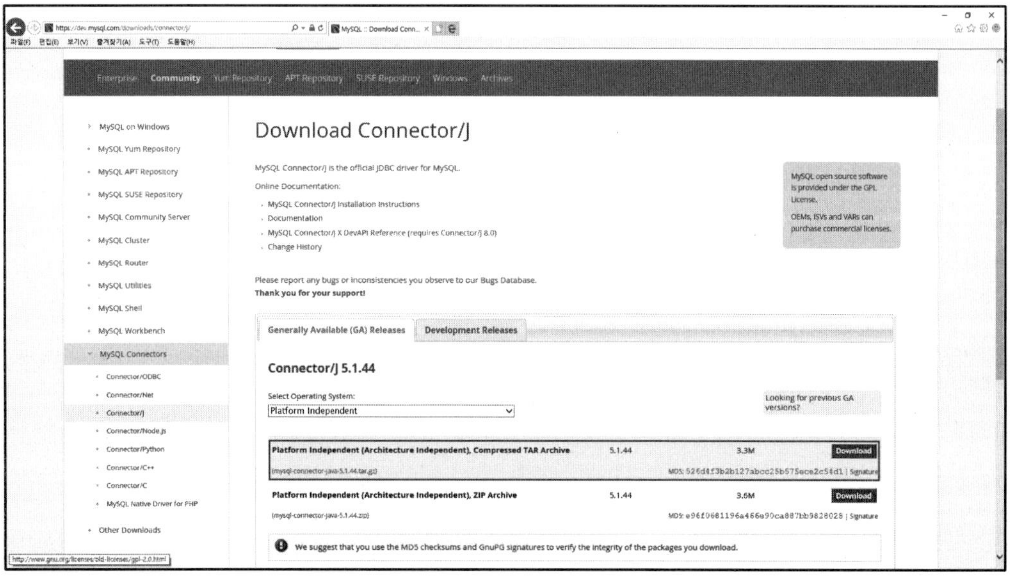

[그림 7-26] Connector/J 텍스트 클릭 화면

[Download]를 클릭하면 [그림 7-27]의 화면으로 이동한다.

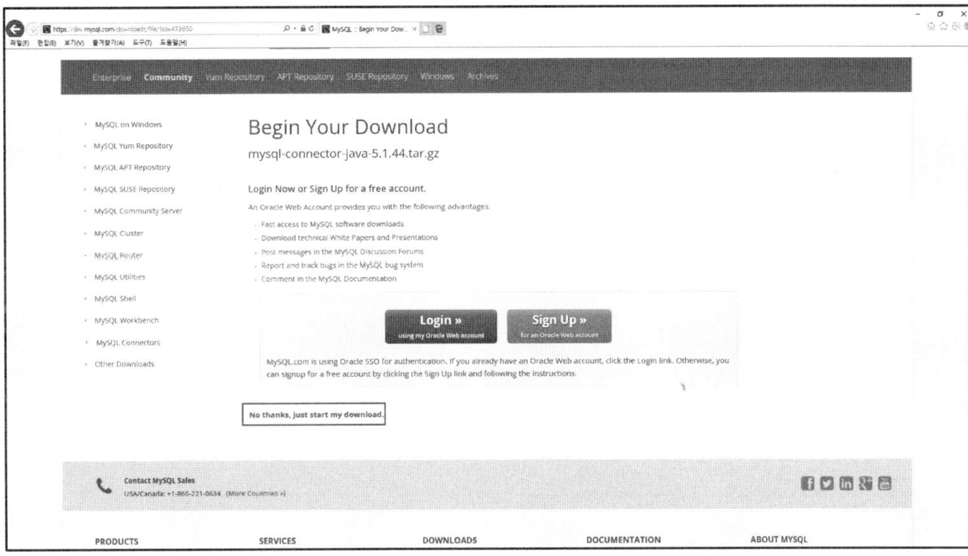

[그림 7-27] No thanks, just start my download 텍스트 클릭 화면

[그림 7-27]의 테두리 안의 No thanks, just start my download 텍스트를 클릭하면 바로 다운로드 된다. 다운로드한 msi 파일을 실행시키면 C:₩Program Files₩MySQL 폴더 안에 MySQL Connector J 폴더가 생성 되어 있다. 위에서와 같이 폴더안의 jar 파일을 ext 폴더 안에 저장하고 CLASSPATH를 등록해 주면 JSP와 MySQL 연동준비가 모두 끝난다.

7.2.2 Mysql 시작과 종료

MySQL 프로그램을 시작하려면 단순하게 'mysql'이라는 명령어를 이용해서 프로그램을 실행할 수도 있지만 옵션 "-u root"를 이용해서도 실행할 수 있다. 여기서 -u root는 관리자 권한을 의미하고, 단 한명만이 관리자 권한을 사용할 수 있다.

1. 시작 ->보조프로그램 ->명령 프롬프트를 클릭한다.

2. 명령 프롬포트 창이 실행된다.

3. 명령 프롬포트 창에서 MySQL 프로그램이 위치한 경로로 이동하려면 명령 프롬프트에서 "cd C:₩Program Files₩MySQL₩MySQL Server 5.7₩bin"이라고 입력한다.

4. Mysql 프로그램을 root 계정으로 실행하기 위한 명령 프롬프트에서 "mysql -u -root"라 입력한다.

5. mysql 프로그램을 root 계정으로 접속한 것을 알 수 있다.

MySQL 서버에 접속하려면 다음과 같이 할 수 있다.

```
mysql [-h host_name] [-u user_name] [-p user_password] [사용할 database]
```

옵션	설명
-h	연결하려는 호스트의 이름이나 주소
-u	접속하려는 MySQL 서버에 등록된 사용자
-p	-u 옵션의 사용자에 대한 비밀번호

기본적으로 연결하려는 호스트의 이름이나 주소가 localhost로 권한을 부여했을 경우 -h localhost 는 생략한다.
다음과 같이 MySQL 서버에 접속하면 된다.
MySQL 서버가 C:₩mysql에 설치되었다.
예) **user_name** : root, **user_password** : multimedia, **database** : mysql

```
1. C:₩MySQL₩bin〉mysql -u root -p
   Enter password : **********
   mysql〉use mysql
2. C:MySQL₩bin〉mysql -u root -p mysql
   Enter password : **********
   mysql〉
3. C:₩MySQL₩bin〉mysql -u root -pmultimedia mysql
   mysql〉
```

1번의 예를 보면 root 계정으로 로그인을 한 후 "use mysql" 명령을 이용하여 mysql 데이터베이스를 선택하였다. 2번의 예에서는 로그인과 동시에 mysql 데이터베이스를 선택하였다. 3번의 예에서는 비밀번호는 본인이 설정한 비밀의 유출 우려가 있으므로 1번이나 2번을 통한 접속을 권장한다. 비밀번호는 본인의 비밀번호를 기입하면 된다.

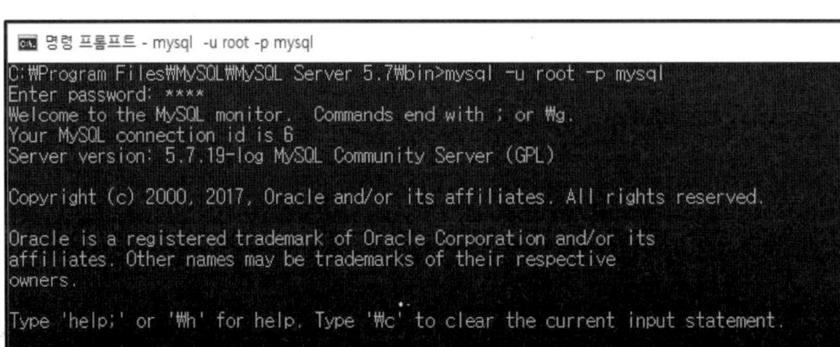

[그림 7-28] mysql 접속하기

■ root의 비밀번호 변경

```
C:₩Program Files₩MySQL₩MySQL Server 5.7₩bin>mysql -u root -p mysql
Enter password : **********
mysql>update user set password=password('multi') where user='root';
mysql>flush privileges;
```

위의 예를 보면 뒤에서 학습할 'update' 구문을 이용하여 비밀번호를 변경하였다.
'flush privileges;' 구문은 변경된 비밀번호를 데이터베이스에 반영한다.

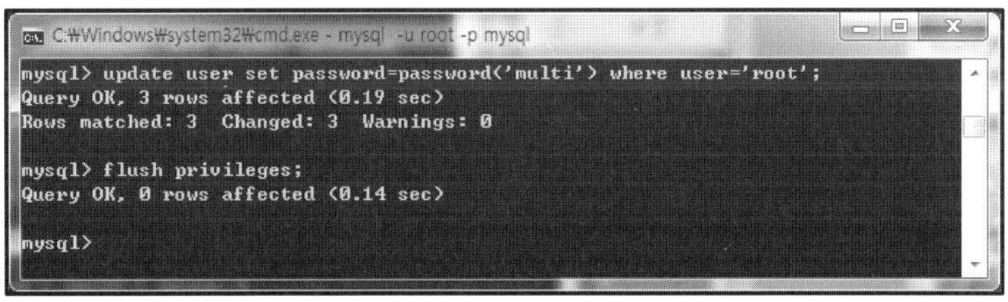

[그림 7-29] root 비밀번호 변경하기

Mysql을 시작했다면 최소한 한번은 Mysql 프로그램을 종료해야 한다. 이때 MySQL프로그램을 종료하기 위한 방법으로는 명령어를 이용한 방법과 옵션을 이용한 방법이 있다.
먼저 명령어를 이용해 MySQL 프로그램을 종료하고자 한다면 다음과 같이 "quit 또는 exit"명령어를 사용한다.

옵션을 이용해 Mysql 프로그램을 종료하고자 한다면 다음과 같이 "₩q"라고 입력한다.

7.2.3 Mysql SQL 질의어

1) 시스템 데이터베이스의 구조

MySQL 서버를 설치 후 기본으로 제공되는 데이터베이스는 mysql과 test이다.
test는 말 그대로 연습용 데이터베이스이고, mysql 데이터베이스는 데이터베이스를 생성하고, 사용자를 생성하거나 데이터베이스를 연결해주는 역할을 담당한다.

■ 데이터베이스 확인하기
show databases; MySQL 서버 안의 데이터베이스를 표시한다.

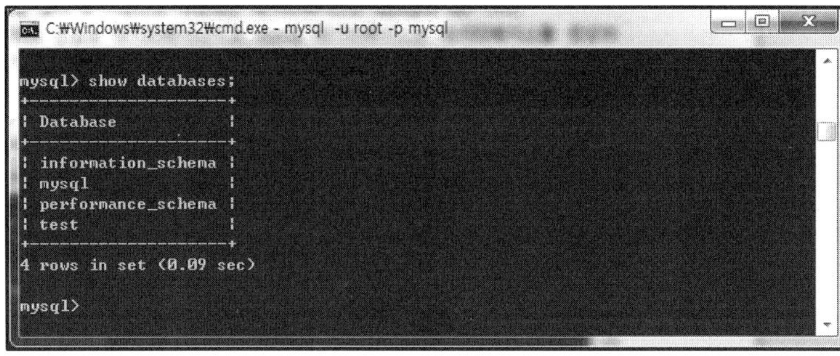

[그림 7-30] 데이터베이스 확인

■ 데이터베이스 선택하기

`use mysql;` 데이터베이스를 선택한다.

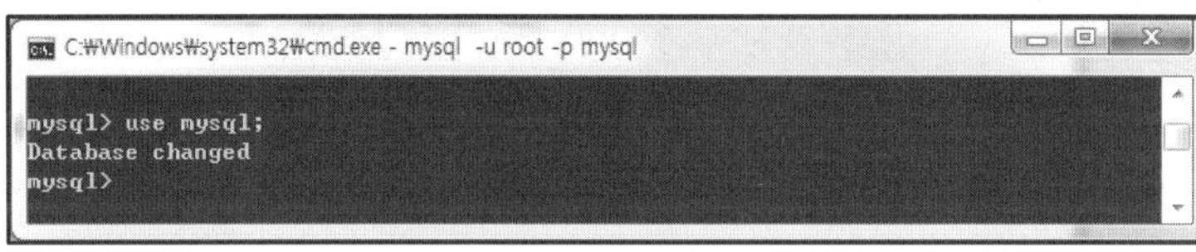

[그림 7-31] 데이터베이스 선택

■ 테이블 확인하기

`show tables;` 선택된 데이터베이스 안의 테이블을 표시한다.

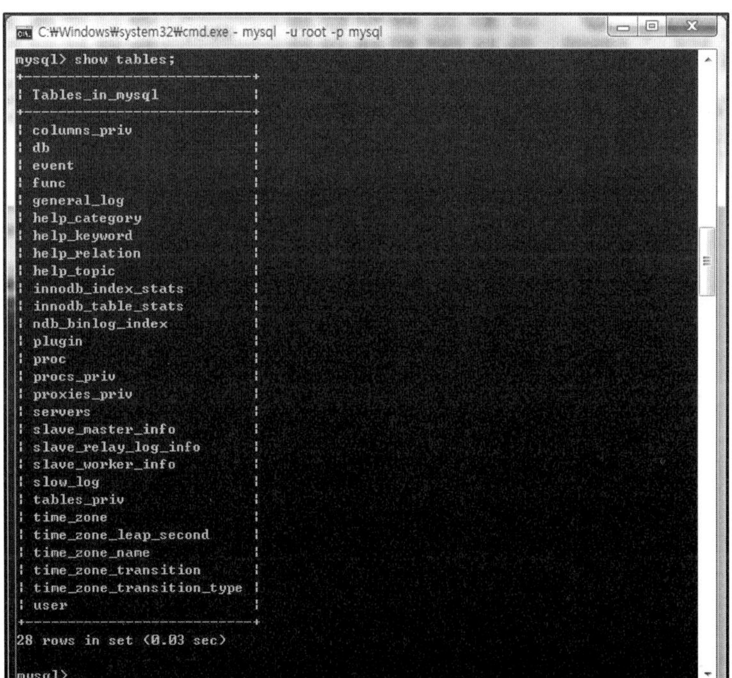

[그림 7-32] 테이블 확인

2) db 테이블과 user 테이블의 구조

데이터베이스와 사용자와의 관계를 설정하려면 db 테이블과 user 테이블의 구조를 알아야 한다. db 테이블은 데이터베이스와 사용자 계정과의 관계를 명시하며, 사용자가 특정 데이터베이스에 대한 권한을 부여한다.

```
mysql>desc db;
```

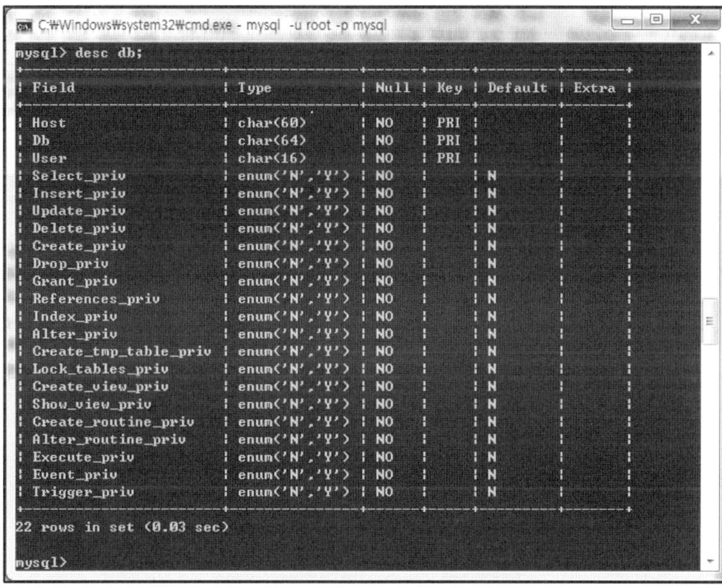

```
C:\Windows\system32\cmd.exe - mysql -u root -p mysql
mysql> desc db;
+-----------------------+---------------+------+-----+---------+-------+
| Field                 | Type          | Null | Key | Default | Extra |
+-----------------------+---------------+------+-----+---------+-------+
| Host                  | char(60)      | NO   | PRI |         |       |
| Db                    | char(64)      | NO   | PRI |         |       |
| User                  | char(16)      | NO   | PRI |         |       |
| Select_priv           | enum('N','Y') | NO   |     | N       |       |
| Insert_priv           | enum('N','Y') | NO   |     | N       |       |
| Update_priv           | enum('N','Y') | NO   |     | N       |       |
| Delete_priv           | enum('N','Y') | NO   |     | N       |       |
| Create_priv           | enum('N','Y') | NO   |     | N       |       |
| Drop_priv             | enum('N','Y') | NO   |     | N       |       |
| Grant_priv            | enum('N','Y') | NO   |     | N       |       |
| References_priv       | enum('N','Y') | NO   |     | N       |       |
| Index_priv            | enum('N','Y') | NO   |     | N       |       |
| Alter_priv            | enum('N','Y') | NO   |     | N       |       |
| Create_tmp_table_priv | enum('N','Y') | NO   |     | N       |       |
| Lock_tables_priv      | enum('N','Y') | NO   |     | N       |       |
| Create_view_priv      | enum('N','Y') | NO   |     | N       |       |
| Show_view_priv        | enum('N','Y') | NO   |     | N       |       |
| Create_routine_priv   | enum('N','Y') | NO   |     | N       |       |
| Alter_routine_priv    | enum('N','Y') | NO   |     | N       |       |
| Execute_priv          | enum('N','Y') | NO   |     | N       |       |
| Event_priv            | enum('N','Y') | NO   |     | N       |       |
| Trigger_priv          | enum('N','Y') | NO   |     | N       |       |
+-----------------------+---------------+------+-----+---------+-------+
22 rows in set (0.03 sec)

mysql>
```

[그림 7-33] db 테이블 구조 확인

Host : localhost가 기본이며, test.co.kr과 같은 도메인이나, ip 주소로 부여 가능

Db : 데이터베이스명

User : 사용자 계정명

Select_priv : 레코드를 선택하여 데이터를 불러올 수 있는 기능을 부여(Y), 미부여(N)

Insert_priv : 레코드에 새로운 데이터를 저장할 수 있는 기능을 부여(Y), 미부여(N)

3) user 테이블의 구조

MySQL 서버에 사용자 계정을 생성하고 비밀번호를 부여하는 테이블이다. user 테이블의 권한은 db 테이블의 권한과 다르다. 명칭이 같다고 하더라도 user 테이블의 모든 권한을 'Y'로 준다면 문제가 발생할 수 있다.

user 테이블에서 권한을 주는 것은 그 사용자가 데이터베이스를 어떤 것을 사용할 수 있으며, 어떤 것을 제어할 수 있는지에 관한 것이기 때문이다. 그래서 root를 제외한 모든 일반 사용자는 user 테이블에서의 권한을 각각의 유저에 맞도록 설정하여야 한다. 그렇지 않고 잘못 부여했을 경우 다른 데이터베이스에도 영향을 미칠 수 있다.

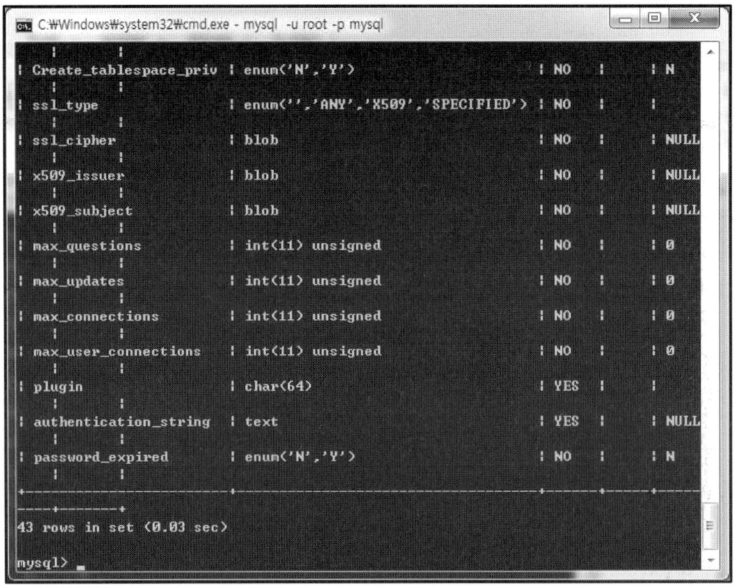

[그림 7-34] user 테이블의 구조

4) 사용자 추가, 데이터베이스 생성 및 권한 설정

다음 절에서는 사용자를 추가하고 데이터베이스와 연결 방법에 대하여 알아본다. 9장의 블로그에 사용할 데이터베이스를 생성하고, 사용자 계정을 연결한다.

(1) mysql 데이터베이스 접속

root 권한으로 mysql 데이터베이스에 접속한다.

```
C:\Program Files\Mysql\Mysql Server 5.6\bin>mysql -u root -p mysql
```

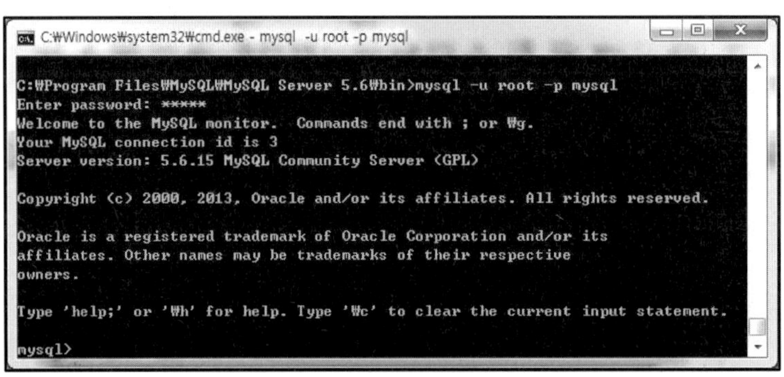

[그림 7-35] root 계정으로 접속

(2) 데이터베이스 생성

gboard 데이터베이스를 생성한다.

```
mysql>create database gboard;
```

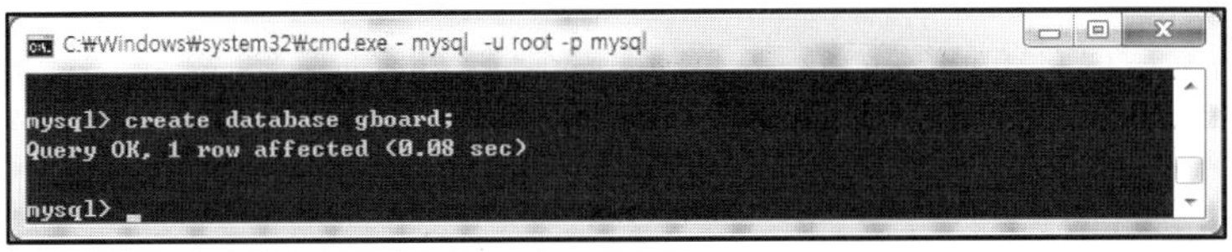

[그림 7-36] 데이터베이스 생성

(3) 사용자 계정 생성과 비밀번호 부여

user 테이블에 multi 사용자 계정을 만들고, 비밀번호는(media)를 부여한다.

```
mysql>insert into user(host, user, password, ssl_cipher, x509_issuer, x509_subject)
      values('localhost', 'multi', password('media'),'','','');
```

[그림 7-37] 계정 추가

```
mysql>flush privileges;
```

사용자계정을 생성할 때 user 테이블의 ssl_cipher, x509_issuer, x509_subject 컬럼은 반드시 빈값이라도 넣어 줘야만 error 없이 생성가능하다.
또한, insert 문으로 사용자 계정을 추가할 경우에는 flush privileges명령을 이용하여 사용자 계정 권한 테이블을 재 로딩해야 한다.

- 데이터베이스 사용자 권한 추가하기

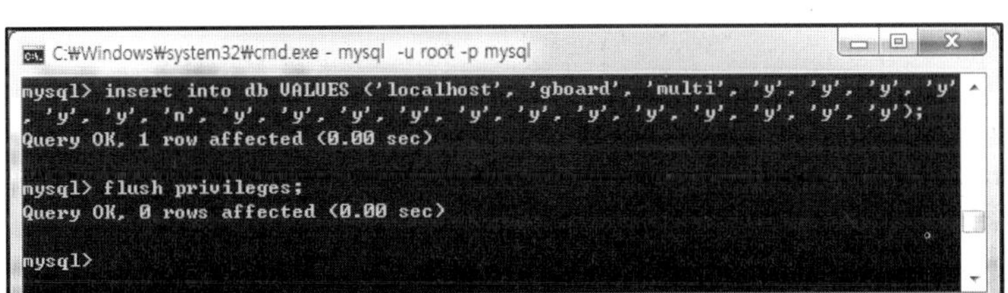

[그림 7-38] db 테이블에 추가하기

Grant_priv만 'n'이고 나머지 'y'로 설정하였다. 권한을 부여한 후 flush privileges;로 권한을 새로 읽어 왔다.

MySQL 서버의 버전에 따라 db 테이블이나 user 테이블의 컬럼 수가 다르기 때문에, SQL 문법 오류가 발생할 경우에는 desc db; 그리고 desc user;s 명령을 이용하여 Type이 enum('Y','N')인 컬럼 인수에 맞게 'y'의 개수를 조정한다.

(4) multi 계정으로 gboard 데이터베이스에 접속하기

모든 설정이 끝났으므로 multi 계정을 이용하여 gboard 데이터베이스에 정상적으로 접속이 되는지 테스트를 해야 한다.

```
mysql -u multi -p gboard
Enter password : media
```

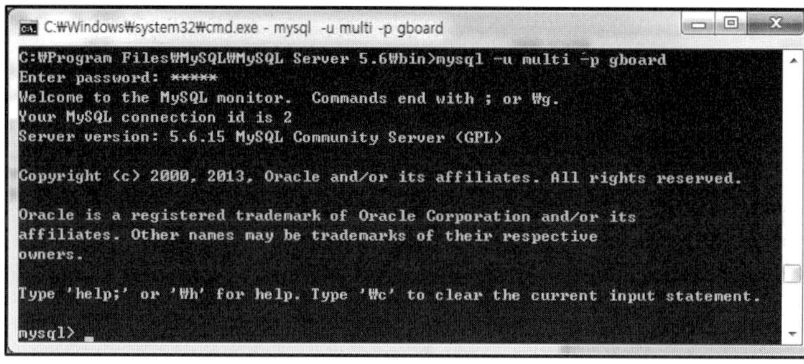

[그림 7-39] 생성된 계정으로 접속

패스워드를 입력하고 정상적으로 mysql>이 뜨면 모두 성공적으로 마친 것이다.
만약 중간에 오타나 구문 오류가 있을 경우 아래와 같은 메시지가 보여 진다.

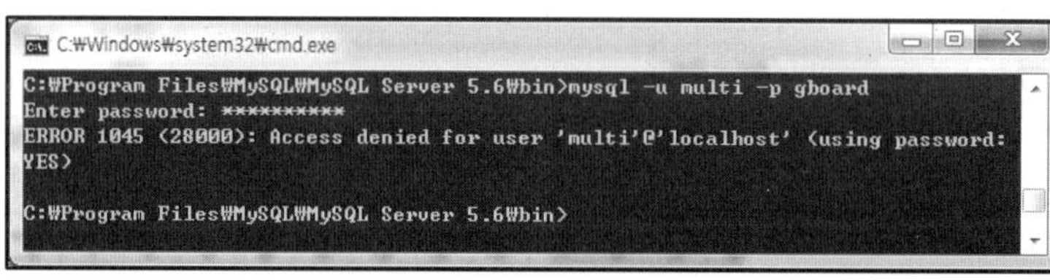

[그림 7-40] 접속 실패 화면

만약 데이터베이스의 이름이나 db 테이블 또는 user 테이블에 값을 잘못 입력하였을 경우에는 아래 작업을 실행하여 처음부터 다시 설정하기 바란다.

```
mysql -u root -p mysql
select * from user;  // user 테이블에 있는 모든 데이터를 검색
delete from user where user='multi'; // user 테이블에서 multi 계정을 삭제
select * from db;    // db 테이블에 있는 모든 데이터를 검색
delete from db where db='gboard' and user='multi';
                     // db 테이블에서 db 이름이 gboard이고 user가 multi인 데이터를 삭제
```

(5) 테이블 생성하기

테이블 이름은 9장 블로그의 gestboard이다.

필드 이름	데이터 유형		빈 문자열(Null) 허용	비고
	Access	MySQL 서버		
name	텍스트(10)	varchar(10)	아니오(Not Null)	
email	텍스트(50)	varchar(50)	예(Null 허용)	
inputdate	텍스트(50)	varchar(50)	아니오(Not Null)	키
subject	텍스트(20)	varchar(20)	예(Null 허용)	
content	메모	text	아니오(Not Null)	

테이블 구조는 위 표와 같다. 아래 SQL 구문을 이용하여 테이블을 생성한다.

① 위에서 생성한 multi 계정을 이용하여 gboard 데이터베이스에 연결한다.

```
mysql -u multi -p gboard
```

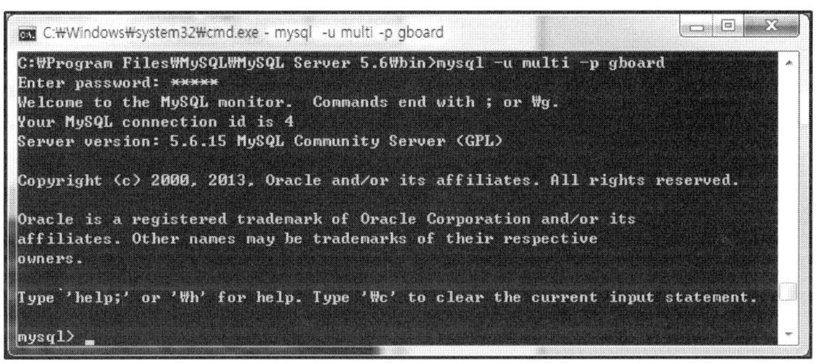

[그림 7-41] multi 계정으로 접속

② SQL 쿼리를 이용하여 테이블을 생성한다.

```
create table guestboard(
name             varchar(10) not null,
email            varchar(50),
inputdate varchar(50) not null primary key,
subject          varchar(20),
content          text not null
);
```

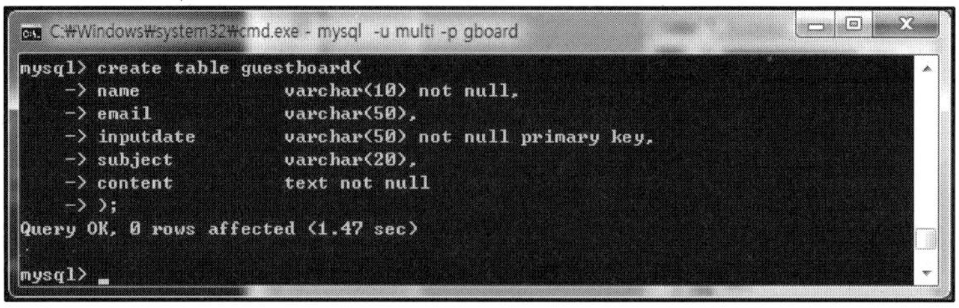

[그림 7-42] guestboard 테이블 생성

③ 테이블이 정상적으로 생성되었는지 확인한다.

```
show tables;
```

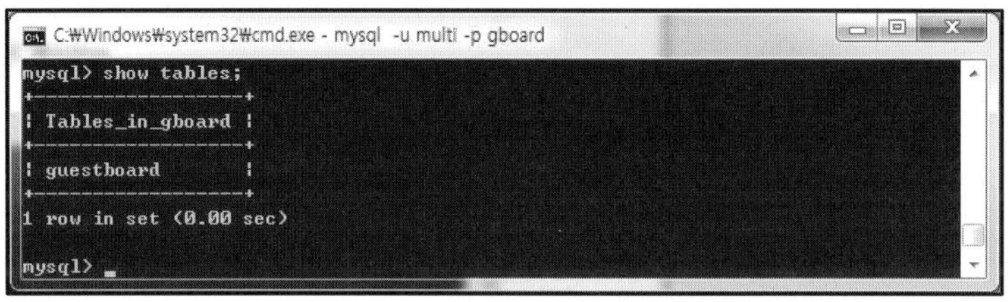

[그림 7-43] 테이블 확인

④ 테이블이 정상적으로 생성되었다. desc 명령을 이용하여 테이블의 구조를 확인한다.

```
desc guestboard;
```

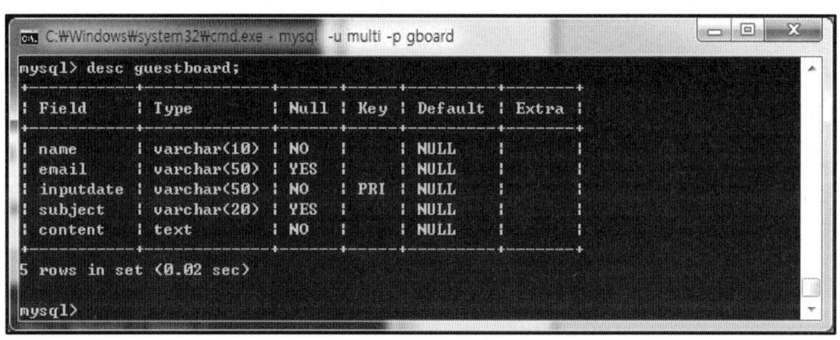

[그림 7-44] guestboard 테이블 구조 확인

5) MySQL 기본 명령어

(1) 데이터베이스 다루기

- 데이터베이스의 생성과 데이터베이스 보기

  먼저 mysql root 계정으로 로그인을 한다.

```
mysql>create database 이름(데이터베이스명);        // 데이터베이스 만들기
mysql>show databases; // 데이터베이스 보기
```

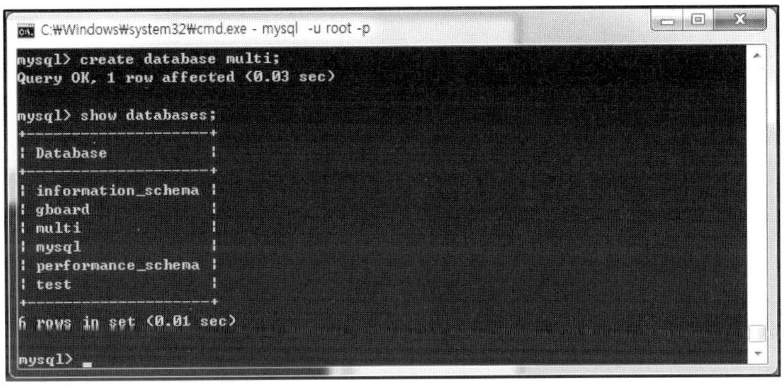

[그림 7-45] CREATE 명령어로 multi란 DATABASE를 생성하고 SHOW 명령어를 써서 multi란 DATABASE가 생성된 것을 확인할 수 있다.

■ 데이터베이스 선택하기

```
mysql>use 데이터베이스명;          // 사용할 데이터베이스 선택
```

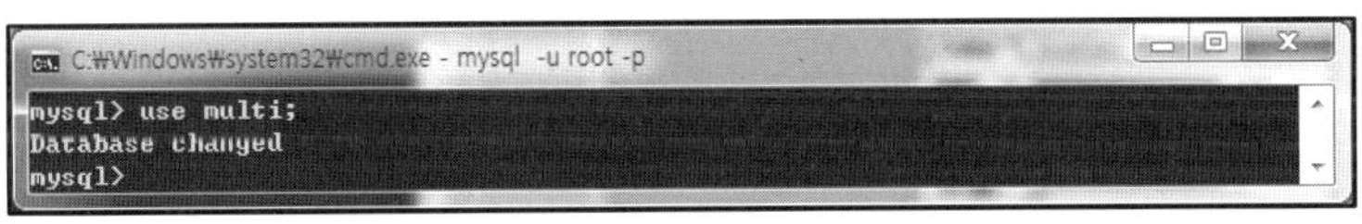

[그림 7-46] use 명령어를 사용하여 multi DATABASE를 선택

■ 데이터베이스 삭제하기

```
mysql>drop database 이름(데이터베이스명);          // 데이터베이스 삭제
```

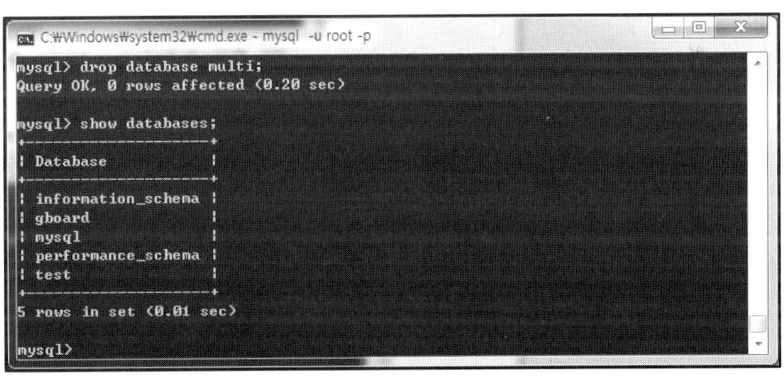

[그림 7-47] DROP 명령어를 사용하여 DATABASE를 삭제할 수 있나. SHOW 명령어로 확인하면 multi DATABASE가 삭제된 걸 확인할 수 있다.

(2) 테이블 다루기

■ 테이블 생성하기

multi라는 데이터베이스를 생성 한 후 use 명령어를 사용하여 multi database를 선택한다.

```
mysql>create table 테이블명 (컬럼1 데이터형, 컬럼2 데이터형...); // 테이블 만들기
```

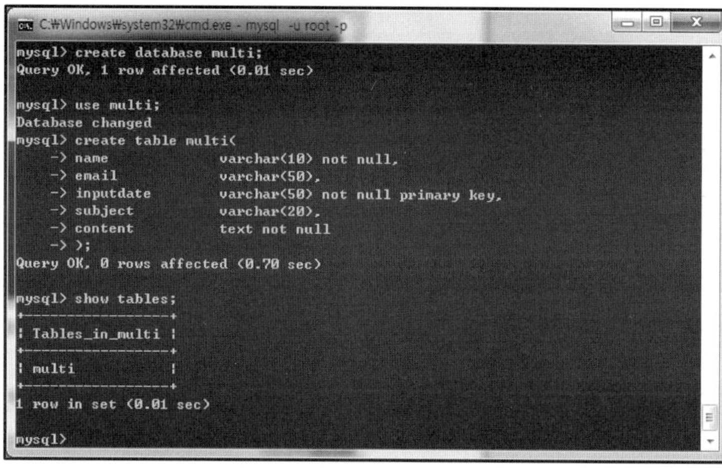

[그림 7-48] multi TABLE을 생성하고 SHOW명령어를 사용하여 확인할 수 있다.

```
mysql>rename table 원본테이블명 TO 수정 테이블명;   // 테이블 이름 변경
```

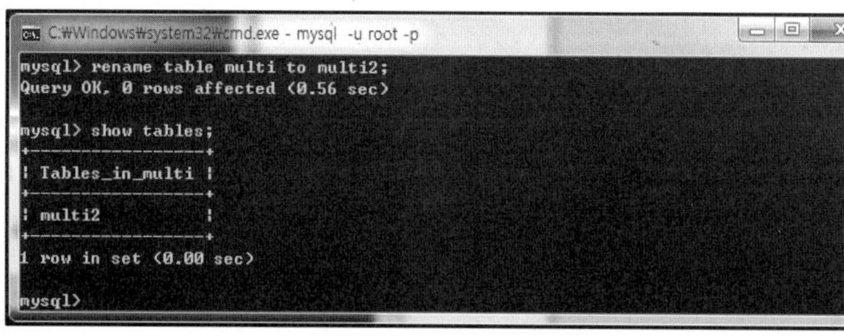

[그림 7-49] RENAME 명령어를 사용하여 테이블 이름을 변경하였으며 multi테이블명이 multi2로 변경된 것을 확인할 수 있다.

- 테이블 컬럼(필드:field) 추가하기

```
mysql>alter table 테이블명 add column 추가할 컬럼명 데이터형;   // 컬럼 추가
```

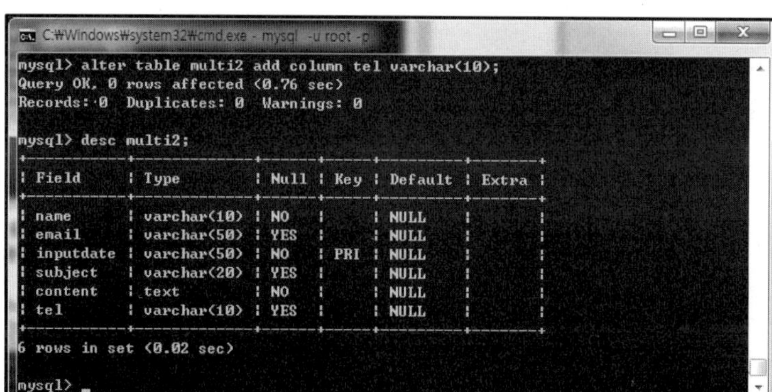

[그림 7-50] ALTER 명령어 중 add를 사용하여 multi2 테이블에 tel이란 컬럼이 추가되었으며, DESC 명령어를 사용하여 추가된 컬럼을 확인할 수 있다.

mysql>alter table 테이블명 drop column 컬럼명;　　　// 컬럼 삭제

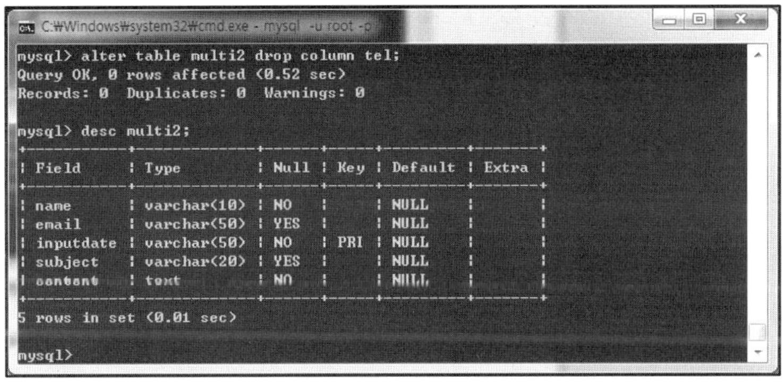

[그림 7-51] ALTER 명령어 중 drop을 사용하여 tel이란 컬럼을 삭제하였다.

mysql> alter table 테이블명 modify 컬럼명 컬럼타입;　　　//컬럼타입의 변경

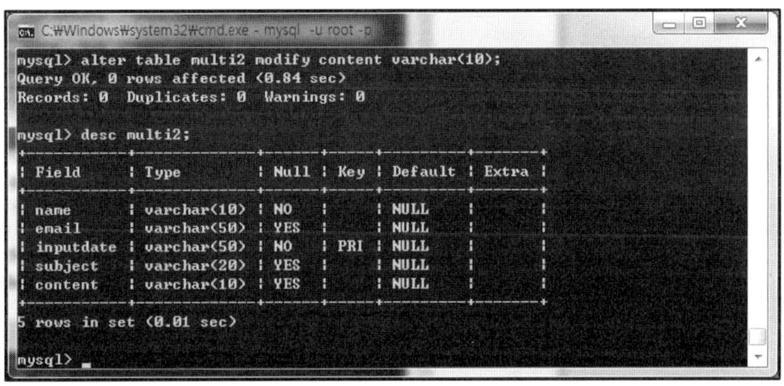

[그림 7-52] ALTER 명령어 중 modify를 사용하여 content 컬럼의 데이터 타입을 text에서 varchar(10)로 수정하였다.

■ 테이블 column(필드:field) 수정하기

mysql>alter table 테이블명 change column 이전컬럼명 새컬럼명 새컬럼데이터형; // 컬럼수정

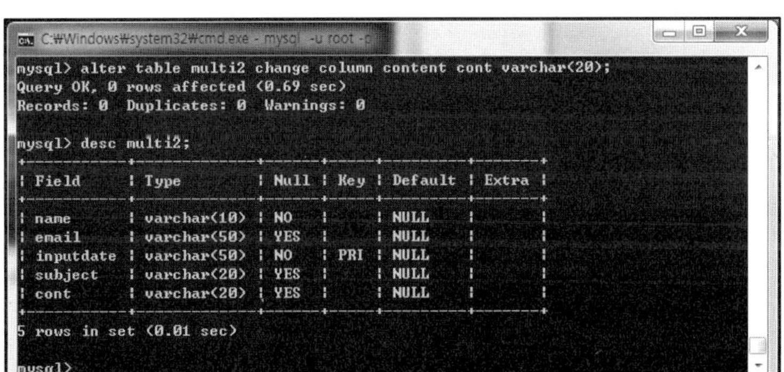

[그림 7-53] ALTER 명령어 중 change를 사용하여 content 컬럼을 cont varchar(20)으로 변경하였다.

■ 테이블 삭제하기

```
mysql>drop table 테이블명;   // 테이블 삭제
```

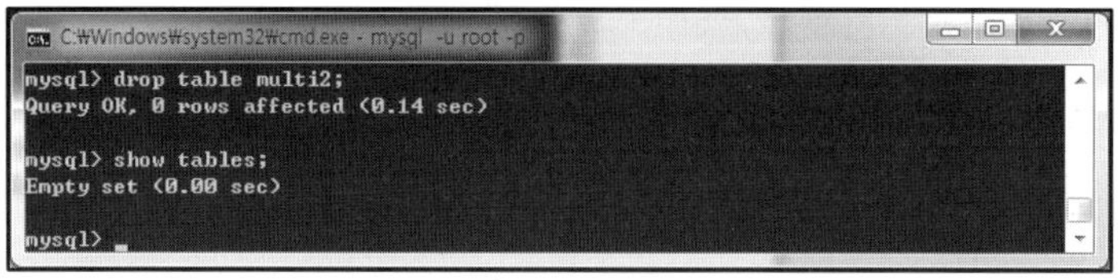

[그림 7-54] DROP 명령어를 사용하여 multi2 테이블을 삭제하였다. SHOW 명령어를 사용하여 테이블리스트를 확인하면 삭제된 것을 알 수 있다.

(3) 데이터 삽입하기(Insert)

■ 테이블에 데이터 삽입하기

먼저 아래와 같이 multi 테이블을 생성한다.

```
create table multi(
name          varchar(10) not null,
email         varchar(50),
content               text not null
);
mysql> INSERT INTO  테이블명 VALUES(값1, 값2, ...); //각각의 필드에 순차적 삽입
```

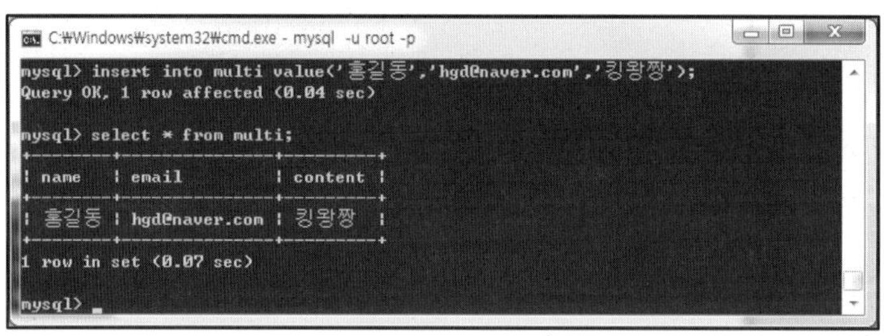

[그림 7-55] INSERT 명령어를 사용하여 데이터를 삽입하였다. 이는 SELECT 명령어를 사용하여 확인할 수 있다.

```
mysql> INSERT INTO 테이블명 (col1, col2, ...) VALUES(값1, 값2, ...);
                                        // 지정된 컬럼에 지정된 값 삽입하기
```

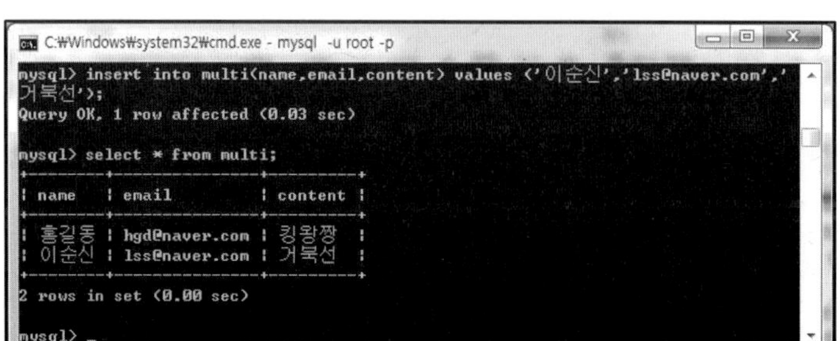

[그림 7-56] INSERT 명령어 중 컬럼을 선택해 values값을 주어서 선택된 필드에 순차적으로 값을 넣은 것을 확인할 수 있다.

(4) 데이터 수정하기(Update)

■ 테이블에 입력된 전체 로우 데이터 수정하기

mysql> UPDATE 테이블명 set 컬럼명=값1,값2,.........;

[where 컬럼명 like i, >=, <=, >, <, between and , and, or // 사용가능 옵션

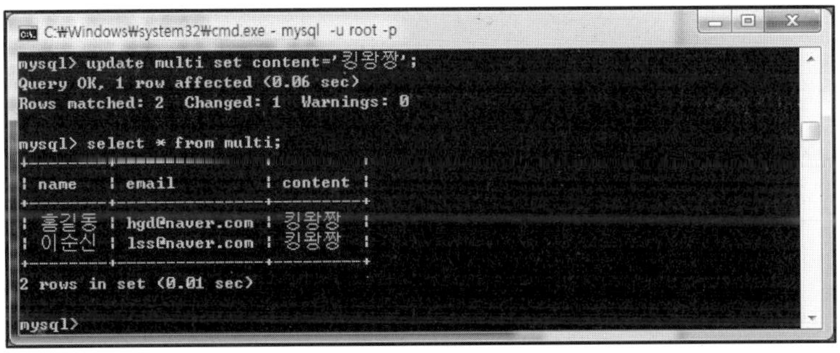

[그림 7-57] UPDATE 명령어를 사용하여 테이블에 입력된 데이터를 수정할 수 있다.

■ 테이블에 입력된 선택적 로우 데이터 수정하기

mysql> UPDATE 테이블명 SET 컬럼1=새값 WHERE 조건;

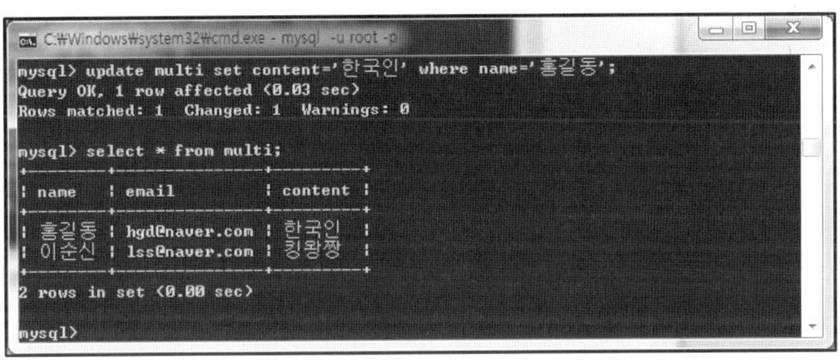

[그림 7-58] UPDATE명령어를 사용하여 조건절(where)을 이용하여 선택적으로 로우의 데이터 값을 수정할 수 있다.

(5) 데이터 불러오기(Select)

■ 테이블에 입력된 전체 데이터 불러오기

mysql> SELECT * FROM 테이블명; // 테이블명의 모든 값을 불러옴

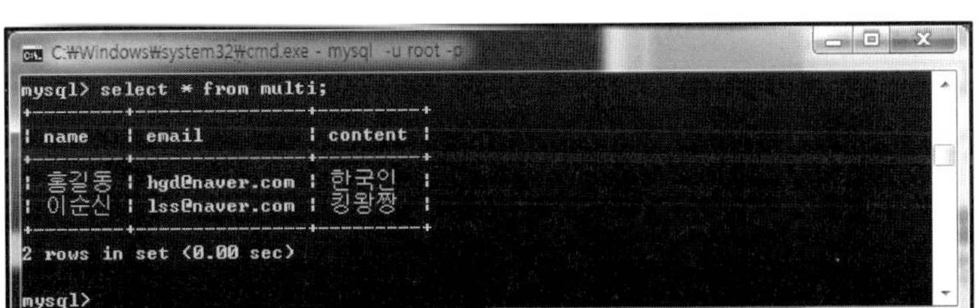

[그림 7-59] SELECT명령어를 사용하여 테이블에 입력된 데이터를 불러 올 수 있다.

```
mysql> SELECT col1, col2, ... FROM 테이블명; //특정 컬럼의 데이터를 불러옴
```

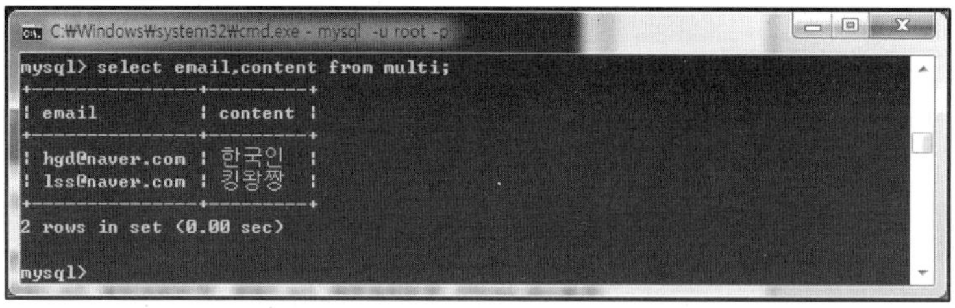

[그림 7-60] SELECT를 사용하여 특정 컬럼을 선택적으로 불러올 수 있다.

■ 테이블의 컬럼명을 변경 출력하기

```
mysql> SELECT 컬럼1 AS '출력할컬럼명', 컬럼2 AS '출력할컬럼명' FROM 테이블명;
// 결과 중 col1을 이름으로, col2를 내용으로 이름을 변경하여 출력
```

[그림 7-61] SELECT 명령어 중 특정 컬럼명을 변경해서 출력할 수 있다.

■ 테이블내의 데이터들을 내림차순 불러오기

우선 update 문을 사용하여 [그림 7-62]와 같이 데이터 값을 수정한다.

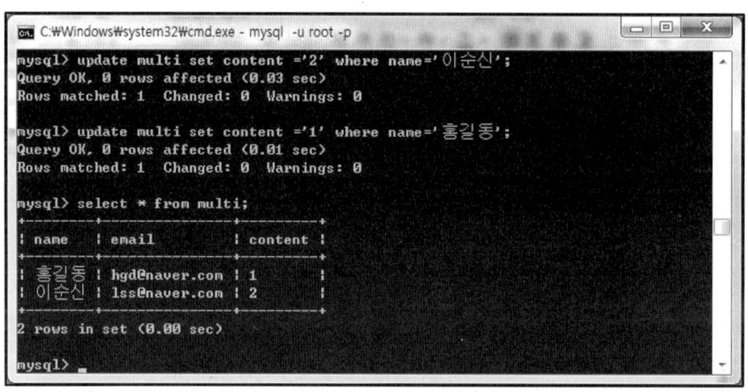

[그림 7-62] update 문을 사용하여 데이터 값을 수정할 수 있다.

```
mysql> SELECT * FROM 테이블명 ORDER BY 컬럼1 DESC;
// 결과 중 컬럼1을 기준으로 내림차순 정렬
```

```
mysql> SELECT * FROM 테이블명 ORDER BY 컬럼1 ASC;
// 결과 중 컬럼1을 기준으로 오름차순 정렬
```

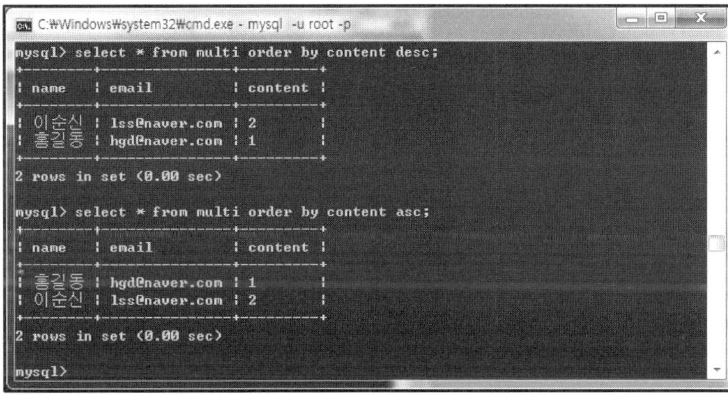

[그림 7-63] ORDER BY절을 사용하여 내림차순(DESC), 오름차순(ASC) 정렬을 할 수 있다.

■ 테이블에서 특정 컬럼값을 비교하여 불러오기

```
mysql> SELECT * FROM 테이블명 WHERE 컬럼명 < 비교값;
// 테이블명의 모든 필드값 중 컬럼명 비교값보다 작은것을 보여준다.
```

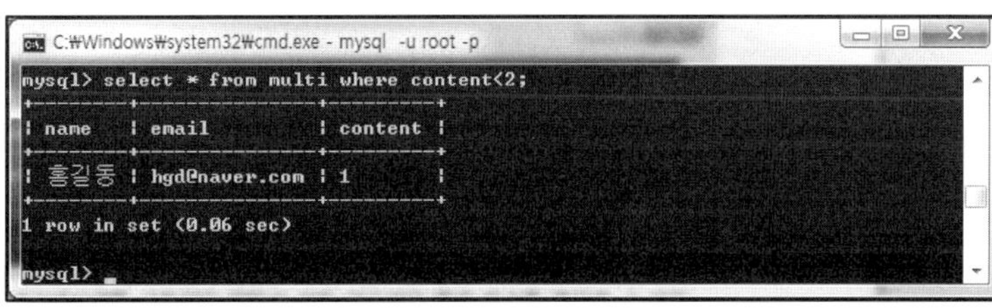

[그림 7-64] 비교연산자를 사용하여 컬럼의 값을 비교하여 특정 로우를 불러올 수 있다.

■ 테이블에서 원하는 개수만큼의 로우 불러오기

```
mysql> SELECT * FROM 테이블명 LIMIT 로우 개수;  // 결과 중 처음부터 원하는 로우 개수만큼 가져오기
```

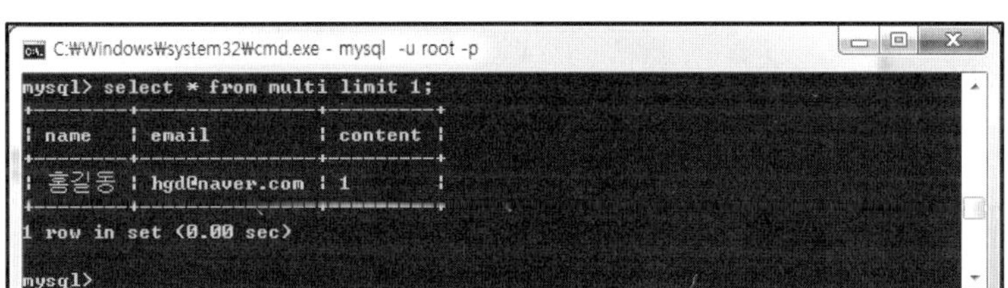

[그림 7-65] LIMIT 명령어를 사용하여 데이터 불러오는 개수를 제한할 수 있다.

■ 테이블내의 특정 로우부터 원하는 개수만큼 데이터 불러오기

먼저 insert 문을 사용하여 데이터를 [그림 7-66]과 같이 추가한다.

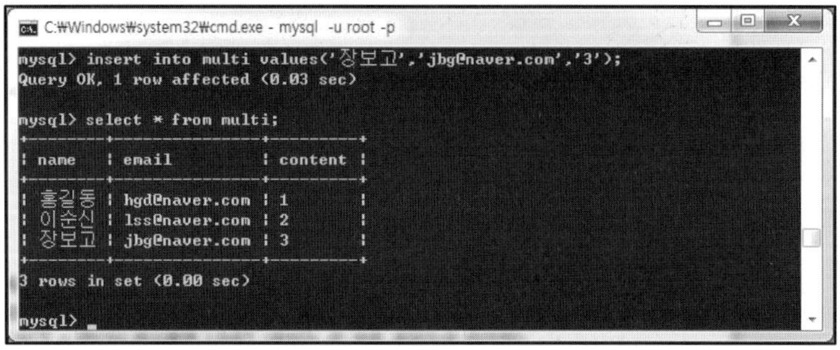

[그림 7-66] insert 문을 사용하여 데이터를 추가한다.

```
mysql> SELECT * FROM 테이블명 LIMIT (원하는 값 처음 원하는값 마지막);
// 결과 중 원하는 값 처음부터 원하는 값부터 마지막값 가져오기. 첫번째 레코드는 0번부터 시작한다.
```

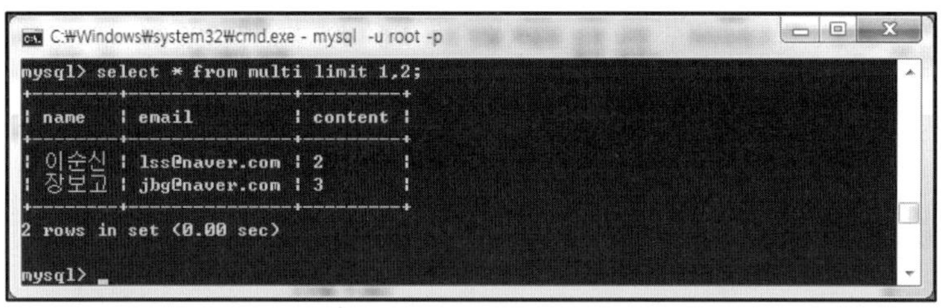

[그림 7-67] LIMIT를 사용하여 원하는 순서의 로우부터 원하는 만큼의 데이터를 불러올 수 있다.

■ 조건절을 사용하여 데이터 특정 데이터 불러오기

```
mysql> SELECT 컬럼명, 컬럼명, 컬럼명 FROM 테이블명 WHERE 컬럼명 > 비교값 AND 컬럼명 = 비교값
```

[그림 7-68] 조건절을 사용하여 특정 데이터를 불러올 수 있다.

■ 조건절을 사용하여 특정한 문자열을 가진 데이터를 조회하기

```
mysql> SELECT 컬럼명 FROM 테이블명 WHERE 컬럼명 LIKE '문자(%';
// 특정한 문자로 시작하는 데이터만을 출력할 때에 사용(우편번호 조회)
```

[그림 7-69] 조건절에서 like 명령어를 사용하여 특정한 문자열을 비교하여 불러올 수 있다.

■ 테이블 내의 데이터 개수를 알아보기

mysql> SELECT count(*) FROM 테이블명 WHERE 비교값; // 조건 비교값의 개수를 불러옴

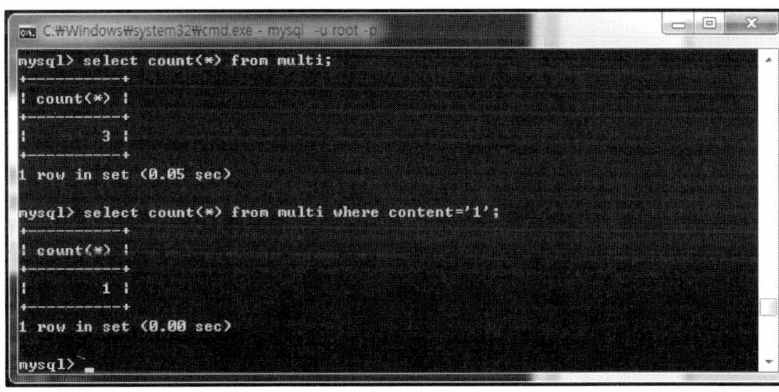

[그림 7-70] 조건절의 count 문을 사용하여 로우 개수를 알아볼 수 있다.

■ 조건절의 avg문을 사용하여 불러오기

mysql> SELECT avg(컬럼) FROM 테이블명 WHERE 비교값;

//조건에 맞는 로우에서 해당 컬럼의 평균값을 구한다.

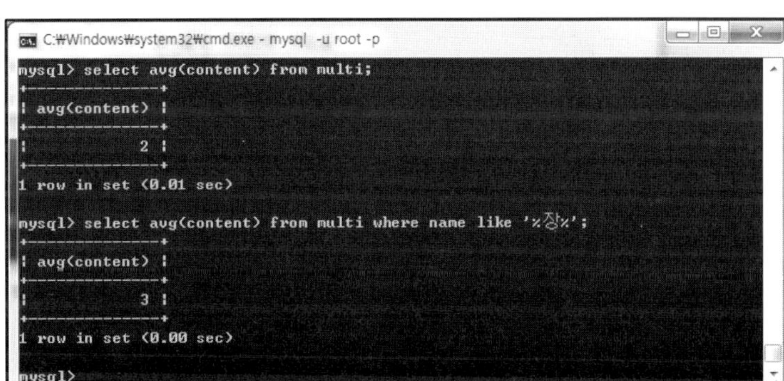

[그림 7-71] 조건절의 avg를 사용하여 데이터의 평균값을 구할 수 있다.

(6) 데이터 삭제하기(Delete)

■ 조건절을 사용하여 테이블을 삭제하기

mysql> DELETE FROM 테이블명 WHERE 조건;

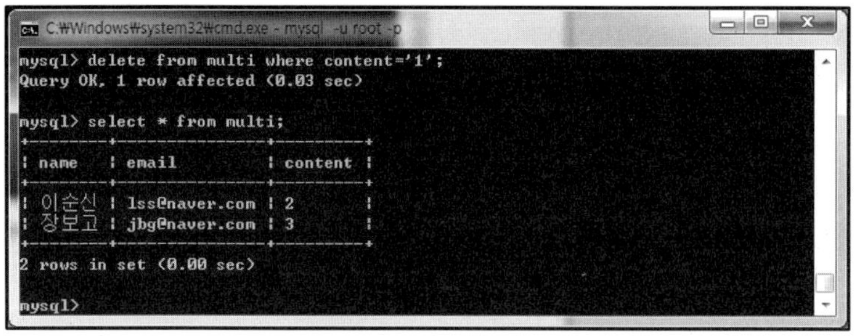

[그림 7-72] 조건절을 사용하여 테이블의 컬럼을 제거한 것을 볼 수 있다.

7.3 JDBC

자바에서 데이터베이스를 제어하기 위해 지원하는 JDBC(Java DataBase Connectivity)를 JSP에서도 사용할 수 있다.

JDBC는 네트워크상에 있는 데이터베이스에 접속할 수 있도록 해주는 일종의 데이터베이스 연결기능으로써 JDBC API, JDBC 드라이버, JDBC 드라이버 관리자 등으로 구성되어 있다.

각 데이터베이스 제작업체들은 자신들의 데이터베이스에 맞는 드라이버를 제공하고 있다. 이러한 JDBC 드라이버를 사용하면 JDBC를 지원하는 어떠한 데이터베이스에도 접속하는 것이 가능하다. 또한 어떤 데이터베이스를 사용하더라도 JDBC 드라이버만 제공된다면 코드를 수정하지 않고도 바로 사용할 수 있는 장점을 가지고 있으며 SQL을 지원함으로써 모든 JDBC 데이터소스에 SQL을 통하여 접속할 수 있도록 하였다.

또한 JDBC API는 자바 응용 프로그램에서 데이터베이스를 연결하고 데이터를 제어할 수 있도록 데이터베이스 연결 및 제어를 위한 인터페이스와 클래스들을 제공한다.

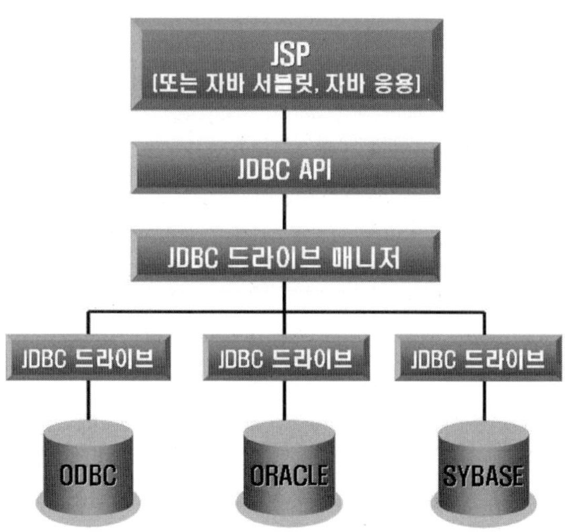

[그림 7-73] JDBC 구조

JDBC 드라이버 매니저는 자바 응용 프로그램이 사용하는 데이터베이스에 맞는 드라이버를 찾아서 JDBC를 초기화한다.

JDBC를 이용하여 데이터베이스에 SQL 문을 전송하고 그 결과를 응용 프로그램에 전달하는 역할을 하는 JDBC 드라이버는 다음의 4가지 유형이 있다

7.3.1 Type 1 : JDBC-ODBC Bridge Driver

이 유형의 JDBC 드라이버는 JDBC로 들어오는 명령어들을 마이크로소프트사의 ODBC(Open Data Base Connectivity) 드라이버형으로 변환하여 ODBC 드라이버로 전달해 주는 형태이다.

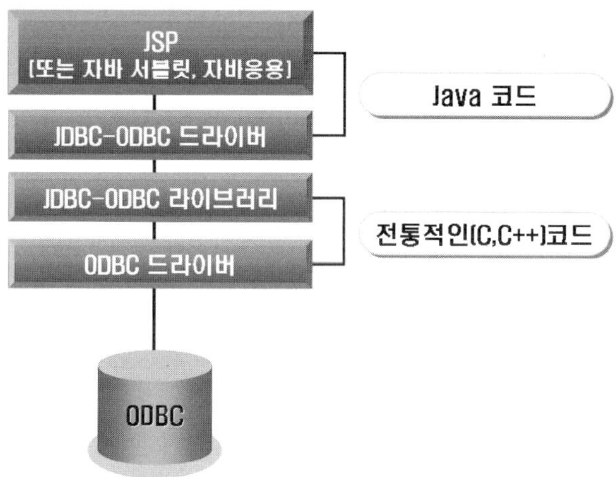

[그림 7-74] JDBC-ODBC 드라이버(Bridge)

JDBC-ODBC Bridge 드라이버를 사용하기 위해서는 먼저 ODBC 드라이버가 설치되어 있어야 하며 JDBC-ODBC 드라이버는 "sun.jdbc.odbc" 패키지에 정의되어 있기 때문에 다른 JDBC 드라이버 유형과는 달리 JDBC-ODBC 드라이버를 별도로 설치할 필요가 없는 장점이 있다. 하지만, JDBC를 통해서 호출된 명령이 다시 ODBC를 통해 전달되기 때문에 속도의 저하가 나타난다는 단점도 있다.

7.3.2 Type 2 : 전통적인 API와 자바드라이버가 혼합된 형태 (Native-API/Partly Java Driver)

JDBC에 전송된 내용이 Oracle, Informix, Sybase 등과 같은 각각의 데이터베이스 관리 시스템(DBMS)에 맞게 변환한 후에 명령을 전달하는 방법이다. 데이터베이스 시스템(DBMS)과 연결되는 부분은 C/C++과 같은 데이터베이스 고유 언어(Native Code)로 작성되어 있고, 자바로 포장된(Wrapping)형태로 JDBC 드라이버를 구현한다.

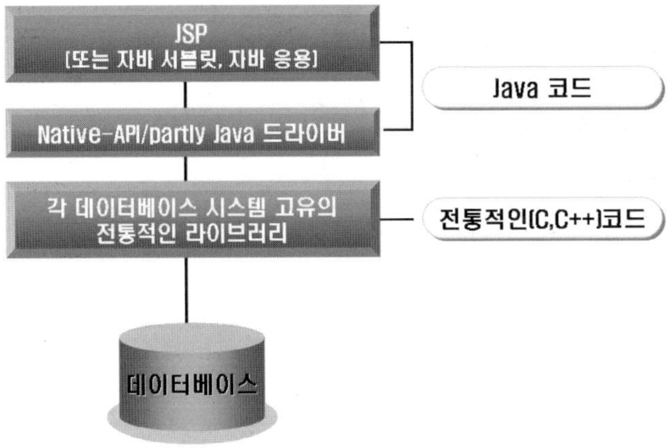

[그림 7-75] 전통적인 API와 자바 드라이버가 혼합된 형태

JDBC-ODBC 드라이버에서의 ODBC가 각 데이터베이스 제작업체에서 제공하는 고유의 라이브러리(Native library)로 바뀐 형태이다.

이 유형은 데이터베이스와 연결되는 부분이 네이티브 코드로 구현되어 있어 JDBC-ODBC Bridge 드라이버에 비해서 속도는 빠르나 데이터베이스 제작업체에서 제공하는 라이브러리가 로드되어야 하기 때문에 Type 3, 4 드라이버에 비해 성능이 낮다.

7.3.3 Type 3 : Net-protocol / all-Java driver

3-tier 클라이언트 서버모델 구조를 갖는 JDBC 드라이버이다. JDBC 드라이버를 통해서, 데이터베이스 명령을 전송하면, JDBC 드라이버는 그 명령을 변경하지 않고, 그대로 미들웨어(데이터베이스 접근 서버)로 전송한다. 미들웨어에서는 데이터베이스에 맞는 명령어로 변환하여, 데이터베이스에 명령들을 전송한 다음 반환되는 결과를 받아서 다시 JDBC 드라이버에게로 전송하게 된다.

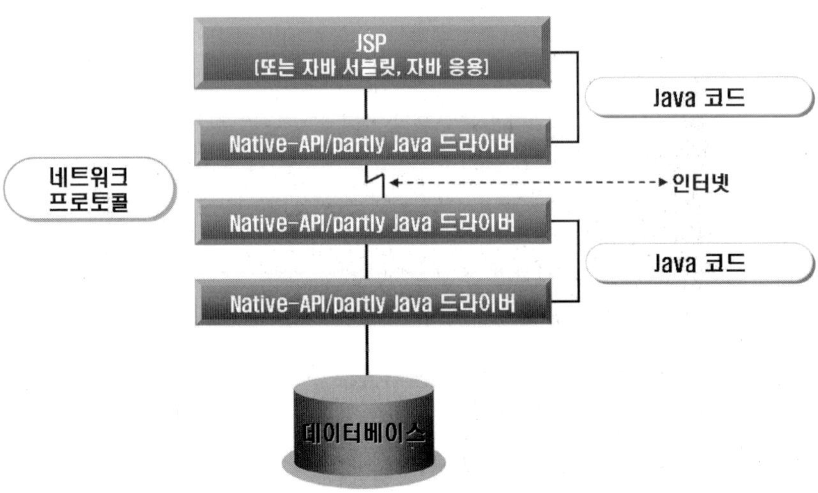

[그림 7-76] 네트 프로토콜 기반에서 완전한 자바로 구현된 드라이버(Net-protocol / all-Java driver)

이 유형은 JDBC API 표준에 의하여 만들어 졌기 때문에 데이터베이스 시스템의 종류에 상관없이 사용할 수 있다.

7.3.4 Type 4 : Native-protocol / all-Java driver

가장 많이 사용하고, 가장 좋은 성능을 내는 JDBC 드라이버이다. 100% 자바로 구현된 JDBC 드라이버로, 네트워크를 통해서 각각의 데이터베이스 시스템으로 직접 요청을 전송한다. 4가지 드라이버 유형중에서 가장 효율적으로 속도가 빠른 구조이며, 추가로 ODBC나 각 데이터베이스 고유의 라이브러리를 설치할 필요가 없으며 미들웨어도 설치할 필요가 없다. 대부분의 데이터베이스 시스템 제작업체들이 이 유형의 드라이버를 무료로 제공하고 있으며, 따라서 이 드라이버들은 각각 데이터베이스 시스템 제작 업체 사이트에서 대부분 무료로 다운 받을 수 있다.

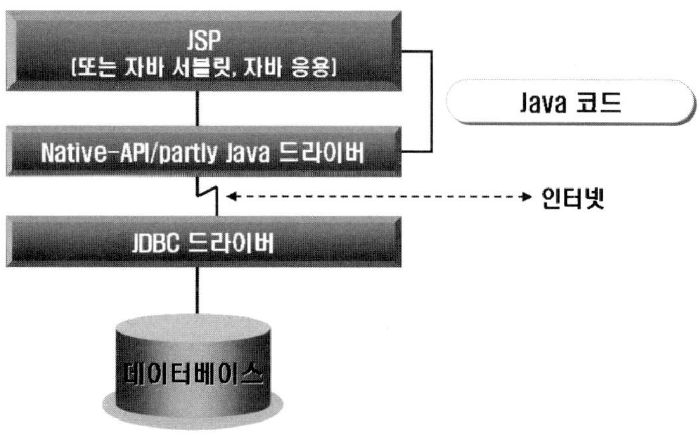

[그림 7-77] 고유의 데이터베이스 프로토콜상에서 완전한 자바로 구현된 형태(Native-protocol / all-Java driver)

세 번째 유형(Net-protocol / all-Java driver)에서는 JDBC API 표준을 기준으로 만들었지만 이 유형은 데이터베이스 시스템 제작업체가 표준을 기준으로 기능을 추가 또는 삭제하여 독자적인 형태로 만들었다. 따라서 특정 데이터베이스 시스템에 따라 다른 JDBC 드라이버를 설치해서 사용해야 하는 반면에 해당 데이터베이스 시스템이 제공하는 모든 기능들을 사용할 수 있다.

7.4 JDBC API의 주요 클래스와 인터페이스

앞에서도 언급한 것처럼 JDBC API는 자바 응용 프로그램에서 데이터베이스를 연결하고 데이터를 제어하는 일련의 인터페이스와 클래스들을 의미하는데 이러한 인터페이스와 클래스들은 JDK의 "java.sql" 패키지에 정의되어 있다. 또한 JDBC 2.0 표준 이외의 몇 가지 기능을 구현한 클래스들이 "javax.sql" 패키지에 포함되어 있다.

JDBC를 이용한 프로그램의 기본 작업은 먼저 사용하는 드라이버를 드라이버 매니저에 등록하고 드라이버 매니저를 이용하여 데이터베이스에 연결한다. 그리고 SQL 문을 서버에 전송하고 서버는 SQL 결과를 클라이언트에 보낸 후 그 결과를 가지고 원하는 작업을 하게 된다.

이때 사용되는 클래스들이 "java.sql" 패키지에 정의되어 있으며 드라이버와 관련된 작업을 하는 클래스는 DriverManager이고 DriverManager를 통해서 만들어진 Connection 클래스의 객체를 이용하여 Statement 객체를 만든다. Statement 객체를 이용하여 SQL문을 서버에 전송하고 SQL 문을 실행하고 난 다음의 결과를 ResultSet 객체를 통해서 받게 된다.

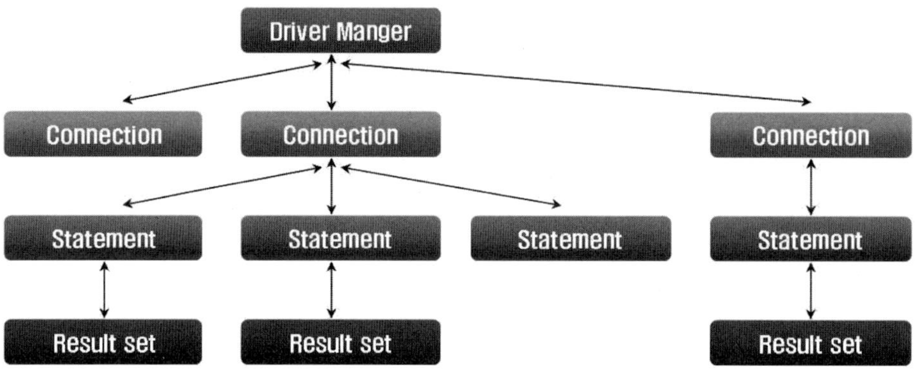

[그림 7-78] JDBC API의 주요 인터페이스와 클래스 구조

7.4.1 DriverManager

이 클래스는 여러 JDBC 드라이버를 관리하고 응용 프로그램과 데이터베이스의 connection을 생성한다. 이용 가능한 드라이버를 기억하고 데이터베이스에 적절한 드라이버를 연결한다.
우선, 데이터베이스에 접속하기 위해서는 사용하려는 JDBC 드라이버를 로딩해야 하며 다음과 같은 방법으로 작성한다.

형식

```
Class.forName(드라이버이름);

또는

DriverManager.registerDriver(JDBC 드라이버 객체);
```

```
예 1 : Class.forName("sun.jdbc.odbc.JdbcOdbcDriver"); //JDBC-ODBC 드라이버
예 2 : Class.forName("org.gjt.mm.mysql.Driver"); //MySQL JDBC 드라이버
예 3 : DriverManager.registerDriver(new oracle.jdbc.driver.OracleDriver());
```

● DriverManager 클래스의 메서드

[표 7-1] DriverManager 클래스의 메서드

메서드	반환 값 유형	설명
deregisterDriver(드라이버)	없음.	드라이버매니저의 리스트에서 지정한 "드라이버"를 삭제한다.
getConnection(JDBC URL)	Connection 객체	지정한 데이터베이스 "URL"(String)을 연결한다. 결과로 Connoction 객체를 생성한다. 지정한 "URL"을 근기로 적당한 드라이버를 드라이버 리스트에서 찾아 찾은 드라이버를 이용하여 "URL"에서 지정한 데이터베이스를 연결하게 된다. 데이터베이스를 연결하지 못하면 SQLException 이라는 예외가 발생한다.
getConnection(JDBC URL, 속성)	Connection 객체	지정한 데이터베이스 "URL"(String)을 연결하는데 지정한 속성에 값을 지정한다. 결과로 Connection 객체를 생성한다.
getConnection(JDBC URL, 사용자 ID, 암호)	Connection 객체	지정한 데이터베이스 "URL"(String)을 연결하는데 연결한 데이터베이스의 사용자 ID와 암호를 함께 지정한다. 결과로 Connection 객체를 생성한다.
getDriver(JDBC URL)	Driver 객체	지정한 JDBC URL을 이해할 수 있는 드라이버를 구한다.
getDrivers( )	Enumeration	현재 접근할 수 있는 모든 로드된 JDBC 드라이버를 Enumeration 유형으로 반환한다.
getLoginTimeout( )	int	데이터베이스를 로그인 할 때 드라이버가 기다릴 수 있는 최대 시간을 초 단위로 반환한다.
getLogStream( )	PrintWriter 객체	DriverManager와 모든 드라이버에 의해 사용된 기록(logging)/추적(tracing) 스트림을 반환한다. 정보와 오류를 보낼 스트림을 의미한다.
println(String)	없음.	현재 JDBC 기록(log) 스트림에 메시지를 출력한다.
registerDriver(드라이버)	없음.	드라이버를 드라이버 리스트에 등록한다. Class.forName 메서드를 이용하거나 Driver 클래스의 객체를 정의하여 드라이버를 로드할 때 자동으로 호출된다. 물론 직접 호출할 수도 있다.
setLoginTimeout(시간)	없음.	데이터베이스를 로그인 할 때 드라이버가 기다릴 수 있는 최대 "시간"(int)을 초 단위로 설정한다.
setLogStream(PrintStream 객체)	없음.	DriverManager와 모든 드라이버에 의해 사용된 기록(logging)/추적(tracing) 스트림을 설정한다.

7.4.2 Connection

이 인터페이스는 DriverManager 클래스의 getConnection( ) 메서드를 실행함으로써 정의되며 데이터베이스와 연결된 세션(session) 역할을 한다. 이 세션을 이용하여 데이터베이스에 SQL을 전송하고 그 결과인 ResultSet 객체를 구한다.

DriverManager 클래스의 getConnection( ) 메서드를 이용하여 Connection 객체를 정의하는 방법은 다음과 같다.

(방법 1) JDBC URL만을 지정한다.

```
Connection 객체이름 = DriverManager.getConnection(JDBC URL) ;
```

```
예 1 : Class.forName("sun.jdbc.odbc.JdbcOdbcDriver"); //JDBC ODBC 드라이버
       //mytest는 ODBC에 등록한 데이터 원본, 사용자 ID와 암호 정의 안된 경우
       Connection con = DriverManager.getConnection("jdbc:odbc:mytest");
예 2 : Class.forName("org.gjt.mm.mysql.Driver");   //JDBC 드라이버
       String url = "jdbc:odbc:mytest";
       //mytest는 MYSQL에 생성한 데이터베이스 이름, 사용자 ID와 암호 정의 안된 경우
       con = DriverManager.getConnection("jdbc:mysql://localhost:3306/
       mytest?useUnicode=true&characterEncoding=euckr");
```

(방법 2) JDBC URL과 연결할 데이터베이스의 사용자 ID와 암호를 함께 지정한다.

```
Connection 객체이름 = DriverManager.getConnection(JDBC URL,사용자ID,암호);
```

```
예 1 : Class.forName("sun.jdbc.odbc.JdbcOdbcDriver"); //JDBC ODBC 드라이버
       String url = "jdbc:odbc:mytest";
       //mytest는 ODBC에 등록한 데이터 원본, sa는 사용자 ID, 암호 설정 안한 경우
       Connection con = DriverManager.getConnection(url, "sa", "");
예 2 : Class.forName("org.gjt.mm.mysql.Driver");   //JDBC 드라이버
       String url = "jdbc:mysql://localhost:3306/mytest?useUnicode=
                    true&characterEncoding=euckr";
       //mytest는 MYSQL에 생성한 데이터베이스 이름, root는 사용자 ID multi는 사용자 비밀번호
         인 경우
       con = DriverManager.getConnection("jdbc:mysql://localhost:3306/
            mytest?useUnicode=true&characterEncoding=euckr","root","multi");
```

● Connection 인터페이스의 메서드

Connection 인터페이스에 정의되어 있는 메서드는 다음과 같다.

[표 7-2] Connection 인터페이스의 메서드

메서드	반환 값 유형	설명
clearWarnings( )	없음.	Connection 객체에 보내진 모든 경고(warning)들을 지운다.
close( )	없음.	연결된 데이터베이스와 JDBC 리소스를 해제한다.

commit( )	없음.	이전의 커밋/롤백 이후에 일어난 데이터의 변경을 실제적으로 데이터베이스에 적용하고 데이터베이스의 lock을 해제한다. 이 메서드를 사용하려면 setAutoCommit(false)를 실행하여 자동 커밋 모드를 해제해야 한다.
createStatement(결과유형, 병행유형)	Statement 객체	지정한 "결과유형(int)"과 "병행종류(int)"를 갖는 결과를 반환하는 Statement 객체를 생성한다. "결과유형(int)"과 "병행종류(int)"를 생략하면 기본 값이 적용된다.
getAutoCommit( )	boolean	현재의 자동-커밋 상태를 반환한다.
getCatalog( )	String	Connection의 현재 접속한 데이터베이스의 카탈로그 이름을 반환한다. 데이터베이스의 어떤 테이블이 접근가능한지를 알 수 있다.
getMetaData( )	DatabaseMetaData 객체	Connection의 정보를 반환한다. getDriverName( ), getDriverVersion( ), getMaxRowSize( ), getURL( ),getUserName( ) 등의 메서드를 이용하여 각 정보를 구할 수 있다.
getTransactionIsolation( )	int	Connection의 현재 트랜잭션의 독립 레벨을 구한다.
getTypeMap( )	Map객체	이 Connection과 연관된 유형 Map 객체를 반환한다. Map 객체는 키를 값으로 맵핑하는 객체이다.
getWarnings( )	SQLWarnin 객체	이 Connection이 실행됨으로써 보고된 첫 번째 경고를 반환한다.
isClosed( )	boolean	Connection이 해제되었으면 true를 반환한다.
isReadOnly( )	boolean	Connection이 읽기-전용 모드이면 true를 반환한다.
nativeSQL(sql문)	String	주어진 "sql문(String)"을 시스템 고유의 SQL 문으로 변경한다.
prepareCall(sql문,ResultSet유형,병행종류)	CallableStatement 객체	데이터베이스 저장 프로시저를 호출할 때 사용되는 CallableStatement 객체를 생성한다. "ResultSet유형"과 "병행종류"는 생략할 수 있다.
prepareStatement(sql문,ResultSet유형,병행종류)	preparedStatement 객체	preparedStatement 객체를 생성한다. "결과유형"과 "병행종류"는 생략할 수 있다.
rollback( )	없음.	이전의 커밋/롤백 이후부터 발생한 모든 변경을 취소한다.
setAutoCommit(자동커밋여부)	없음.	Connection의 자동 커밋을 설정(true/false)한다. 자동 커밋을 설정하면 SQL 문의 실행 결과가 즉시 데이터베이스에 적용된다.
setCatalog(카탈로그이름)	없음.	Connection의 데이터베이스 작업을 위해 필요한 공간을 선택하기 위한 카탈로그 이름을 설정한다.
setReadOnly(읽기전용설정여부)	없음.	데이터베이스 사용의 최적화를 위해 Connection을 읽기 전용 모드로 설정(true)한다.
setTransactionIsolation(레벨)	없음.	트랜잭션 독립 레벨(int)을 설정한다.
setTypeMap(Map객체)	없음.	Connection을 위한 유형 map으로서 지정한 "Map 객체"를 설치한다.

7.4.3 Statement

Statement 인터페이스의 객체는 Connection 인터페이스의 createStatement( ) 메서드를 이용하여 생성되며, 데이터베이스에 SQL을 보내기 위한 준비 작업과 실제 SQL을 실행하여 결과 값을 반환하는 기능을 제공한다. 즉, SQL은 Statement에 의하여 실행되는 것이다.
Statement는 문자열(String)형태의 SQL문을 사용하는데, "SELECT" 문의 경우에는 레코드셋(ResultSet)을 반환하고 "INSERT"나 "UPDATE", "DELETE" 문인 경우에는 처리된 레코드(Row)의 개수를 반환하며 "CREATE"나 "ALTER" 문인 경우에는 0을 반환한다.
Statement 객체는 Connection의 createStatement( ) 메서드를 사용하여 생성한다.

```
예 : Connection con = DriveManager.getConnection("jdbc:odbc:mytest");
     Statement stmt = con.createStatement();
```

생성된 Statement 객체가 데이터베이스에게 SQL 문을 전송하는 방법은 SQL 문에 따라서 다음의 3가지로 나눌 수 있다.

① executeQuery( )

ResultSet 객체를 반환하는 SQL 문인 경우에 사용한다. 즉 SQL 문을 실행한 다음 레코드셋을 반환하는 경우를 의미하며 "SELECT" 문인 경우에 적용된다. SQL 문에 해당하는 레코드가 없는 경우에는 반환되는 레코드 셋은 null을 갖는다.

ResultSet 객체이름 = Statement객체.executeQuery("SELECT 문");

```
예 : Connection con = DriveManager.getConnection("jdbc:odbc:mytest");
     Statement stmt = con.createStatement();
     ResultSet rs = stmt.executeQuery("SELECT * FROM juso");
```

② executeUpdate( )

데이터베이스에 변경을 주는 SQL 문인 경우에 사용한다. "INSERT"와 "UPDATE" 그리고 "DELETE" 문과 "CREATE"와 "DROP", 그리고 "ALTER"등의 SQL문 등이 해당 된다.
executeUpdate( ) 메서드의 반환 값은 DML(Data Manipulation Language; 데이터 조작어)인 "INSERT"와 "UPDATE" 그리고 "DELETE"문인 경우에는 관련된(추가, 변경, 삭제) 레코드의 수이며, DDL(Data Definition Language; 데이터 정의어)인 "CREATE"와 "DROP", 그리고 "ALTER"등의 SQL문인 경우에는 0을 반환한다.

```
예 1 : Connection con = DriveManager.getConnection("jdbc:odbc:mytest");
       Statement stmt = con.createStatement();
       stmt.executeUpdate("delete from juso where si="seoul");
```

```
예 2 : Connection con = DriveManager.getConnection("jdbc:odbc:mytest");
       Statement stmt = con.createStatement();
       int rowcount = stmt.executeUpdate("delete from juso where si="seoul");
       if (rowcount == 0)
          out.println("삭제된 레코드가 없습니다.")
       else
          out.println(rowcount+"개의 레코드가 삭제되었습니다.");
```

③ cxccutc( )

SQL문이 여러 개의 ResultSet을 반환하거나 여러 개의 갱신된 레코드 개수(추가, 변경, 삭제된 레코드 수)를 반환하는 경우에는 execute( ) 메서드를 사용한다. 또한 Resultset과 갱신된 레코드 개수를 함께 반환하는 SQL 문인 경우에도 해당된다.

● Statement 인터페이스의 메서드

Statement 인터페이스에 정의되어 있는 메서드들은 다음과 같다.

[표 7-3] Statement 인터페이스의 메서드

메서드	반환 값 유형	설명
addBatch(sql문)	없음.	배치(batch) 명령문(일련의 sql문을 저장해 놓은 것으로 순서대로 실행된다.)에 지정한 "sql문"을 추가한다.
cancel( )	없음.	SQL문의 실행을 취소한다.
clearBatch( )	없음.	현재 배치(batch)에 있는 명령문을 모두 지운다.
clearWarnings( )	없음.	Statement 객체에 보내진 모든 경고(warning)를 지운다.
close( )	없음.	Statement 객체와 JDBC 리소스를 해제한다.
execute(sql문)	boolean	다수개의 결과를 반환하는 지정한 "sql문"을 실행한다. "sql문"의 실행 결과가 ResultSet 객체이면 true를 반환하고, 로우(row:레코드) 개수이면 false를 반환한다.
executeBatch( )	int 배열	데이터베이스에 배치 명령문을 전송하고 그 결과(갱신된 로우 개수)를 int 배열로 반환한다.
executeQuery(sql문)	ResultSet 객체	지정한 "sql(String)"을 실행하여 하나의 ResultSet 객체를 반환한다.
executeUpdate(sql문)	int	"INSERT", "UPDATE"또는 "DELETE"문을 실행한다. 결과는 추가되거나 삭제되었거나 수정된 로우(레코드) 개수(int)를 반환한다.
getConnection( )	Connection 객체	Statement 객체를 만든 Connection 객체를 반환한다.
getFetchDirection( )	int	데이터베이스 테이블로부터 레코드(row)을 읽어오는 방향을 반환한다.
getFetchSize( )	int	데이터메이스로부터 한번에 가져오는 레코드(row)의 개수를 구한다.

getMaxFieldSize( )	int	최대 필드(column) 크기를 바이트 수로 반환한다.
getMaxRows( )	int	ResultSet 객체에 포함할 수 있는 최대 레코드(row) 수를 반환한다.
getMoreResults( )	boolean	Statement 객체의 다음 결과로 이동한다. 다음 결과가 있어서 이동이 되면 true를 더 이상의 결과가 없으면 false를 반환한다.
getQueryTimeout( )	int	드라이버가 Statement 객체의 SQL 실행 시간을 기다릴 수 있는 최대 시간을초 단위로 반환한다.
getResultSet( )	ResultSet 객체	현재 결과를 ResultSet 객체로 반환한다.
getResultSetConcurrency( )	int	Statement 객체에 의해 생성된 ResultSet 객체의 병행 종류를 정수로 반환한다.
getResultSetType( )	int	Statement 객체에 의해 생성된 ResultSet 객체의 레코드 셋 유형을 정수로 반환한다.
getUpdateCount( )	int	갱신된 레코드의 개수를 반환한다. SQL문의 실행 결과가 ResultSet 객체이거나 더 이상의 결과가 없으면 -1이 반환된다.
getWarnings( )	SQLWarning객체	Statement 객체를 실행하면서 보고된 첫 번째 경고를 반환한다.
setCursorName(이름)	없음.	현재 이후부터 Statement 객체의 메서드를 실행할 때 사용될 SQL 커서 이름을 지정한다.
setEscapeProcessing(설정여부)	없음.	"설정여부"를 true(기본값)로 지정하면 비상 처리를 설정하며 데이터베이스에 SQL문을 전송하기 전에 드라이버는 비상 대체 작업을 실행한다.
setFetchDirection(방향)	없음.	결과 셋에서 레코드를 처리할 방향을 설정한다.
setFetchSize(레코드개수)	없음.	데이터베이스로부터 가져올 레코드의 개수를 설정한다.
setMaxFieldSize(크기값)	없음.	필드(column)의 최대 바이트 수를 주어진 "크기값(int)"으로 설정한다.
setMaxRows(레코드개수)	없음.	ResultSet 객체에 포함할 수 있는 최대 레코드(row) 수를 설정한다.
setQueryTimeout(초단위값)	없음.	Statement객체의 최대 실행 시간을 주어진 "초단위값(int)"으로 설정한다.

7.4.4 PreparedStatement

Statement로부터 상속 받는 객체로 PreparedStatement는 이미 컴파일된 SQL 문을 포함함으로써 SQL문을 미리 준비하도록 하는 것이다. 또한 특정 형태의 SQL문들을 전송하기 위한 클래스인데 일반적으로 매개변수를 포함하는 SQL 문을 다룬다. 예를 들어서 SQL 문의 조건(where)에 사용할 값이나 필드를 상황(사용자의 선택이나 특정 작업 결과)에 따라서 결정되어야 하는 경우에 SQL 문에는 매개 변수를 포함하게 되고 이후에 그 매개변수에 값을 지정함으로써 SQL 문을 완성시키는 것이다.

또한 PreparedStatement 객체들은 사전에 컴파일되기 때문에 Statement 객체보다 실행 속도가 빠르며 여러번 실행되어질 SQL문의 효율을 높이기 위해서도 사용된다.
Statement의 서브클래스인 PreparedStatement는 Statement의 모든 메서드를 상속받으면서 PreparedStatement 인터페이스에서 재 정의된 executeQuery(), executeUpdate() 그리고 execute() 메서드를 가진다.
Statement 객체들은 자체에 SQL문을 포함하지 않기 때문에 execute() 메서드의 인자로써 제공되어야 하지만 PreparedStatement 객체들은 이미 이전에 컴파일된 SQL문을 포함하기 때문에 execute() 메서드의 인자로 SQL문을 지정하지 않는다.
PreparedStatement 객체는 Connection 인터페이스의 prepareStatement() 메서드를 사용하여 생성한다.

```
PreparedStatement 객체이름 = Connection객체이름.prepareStatement("SQL문");
```

```
예 1 : Connection con = DriveManager.getConnection("jdbc:odbc:mytest");
       PreparedStatement ps = con.prepareStatement("UPDATE juso SET si = ? WHERE  zip
       = ?");
예 2 : Connection con = DriveManager.getConnection("jdbc:odbc:mytest");
       String sql = "UPDATE juso SET si = ? WHERE zip = ?";
       PreparedStatement ps = con.prepareStatement(sql);
```

PreparedStatement 객체에 지정된 SQL문을 실행하기 전, SQL문에서 사용한 매개변수의 값을 설정해야 한다.
SQL문에서 사용한 매개변수 값을 설정하려면 setXXX() 메서드를 사용하는데 매개변수에 지정할 데이터가 String이라면, 사용할 메서드는 setString()이 된다.
setXXX() 메서드는 두 개의 인자를 요구하는데 첫 번째 인자는 설정될 매개변수의 순서 번호이고, 두 번째 인자는 매개변수에 설정될 값이다.

```
예 : Connection con = DriveManager.getConnection("jdbc:odbc:mytest");
     PreparedStatement ps = con.prepareStatement("UPDATE juso SET si = ? WHERE zip =
     ?");
     ps.setString(1, "seoul"); //si 항목에 "seoul"을 넣는다.
     ps.setInt(2, 150043);     //zip 항목에 150043을 넣는다.
```

● PrepareStatement 인터페이스의 메서드

PrepareStatement 인터페이스는 Statement 인터페이스로부터 메서드들을 상속받고 그 이외에(또는 다시 정의된) 정의되어 있는 메서드들은 다음 표와 같다.

[표 7-4] PreparedStatement 인터페이스의 메서드

메서드	반환 값 유형	설명
addBatch( )	없음.	PreparedStatement 객체의 배치(batch) 명령문(일련의 sql문을 저장해 놓은 것으로 순서대로 실행된다.)에 매개변수들을 추가한다.
clearParameters( )	없음.	현재 매개변수 값을 지운다.
execute( ) executeQuery( ) executeUpdate( )		Statement 인스턴스의 설명을 참조한다. 다른 점은 PreparedStatement 클래스에 정의된 이들 메서드에는 매개변수로 "sql문"을 지정하지 않는 다는 것이다.
getMetaData( )	ResultSetMetaData 객체	ResultSet 객체의 필드(column)의 개수, 유형과 속성을 반환한다.
setXXX(매개변수차례번호, 값)	없음	PreparedStatement 객체에 지정된 SQL 문에 포함하고 있는 매개변수를 설정한다. "set"다음의 "XXX"는 매개변수에 설정하는 값의 유형에 따라서 각각 붙여지며 다음과 같은 종류가 있다. setArray, setAsciiStream, setBigDecimal, setBinaryStream, setBlob, setBoolean, setByte, setBytes, setCharacterStream, setClob, setDate, setDouble, set Float, setInt, setLong, setNull, setObject, setRef, setShort, setString, setTime, setTimestamp, setUnicodeStream 등이다. 첫 번째 인자인 "매개변수차례번호"는 SQL문에서 사용한 매개변수의 차례 번호(int)를 의미하고 값은 매개변수에 설정하는 값의 유형에 따라서 지정한다.

7.4.5 CallableStatement

CallableStatement 인터페이스는 데이터베이스 저장 프로시저(stored procedure)의 호출을 실행하는데 사용된다.

◇ 참고 : 저장 프로시저(stored procedure)는 데이터베이스 시스템에 데이터베이스 서버와 함께 저장되어 있는 연산을 말하며, 일반적으로 SQL로 작성된다. 서버 측에 저장된 일련의 SQL문의 집합이라고 생각하면 무리가 없을 것이다. 서버에 저장되어 있기 때문에 모든 클라이언트에서 단순히 저장되어 있는 프로시저를 호출하기만 하면 일련의 SQL문을 실행할 수 있다. 즉, 저장 프로시저는 연속적으로 자주 실행해야 하는 SQL문들을 하나의 프로시저로 저장해 놓고 마치 함수처럼 호출하는 상황에 따라 다른 매개변수 값을 전송하여 원하는 결과를 얻을 수 있도록 한 것이다.

● CallableStatement 객체 생성하기

Connection 객체의 prepareCall( ) 메서드를 실행시키면 CallableStatement 인터페이스의 객체를 생성할 수 있는데 Statement 객체를 생성하기 위해 "sql문"을 인자로 지정한 것처럼 prepareCall( ) 메서드의 인자로 저장된 프로시저를 호출하는 문장을 지정해야 한다. 또한 prepareStatement( ) 메서드를 호출할 때 실행될 "sql문"을 지정한 것처럼 prepareCall( ) 메서드를 호출할 때 "저장 프로시저 호출 문"을 지정한다.

CallableStatement 객체이름 = Connection객체이름.prepareCall("저장 프로시저 호출문");

```
예 : Connection con = DriveManager.getConnection("jdbc:odbc:mytest");
     CallableStatement cs = con.prepareCall("{ call proc1(?, ?, ?)}");
     //proc1은 저장 프로시저 이름이며 이 프로시저는 3개의 매개변수를 받는다.
     cs.setByte(1, 10);
     cs.setString(2, "seoul");
     cs.setString(3, "good");
```

CallableStatement 인터페이스는 Statement 인터페이스와 PreparedStatement 인터페이스의 메서드들을 상속받는다.

7.4.6 ResultSet

ResultSet 인터페이스는 "SELECT"문의 executeQuery( ) 메서드를 실행한 다음 반환되는 레코드 셋을 저장한다. 레코드 셋은 가상의 데이터베이스 테이블 형태로 생각할 수 있다. 물론 레코드 셋(recordset), 즉 집합이기 때문에 공집합일 수도 있다. 즉 "SELECT"문에 해당하는 레코드가 한 건도 없을 수도 있다는 의미이다.

ResultSet으로부터 레코드를 읽어오기 위해 next( ) 메서드를 사용하는데 next( ) 메서드는 읽어올 레코드가 있으면 true를 반환하고 없으면 false를 반환한다.
next( ) 메서드는 ResultSet의 현재 레코드를 가리키는 포인터인 커서를 이동시킬 뿐이고 커서가 가리키고 있는 현재 레코드로부터 필드 값을 읽어오려면 필드 값의 유형에 따라 get**Int**( ), get**String**( ), get**Date**( ), get**Object**( ) 등을 사용한다. 주의할 점은 초기의 ResultSet의 포인터는 첫 번째 레코드 이전을 가리키고 있기 때문에 ResultSet으로부터 처음 레코드를 가져올 때에도 next( ) 메서드를 사용하여 첫 번째 레코드로 포인터를 이동시켜야 한다.
getXXX( ) 메서드를 사용하여 필드(Column) 값을 읽어올 때 필드 이름(예: getInt("id"))이나 정의된 필드 순서(1부터 시작)에 따라 정수 값(예: getInt(3))을 지정해 줄 수 있다.

```
예 1 : ResultSet rs = stmt.executeQuery("select id, name from customer");
       while(rs.next()) {
         out.println("번호 : " + rs.getInt(1));
         out.println("이름 : " + rs.getString(2));
       }
예 2 : ResultSet rs = stmt.executeQuery("select * from customer");
       while(rs.next()) {
         out.println("번호 : " + rs.getInt("id"));
         out.println("이름 : " + rs.getString("name"));
       }
```

● 컬럼(필드) 값 변경하기

updateXXX( ) 메서드를 사용하여 ResultSet에서 커서가 가리키고 있는 현재 로우(레코드)의 컬럼(필드)값을 변경하거나 새로운 로우(레코드)를 추가할 수 있다.

updateXXX( ) 메서드는 다음과 같은 방법으로 사용된다.

(방법 1) 현재 레코드의 컬럼(필드)값을 변경하려면 먼저, 앞 뒤 이동이 가능한 ResultSet에서 커서를 절대적인 위치나 현재 레코드로부터의 상대적인 위치로 이동시킨 다음 updateXXX( ) 메서드를 사용한다.

```
예 : ResultSet rs = stmt.executeQuery("SELECT id, name FROM customer");
     rs.absolute(5);                       // 커서를 5번째 로우(레코드)로 이동한다.
     rs.updateString("name", "vinus");     // "name"컬럼 값을 설정한다.
     rs.updateRow();                       // 설정한 내용으로 로우(레코드)를 변경한다.
```

(방법 2) 새로운 로우(레코드)를 추가하기 위해 각 컬럼 값을 설정하려면 변경 가능한 ResultSet 객체에 새로운 로우를 추가하기 위한 곳으로 커서를 이동한 다음 updateXXX( ) 메서드를 사용하여 각 컬럼 값을 설정하고 그 값들을 가진 레코드를 ResultSet에 추가한다. 그리고 다시 커서를 새로운 레코드를 추가하기 위한 곳으로부터 새롭게 레코드가 추가된 ResultSet의 위치로 이동시킨다.

```
예 : ResultSet rs = stmt.executeQuery("SELECT id, name FROM customer");
     rs.moveToInsertRow(); // 새로운 로우를 추가하기 위한 곳으로 커서를 이동한다.
     rs.updateInt(id, 37654);
     rs.updateString(name,"queen");
     rs.insertRow();
     rs.moveToCurrentRow();
```

● ResultSet 인터페이스의 메서드

ResultSet 인터페이스에 정의되어 있는 메서드들은 다음 표와 같다.

[표 7-5] ResultSet 인터페이스의 메서드

메서드	반환 값 유형	설명
absolute(레코드번호)	boolean	ResultSet 객체에서 커서(현재 레코드를 가리키는 포인터)를 지정한 "레코드번호"로 이동한다.
afterLast( )	없음.	ResultSet 객체에서 커서를 맨 마지막 레코드(row) 다음으로 이동한다.

beforeFirst( )	없음.	ResultSet 객체에서 커서를 맨 처음 레코드(row) 이전으로 이동한다.
cancelRowUpdates( )	없음.	ResultSet 객체의 현재 레코드에 대한 갱신을 취소한다.
clearWarnings( )	없음	ResultSet 객체에 보고된 모든 경고를 지운다.
close( )	없음.	ResultSet 객체의 데이터베이스와 JDBC 리소스를 해제한다.
deleteRow( )	없음.	ResultSet 객체의 현재 레코드를 삭제한다.
findColumn(컬럼이름)	int	주어진 "컬럼이름(String)"을 ResultSet 객체에서 찾아서 컬럼의 인덱스 번호를 반환한다.
first( )	boolean	ResultSet 객체에서 커서를 맨 처음 레코드(row)로 이동한다.
getXXX(컬럼인덱스 또는 컬럼이름)	각각의 데이터 유형	ResultSet 객체의 현재 레코드(row)에서 "컬럼인덱스"나 "컬럼이름"에 해당되는 컬럼(필드)의 값을 반환한다. 반환값은 컬럼 값의 유형에 따라 결정된다. "get" 다음의 "XXX"는 지정한 "컬럼"의 데이터 값 유형을 근거로 붙여지며 다음과 같은 종류가 있다.
getConcurrency( )	int	ResultSet 객체의 병행 모드를 반환한다.
getCursorName( )	String	ResultSet 객체에서 사용한 커서 이름을 반환한다.
getFetchDirection( )	int	ResultSet 객체의 레코드 처리 방향을 구한다.
getFetchSize( )	int	ResultSet 객체의 레코드 페치 크기를 구한다.
getMetaData( )	ResultSeMetaData 객체	ResultSet 객체의 컬럼 개수, 컬럼 유형과 속성을 반환한다. getColumnCount( ), getColumnName( ), getTableName( ), getColumnType( ) 메서드 등을 사용하여 정보를 구할 수 있다.
getRow( )	int	현재 행(레코드)의 번호를 반환한다.
getStatement( )	Statement 객체	ResultSet 객체를 만든 Statement 객체를 반환한다.
getType( )	int	ResultSet 객체의 유형을 반환한다.
getWarnings( )	SQLWarning 객체	ResultSet 객체를 실행하면서 보고된 첫 번째 경고를 반환한다.
insertRow( )	없음.	행(레코드)을 추가한다.
isAfterLast( )	boolean	ResultSet 객체에서 마지막 로우(레코드) 다음에 커서가 있는지 확인한다.
isBeforeFirst( )	boolean	ResultSet 객체에서 첫 번째 로우(레코드) 이전에 커서가 있는지 확인한다.
isFirst( )	boolean	ResultSet 객체에서 첫 번째 로우(레코드)에 커서가 있는지 확인한다.
isLast( )	boolean	ResultSet 객체에서 마지막 로우(레코드)에 커서가 있는지 확인한다.
last( )	boolean	ResultSet 객체에서 커서를 마지막 레코드로 이동한다.
moveToCurrentRow( )	없음.	일반적으로 로우(레코드)을 추가한 다음 행(레코드)을 추가하기 위한 공간으로부터 추가된 행의 위치로 커서를 이동할 때 사용한다.
moveToInsertRow( )	없음.	로우(레코드)을 추가하기 위한 공간으로 커서를 이동한다.

next( )	boolean	현재 위치에서 다음 로우(레코드)로 커서를 이동한다. 이동할 위치에 레코드가 없으면 false를 반환한다.
previous( )	boolean	현재 위치에서 이전 로우(레코드)로 커서를 이동한다. 이동할 위치에 레코드가 없으면 false를 반환한다.
refreshRow( )	없음.	현재 로우(레코드)를 데이터베이스의 최신 값으로 재적용한다.
relative(행의개수)	boolean	현재 위치에서 지정한 "로우 개수(int)"만큼 앞이나 뒤로 이동한다.
rowDeleted( )	boolean	로우(레코드)가 삭제되었다면 "true"를 반환한다.
rowInserted( )	boolean	로우(레코드)가 추가되었다면 "true"를 반환한다.
rowUpdated( )	boolean	로우(레코드)가 갱신되었다면 "true"를 반환한다.
setFetchDirection(방향)	없음.	ResultSet 객체의 로우(레코드) 처리 방향을 설정한다.
setFetchSize(행개수)	없음.	ResultSet 객체의 로우(레코드) 페치 크기를 설정한다.
update데이터유형(컬럼인덱스 또는 컬럼이름, 값)	없음.	현재 로우(레코드)에서 지정한 "컬럼인덱스" 또는 "컬럼이름"에 해당하는 컬럼(필드)의 값을 지정한 "값"으로 변경한다. "update" 다음의 "데이터유형"은 지정한 "컬럼"의 데이터 값 유형을 근거로 붙여지며 다음과 같은 종류가 있다. updateAsciiStream, updateBigDecimal, updateBinaryStream, updateBoolean, updateByte, updateBytes, updateCharacterStream, updateDate, updateDouble, updateFloat, updateInt, updateLong, updateNull, updateObject, updateRef, updateShort, updateString, updateTime, updateTimestamp 등이다.
wasNull( )	boolean	마지막으로 읽어들인 컬럼(필드) 값이 SQL NULL이면 "true"를 반환한다.

[그림 7-79] JDBC API의 주요 인터페이스와 클래스간의 관계

7.5 데이터 형태와 변환

JDBC 드라이버는 getXXX() 메서드를 사용하여 특정 필드 값을 가져올 때 데이터베이스의 데이터 유형을 해당하는 자바 유형으로 변환한 다음 반환한다.
예를 들어서, 데이터베이스에서의 데이터형이 VARCHAR인 값을 가져오는 getString() 메서드를 사용하는 경우에 JDBC 드라이버는 자바의 String유형으로 변환하여 반환한다.

● 자바의 데이터 유형과 JDBC 데이터 유형의 매핑

자바에서 지원하는 데이터 유형(또는 클래스)과 각 데이터 유형과 매핑되는 JDBC 데이터 유형을 정리하면 다음과 같다. 또한 JDBC 데이터를 가져올 때 가장 적합한 getXXX() 메서드도 포함하였다.

[표 7-6] 자바의 데이터 유형과 JDBC 데이터 유형의 매핑

JDBC 데이터	자바의 데이터 유형	가장 적합한 getXXX() 메서드
CHAR	String	getString()
VARCHAR	String	getString()
LONGVARCHAR	String	getAsciiStream(), getUnicodeStream()
NUMERIC	java.math.BigDecimal	getBigDecimal()
DECIMAL	java.math.BigDecimal	getBigDecimal()
BIT	boolean, Boolean	getBoolean()
TINYINT	byte, Integer	getByte()
SMALLINT	short, Integer	getShort()
INTEGER	int, Integer	getInt()
BIGINT	long, Long	getLong()
REAL	float, Float	getFloat()
FLOAT	double, Double	getDouble()
DOUBLE	double, Double	getDouble()
BINARY	byte[]	getBytes()
VARBINARY	byte[]	getBytes()
LONGVARBINARY	byte[]	getBinaryStream()
DATE	java.sql.Date	getDate()
TIME	java.sql.Time	getTime()
TIMESTAMP	java.sql.Timestamp	getTimestamp()

[표 7-6]에서는 각각의 JDBC 데이터를 가져올 때 가장 적합한 getXXX() 메서드를 표기하였는데 반드시 표기한 getXXX() 메서드만을 사용하여 데이터를 가져올 수 있는 것은 아니다. 예를 들어, LONGVARCHAR 유형의 값을 가져올 때는 getBytes()나 getBinaryStream()을 제외한 모든 getXXX() 메서드를 사용할 수 있다.

7.6 JDBC 객체 소멸하기

데이터베이스를 다루기 위해 생성한 JDBC 객체인 Connection, Statement, PreparedStatement, ResultSet 는 사용이 끝난 다음 소멸시킨다. 객체를 소멸 시킨다는 의미는 객체가 사용한 메모리를 시스템에 반환하는 것이다.
JDBC 객체를 소멸 시키려면 다음과 같이 각 객체에서 close() 메서드를 실행한다.

```
Statement객체.close();
RecordSet객체.close();
Connection객체.close();
```

결론적으로 JSP에서 JDBC를 이용한 데이터베이스의 프로그래밍 과정은 다음과 같다..

① 사용하려는 JDBC 드라이버를 등록한다.
② 데이터베이스를 연결한다.
③ SQL 문장을 실행한다.
④ SQL 문의 결과(ResultSet 또는 갱신된 레코드 개수)를 처리한다.
④ 데이터베이스의 연결을 해제한다.

7.7 회원 관리를 위한 데이터 다루기

이 절에서는 지금까지 설명한 JDBC와 SQL에 대한 내용을 기반으로 JSP 페이지에서 데이터베이스의 테이블을 제어해본다.
회원 관리를 위한 테이블의 생성에서부터 수정 그리고 로우(레코드) 추가와 변경, 그리고 로우 삭제와 조회 예제를 통해서 데이터를 다루는 전반적인 내용을 다룬다.

◇ 참고 : 다음부터 보여주는 JSP 페이지의 작업 환경은 Access와 Mysql을 기본으로 하며 JDBC-ODBC 드라이버를 사용하였다. 다른 데이터베이스 시스템이나 다른 JDBC 드라이버를 사용하고 있다면 앞 절에 설명된 내용을 참고하여 드라이버 등록부분과 연결하는 부분만 각 환경에 맞게 변경하면 된다.

7.7.1 준비 작업

먼저 작성하려는 테이블을 포함할 수 있는 데이터베이스가 정의되어 있어야 한다.

우선 [그림 7-80]과 같이 Mysql에 접속하여 데이터베이스를 생성한다.

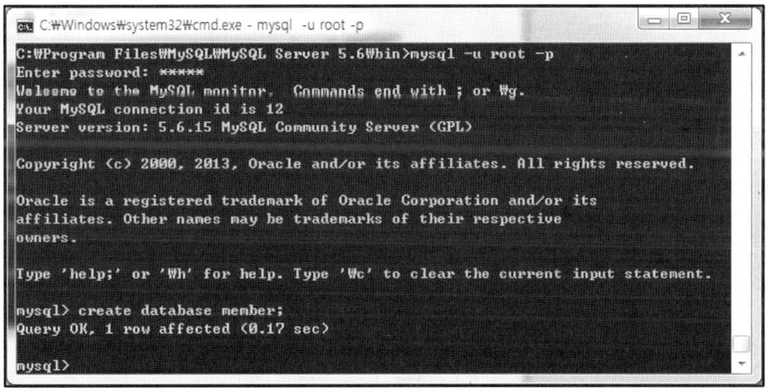

[그림 7-80] Mysql에 접속하여 데이터베이스를 생성

▲ 팁 : 정의한 데이터베이스 이름과 데이터 원본 이름은 서로 달라도 관계없지만 동일한 이름으로 등록하는 것이 관리가 편하다.

다음과 같은 HTML 파일을 작성한다.

예제 main.htm

```
<HTML>
<BODY>
<H3> 회원 관리 </H3>
<HR size=1>
<UL type="disc">
<LI><A href="create.jsp">테이블 만들기</A>
<LI><A href="alter.jsp">테이블 수정하기</A>
<LI><A href="insert.htm">회원 추가하기</A>
<LI><A href="selectall.jsp">회원 조회하기(전체)</A>
<LI><A href="select.htm">회원 조회하기(한사람)</A>
</UL>
</BODY>
</HTML>
```

[그림 7-81] main.htm 페이지

7.7.2 테이블 만들기

회원 관리를 위한 테이블을 JSP 페이지를 통해서 생성하기 위해 다음과 같은 JSP 파일을 작성한다.

예제 create.jsp

```
<%@ page contentType="text/html; charset=euc-kr" %>
<%@ page language="java" import="java.sql.*" %>
<%
Connection conn= null;
Statement st =null;
ResultSet rs =null;
// jdbc-odbc driver를 등록한다.
try {
  Class.forName("org.gjt.mm.mysql.Driver");
} catch (ClassNotFoundException e) {
  out.println(e);
}
// DB와 연결한다.
try {
  conn = DriverManager.getConnection("jdbc:mysql://localhost:3306/member?
         useUnicode=true&characterEncoding=euckr","root","multi");
} catch (SQLException e) {
  out.println(e);
}
// 쿼리를 실행한다.
try {
  st = conn.createStatement();
  st.executeUpdate("create table woori(id char(10) primary key, name char(10))");
} catch (SQLException e) {
  out.println(e);
```

```
24 }
25 try {
26   rs=st.executeQuery("select * from woori");
27   ResultSetMetaData rsmd = rs.getMetaData();
28   out.println("새로운 테이블이 생성되었습니다.<BR>");
29   out.println(rsmd.getColumnCount()+"개의 컬럼(필드)을 가지고 있으며<BR>");
30   out.println("첫번째 컬럼은 "+ rsmd.getColumnName(1)+"<BR>");
31   out.println("두번째 컬럼은 "+ rsmd.getColumnName(2)+"<BR>");
32   rs.close();
33   st.close();
34   conn.close();
35 } catch (SQLException e) {
36   out.println(e);
37 }
38 %>
39 <A href=main.htm>main으로</A>
```

줄번호	설명
02	JDBC 관련 클래스들을 사용하기 위해 "java.sql" 패키지를 포함한다.
08~12	JDBC-ODBC드라이버를 등록한다. 다른 JDBC인 경우에는 7.3을 참고한다. 등록할 때 발생할 수 있는 ClassNotFoundException 예외 상황을 처리한다.
14~18	데이터베이스를 연결한다. ODBC등록할 때 사용자 ID와 암호를 설정한 경우에는 공백문자("") 대신에 사용자 ID와 암호를 지정한다. 다른 데이터베이스 시스템인 경우에는 7.3을 참고한다. 발생할 수 있는 SQLException 예외 상황을 처리한다.
19~21	2개의 컬럼(id와 name)을 가진 테이블을 생성한다. 컬럼의 유형은 7.5의 JDBC자료형을 참고하고 "create table" 문은 7.2.3을 참고한다. 발생할 수 있는 SQLException 예외 상황을 처리한다.
26~37	생성한 테이블을 확인하고 발생할 수 있는 SQLException 예외 상황을 처리한다.

테스트하기

main.htm 페이지를 브라우저에서 열고 테이블 만들기를 선택하고 그 결과를 확인한다.

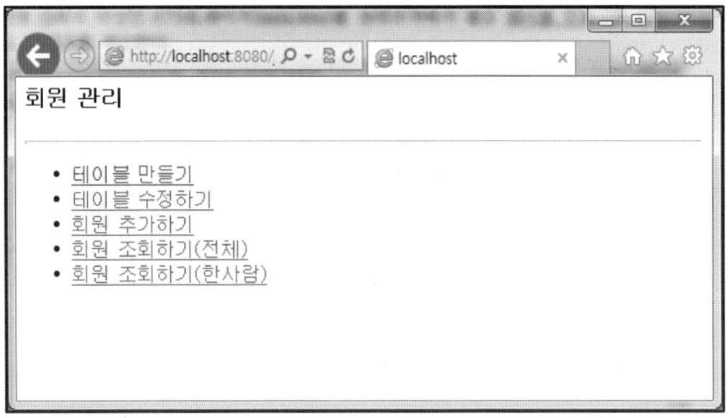

[그림 7-82] main.htm 페이지에서 테이블 만들기를 선택

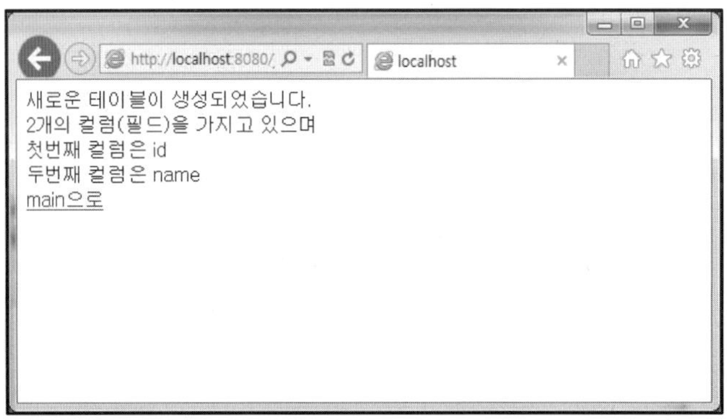

[그림 7-83] 정상적으로 테이블이 생성되었을 때의 결과

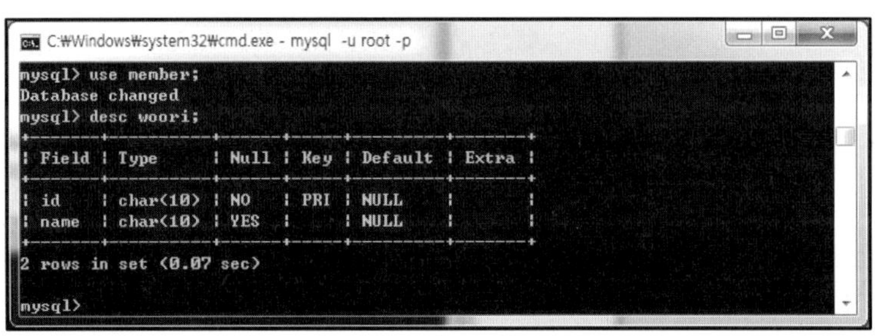

[그림 7-84] 데이터베이스를 열고 생성된 테이블의 내용을 확인한 결과

7.7.3 테이블 수정하기

앞에서 생성한 woori테이블에 2개의 컬럼을 추가하고 1개의 컬럼을 변경한다.

예제 alter.jsp

```
<%@ page contentType="text/html; charset=euc-kr" %>
<%@ page language="java" import="java.sql.*" %>
```

```
<%
Connection conn= null;
Statement st =null;
ResultSet rs =null;
// jdbc-odbc driver를 등록한다.
try {
  Class.forName("org.gjt.mm.mysql.Driver");
} catch (ClassNotFoundException e) {
  out.println(e);
}
// DB와 연결한다.
try {
  conn = DriverManager.getConnection("jdbc:mysql://localhost:3306/member?
        useUnicode=true&characterEncoding=euckr","root","multi");
} catch (SQLException e) {
  out.println(e);
}
// 쿼리를 실행한다.
try {
  st = conn.createStatement();
  st.executeUpdate("alter table woori modify name char(10) not null");
  st.executeUpdate("alter table woori add email char(30)");
  st.executeUpdate("alter table woori add password integer");
} catch (SQLException e) {
  out.println(e);
}
try {
  rs=st.executeQuery("select * from woori");
  ResultSetMetaData rsmd = rs.getMetaData();
  out.println("테이블이 수정되었습니다.<BR>");
  out.println(rsmd.getColumnCount()+"개의 컬럼(필드)을 가지고 있으며<BR>");
  for (int i=1;i <=rsmd.getColumnCount();i++) {
    out.println(i +"번째 컬럼은 "+ rsmd.getColumnName(i));
    out.println("이고 유형은 "+ rsmd.getColumnTypeName(i));
    out.println("이며 크기는 " + rsmd.getPrecision(i)+"<BR>");
  }
  rs.close();
  st.close();
  conn.close();
} catch (SQLException e) {
  out.println(e);
}
%>
<A href=main.htm>main으로</A>
```

테스트하기

main.htm 페이지를 브라우저에서 열고 테이블 만들기를 선택하고 그 결과를 확인한다.

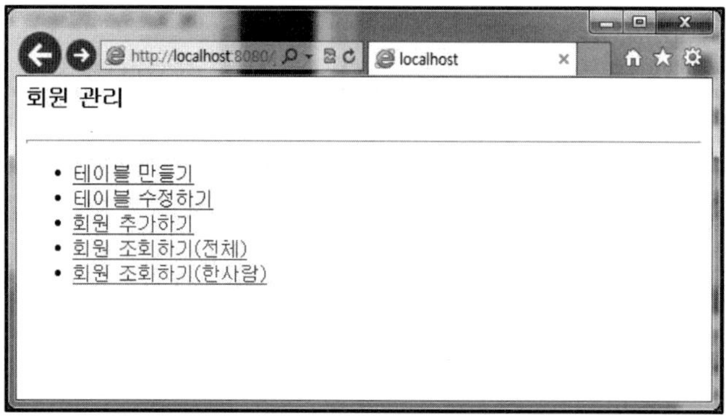

[그림 7-85] main.htm 페이지에서 테이블 수정하기를 선택

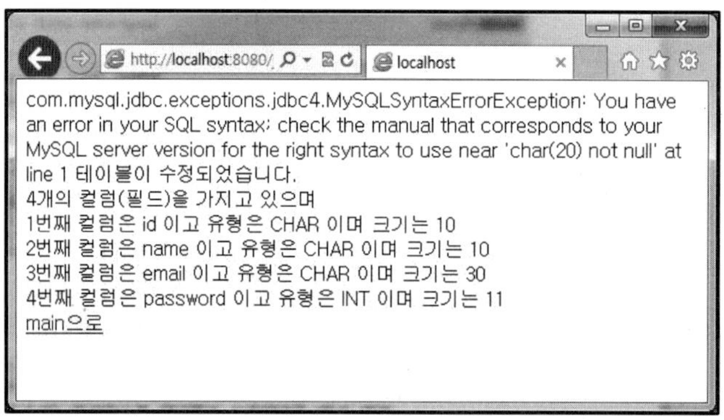

[그림 7-86] 정상적으로 테이블이 수정되었을 때의 결과

7.7.4 회원 추가하기

회원을 추가하기 위한 작업이다. HTML 페이지로부터 각 컬럼(필드)의 값을 입력받아서 필수 내용이 모두 입력된 경우에만 테이블에 로우(레코드)를 추가하는 JSP 페이지를 부른다.

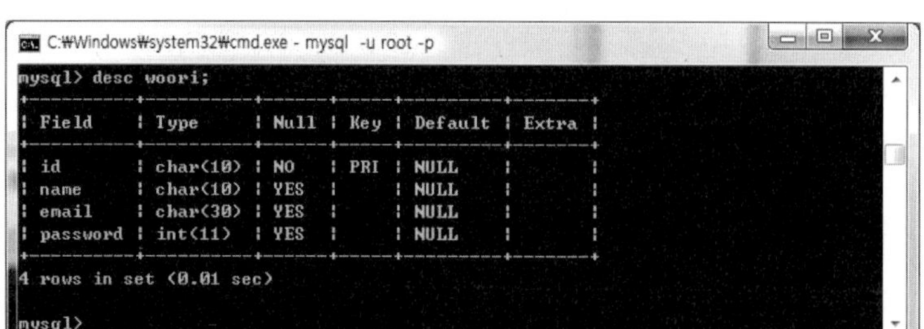

[그림 7-87] 수정된 테이블의 내용을 확인한 결과.
2개의 컬럼이 추가되었고 name 컬럼의 속성이 변경되었다.

① 다음의 HTML 페이지를 작성한다.

예제 insert.htm

```
<HTML>
<BODY>
<SCRIPT language="javascript">
function check() {
  var blank = 0 ;
  if (form1.id.value == "")
    blank = 1 ;
  if (form1.password.value == "")
    blank = 1 ;
  if (form1.name.value == "")
    blank = 1 ;
  if (form1.email.value == "")
    blank = 1;
  if (blank ==1) {
    alert("모든 내용을 입력해 주세요.") ;
    return (false)
  }
  else {
    return (true) ;
  }
}
function check_num(str) {
  if(isNaN(str)) {
    alert("숫자만 입력하세요.");
    return "";
  } else return str;
}
</SCRIPT>

<FORM action=insert.jsp method=post name=form1 onsubmit="return check();">
  사용자 ID <INPUT type="text" name="id"><BR>
  암호 <INPUT type="password" name="password" onkeyup="this.value=check_num
      (this.value)"><BR>
  이름 <INPUT type="text" name="name"><BR>
  E-mail <INPUT type="text" name="email"><BR>
  <INPUT type="submit" value="확인">
  <INPUT type="reset" value="다시작성" >
</FORM>
</BODY>
</HTML>
```

줄번호	설명
03~29	자바스크립트로 작성한 부분이다.
04~21	check함수에서는 폼에 속한 각 텍스트의 값이 공백인 경우를 확인한 다음 공백이 하나라도 있는 경우에는 메시지를 보여주고 폼이 전송되지 않도록 False를 반환하며 모든 값이 채워져 있는 경우에는 폼을 전송할 수 있도록 True를 반환한다.
22~27	check_num함수에서는 비밀번호 작성시 입력되는 문자를 검사하여 숫자 이외의 문자가 입력되면 경고창을 출력한다.
30	전송되는 폼을 처리할 서버 문서를 "insert.jsp"로 설정하고 POST 서비스(4장 참조)를 서버에게 요청한다. 또한 submit유형의 버튼이 클릭될 때 check()함수를 호출하고 호출한 check()함수가 True를 반환한 경우에만 폼이 서버 페이지(insert.jsp)에 전송된다.

② 단계 ①에서 보내온 Form의 값을 받아서 레코드를 추가하는 JSP를 다음과 같이 작성한다.

예제 insert.jsp

```
<%@ page contentType="text/html; charset=euc-kr" %>
<%@ page language="java" import="java.sql.*" %>
<% request.setCharacterEncoding("euc-kr"); %>
<%
String id = request.getParameter("id");
int password = Integer.parseInt(request.getParameter("password"));
String name=request.getParameter("name");
String email = request.getParameter("email");
String sql=null;
Connection conn=null;
Statement st=null;
ResultSet rs =null;
int cnt=0;
// jdbc-odbc driver 등록
try {
  Class.forName("org.gjt.mm.mysql.Driver");
} catch (ClassNotFoundException e) {
  out.println(e.getMessage());
}
// db와의 연결
try {
  conn = DriverManager.getConnection("jdbc:mysql://localhost:3306/member?
          useUnicode=true&characterEncoding=euckr","root","multi");
  st=conn.createStatement();
  rs = st.executeQuery("select * from woori where id= '"+ id + "'");
  if (!(rs.next())) {
```

```
24        sql="insert into woori(id,password,name,email)";
25        sql=sql + " values('"+ id +"','"+ password +"','" ;
26        sql=sql + "'"+ name +"','"+ email +"')";
27        cnt = st.executeUpdate(sql);
28        if (cnt >0)
29          out.println("데이터가 성공적으로 입력되었습니다.") ;
30        else
31          out.println("데이터가 입력되지 않았습니다. ");
32      } else
33        out.println("id가 이미 등록되어 있습니다.");
34      st.close();
35      conn.close();
36    } catch (SQLException e) {
37      out.println(e.getMessage());
38    }
39    %>
40    [<A href="main.htm">main으로</A>]
41     [<A href="insert.htm">회원 등록 페이지로</A>]
```

줄번호	설명
06	전송되는 Form의 값은 모두 String 형태이므로 int 형의 데이터를 테이블에 저장하기 위해서 String을 int형으로 변경하는 ParsInt() 메서드를 사용하였다.
22	폼에 입력한 사용자 ID가 기존에 등록한 ID인 지 확인하기 위해 해당 ID를 가진 레코드를 찾아서 ResultSet객체(rs)에 반환한다.
23~31	동일한 ID를 가진 회원이 없으면(rs.next()가 false를 반환하면) 입력한(전송된) 값을 가진 레코드(로우)를 테이블에 추가한다.
24~26	SQL문이 긴 경우에는 이와 같이 조각 내서 이어 붙여도 되고 끝맺음(문장 끝에 세미콜론을 붙이는 것)을 하지 않고 몇 줄에 걸쳐서 작성해도 된다.
28~31	"insert" 문의 결과(추가된 레코드 개수)를 확인하여 정상적으로 추가되었는지 판단한다.
32~33	동일한 ID를 가진 회원이 있으면(rs.next()가 true를 반환하면) 회원을 등록하지 않고 메시지를 보여준다.

테스트하기

main.htm 페이지를 브라우저에서 열고 회원 추가하기를 선택하고 회원 정보를 입력한다.

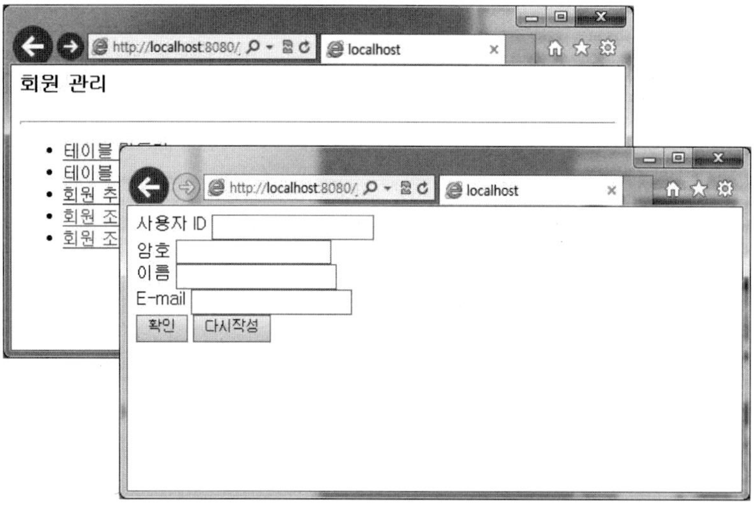

[그림 7-88] main.htm 페이지에서 회원 추가하기를 선택한 다음 회원 정보를 입력한다. 그리고 [확인] 버튼을 누른다.

오류가 없다면 다음과 같은 내용을 보여준다.
단, 비밀번호는 앞에서 data type을 int 형으로 추가하였고 ParseInt() 메서드를 알아보기 위하여 소스 코드를 작성하였기 때문에 여기서는 비밀번호는 숫자로 기입하여야 한다.

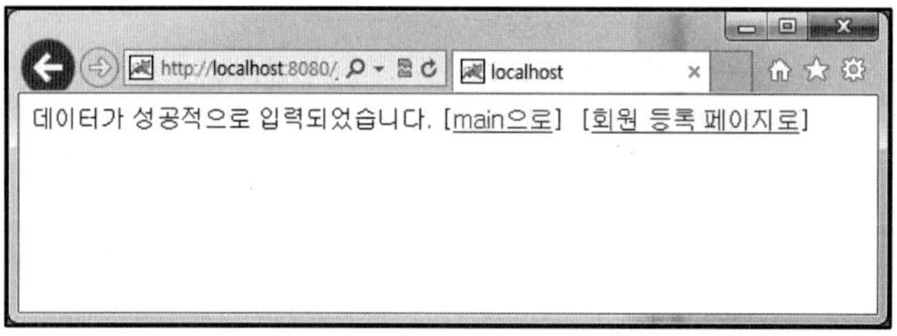

[그림 7-89] 오류 없이 회원을 등록한 결과

기존에 등록한 id를 입력한 경우에는 다음과 같은 결과를 보여준다.

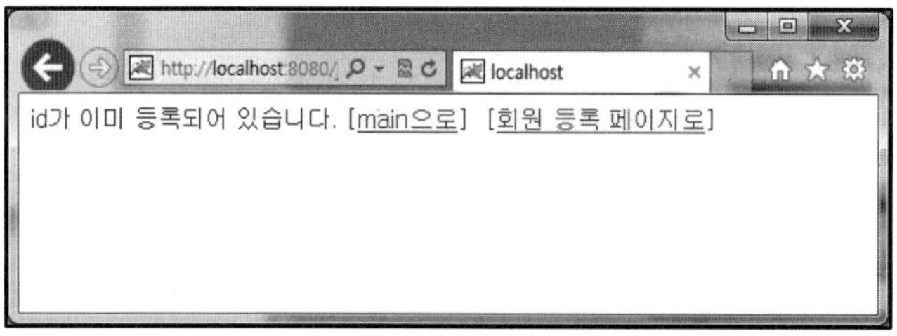

[그림 7-90] 중복된 사용자 ID를 입력한 결과

7.7.5 모든 회원의 정보 조회하기

모든 회원의 정보(암호는 제외)를 보여주기 위한 JSP 페이지를 작성한다.

예제 selectall.jsp

```
<%@ page contentType="text/html; charset=euc-kr" %>
<%@ page language="java" import="java.sql.*" %>
<% request.setCharacterEncoding("euc-kr"); %>
<%
Connection con= null;
Statement st =null;
ResultSet rs =null;
// jdbc-odbc driver 를 등록한다.
try {
  Class.forName("org.gjt.mm.mysql.Driver");
} catch (ClassNotFoundException e) {
  out.println(e);
}
// DB와 연결한다.
try {
   con = DriverManager.getConnection("jdbc:mysql://localhost:3306/member?
           useUnicode=true&characterEncoding=euckr","root","multi");
} catch (SQLException e) {
  out.println(e);
}
// 쿼리를 실행한다.
try {
  st = con.createStatement();
  rs = st.executeQuery("select * from woori order by id");
%>
<HTML>
<BODY>
<CENTER> <H3>우리 회원 정보 보기</H3>
<TABLE border=1>
  <TR>
    <TH>사용자 ID</TH>
    <TH>이름</TH>
    <TH>E-mail</TH>
  </TR>
  <% if (!(rs.next()))  { %>
    <TR><TD colspan=4>등록된 회원이 없습니다.</TD></TR>
  <% } else {
    do {
```

```
35            out.println("<TR>");
36            out.println("<TD>" + rs.getString("id") + "</TD>");
37            out.println("<TD>" + rs.getString("name") + "</TD>");
38            out.println("<TD>" + rs.getString("email") + "</TD>");
39            out.println("</TR>");
40          } while(rs.next());
41        }
42        rs.close();
43        st.close();
44        con.close();
45     } catch (SQLException e) {
46        System.out.println(e);
47     }
48     %>
49     </TABLE>
51        [<A href="main.htm">main으로</A>] [<A href="insert.htm">회원 등록 페이지로</A>]
52     </CENTER>
53     </BODY>
54     </HTML>
```

줄번호	설명
31~32	등록된 회원이 없으면(rs.next()가 false이면) 처리한다.
33~41	등록된 회원이 있으면(rs.next()가 true이면) 한 레코드씩 읽어서 한 레코드씩 읽어서 각 컬럼 값을 테이블 형태로 출력한다. rs.next() 반환 값이 false일 때까지 반복한다.

테스트하기

main.htm 페이지를 브라우저에서 열고 회원 조회하기(전체)를 선택하고 회원 정보를 입력한다.

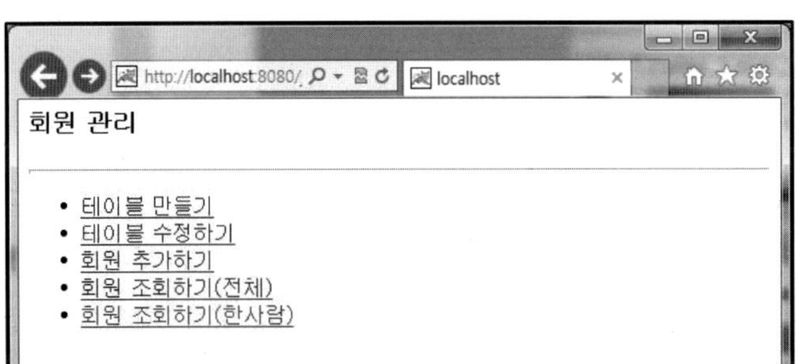

[그림 7-91] main.htm 페이지에서 회원 조회하기(전체)를 선택한다.

오류가 없다면 다음과 같은 내용을 보여준다.

[그림 7-92] 모든 회원의 정보를 보여주는 페이지

[회원 등록 페이지로]를 클릭 하여 회원을 추가한 다음 다시 확인해 본다.

[그림 7-93] 몇 건을 추가한 다음에 조회한 결과

7.7.6 특정 레코드만 조회하기

특정 레코드만 조회하는데, 조회하려는 사용자 ID의 암호를 알고 있을 경우에만 조회할 수 있도록 한다. 또한 조회한 페이지에서 수정이나 삭제를 할 수 있는 링크도 추가해 놓는다.

① 사용자 ID와 암호를 입력받아서 해당하는 정보를 보여주기 위하여 사용자 ID를 입력받는 HTML 파일을 작성한다.

예제 select.htm

```
<HTML>
<HEAD>
<SCRIPT language="javascript">
function check() {
  var blank = 0 ;
  if (form1.id.value == "")
    blank = 1 ;
  if (form1.password.value == "")
    blank = 1 ;
```

```
    if (blank == 1) {
      alert("빈란이 있습니다. 채워주세요.") ;
      return (false)
    }
    else {
      return (true) ;
    }
}
</SCRIPT>
</HEAD>
<BODY>
회원의 사용자 ID와 암호를 입력하세요.
<FORM action=select.jsp method=POST name=form1 onSubmit="return check();">
    사용자 ID <INPUT type="text" name="id"><br>
    암호    <INPUT type="password" name="password"><br>
    <INPUT type="submit" value="조회">
</FORM>
</BODY>
</HTML>
```

② 단계 ①에서 작성한 문서에서 사용자 ID와 암호가 입력되어 전송되면 테이블을 검색하여 나머지 정보를 보여주는 JSP 페이지를 작성한다. 이제까지 SQL문을 실행하기 위한 객체로 Statement를 사용했었는데 이번의 JSP 페이지에서는 PreparedStatement객체를 사용하여 SQL문을 실행해 본다.

예제 select.jsp

```
<%@ page contentType="text/html; charset=euc-kr" %>
<%@ page language="java" import="java.sql.*" %>
<%
String id = request.getParameter("id");
String password = request.getParameter("password").trim();
String sql="select * from woori where id=?" ;
Connection con=null;
PreparedStatement pst=null;
ResultSet rs=null;
try {
    Class.forName("org.gjt.mm.mysql.Driver");
} catch (ClassNotFoundException e) {
    out.println(e.getMessage());
}
```

```
try {
    con = DriverManager.getConnection("jdbc:mysql://localhost:3306/member?
          useUnicode=true&true&characterEncoding=euckr","root","multi");
} catch (SQLException e) {
  out.println(e);
}
try {
  pst = con.prepareStatement(sql);
  pst.setString(1,id);  //setString(매개변수차례번호, 값)
  rs = pst.executeQuery();
  if (!(rs.next())) { %>
    해당되는 회원이 없습니다.
  <% } else
    {
      if (password.equals(rs.getString("password"))) { %>
        사용자 ID가 <%= id %> 인 회원의 정보는 다음과 같습니다.
        정보를 변경하려면 내용을 입력한 다음 <수정하기>버튼을 누르세요.
        <FORM name=form1 method=post action=update.jsp>
          <INPUT type=hidden name=id value="<%=id%>">
          <BR> 이름   :
          <INPUT type=text name=name value="<%=rs.getString("name")%>">
          <BR>E-mail   :
          <INPUT type=text name=email value="<%=rs.getString("email")%>">
          <INPUT type=submit name=change value="수정하기" >
          <A href="delete.jsp?id=<%=id%>"> 삭제하기 </A>
        </FORM>
      <% } else {  %>
        비밀번호가 틀립니다.
      <% }
    }
  rs.close();
  con.close();
  pst.close();
} catch (SQLException e) {
  out.println(e);
}
%>
<A href="main.htm"> 메인으로 </A> 
<A href="select.htm"> 조회페이지로 </A>
```

※ 주의 : 〈INPUT..〉태그에서 value속성 값을 지정할 때 앞뒤에 이중 부호(")를 생략하면 한글인 경우 깨질 수 있다.

줄번호	설명
04	select.htm에서 넘어온 폼의 id 값을 String 변수에 저장한다.
05	select.htm에서 넘어온 폼의 password 값에서 공백을 삭제하고(trim()) String 변수에 저장한다.
06	PreparedStatement객체로 실행할 매개변수를 포함하는 SQL문을 변수에 저장한다. 매개변수는 물음표(?)로 표시 해놓는다.
21	Connection 객체(con)의 prepareStatement() 메서드를 사용하여 PreparedStatement 객체를 만든다. 이때 앞에서(06) 저장해 놓는 매개변수가 포함된 SQL문을 인자로 지정한다.
22	SQL문에 포함된 매개변수에 값을 설정한다.
24~25	해당하는 회원(레코드)가 없는 경우에 처리된다.
26~39	해당하는 회원(레코드)이 있고 입력한 암호가 일치하는 경우에 처리된다. 회원 정보(컬럼 값)를 화면에 폼 형태로 출력한다.
40~42	해당하는 회원(레코드)이 있지만 입력한 암호가 일치하지 않은 경우에 처리된다.

테스트하기

main.htm 페이지를 브라우저에서 열고 회원 조회하기(한사람)를 선택한 다음 검색하려는 사용자 ID와 암호를 입력한다. 그리고 [조회] 버튼을 누른다.

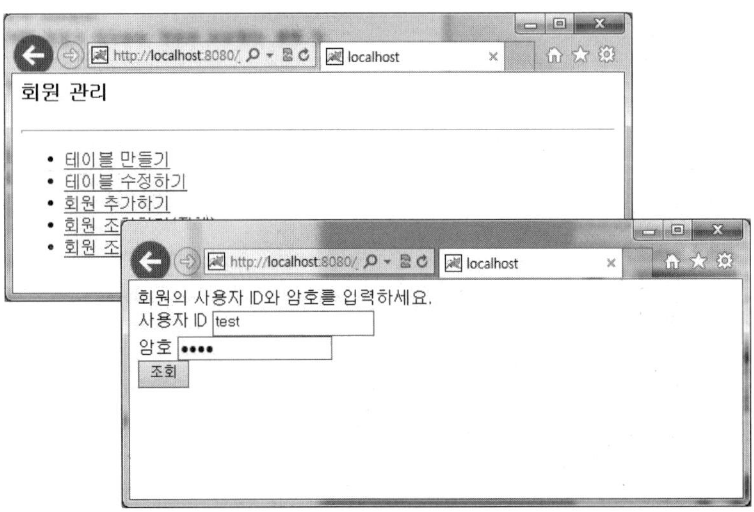

[그림 7-94] 검색할 사용자의 데이터를 입력하는 화면

입력한 사용자 ID가 존재하고 암호가 일치하면 다음과 같은 정보가 나타난다.

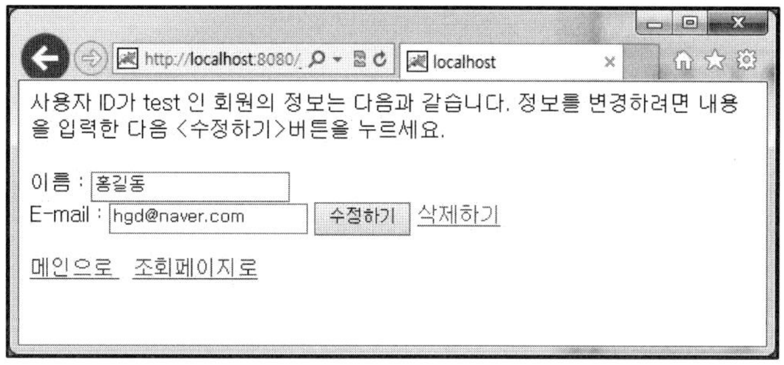

[그림 7-95] 검색된 사용자의 데이터 조회 화면

존재하지 않은 사용자 ID를 입력한 경우에는 다음과 같은 결과가 나타난다.

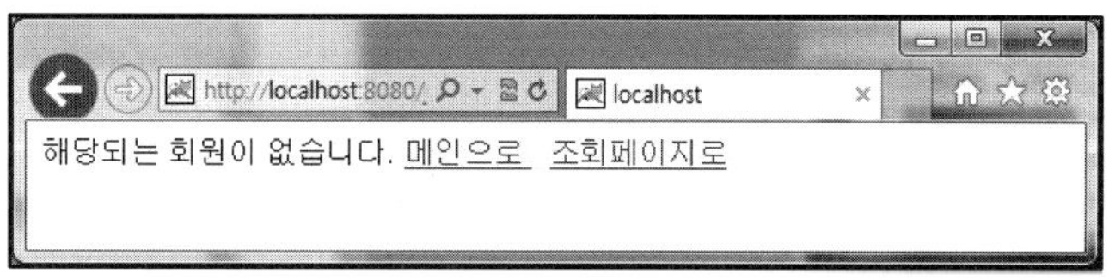

[그림 7-96] 존재하지 않는 회원을 검색한 실행 화면

암호가 틀린 경우에는 다음과 같은 결과가 나타난다.

[그림 7-97] 암호가 틀린 경우의 실행 화면

7.7.7 회원 정보 수정하기

등록한 회원 정보를 수정한다.

데이터베이스에 저장된 기존의 회원 데이터를 수정하기 위한 작업이다. 먼저 조회된 결과를 확인한 다음 변경할 수 있도록 하였다.

정보를 수정하는 JSP 페이지를 다음과 같이 작성한다.

예제 update.jsp

```
<%@ page contentType="text/html; charset=euc-kr" %>
<%@ page import="java.sql.*" %>
<% request.setCharacterEncoding("euc-kr"); %>
<%
```

```
05  String id = request.getParameter("id");
06  String name = request.getParameter("name");
07  String email = request.getParameter("email");
08  String sql=null;
09  Connection con=null;
10  Statement st=null;
11  try{
12    Class.forName("org.gjt.mm.mysql.Driver");
13  } catch (ClassNotFoundException e) {
14    out.println(e.getMessage());
15  }
16  try{
17    con = DriverManager.getConnection("jdbc:mysql://localhost:3306/member?
          useUnicode=true&characterEncoding=euckr","root","multi");
18  } catch (SQLException e) {
19    out.println(e);
20  }
21  try{
22    st = con.createStatement();
23    sql = "update woori set " ;
24    sql = sql + "name ='" + name + "'," + "email ='" + email + "'" ;
25    sql = sql + "  where id = '" + id + "'" ;
26    st.executeUpdate(sql);
27    con.close();
28    st.close();
29  } catch (SQLException e) {
30    out.println(e);
31  }
32  %>
33  <jsp:forward page="selectall.jsp" />
```

줄번호	설명
05~07	select.jsp로부터 넘어온 폼의 요소 값을 String 변수에 저장한다.
23~25	레코드(로우)의 컬럼(필드) 값을 갱신하는 SQL 문을 조각내어 붙이는 형태로 저장한다. 물론 한 문장으로 작성할 수도 있다.
33	갱신하자마자 전체 레코드를 보여주는 페이지로 이동되도록 하여 정보가 변경되었는지 확인할 수 있도록 한다.

※ 주의 : SQL문에서 컬럼(필드)에 변수를 지정할 때 컬럼 유형이 문자열 형태이면 반드시 변수 앞뒤로 단일 부호(')로 감싸야 한다.

테스트하기

main.htm 페이지를 브라우저에서 열고 회원 조회하기(한사람)를 선택한 다음 검색하려는 사용자 ID와 암호를 입력한다. 그리고 [조회] 버튼을 누른다.

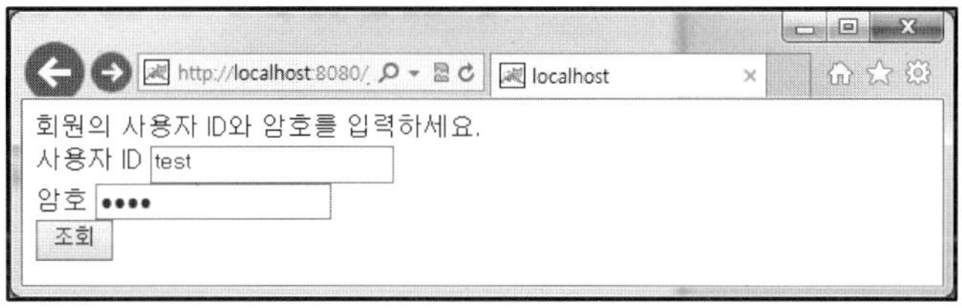

[그림 7-98] 사용자 검색을 위한 입력창 실행 화면

다음 페이지가 나타나면 정보를 변경하고 [수정하기] 버튼을 누른다.

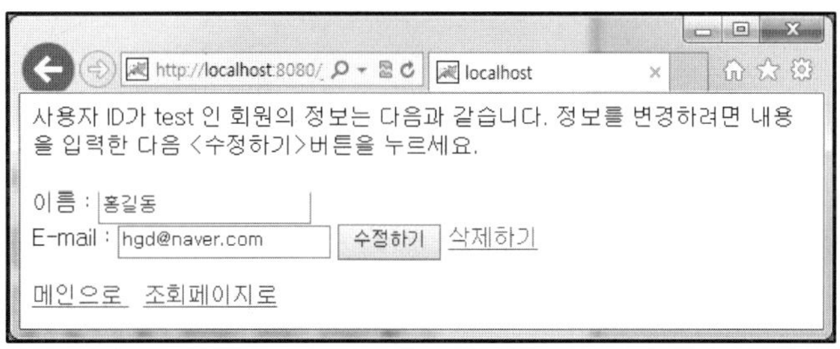

[그림 7-99] 검색된 사용자의 실행 화면

수정이 정상적으로 처리되었는지 전체 회원 정보를 보여주는 페이지에서 확인할 수 있다.

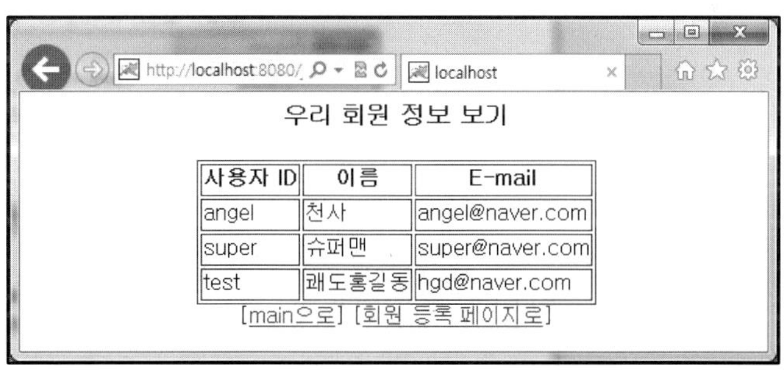

[그림 7-100] 수징 완료 후의 진세 회원 정보 보기 페이지

7.7.8 회원 삭제하기

등록된 회원을 삭제한다.
이전에 데이터베이스에 저장된 레코드를 삭제하기 위한 JSP 문서를 작성한다.

예제 delete.jsp

```
01 <%@ page contentType="text/html; charset=euc-kr" %>
02 <%@ page language="java" import="java.sql.*" %>
03 <%
04 String id = request.getParameter("id");
05 Connection con=null;
06 Statement st=null;
07 String sql=null;
08 try {
09   Class.forName("org.gjt.mm.mysql.Driver");
10 } catch (ClassNotFoundException e) {
11   out.println(e.getMessage());
12 }
13 try {
14   con = DriverManager.getConnection("jdbc:mysql://localhost:3306/member?
         useUnicode=true&characterEncoding=euckr","root","multi");
15   st = con.createStatement();
16   sql = "delete from woori where id= '" + id + "'";
17   st.executeUpdate(sql);
18   con.close();
19   st.close();
20 } catch (SQLException e) {
21 }
22 %>
23 <jsp:forward page="selectall.jsp" />
```

줄번호	설명
04	select.jsp로부터 넘어온 폼의 id 값을 변수에 저장한다.
16	레코드(로우)를 삭제하는 SQL 문을 저장한다.
23	삭제하자마자 전체 레코드를 보여주는 페이지로 이동되도록 하여 정보가 삭제되었는지 확인할 수 있도록 한다.

테스트하기

main.htm 페이지를 브라우저에서 열고 회원 조회하기(한사람)를 선택한 다음 검색하려는 사용자 ID와 암호를 입력한다. 그리고 삭제하기를 누른다.

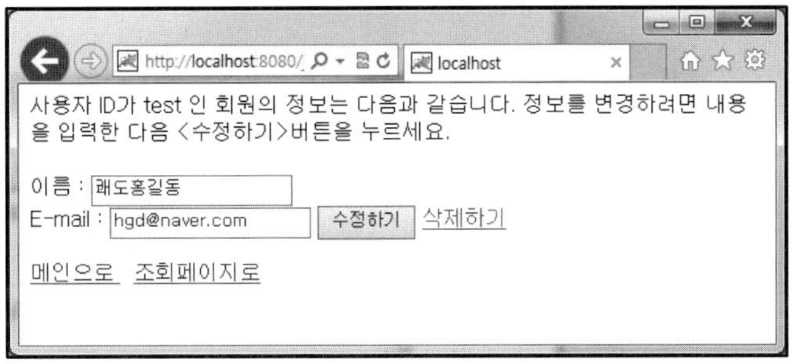

[그림 7-101] 검색하려는 사용자 ID와 암호를 입력

정상적으로 삭제되었다면 삭제한 회원 정보는 보이지 않을 것이다.

[그림 7-102] 정상적 처리결과

연습문제

1 JDBC란 무엇이며, JDBC 사용시의 장점을 설명하시오.

2 JDBC의 4가지 유형을 각각 설명하시오.

3 JDBC를 통한 JSP 페이지와 데이터베이스의 연결과정을 설명하시오.

4 DDL와 DML을 비교 설명하시오.

5 다음 SQL 구문에 대해 설명하시오.

① SELECT

② INSERT

③ DELETE

④ UPDATE

Chapter 08

회원 관리 응용

Chapter 08

회원 관리 응용

학습목표

이 장에서는 JDBC와 SQL에 대한 내용을 기반으로 JSP 페이지에서 데이터베이스의 테이블을 제어하는 기술을 적용하여 회원 관리 프로그램을 작성한다.

이 장에서는 지금까지 설명한 JDBC와 SQL에 대한 내용을 기반으로 JSP 페이지에서 데이터베이스의 테이블을 제어해본다.

회원 관리를 위한 테이블의 생성에서부터 수정 그리고 로우(레코드) 추가와 변경, 그리고 로우 삭제와 조회 예제를 통해서 데이터를 다루는 전반적인 내용을 다룬다.

◇ 참고 : 다음부터 보여주는 JSP 페이지의 작업 환경은 MySQL을 기본으로 하며 JDBC 드라이버를 사용하였고 앞 장에서도 언급했지만 톰캣에서 구동되는 환경이다. 다른 데이터베이스 시스템이나 다른 JDBC 드라이버를 사용하고 있다면 앞 장에 설명된 내용을 참고하여 드라이버 등록부분과 연결하는 부분만 각 환경에 맞게 변경하면 된다.

이 장에서는 회원가입을 만들어 본다.

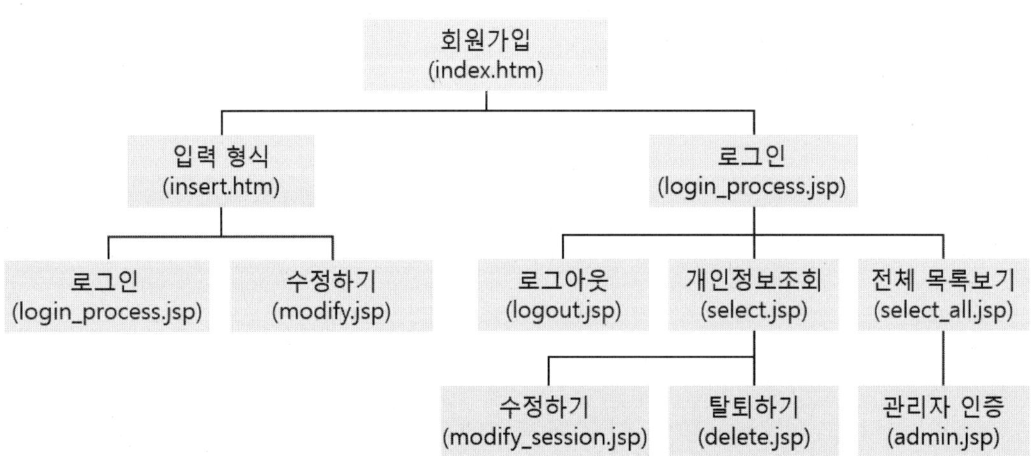

[그림 8-1] 회원관리 응용 프로그램 구조도

8.1 준비 작업

먼저 작성하려는 테이블을 포함할 수 있는 데이터베이스가 정의되어 있어야 한다.

① member 데이터베이스 만들기

보조프로그램 → 명령 프롬프트 → mysql root 로그인

ex) C:₩Program Files₩mysql₩mysql server 5.7₩bin>mysql -u root -p

Enter password : multi (MySQL 설치시 입력한 비밀번호)

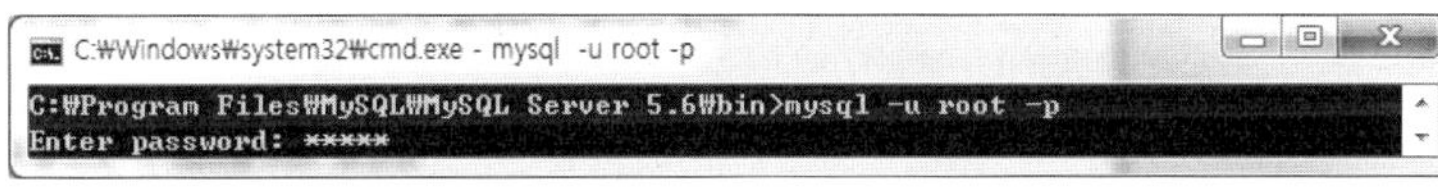

[그림 8-2] MySQL 접속하기

로그인이 완료되면 아래 그림과 같은 화면이 출력된다.

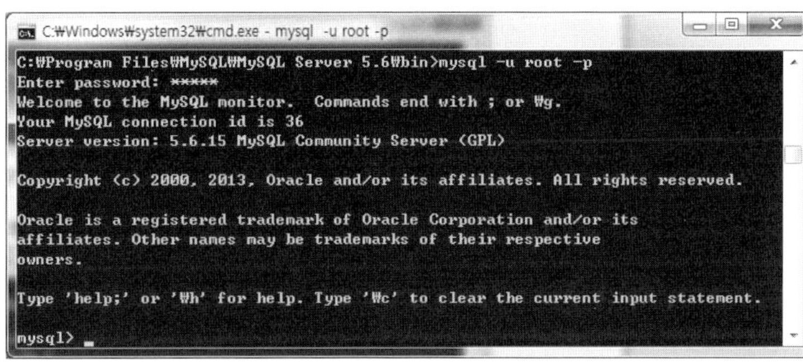

[그림 8-3] MySQL 접속 화면

생성한 데이터베이스 member를 사용한다.

```
use member;
```

② 데이터베이스 시스템에서 작성하려는 테이블을 포함할 데이터베이스를 정의해 놓는다.
(데이터베이스 이름 : member, 테이블 이름 : member)

필드 이름	데이터 형식	필드 크기	빈문자 허용	필드 내용
userid	text	16	not null	회원 id , pk
username	text	12	not null	회원 이름
password	text	12	not null	비밀번호
email	text	50	허용	이메일 주소
zipcode	text	7	허용	우편번호

address1	text	100	허용	주소 1
address2	text	100	허용	주소 2
phone	text	13	허용	휴대폰 번호
regedit	text	50	허용	가입 일자

아래 구문을 입력하여 테이블을 생성한다.

```
create table member(
userid      varchar(16) not null primary key,
username    varchar(12) not null,
password    varchar(12) not null,
email       varchar(50),
zipcode     varchar(7),
address1    varchar(100),
address2    varchar(100),
phone       varchar(13),
regedit     varchar(50)
);
```

③ 우편번호 검색을 위해 zipcode 테이블을 생성한다.

```
create table zipcode(
zipcode varchar(7),
sido    varchar(4),
gugun   varchar(15),
dong    varchar(52),
bunji   varchar(17),
seq     int(5) primary key auto_increment
);
```

④ 우편번호 검색을 위한 우편번호 데이터를 입력한다.
부록 CD에 포함되어 있는 zipcode.sql 파일을 C:₩에 복사하여 저장한다.
다음과 같이 입력한다.

```
C:\Program Files\mysql\mysql server 5.7\bin>mysql -u root -p member < C:\zipcode.sql
```

우편번호 데이터를 모두 삽입하기 위해서는 컴퓨터의 성능에 따라 10여분의 시간이 소요된다.

지금까지 회원 가입을 위한 데이터베이스를 생성하고 테이블을 생성하였다. 그리고 우편번호 검색을 위한 우편번호 테이블을 생성하고 데이터를 삽입하였다.

⑤ 다음과 같은 HTML 파일을 작성한다.

예제 index.htm

```
<html>
<head>
<title>** 회원가입 프로그래밍 **</title>
<meta http-equiv="Content-Type" content="text/html; charset=euc-kr">
</head>
<frameset cols="30%,*" frameborder="NO" border="1" framespacing="0">
  <frame src="left_Frame.jsp" name="leftFrame" scrolling="NO" noresize>
  <frame src="http://localhost:8080/jsp/tomcat/index.jsp" name="mainFrame">
</frameset>
<body>
</body>
</html>
```

⑥ 왼쪽 로그인 창과 메뉴

예제 left_Frame.jsp

```
<%@ page info="left_Frame" errorPage="error.jsp" %>
<%@ page contentType="text/html; charset=euc-kr" %>
<% request.setCharacterEncoding("euc-kr"); %>
<%
  Object mem_name = session.getAttribute("member_name");
  Object mem_id = session.getAttribute("member_id");
  session.setAttribute("member_id",mem_id);
  if(session.getValue("member_id")== null) {
%>
<link rel="StyleSheet" href="style.css" type="text/css">
<script language="JavaScript">
<!--
  function login_check() {
    if (!document.login.userid.value) {
      alert("ID를 입력하세요!");
      document.login.userid.focus();
      return;
    }
    if (!document.login.password.value) {
      alert("패스워드를 입력하세요!");
      document.login.password.focus();
      return;
```

```
    }
    document.login.submit();
  }
//-->
</script>
<style type="text/css">
<!--
  .style3 { color: #FF0000}
-->
</style>
<form name ="login" method="post" action="login_process.jsp">
  <tr bgcolor='#D9D9D9'>
    <td height="90">
      <table width="100%" border="0" cellspacing="0" cellpadding="0">
        <tr>
          <td height="15px"></td>
        </tr>
        <tr>
          <td colspan="4" height="5px" bgcolor="#FF0000"></td>
        </tr>
        <tr>
          <td colspan="4" height="10px"></td>
        </tr>
        <tr bgcolor="#FFFFFF">
          <td width="4%"> </td>
          <td width="34%" class="style1" align="center">회원ID</td>
          <td width="62%"><input type="text" maxlength="16" name="userid" size='10' class="input_style1"></td>
        </tr>
        <tr bgcolor="#D9D9D9">
          <td width="4%"></td>
        </tr>
        <tr bgcolor="#FFFFFF">
          <td width="4%"> </td>
          <td width="34%" class="style1" align="center">PASS</td>
          <td width="62%"><input type="password" maxlength="12" name="password" size='10' class="input_style1"></td>
        </tr>
        <tr>
          <td colspan="4" height="10px"></td>
        </tr>
        <tr>
          <td colspan="4" height="5px" bgcolor="#0000FF"></td>
        </tr>
```

```
        <tr>
          <td colspan="4" height="10px"></td>
        </tr>
      </table>
      <table width="133" border="0" cellspacing="0" cellpadding="0">
        <tr>
          <td height="5"></td>
        </tr>
        <tr>
          <td width="10"> </td>
          <td align="center" class='style1'><a href="javascript:login_check()">로그인</a> <a href="insert.htm" target="_top">회원가입</a></td>
          <td width="5"> </td>
        </tr>
      </table>
    </td>
  </tr>
</form>
<% }
else {
%>
<link rel="stylesheet" href="style.css" type="text/css">
  <tr>
    <td height="90" bgcolor='#F5F5F5'>
      <table width="100%" border="0" cellspacing="0" cellpadding="0">
        <tr align="center">
          <td width="4%" class="style2"><%=mem_name%> 님 <br>환영합니다.</td>
        </tr>
      </table>
      <table width="100%" border="0" cellspacing="0" cellpadding="0">
        <tr>
          <td height="5"></td>
        </tr>
        <tr>
          <td align="center"><font class="style2"><a href="logout.jsp">로그아웃</a></font></td>
          <td width="5"> </td>
        </tr>
        <tr>
          <td align="center" class="style2"><a href="select.jsp" target="mainFrame">개인 정보 조회</a></td>
        </tr>
        <tr>
```

```
105             <td align="center"><font class="style2"><a href="admin.jsp"
                 target="mainFrame">전체 목록보기</a></font></td>
106             <td wdth="5"> </td>
107           </tr>
108         </table>
109  <%
110   }
111  %>
```

줄번호	설명
05	session 객체로부터 member_name key의 값 mem_name 변수에 치환
06	session 객체로부터 member_id key의 값 mem_id 변수에 치환
07	session 객체의 member_id key의 값을 mem_id 변수의 값으로 설정
08~81	회원 아이디에 대한 세션 값이 없을 경우에 회원 로그인 양식을 보여줌
82~111	회원 아이디에 대한 세션 값이 있을 경우에 로그아웃, 개인정보조회 등을 보여줌

⑦ 오른쪽 main의 화면

오른쪽의 main 화면은 http://localhost:8080/jsp/tomcat/index.jsp(Apache Tomcat) 화면을 링크 걸었다. Tomcat 화면을 정상적으로 나타나게 하려면 C:₩tomcat₩webapps₩ROOT 폴더의 파일 중 WEB-INF 폴더를 제외한 파일을 복사하여 C:₩jsp 폴더에 tomcat 폴더를 만들어 복사하여 놓고 index.htm을 실행하게 되면 [그림 8-4]와 같이 나타날 것이다.

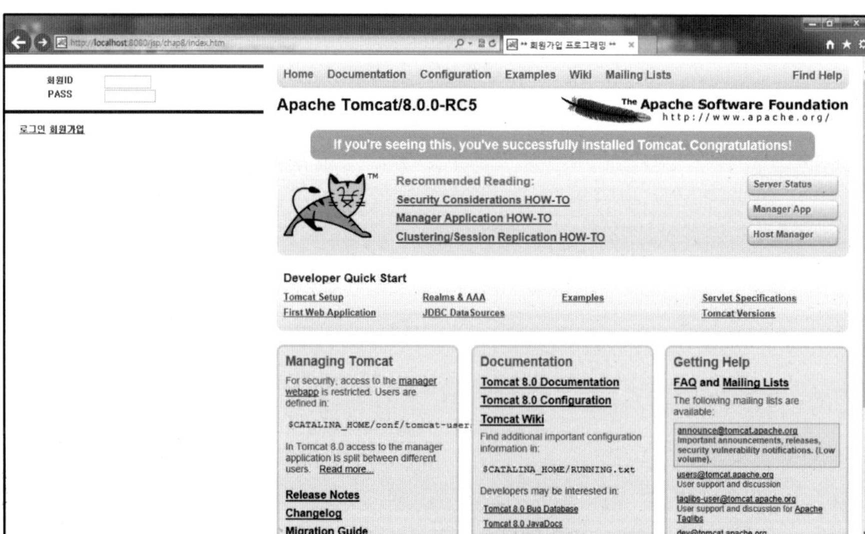

[그림 8-4] index.htm 페이지를 실행한 결과

⑧ 로그인 처리 페이지

예제 login_process.jsp

```
<%@ page contentType="text/html; charset=euc-kr" %>
<%@ page language="java" import="java.sql.*,j ava.io.*, java.text.*,
 java.net.*, java.util.*" %>
<%
  String userid   = request.getParameter("userid");
  String password = request.getParameter("password");
  Connection conn = null;
  Statement stmt  = null;
  ResultSet rs    = null;
  String query    = new String();
  String name     = new String();
try {
  Class.forName("org.gjt.mm.mysql.Driver");
} catch (ClassNotFoundException e) {
  out.println(e);
}
try {
  conn = DriverManager.getConnection("jdbc:mysql://localhost:3306/member?
         useUnicode=true&characterEncoding=euckr","root","multi");
  stmt = conn.createStatement();
} catch(SQLException e) {
  out.println(e);
}
boolean bLogin = false;
try {
  query = "select * from member where userid = '"+userid+"'";
  query = query + " and password = '"+password+"'";
  rs = stmt.executeQuery(query);
  if(rs.next()) {
    name = rs.getString("username");
    bLogin = true;
  } else {
    bLogin = false;
  }
  rs.close();
} catch(SQLException e) {
  out.println(e);
} finally {
  conn.close();
}
```

```
39  if (bLogin) {
40    session.setAttribute("member_id",userid);
41    session.setAttribute("member_name",name);
42    response.sendRedirect("left_Frame.jsp");
43  } else {
44    out.println("<script>alert('아이디와 비밀번호를 확인하세요'); history.back();
45  </script>");
46  }
47  %>
```

줄번호	설명
01	page 속성 정의
02	로그인 처리시 필요한 Beans import
11~15	jdbc driver 등록 및 예외 처리
16~23	DB연결 및 예외 처리
17	자바 빈즈로부터 데이터베이스 커넥션을 받는다.
18	커넥션으로부터 statement 생성
23~38	폼으로부터 넘겨받은 회의 아이디와 비밀번호로 DB를 검색하여 회원 여부 파악
39~45	회원일 경우 session을 설정하고 회원이 아닐 경우 경고 창을 보여준다.

⑨ 로그아웃 처리

예제 logout.jsp

```
<%@ page info="logout" errorPage="error.jsp" %>
<%@ page contentType="text/html; charset=euc-kr" %>
<%@ page language="java" import="java.io.*,java.text.*" %>
<%
  session=request.getSession(false);
  session.invalidate();
%>
<script language="javascript">
<!--
parent.location.href="index.htm";
//-->
</script>
```

줄번호	설명
06	세션 값을 삭제
08~12	세션 값을 삭제한 이후 페이지 이동. 여기서 response.sendRedirect("left_Frame.jsp"); 을 사용하여 페이지 이동이 가능하나 response.sendRedirect는 특정프레임 이동이 되질 않아 자바스크립트로 대체하였다.

⑩ 에러 페이지를 처리한다. 대부분의 사이트들은 에러 메시지를 그대로 보여주지 않고, 에러 페이지를 지정하여 에러가 발생할 경우 지정한 페이지를 보여준다.

예제 error.jsp

```
<%@ page info="Error Page" %>
<%@ page contentType="text/html; charset=euc-kr" %>
<%@ page isErrorPage="true" %>
<html>
<head>
<title>Error Page</title>
<meta http-equiv="Content-Type" content="text/html; charset=euc-kr">
<link rel="StyleSheet" href="style.css" type="text/css">
</head>
<body bgcolor="#FFFFFF" text="#000000">
<table width="100%" height="100%" border="0" cellspacing="0" cellpadding="0">
  <tr>
    <td>
      <table width="60%" border="1" cellspacing="0" cellpadding="0" align=
       "center" bordercolorlight="#000000" bordercolordark="#FFFFFF">
        <tr>
          <td bgcolor="#CCCCFF" align="center" height="25"><font color=
           "#FF0000">에러(ERROR)</font></td>
        </tr>
        <tr>
          <td align="center">
            <table border="0" cellspacing="0" cellpadding="10">
              <tr>
                <td> </td>
              </tr>
              <tr>
                <td>시스템에 문제가 발생하였습니다. 잠시후 다시 이용해 주세요.</td>
              </tr>
              <tr>
                <td>에러내용 : <%=exception.getMessage()%></td>
```

```
29                  </tr>
30                  <tr>
31                    <td> </td>
32                  </tr>
33                </table>
34              </td>
35            </tr>
36          </table>
37        </td>
38      </tr>
39    </table>
40    </body>
41    </html>
```

줄번호	설명
28	예외 처리를 하게 된 에러메시지 출력

8.2 회원 가입하기 형식

회원을 추가하기 위한 작업이다. HTML 페이지로부터 각 컬럼(필드)의 값을 입력받아서 테이블에 로우(레코드)를 추가하는 JSP 페이지를 부른다.

① 다음의 페이지를 작성한다.

예제 insert.htm

```
<HTML>
<HEAD>
<meta http-equiv="Content-Type" content="text/html; charset=euc-kr">
<link rel="StyleSheet" href="style.css" type="text/css">
<TITLE>** 회원가입 **</TITLE>
<script language="JavaScript">
<!--
function MM_openBrWindow(theURL,winName,features) {
  form = document.join;
  if(winName == "userid_check") {
    if(!checkValue(form.userid, '아이디', 5, 16)) {
      return;
```

```
      }
      theURL = theURL+"?userid="+form.userid.value;
    }
    window.open(theURL,winName,features);
}
function checkValue(target, cmt, lmin, lmax) {
    var Alpha = 'abcdefghijklmnopqrstuvwxyzABCDEFGHIJKLMNOPQRSTUVWXYZ';
    var Digit = '1234567890';
    var astr = Alpha+Digit;
    var i;
    var tValue = target.value;
    if(tValue.length < lmin || tValue.length > lmax) {
      if(lmin == lmax) alert(cmt+'는'+lmin+'Byte이어야 합니다.');
      else alert(cmt+'는'+lmin+'~'+lmax+'Byte 이내로 입력하셔야 합니다.');
      target.focus();
      return false;
    }
    if(astr.length > 1) {
      for (i=0; i<tValue.length; i++) {
        if(astr.indexOf(tValue.substring(i,i+1))<0) {
          alert(cmt+'에 허용할 수 없는 문자가 입력되었습니다.');
          target.focus();
          return false;
        }
      }
    }
    return true;
}
function doSubmit() {
    form = document.join;
    if(!form.userid.value) {
      alert('아이디를 입력하지 않았습니다.');
      form.userid.focus();
      return;
    }
    if(!checkValue(form.userid, '아이디', 5, 16)) {
      return;
    }
    if(!form.username.value) {
      alert('이름을 입력하지 않았습니다.');
      form.username.focus();
      return;
    }
    if(!form.password.value) {
```

```
      alert('비밀번호를 입력하지 않았습니다.');
      form.password.focus();
      return;
    }
    if(form.password.value != form.password2.value) {
      alert('비밀번호가 일치하지 않았습니다.');
      form.password.value = "";
      form.password2.value = "";
      form.password.focus();
      return;
    }
    if(form.userid.value == form.password.value) {
      alert("아이디와 비밀번호를 서로 다르게 입력하세요!");
      form.password.value = "";
      form.password2.value = "";
      form.password.focus();
      return;
    }
    if (!checkValue(form.password,'비밀번호',4,12)) {
      return;
    }
    if(!form.email.value) {
      alert('Email을 입력하지 않았습니다.');
      form.email.focus();
      return;
    }
    if(form.email.value.indexOf("@") < 0) {
      alert('Email주소 형식이 틀립니다.');
      form.email.focus();
      return;
    }
    if(form.email.value.indexOf(".") < 0) {
      alert('Email 도메인 주소가 틀립니다.');
      form.email.focus();
      return;
    }
    if(!form.zipcode1.value || !form.zipcode2.value) {
      alert('우편번호를 입력하지 않았습니다.');
      MM_openBrWindow('zipcode_search.jsp', 'zipcode_search', 'scrollbars=yes,
       width=500, height=250');
      return;
    }
    if(!form.address1.value) {
      alert('주소1를 입력하지 않았습니다.');
```

```
      MM_openBrWindow('zipcode_search.jsp', 'zipcode_search', 'scrollbars=yes, width=500, height=250');
      return;
    }
    if(!form.address2.value) {
      alert('주소2를 입력하지 않았습니다.');
      form.address2.focus();
      return;
    }
    form.submit();
}
//-->
</script>
</HEAD>
<body bgcolor="#FFFFFF" oncontextmenu="return false" onselectstart="return false" ondragstart="return false">
<TABLE align=center cellpadding=8 cellspacing=0 width='650' topmargin="0" leftmargin="0" rightmargin="0" marginheight="0" marginwidth="0" >
<TR>
<TD width="650">
<form name="join" method="post" action="insert.jsp">
  <table width="650" height="536" border="1" cellspacing="0" cellpadding="0" bordercolor="#A3C2F6">
  <tr>
    <td width="15%" align="right"><font color="#FF0000" size=1>★</font><font class="style1">아이디  </font></td>
    <td width="75%"> 
      <input type="text" name="userid" size="16" maxlength="16" class="input_style1">
      <input type="button" value="중복확인" onClick="MM_openBrWindow('userid_check.jsp', 'userid_check', 'width=330, height=200')">
      <font class="style2">(영문+숫자 5~16자리) <font color="#0099FF">중복 확인 절차를 거쳐야 합니다.</font></font></td>
  </tr>
  <tr>
    <td width="15%" align="right"><font color="#FF0000" size=1>★</font><font class="style1">비밀번호  </font></td>
    <td width="75%"> 
      <input type="password" name="password" size="12" maxlength="12" class=
      "input_style1">
      <font class="style1">다시한번   </font>
      <input type="password" name="password2" size="12" maxlength="12" class="input_style1">
      <font class="style2">(영문+숫자 4~12자리)</font></td>
```

```
      </tr>
      <tr>
        <td width="15%" align="right"><font color="#FF0000" size=1>★</font>
         <font class="style1">이름  </font></td>
        <td width="75%"> <input type="text" name="username" size="10"
         maxlength="10" class="input_style1"> </td>
      </tr>
      <tr >
        <td width="15%" align="right"><font color="#FF0000" size=1>★</font>
         <font class="style1">EMAIL  </font></td>
        <td width="75%"> <input type="text" name="email" size="20"
         maxlength="50" class="input_style1"></td>
      </tr>
      <tr >
        <td width="15%" align="right"><font color="#FF0000" size=1>★</font>
         <font class="style1">우편번호  </font></td>
        <td width="75%"> 
          <input type="text" name="zipcode1" size="3" maxlength="3" class=
           "input_style1" > -
          <input type="text" name="zipcode2" size="3" maxlength="3" class=
           "input_style1" >
          <input name="button" type="button" onClick="MM_openBrWindow
           ('zipcode_search.jsp','zipcodesearch','scrollbars=yes,width=
           500,height=250')" value="우편번호 검색">
          <font class="style2"><font color="#0099FF">우편번호 검색 버튼을 누르세요.
           </font></font></td>
      </tr>
      <tr>
        <td width="15%" align="right"><font color="#FF0000" size=1>★</font>
         <font class="style1">주소  </font></td>
        <td width="75%"> <input type="text" name="address1" size="50"
         maxlength="100" class="input_style1" ></td>
      </tr>
      <tr>
        <td width="15%" align="right"><font color="#FF0000" size=1>★</font>
         <font class="style1">나머지 주소  </font></td>
        <td width="75%"> 
        <input type="text" name="address2" size="50" maxlength="100" class=
         "input_style1">
        <font class="style2"><font color="#0099FF">나머지 주소를 적어 넣습니다.
         </font></font></td>
      </tr>
      <tr >
        <td width="15%" align="right"><font class="style1">핸드폰  
```

```
          </font></td>
        <td width="75%"> 
          <select name="phone1">
            <option value="010">010</option>
            <option value="011">011</option>
            <option value="016">016</option>
            <option value="017">017</option>
            <option value="018">018</option>
            <option value="019">019</option>
          </select> -
          <input type="text" name="phone2" size="4" maxlength="4" class="input_style1"> -
          <input type="text" name="phone3" size="4" maxlength="4" class="input_style1"></td>
      </tr>
    </table>
  <br>
    <table width="614" border="0" cellspacing="0" cellpadding="0" align="center">
      <tr>
        <td width=100% align="center">
          <input type="hidden" name="userid_check">
          <input type="button" value="등  록" onClick="doSubmit()"> 
          <input type="reset" value="다시쓰기" > 
          <input type="button" value="취  소" onClick="javascript:history.go(-1);">
        </td>
      </tr>
    </table>
  </form>
  </TD></TR></TABLE>
  <div align="center">
  <table width="638" border="0" cellpadding="0" cellspacing="0">
    <tr>
      <td bgcolor="#FFFFFF" width="638" nowrap><p align="center"><br>Copyright by JSP Study</p></td>
    </tr>
  </table>
  </div>
  <p> </p>
  </body>
  </html>
```

줄번호	설명
08~17	ID 및 주민번호 중복확인 팝업 띄우기
18~40	허용문자 및 자리 수 체크
41~109	회원가입 폼 체크

예제 userid_check.jsp

```
<%@ page info="userid check" errorPage="error.jsp" %>
<%@ page contentType="text/html; charset=euc-kr" %>
<%@ page language="java" import="java.sql.*" %>
<%
  String userid   = request.getParameter("userid");
  String query    = new String();
  int check_count = 0;
  boolean bJoin   = false;
  Connection conn = null;
  Statement stmt  = null;
  ResultSet rs    = null;
  try {
    Class.forName("org.gjt.mm.mysql.Driver");
  } catch (ClassNotFoundException e) {
    out.println(e);
  }
  try {
    conn = DriverManager.getConnection("jdbc:mysql://localhost:3306/member?useUnicode=true&characterEncoding=euckr","root","multi");
    stmt = conn.createStatement();
    query = "Select count(*) as count from member where userid='" + userid + "'";
    rs = stmt.executeQuery(query);
    rs.next();
    check_count = rs.getInt("count");
    rs.close();
  } catch(SQLException e) {
  } finally {
    conn.close();
  }
%>
<html>
<head>
<title>아이디 중복검사</title>
```

```
<meta http-equiv="Content-Type" content="text/html; charset=euc-kr">
<link rel="StyleSheet" href="style.css" type="text/css">
<script language="JavaScript">
<!--
function checkEnd() {
  var form = document.id_check;
  opener.join.userid.value      = form.userid.value;
  opener.join.userid_check.value = form.check_count.value;
  self.close();
}
function doCheck() {
  var form = document.id_check;
  if(!checkValue(form.userid, '아이디', 5, 16)) {
    return;
  }
  form.submit();
}
function checkValue(target, cmt, lmin, lmax) {
  var Alpha = 'abcdefghijklmnopqrstuvwxyzABCDEFGHIJKLMNOPQRSTUVWXYZ';
  var Digit = '1234567890';
  var astr = Alpha+Digit;
  var i;
  var tValue = target.value;
  if(tValue.length < lmin || tValue.length > lmax) {
    if(lmin == lmax) alert(cmt+'는'+lmin+'Byte이어야 합니다.');
    else alert(cmt+'는'+lmin+'~'+lmax+'Byte 이내로 입력하셔야 합니다.');
    target.focus();
    return false;
  }
  if(astr.length > 1) {
    for (i=0; i<tValue.length; i++) {
      if(astr.indexOf(tValue.substring(i,i+1))<0) {
        alert(cmt+'에 허용할 수 없는 문자가 입력되었습니다.');
        target.focus();
        return false;
      }
    }
  }
  return true;
}
-->
</script>
</head>
```

```
<body text="#000000" bgcolor="#FFFFFF" leftmargin="0" topmargin="0" marginwidth="0" marginheight="0">
  <br/>
  <br/>
  <form name="id_check" method="post" action="userid_check.jsp">
    <input type="hidden" name="check_count" value="<%=check_count%>">
    <table width="300" border="0" cellspacing="0" cellpadding="0" align="center" class="style1">
      <tr>
        <td>원하는 아이디를 입력하세요.</td>
      </tr>
    </table>
    <table width="300" border="0" bgcolor="#B6C1D6" height="39" align="center" class="style1">
      <tr>
        <td bgcolor="#ffffff" width="40%" align="center">
          <input type="text" name="userid" value="<%=userid%>" onFocus="this.value=''" maxlength="16" size="16" class="input_style1">
          <input type="button" value="중복확인" onClick="doCheck()" class="input_style1">
        </td>
      </tr>
      <tr>
        <td>
        <%
          if(check_count > 0) {
        %>
            ▶ [<%=userid%>]은 등록되어있는 아이디입니다.<br>▷ 다시 시도해주십시오.
        <%
          } else {
        %>
            ▶ [<%=userid%>]은 사용 가능합니다.
        <%
          }
        %>
        </td>
      </tr>
    </table>
    <table width="100%" border="0" cellspacing="0" cellpadding="0" align="center">
      <tr>
        <td align="center">
```

```
112            <input type="button" value="확인" onClick="checkEnd()" class=
               "style1">
113          </td>
114        </tr>
115      </table>
116    </form>
117  </body>
118  </html>
```

줄번호	설명
05~07	객체 선언
12~16	jdbc driver 등록 및 예외 처리
20~21	입력받은 아이디와 동일한 아이디가 DB에 있는지 체크
43~49	90번째 줄을 확인 버튼 클릭 시 호출 되며, 중복검사한 아이디를 부모창인 회원가입 폼의 아이디 입력 폼으로 값을 넘겨준 후 팝입창은 닫는다.

예제 zipcode_search.jsp

```
<%@ page info="zipcode search" errorPage="error.jsp" %>
<%@ page contentType="text/html; charset=euc-kr" %>
<%@ page language="java" import="java.sql.*,java.io.*,java.net.*" %>
<% request.setCharacterEncoding("euc-kr"); %>
<%
  Connection conn    = null;
  Statement stmt     = null;
  ResultSet rs       = null;
  String searchaddr = request.getParameter("addr");
  String query       = new String();
  String zipcode     = new String();
  String sido        = new String();
  String gugun       = new String();
  String dong        = new String();
  String bunji       = new String();
  String address     = new String();
  String address1    = new String();
  try {
    Class.forName("org.gjt.mm.mysql.Driver");
  } catch (ClassNotFoundException e) {
    out.println(e);
```

```
    }
    try {
        conn = DriverManager.getConnection("jdbc:mysql://localhost:3306/member?
                useUnicode=true&characterEncoding=euckr","root","multi");
        stmt = conn.createStatement();
    } catch(SQLException e) {
    }
%>
<html>
<head>
<title>우편번호 검색</title>
<meta http-equiv="Content-Type" content="text/html; charset=euc-kr">
<link rel="StyleSheet" href="style.css" type="text/css">
<script language="javascript">
<!--
    function choiceZipcode(zipcodeno, address1) {
        opener.join.zipcode1.value = zipcodeno.substring(0,3);
        opener.join.zipcode2.value = zipcodeno.substring(4,7);
        opener.join.address1.value = address1;
        opener.join.address2.focus()
        self.close();
    }
-->
</script>
</head>
<body text="#000000" leftmargin="0" topmargin="0" marginwidth="0"
 marginheight="0" bgcolor="#FFFFFF">
<form name="zipcode" method="post" action="zipcode_search.jsp">
    <table align="center" width="95%" height="62" border="0" cellspacing="0"
     cellpadding="3" class="style2">
        <tr>
            <td height="30">
                <font color="#405893">
                찾고자하는 주소의 동/읍/면 이름을 입력하세요.<br>
                검색한 후 주소를 클릭하세요.
                </font>
            </td>
        </tr>
    </table>
    <table align="center" width="95%" border="0" bgcolor="#B6C1D6">
        <tr>
            <td bgcolor="#FFFFFF" align="center">
                <input type="text" name="addr" maxlength="15" size="15" class=
```

```
        "style2">
        <input type="submit" value="검색">
      </td>
    </tr>
  </table>
</form>
<br/>
<%
  if(searchaddr != null) {
%>
  <table align="center" width="95%" border="0" cellspacing="0" cellpadding="3" bordercolor="#999999" class="style2">
    <tr align="center">
      <td width="27%" bgcolor="#B4B4DA"><font color="#FFFFFF">우편번호</font></td>
      <td width="73%" bgcolor="#F7EDFE"><font color="#999999">주소</font></td>
    </tr>
  </table>
  <table align="center" width="95%" height="20" border="0" bordercolor="#0033CC" cellspacing="1" cellpadding="1" bgcolor="#9999CC" class="style2">
  <%
    try {
      query = "select * from zipcode where dong like '%"+searchaddr+"%'";
      rs = stmt.executeQuery(query);
      while(rs.next()) {
        zipcode  = rs.getString("zipcode");
        sido     = rs.getString("sido");
        gugun    = rs.getString("gugun");
        dong     = rs.getString("dong");
        bunji    = rs.getString("bunji");
        address  = sido+" "+gugun+" "+dong+" "+bunji;
        address1 = sido+" "+gugun+" "+dong;
  %>
    <tr bgcolor="#9999CC">
      <td width="27%" bordercolor="#CCCCCC" bgcolor="#FFFFFF" align="center"><a href="javascript:choiceZipcode('<%=zipcode%>', '<%=address1%>')"><%=zipcode%></a></td>
      <td width="73%" bordercolor="#999999" bgcolor="#FFFFFF"><a href="javascript:choiceZipcode('<%=zipcode%>','<%=address1%>')"><%=address%></a></td>
    </tr>
  <%
```

```
        }
        rs.close();
    } catch(SQLException e) {
    } finally {
        conn.close();
    }
  %>
  </table>
  <%
  }
  %>
</body>
</html>
```

테스트하기

입력양식 화면을 볼 수 있다.

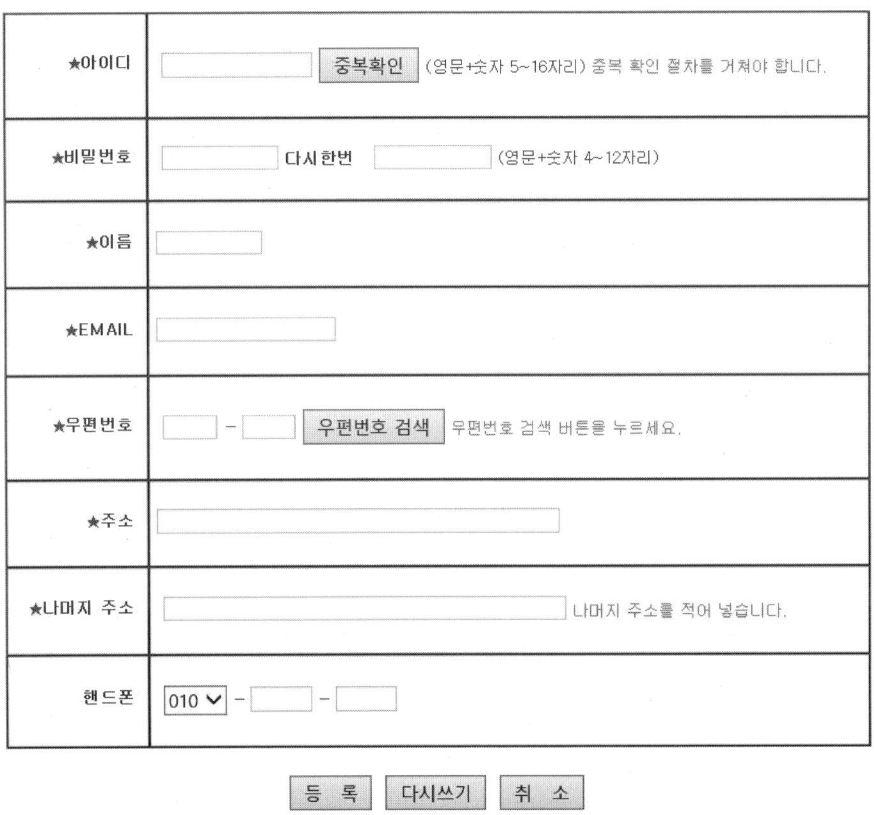

[그림 8-5] insert.htm 화면(회원가입 폼 양식 페이지)

② HTML 페이지에서 입력 받은 데이터를 저장하고, 입력된 데이터를 보여준다.
[확인] 버튼을 클릭하면 가입이 끝나고, 만약 [수정] 버튼을 클릭하면 "modify.jsp" 파일로 가입자의 "id"를 가지고 이동한다.

예제 insert.jsp

```
<%@ page info="insert" errorPage="error.jsp" %>
<%@ page contentType="text/html; charset=euc-kr" %>
<%@ page language="java" import="java.sql.*,java.text.*,java.util.*" %>
<% request.setCharacterEncoding("euc-kr"); %>
<%
  String userid    = request.getParameter("userid");
  String username  = request.getParameter("username");
  String password  = request.getParameter("password");
  String email     = request.getParameter("email");
  String zipcode1  = request.getParameter("zipcode1");
  String zipcode2  = request.getParameter("zipcode2");
  String zipcode   = zipcode1+"-"+zipcode2;
  String address1  = request.getParameter("address1");
  String address2  = request.getParameter("address2");
  String phone1    = request.getParameter("phone1");
  String phone2    = request.getParameter("phone2");
  String phone3    = request.getParameter("phone3");
  String phone     = phone1+"-"+phone2+"-"+phone3;
  String query     = new String();
  Connection conn = null;
  ResultSet rs= null;
  PreparedStatement pstmt = null;
  java.util.Date yymmdd = new java.util.Date() ;
  SimpleDateFormat myformat = new SimpleDateFormat("yy-MM-d h:mm a");
  String regdate=myformat.format(yymmdd);
  try {
    Class.forName("org.gjt.mm.mysql.Driver");
  } catch (ClassNotFoundException e) {
    out.println(e);
  }
  try {
    conn = DriverManager.getConnection("jdbc:mysql://localhost:3306/member?
          useUnicode=true&characterEncoding=euckr","root","multi");
    query = "insert into member values ( ?, ?, ?, ?, ?, ?, ?, ?, ?)";
    pstmt = conn.prepareStatement(query);
    pstmt.setString(1, userid);
    pstmt.setString(2, username);
```

```
        pstmt.setString(3, password);
        pstmt.setString(4, email);
        pstmt.setString(5, zipcode1+"-"+zipcode2);
        pstmt.setString(6, address1);
        pstmt.setString(7, address2);
        pstmt.setString(8, phone1+"-"+phone2+"-"+phone3);
        pstmt.setString(9, regdate);
        pstmt.executeUpdate();
    } catch(SQLException e) {
        out.println("<script>alert('가입처리가 되지 않았습니다. 다시 시도해 주세요.');
         history.back();</script>");
    } finally {
        conn.close();
    }
%>
<html>
<head>
<title>가입 완료</title>
<meta http-equiv="Content-Type" content="text/html; charset=euc-kr">
<%-- 외부 스타일시트 지정 --%>
<link rel="StyleSheet" href="style.css" type="text/css">
<script language="JavaScript">
<!--
function doSubmit() {
    form = document.join;
    if(!form.userid.value) {
        alert('아이디를 입력하지 않았습니다.');
        form.userid.focus();
        return;
    }
    form.submit();
}
//-->
</script>
</head>
<body text="#000000" bgcolor="#FFFFFF">
<br>
<br>
<form name="join" method="post" action="modify.jsp">
    <input type=hidden name="userid" value="<%=userid%>">
    <input type=hidden name="mode" value="modify">
    <table width="500" border="1" bordercolorlight="#999999" bordercolordark=
     "#FFFFFF" cellpadding="3" cellspacing="0" align="center" class="style2">
```

```
    <tr align="center">
      <td colspan="2" background="image/sky_bar.gif">가입을 축하드립니다. 입력 하신 내용을 확인하세요.</td>
    </tr>
    <tr>
      <td width="15%" align="right">아이디</td>
      <td width="75%"><%=userid%></td>
    </tr>
    <tr>
      <td width="15%" align="right">이름</td>
      <td width="75%"><%=username%></td>
    </tr>
    <tr>
      <td width="15%" align="right">비밀번호</td>
      <td width="75%">보안상 기재하지 않습니다.</td>
    </tr>
    <tr>
      <td width="15%" align="right">EMAIL</td>
      <td width="75%"><%=email%></td>
    </tr>
    <tr>
      <td width="15%" align="right">우편번호</td>
      <td width="75%"><%=zipcode1+"-"+zipcode2%></td>
    </tr>
    <tr>
      <td width="15%" align="right">주소1</td>
      <td width="75%"><%=address1%></td>
    </tr>
    <tr>
      <td width="15%" align="right">주소2</td>
      <td width="75%"><%=address2%></td>
    </tr>
    <tr>
      <td width="15%" align="right">휴대폰</td>
      <td width="75%">
      <%
        if(phone.equals("--")) {
          out.println("<font color='blue'>선택하지 않았습니다.</font>");
        } else {
          out.println(phone);
        }
      %>
      </td>
```

```
120     </tr>
121     <tr >
122       <td colspan="2" align="center">
123         <input type="button" value="확  인" onClick="location='index.htm'">
124         <input type="button" value="수  정" onClick="doSubmit()"></td>
125     </tr>
126   </table>
127 </body>
128 </html>
```

줄번호	설명
06~21	request 객체를 통하여 form에서 넘어오는 값을 입력 받는다.
06~25	객체 선언
26~30	jdbc driver 등록
45~46	form에서 입력받은 데이터를 DB에 저장 예외가 발생할 경우 가입이 정상적으로 이루어지지 않았다는 경고창이 나타나며 회원 가입 페이지로 이동

◆ 테스트하기

데이터베이스에 정상적으로 저장 후 저장된 정보가 맞는지 확인하는 페이지이다.

가입을 축하드립니다. 입력하신 내용을 확인하세요.	
아이디	ghdrlfehd
이름	홍길동
비밀번호	보안상 기재하지 않습니다.
EMAIL	hong@honmail.com
우편번호	350-701
주소1	충남 홍성군 홍성읍 청운대학교
주소2	524호 인천캠퍼스
휴대폰	010-1234-5678
확 인 수 정	

[그림 8-6] 가입 성공 실행결과

③ 데이터베이스에 저장하고 입력된 내용을 화면에 보여준 후 [수정] 버튼을 클릭했을 때 "insert.jsp"에서 보낸 "id"를 데이터베이스에서 검색하여 화면에 나타낸다.

예제 modify.jsp

```
<%@ page info="member modify" errorPage="error.jsp" %>
<%@ page contentType="text/html; charset=euc-kr" %>
<%@ page language="java" import="java.sql.*, java.io.*, java.net.*, java.
 util.*, java.text.*" %>
<% request.setCharacterEncoding("euc-kr"); %>
<%
  Connection conn = null;
  Statement stmt  = null;
  ResultSet rs    = null;
  PreparedStatement pstmt = null;
  String mode     = request.getParameter("mode");
  String userid   = request.getParameter("userid");
  String username = request.getParameter("username");
  String password = request.getParameter("password");
  String email    = request.getParameter("email");
  String zipcode1 = request.getParameter("zipcode1");
  String zipcode2 = request.getParameter("zipcode2");
  String address1 = request.getParameter("address1");
  String address2 = request.getParameter("address2");
  String phone1   = request.getParameter("phone1");
  String phone2   = request.getParameter("phone2");
  String phone3   = request.getParameter("phone3");
  String query    = new String();
  StringTokenizer st_zipcode = null;
  StringTokenizer st_phone = null;
  java.util.Date yymmdd = new java.util.Date() ;
  SimpleDateFormat myformat = new SimpleDateFormat("yy-MM-d h:mm a");
  String regdate=myformat.format(yymmdd);
  try {
    Class.forName("org.gjt.mm.mysql.Driver");
  } catch (ClassNotFoundException e) {
    out.println(e);
  }
  try {
    conn = DriverManager.getConnection("jdbc:mysql://localhost:3306/member?
          useUnicode=true&characterEncoding=euckr","root","multi");
    stmt = conn.createStatement();
    if(mode.equals("null") || mode.equals("modify")) {
      query = "select * from member where userid='"+userid+"'";
      rs = stmt.executeQuery(query);
      if(rs.next()) {
```

```
          username   = rs.getString("username");
          password   = rs.getString("password");
          email      = rs.getString("email");
          st_zipcode = new StringTokenizer(rs.getString("zipcode"), "-");
          address1   = rs.getString("address1");
          address2   = rs.getString("address2");
          st_phone   = new StringTokenizer(rs.getString("phone"), "-");
          if(st_zipcode.hasMoreTokens()) {
            zipcode1 = st_zipcode.nextToken();
          }
          if(st_zipcode.hasMoreTokens()) {
            zipcode2 = st_zipcode.nextToken();
          }
          if(st_phone.hasMoreTokens()) {
            phone1 = st_phone.nextToken();
          }
          if(st_phone.hasMoreTokens()) {
            phone2 = st_phone.nextToken();
          }
          if(st_phone.hasMoreTokens()) {
            phone3 = st_phone.nextToken();
          }
        }
        rs.close();
      } else if(mode.equals("update")) {
        query = "update member set username=?, password=?, email=?, zipcode=?,
                address1=?, address2=?, phone=? where userid='"+userid+"'";
        pstmt = conn.prepareStatement(query);
        pstmt.setString(1, username);
        pstmt.setString(2, password);
        pstmt.setString(3, email);
        pstmt.setString(4, zipcode1+"-"+zipcode2);
        pstmt.setString(5, address1);
        pstmt.setString(6, address2);
        pstmt.setString(7, phone1+"-"+phone2+"-"+phone3);
        pstmt.executeUpdate();
        response.sendRedirect("index.htm");
      }
    } catch(SQLException e) {
    } finally {
      conn.close();
    }
%>
```

```
<html>
<head>
<title>** 회원정보 수정 **</title>
<!DOCTYPE html PUBLIC "-//W3C//DTD XHTML 1.0 Transitional//EN" "http://www.w3.org/TR/xhtml1/DTD/xhtml1-transitional.dtd">
<meta http-equiv="Content-Type" content="text/html; charset=euc-kr">
<link rel="stylesheet" href="style.css" type="text/css">
<script language="JavaScript">
<!--
  function MM_openBrWindow(theURL,winName,features) {
    window.open(theURL,winName,features);
  }
  function doSubmit() {
    form = document.join;
    if(!form.username.value) {
      alert('이름을 입력하지 않았습니다.');
      form.username.focus();
      return;
    }
    if(!form.email.value) {
      alert('Email을 입력하지 않았습니다.');
      form.email.focus();
      return;
    }
    if(form.email.value.indexOf("@") < 0) {
      alert('Email주소 형식이 틀립니다.');
      form.email.focus();
      return;
    }
    if(form.email.value.indexOf(".") < 0) {
      alert('Email 주소 형식이 틀립니다.');
      form.email.focus();
      return;
    }
    if(!form.zipcode1.value || !form.zipcode2.value) {
      alert('우편번호를 입력하지 않았습니다.');
      MM_openBrWindow('zipcode_search.jsp','zipcode_search','scrollbars=yes, width=500,height=250');
      return;
    }
    if(!form.address1.value) {
      alert('주소1를 입력하지 않았습니다.');
      MM_openBrWindow('zipcode_search.jsp','zipcode_search','scrollbars=
```

```
     yes,width=500,height=250');
    return;
  }
  if(!form.address2.value) {
    alert('주소2를 입력하지 않았습니다.');
    form.address2.focus();
    return;
  }
  form.submit();
}
//-->
</script>
</head>
<body bgcolor="#FFFFFF" text="#000000">
<div align="center">
  <form name="join" method="post" action="modify.jsp">
    <table width="622" height="536" border="1" cellspacing="0" cellpadding="0"
     bordercolor="#A3C2F6">
      <tr>
        <td width="15%" align="right"><font color="#FF0000" class="style2">
         <font color="#FF0000" size=1>★</font></font><font class="style2">
         아이디  </font></td>
        <td width="75%"> 
          <input type="text" name="userid" size="10" maxlength="10" class=
           "box" value="<%=userid%>" readonly></font></font></td>
      </tr>
      <tr>
        <td width="15%" align="right" ><font color="#FF0000" size=1>★</font>
         <font class="style2">비밀번호  </font></td>
        <td width="75%"> 
          <input type="text" name="password" size="12" maxlength="12" class=
           "box" value="<%=password%>">
          <font class="style2">다시한번   </font>
          <input type="password" name="password2" size="12" maxlength="12"
           class="box" value="<%=password%>">
          <font class="style2">(영문+숫자 4~12자리)</font></td>
      </tr>
      <tr >
        <td width="15%" align="right"><font color="#FF0000" size=1>★</font>
         <font class="style2" >이름  </font></td>
        <td width="75%"> 
          <input type="text" name="username" size="10" maxlength="10" class=
           "box" value="<%=username%>"></td>
```

```
    </tr>
    <tr>
      <td width="15%" align="right"><font color="#FF0000" size=1>★</font>
       <font class="style2">EMAIL  </font></td>
      <td width="75%"> 
        <input type="text" name="email" size="20" maxlength="50" class=
         "box" value="<%=email%>"></td>
    </tr>
    <tr >
      <td width="15%" align="right"><font color="#FF0000" size=1>★</font>
       <font class="style2">우편번호  </font></td>
      <td width="75%"> 
        <input type="text" name="zipcode1" size="3" maxlength="3" class=
         "box" readonly value="<%=zipcode1%>"> -
        <input type="text" name="zipcode2" size="3" maxlength="3" class=
         "box" readonly value="<%=zipcode2%>">
        <input name="button" type="button" onClick="MM_openBrWindow
         ('zipcode_search.jsp','zipcodesearch','scrollbars=yes,width=500,
         height=250')" value="우편번호 검색">
        <font color="#0099FF">우편번호 검색 버튼을 누르세요.</font></td>
    </tr>
    <tr >
      <td width="15%" align="right"><font color="#FF0000" size=1>★</font>
       <font class="style2">주소  </font></td>
      <td width="75%"> 
        <input type="text" name="address1" size="50" maxlength="100" class=
         "box" readonly value="<%=address1%>"></td>
    </tr>
    <tr >
      <td width="15%" align="right"><font color="#FF0000" size=1>★</font>
       <font class="style2" >나머지 주소  </font></td>
      <td width="75%"> 
        <input type="text" name="address2" size="50" maxlength="100" class=
         "box" value="<%=address2%>"></td>
    </tr>
    <tr >
      <td width="15%" align="right"><font class="style2">휴대폰  
       </font></td>
      <td width="75%"> 
        <input type="text" name="phone1" size="4" maxlength="4" class="box"
         value="<%=phone1%>"> -
        <input type="text" name="phone2" size="4" maxlength="4" class="box"
         value="<%=phone2%>"> -
```

```
185             <input type="text" name="phone3" size="4" maxlength="4" class="box" value="<%=phone3%>"></td>
186         </tr>
187       </table>
188     <br/>
189       <table width="614" border="0" cellspacing="0" cellpadding="0" align="center" >
190         <tr>
191           <td width=100% align="center">
192             <input type="hidden" name="mode" value="update">
193             <input type="button" value="등  록" onClick="doSubmit()"> 
194             <input type="button" value="취  소" onClick="javascript:history.go(-1);">
195           </td>
196         </tr>
197       </table>
198     </form>
199   </TD></TR></TABLE>
200   </div>
201   <div align="center">
202     <table width="638" border="0" cellpadding="0" cellspacing="0">
203       <tr>
204         <td bgcolor="#FFFFFF" width="638" nowrap><p align="center"><br>
205         Copyright by JSP STUDY</p></td>
206       </tr>
207     </table>
208   </div>
209   </body>
210   </html>
```

줄번호	설명
06~09	객체 선언
10~21	request 객체를 통하여 form에서 넘어오는 값을 입력 받는다.
25~27	날짜를 포맷에 맞게 변환

테스트하기

입력확인 후 잘못된 정보를 수정하는 페이지이다.

[그림 8-7] modify.jsp 브라우저 화면

8.3 회원 정보 변경하기

① 로그인한 회원의 정보를 보여준다(로그인 작업이 이루어져 있어야 한다).

예제 select.jsp

```
<%@ page contentType="text/html; charset=euc-kr" %>
<%@ page language="java" import="java.sql.*" %>
<%
  Object mem_id = session.getAttribute("member_id");
  session.putValue(session.getId(), mem_id);
  String userid = (String)session.getValue(session.getId());
  if(userid == null)
    session.putValue(session.getId(), mem_id);
  String sql="select * from member where userid=?" ;
```

```
    Connection con=null;
    PreparedStatement pst=null;
    ResultSet rs=null;
    try {
      Class.forName("org.gjt.mm.mysql.Driver");
    } catch (ClassNotFoundException e) {
      out.println(e.getMessage());
    }
    try {
      con = DriverManager.getConnection("jdbc:mysql://localhost:3306/member?
            useUnicode=true&characterEncoding=euckr","root","multi");
    } catch (SQLException e) {
      out.println(e);
    }
    try {
      pst = con.prepareStatement(sql);
      pst.setString(1,userid);
      rs = pst.executeQuery();
      if (!(rs.next())) {
        out.println("해당되는 회원이 없습니다.");
      } else {
        String username = rs.getString("username");
        String phone = rs.getString("phone");
%>
<html>
<head>
<title><%=username%> 회원님 개인 정보관리</title>
<meta http-equiv="Content-Type" content="text/html; charset=euc-kr">
<link rel="StyleSheet" href="style.css" type="text/css">
<head>
<body>
<form name="join" method="post" >
<input type=hidden name="userid" value="<%=userid%>">
<input type=hidden name="mode" value="modify">
<table width="500" border="1" bordercolorlight="#999999" bordercolordark=
 "#FFFFFF" cellpadding="3" cellspacing="0" align="center" class=style2>
  <tr align="center">
    <td colspan="2" background="image/sky_bar.gif"> <%=username%> 회원님의 개
     인정보는 다음과 같습니다.</td>
  </tr>
  <tr>
    <td width="30%" align="right">아이디</td>
    <td width="70%"><%= userid %></td>
```

```
    </tr>
    <tr>
      <td width="30%" align="right">이름</td>
      <td width="70%"><%=username%></td>
    </tr>
    <tr>
      <td width="30%" align="right">비밀번호</td>
      <td width="70%">보안상 기재하지 않습니다.</td>
    </tr>
    <tr>
      <td width="30%" align="right">EMAIL</td>
      <td width="70%"><%=rs.getString("email")%></td>
    </tr>
    <tr>
      <td width="30%" align="right">우편번호</td>
      <td width="70%"><%=rs.getString("zipcode")%></td>
    </tr>
    <tr>
      <td width="30%" align="right">주소1</td>
      <td width="70%"><%=rs.getString("address1")%></td>
    </tr>
    <tr>
      <td width="30%" align="right">주소2</td>
      <td width="70%"><%=rs.getString("address2")%></td>
    </tr>
    <tr>
      <td width="30%" align="right">휴대폰</td>
      <td width="70%">
      <%
        if(phone.equals("--")) {
          out.println("<font color='blue'>선택하지 않았습니다.</font>");
        } else {
          out.println(phone);
        }
      %>
      </td>
    </tr>
    <tr >
      <td colspan="2" align="center">
        <input type="button" value="확  인" onClick="location='right_Frame.htm'">
        <input type="button" value="수  정" onClick="location='modify_session.jsp?mode=modify'">
        <input type="button" value="회원 탈퇴" onClick="location='delete.jsp'">
```

```
        </td>
      </tr>
    </table>
    </form>
    </body>
    </html>
    <%
        }
        rs.close();
        con.close();
        pst.close();
      } catch (SQLException e) {
        out.println(e);
      }
    %>
```

테스트하기

테스트를 하기 위해서 http://localhost:8080/jsp/chap8/index.htm 페이지를 브라우저로 띄워 로그인을 한 후, 개인정보조회를 클릭하여 [그림 8-8]과 같이 나타난다.

[그림 8-8] 개인 정보관리를 선택한 결과를 보여준다.

② 로그인 한 후 회원 정보를 변경하기 위하여 session이 추가되어야 한다.
modify.jsp를 복사하여 modify_session.jsp로 파일명을 변경한 후 다음과 같이 세션 부분을 추가한다.

수정내용

▶ 11 : 아이디를 request가 아닌 session으로부터 데이터 값을 받는다.

▶ 158 : 폼 액션을 modify_session.jsp로 한다.

수정예제 modify_session.jsp

```
10  String mode      = request.getParameter("mode");
11  String userid    = (String)session.getAttribute("member_id");
12  String username  = request.getParameter("username");

157 <div align="center">
158 <form name="join" method="post" action="modify_session.jsp">
158   <table width="622" height="536" border="1" cellspacing="0" cellpadding="0"
       bordercolor="#A3C2F6">
```

테스트하기

개인정보 수정을 선택하고 [수정] 버튼을 클릭하여 개인정보를 수정한다.

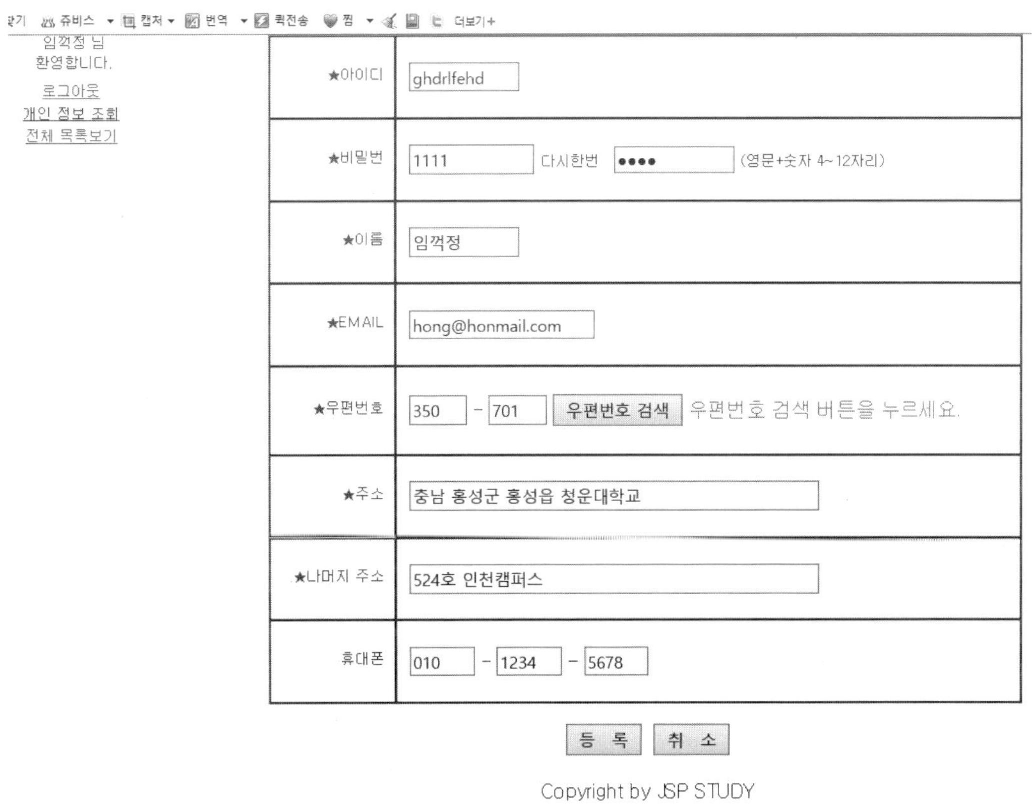

[그림 8-9] 개인정보 수정 화면

③ 회원 탈퇴하기

예제 delete.jsp

```
<%@ page contentType="text/html; charset=EUC-KR" %>
<%@ page language="java" import="java.sql.*" %>
<%
  Object mem_id = session.getAttribute("member_id");
  session.putValue(session.getId(), mem_id);
  String userid = (String)session.getValue(session.getId());
  if(userid == null)
    session.putValue(session.getId(), mem_id);
    userid = (String)session.getValue(session.getId());
    Connection con=null;
    Statement st=null;
    String sql=null;
    try {
      Class.forName("org.gjt.mm.mysql.Driver");
    } catch (ClassNotFoundException e) {
      out.println(e.getMessage());
    }
    try {
      con = DriverManager.getConnection("jdbc:mysql://localhost:3306/member?
            useUnicode=true&characterEncoding=euckr","root","multi");
      st = con.createStatement();
      sql = "delete from member where userid= '" + userid + "'";
      st.executeUpdate(sql);
      con.close();
      st.close();
    } catch (SQLException e) {
      out.println(e);
    }
%>
<jsp:forward page="right_Frame.htm" />
```

8.4 관리자 모드

① 관리자가 모든 회원의 정보를 볼 수 있는 있도록 하기 위한 페이지이다. 관리자의 인증페이지와 회원 목록 페이지를 작성한다. 여기서 관리자 인증을 확인하기 위하여 관리자의 비밀번호를 확인한다.

예제 admin.jsp

```
<%@ page contentType="text/html; charset=EUC-KR" %>
<%@ page language="java" import="java.sql.*" %>
<%
  String admPwd = "manager";
  String password = request.getParameter("password");
  if (admPwd.equals(password))
    response.sendRedirect(response.encodeRedirectURL("select_all.jsp"));
  else {
%>
<script>alert("인증이 허용된 사람만 가능 합니다. 확인 버튼을 누르세요!");
</script>
<html>
<head>
<title>우리 회원 정보관리</title>
<meta http-equiv="Content-Type" content="text/html; charset=euc-kr">
<link rel="StyleSheet" href="style.css" type="text/css">
</head>
<body>
  <table width="500" border="1" bordercolorlight="#999999" bordercolordark=
   "#FFFFFF" cellpadding="3" cellspacing="0" align="center" class="style2">
  <TH background="image/sky_bar.gif">관리자 승인</TH>
  <tr>
    <td align="center">
      <FORM name=form1 method=post action="admin.jsp">
        <BR> 관리자 비밀번호  :
        <INPUT type=password name=password>
        <p>
        <INPUT type=submit  name=change value="확인" >  
        <INPUT type="button" value="취  소" onClick="javascript:history.
         go(-1);">
      </FORM>
    </td>
  </tr>
  <tr>
    <td align="center">Copyright by JSP STUDY</td>
  </tr>
  </table>
</body>
</html>
<% } %>
```

줄번호	설명
04~08	관리자 인증 비밀번호를 페이지에 변수로 정의 한 다음 폼에서 넘어오는 값을 비교하여 인증처리 한다. 관리자의 아이디 혹은 비번을 DB화하여 프로그램을 작성할 수도 있다.

예제 select_all.jsp

```
<%@ page contentType="text/html; charset=EUC-KR" %>
<%@ page language="java" import="java.sql.*" %>
<%
  Connection con= null;
  Statement st =null;
  ResultSet rs =null;
  try {
    Class.forName("org.gjt.mm.mysql.Driver");
  } catch (ClassNotFoundException e) {
    out.println(e);
  }
  try {
    con = DriverManager.getConnection("jdbc:mysql://localhost:3306/member?
          useUnicode=true&characterEncoding=euckr","root","multi");
  } catch (SQLException e) {
    out.println(e);
  }
  try {
    st = con.createStatement();
    rs = st.executeQuery("select * from member order by userid");
%>
<html>
<head>
<title>우리 회원 정보관리</title>
<meta http-equiv="Content-Type" content="text/html; charset=euc-kr">
<link rel="StyleSheet" href="style.css" type="text/css">
<table width="500" border="1" bordercolorlight="#999999" bordercolordark=
 "#FFFFFF" cellpadding="3" cellspacing="0" align="center" class=style2>
  <TH background="image/sky_bar.gif">사용자 ID</TH>
  <TH background="image/sky_bar.gif">이 름</TH>
  <TH background="image/sky_bar.gif">주 소</TH>
  <% if (!(rs.next())) {%>
  <TR><TD colspan=4>등록된 회원이 없습니다.</TD></TR>
  <% } else {
    do {
```

```
            out.println("<TR>");
            out.println("<TD align='center'>" + rs.getString("userid") + "</TD>");
            out.println("<TD align='center'>" + rs.getString("username") + "</TD>");
            out.println("<TD> " + rs.getString("address1"));
            out.println(rs.getString("address2")+"</TD>");
            out.println("</TR>");
          } while(rs.next());
        }
        rs.close();
        st.close();
        con.close();
        } catch (SQLException e) {
          System.out.println(e);
        }
        %>
</TABLE>
</CENTER>
</BODY>
</HTML>
```

테스트하기

전체 목록보기를 선택한다.

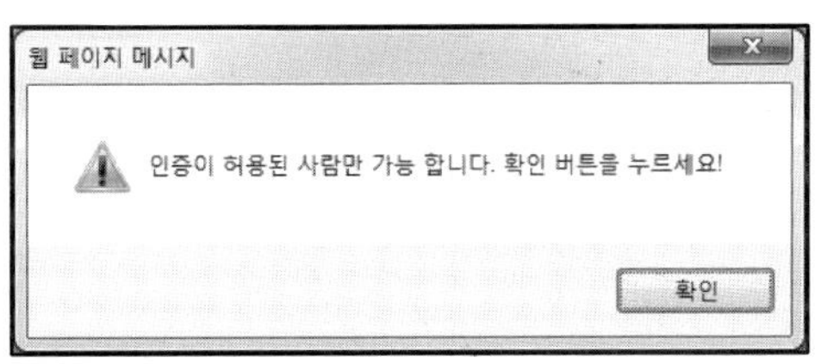

[그림 8-10] 관리자 페이지 미승인자 경고 화면

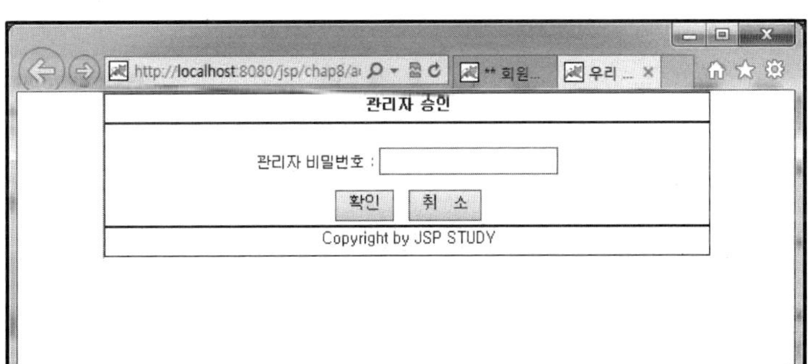

[그림 8-11] 관리자의 암호 입력 화면

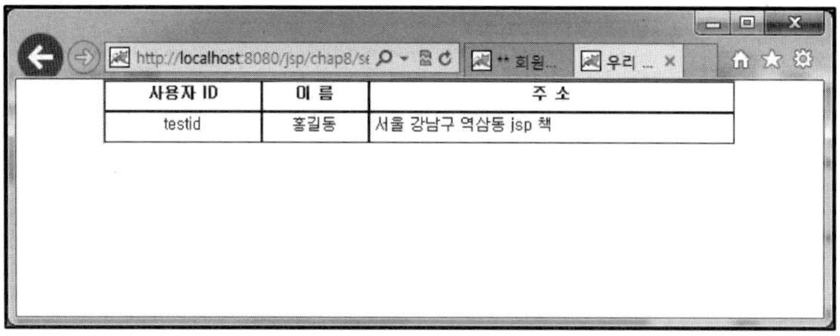

[그림 8-12] 승인이 되면 모든 회원 정보를 볼 수 있다.

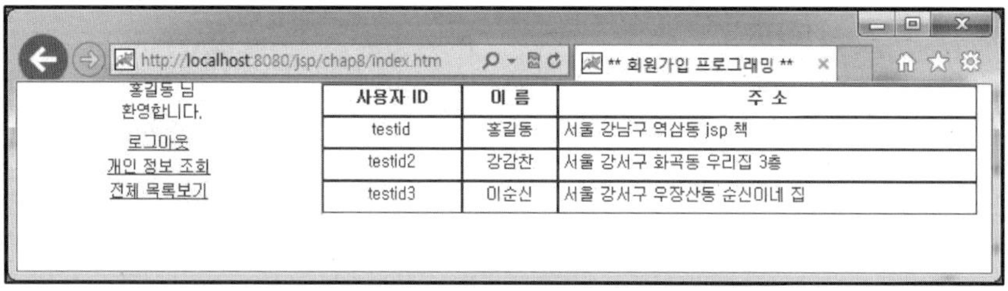

[그림 8-13] 회원을 추가한 다음 다시 확인해 본다.

Chapter
09

블로그

Chapter 09

블로그

학습목표

이 장에서는 게시판보다는 고려해야할 사항이 적은 블로그를 학습한다.
또한, 블로그에 올려진 글들을 보여줄 때, 한 페이지에서 모든 레코드를 보여주는 대신 레코드들을 여러 페이지에 걸쳐 보여줄 수 있는 페이지 나누기 방법을 설명한다.

6장에서는 파일을 이용하여 방명록을 만들었다. 파일로 만들었기 때문에 데이터를 정렬시키거나 이름이나 제목과 같은 특정 데이터 값을 검색하는 일이 쉽지 않다. 물론 답변과 검색이 필요 없는 방명록의 경우에는 파일로 만들어도 크게 문제가 되지 않겠지만 게시판의 경우에는 계층적인 구조로 보여주어야 하고 검색과 정렬 작업이 무리없이 실행 될 수 있도록 해야 하는데 파일을 이용하기에는 한계가 있다.

따라서 이 장에서는 게시판보다는 고려해야할 사항이 적은 블로그를 데이터베이스로 구현해 봄으로써 다음 장에서 다룰 게시판 구축의 기본 작업을 미리 익혀보도록 한다.

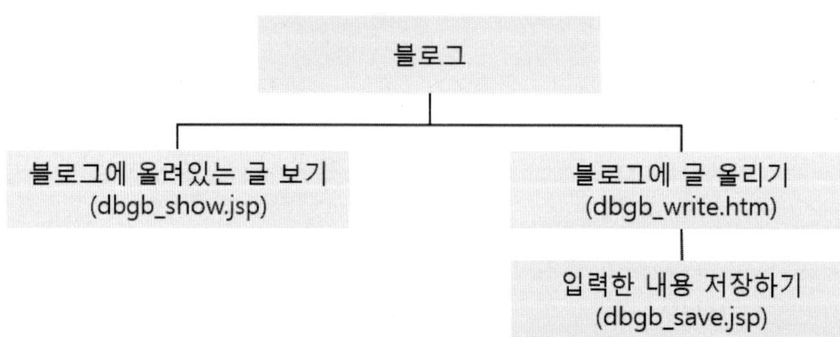

[그림 9-1] 블로그 구성도

● 블로그 테이블

블로그에서 사용할, 즉 글을 저장할 테이블을 다음과 같이 각 데이터베이스 시스템에 맞게 준비해 놓는다. 다음부터 설명하는 코딩 소스는 다음과 같은 환경을 기반으로 한다.

테이블 이름 : guestboard

데이터베이스 이름 : gboard

데이터베이스 사용자 ID는 root, 암호는 multi로 정의함

```
39        out.println(e);
40    }
41  %>
42  <P>
43  <A href="dbgb_show.jsp">[방명록 보기]</A>  
44  <A href="dbgb_write.htm">[글 올리는 곳으로]</A>
```

줄번호	설명
05~09	넘어온 Form의 데이터 값들을 저장한다. 글을 올린 날짜는 입력받지 않고 시스템으로부터 현재 날짜를 구한 다음 서버시스템에 적당한 형식으로 변환한다. 이때, "java.util"을 지정하지 않으면 "java.sql"에 정의되어 있는 "Date"* 클래스를 가져오게 되는데(번호 02에서 import 하여 왔기 때문에) "java.sql"에 정의되어 있는 "Date"* 클래스는 "new java.sql.Date()"문으로 객체를 생성할 수 없어서 오류가 발생한다. 따라서 Date 클래스를 사용할 경우에는 어떤 패키지에 정의된 클래스인지를 정확히 해주어야 한다.
26~28	레코드를 한 건 추가하기 위한 SQL 명령을 여러 개로 쪼개서 각각을 붙였다.
31~36	추가된 로우(레코드) 개수를 확인하여 정상적으로 추가되었는지 판단한다.

테스트하기

dbgb_write.htm 페이지를 브라우저에서 열고 내용을 입력한 다음 [저장] 버튼을 눌러서 그 결과를 확인한다.

◇ 참고 : java.sql에 정의된 Date클래스는 java.util에 정의되어 있는 Date클래스로부터 메서드를 상속받으면서 다음과 같은 메서드들이 추가로 정의되어 있다. 또한 java.sql에 정의된 Date클래스는 "new java.sql.Date(1/1000초단위의시간값)"문장으로만 객체를 생성한다.

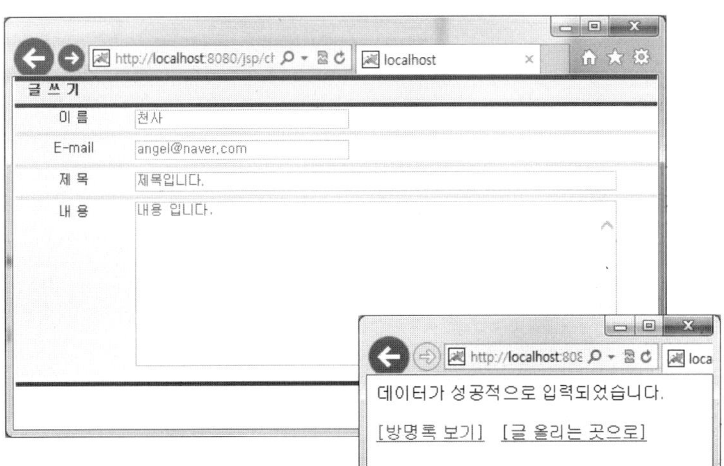

[그림 9-2] 블로그 글을 성공적으로 올린 결과

메서드	반환 값 유형	설명
setTime(시간값)	없음.	주어진 1/1000초 단위의 시간 값(long유형)으로 설정한다.
toString( )	String	날짜를 yyyy-mm-dd 형식의 문자열로 반환한다.
valueOf(날짜)	Date 객체	날짜 값을 가진 문자열을 Date유형으로 변경한다.

③ SQL문에서 문자열 컬럼(필드)에 값을 지정할 때 단일 부호(')를 사용하게 되는데 블로그 글 내용 중에 단일 부호를 포함하면 오류가 발생한다.

이 경우를 해결하기 위하여 다음과 같은 수정 작업을 한다.

▶ **12-1~12-7** : dbgb_save.jsp 파일을 열고 문장 번호 11과 13사이에 단일 부호(')가 입력된 경우에는 각 단일 부호 앞에 역 슬래쉬(₩)문자를 삽입하는 작업을 추가한다.

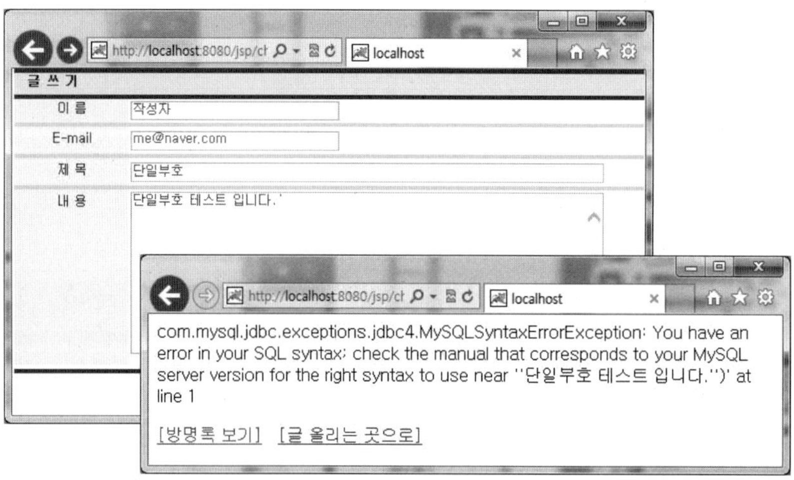

[그림 9-3] 단일 부호 포함 결과

수정예제 dbgb_save.jsp(수정)

```
  12  Statement st=null;
12-1  int pos=0;
12-2    while ((pos=cont.indexOf("\'", pos)) != -1) {
12-3      String left=cont.substring(0, pos);
12-4      String right=cont.substring(pos, cont.length());
12-5      cont = left + "\'" + right;
12-6      pos += 2;
12-7    }
  13  int cnt=0;
```

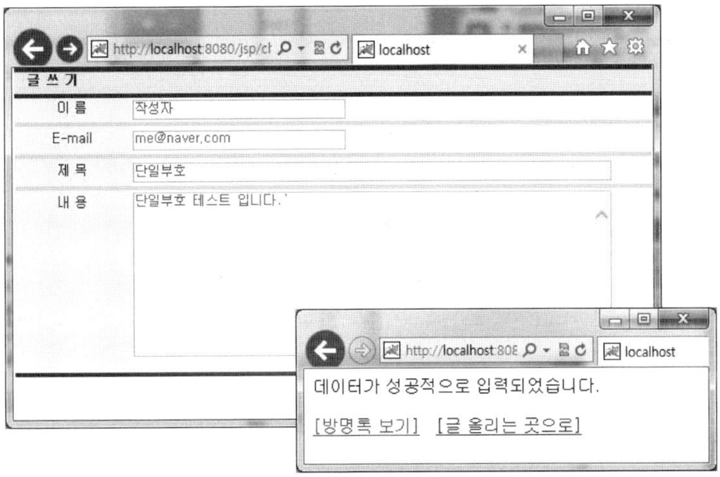

[그림 9-4] 단일부호(')가 정상적으로 입력된 결과

④ 현재까지 올려진 글들을 보여주기 위한 JSP 페이지를 작성한다.

예제 dbgb_show.jsp

```
<%@ page contentType="text/html; charset=euc-kr" %>
<%@ page language="java" import="java.sql.*" %>
<HTML>
<head>
<link href="filegb.css" rel="stylesheet" type="text/css">
</head>
<BODY>
  <CENTER>
  <%
    String em=null;
    Connection con= null;
    Statement st =null;
    ResultSet rs =null;

    try {
      Class.forName("org.gjt.mm.mysql.Driver");
    } catch (ClassNotFoundException e) {
      out.println(e);
    }

    try {
      con = DriverManager.getConnection("jdbc:mysql://localhost:3306/gboard?
            useUnicode=true&characterEncoding=euckr","root","multi");
      st = con.createStatement();
      rs = st.executeQuery("select * from guestboard order by inputdate desc");
```

```
    if (!(rs.next())) {
      out.println("블로그에 올린 글이 없습니다");
    } else {
      do {
        out.println("<table border='0' width='600' cellspacing='0'
         cellpadding='2'>");
        out.println("<tr align='right'>");
        out.println("<td height='22'> </td></tr>");
        out.println("<tr align='center'>");
        out.println("<td height='1' bgcolor='#1F4F8F'></td>");
        out.println("</tr>");
        out.println("<tr align='center' bgcolor='#DFEDFF'>");
        out.println("<td class='button' bgcolor='#DFEDFF'>");
        out.println("<div align='left'><font size='2'>"+rs.getString
         ("subject"));
        out.println("</div></td>");
        out.println("</tr>");
        out.println("<tr align='center' bgcolor='#FFFFFF'>");
        out.println("<td align='center' bgcolor='#F4F4F4'>");
        out.println("<table width='100%' border='0' cellpadding='0'
         cellspacing='4'>");
        out.println("<tr bgcolor='#F4F4F4'>");
        out.println("<td width='13%' height='7'></td>");
        out.println("<td width='38%' height='7'>글쓴이:"+rs.getString
         ("name")+"</td>");
        String temp=rs.getString("email");
        if ((temp != null) && (!(temp.equals(""))) )
          em = "<A href=mailto:" + temp + ">" + temp + "</A>";
        out.println("<td width='38%' height='7'>E-mail: "+ em +"</td>");
        out.println("<td width='11%' height='7'></td>");
        out.println("</tr>");
        out.println("<tr bgcolor='#F4F4F4'>");
        out.println("<td width='13%'></td>");
        out.println("<td colspan=2>작성일:" + rs.getString("inputdate") +
         "</td>");
        out.println("<td width='11%'></td>");
        out.println("</tr></table>");
        out.println("</td></tr>");
        out.println("<tr align='center'>");
        out.println("<td bgcolor='#1F4F8F' height='1'></td>");
        out.println("</tr>");
        out.println("<tr align='center'>");
        out.println("<td style='padding:10 0 0 0'>");
        out.println("<div align='left'><br>");
```

```
67            out.println("<font size='3' color='#333333'><PRE>"+ rs.getString
               ("content"));
68            out.println("</PRE></div>");
69            out.println("<br>");
70            out.println("</td></tr>");
71            out.println("<tr align='center'>");
72            out.println("<td class='button' height='1'></td>");
73            out.println("</tr>");
74            out.println("<tr align='center'>");
75            out.println("<td bgcolor='#1F4F8F' height='1'></td>");
76            out.println("</tr>");
77            out.println("</table><p>");
78          } while(rs.next());
79            rs.close();
80        }
81        st.close();
82        con.close();
83     } catch (SQLException e) {
84        out.println(e);
85     }
86  %>
87  <p>
88  <A href="dbgb_write.htm">
89  <img src="image/write.gif" width="54" height="19" border=0></A>
90 </center>
91 </BODY>
92 </HTML>
```

줄번호	설명
24	블로그 테이블에 저장된 레코드들을 저장된 날짜(inputdate필드)의 내림차순으로 정렬하여 가져온다.
26~80	저장된 레코드가 없는 경우에 처리된다, 레코드를 모두 처리할 때까지 한 레코드 씩 테이블 형태로 출력한다.
49~51	email 컬럼 값이 null이 아니고 공백이 아닌 경우에는 email 값을 보여줄 때 링크 형태(마우스로 클릭하면 메일을 보낼 수 있는 창이 뜨도록)로 보여주기 위한 태그를 앞뒤로 추가한다.
67~68	글을 입력한 형태대로(줄을 넘겼으면 넘긴 형태로) 출력하기 위해 방명록 내용을 담고 있는 content 컬럼 값을 출력할 때 앞뒤로 <PRE>..</PRE>태그를 추가한다.
78	다음 레코드로 커서를 이동하면서 그 결과가 false가 아닐 동안(즉, 다음 레코드가 있는 경우에만) 28~80 문장을 반복해서 처리한다.
79	한 레코드라도 가져온 경우에만 RecordSet을 close한다. 레코드를 가져오지 못한 경우에 RecordSet을 close하면 오류가 발생할 수도 있다.

테스트하기

dbgb_show.jsp 페이지를 브라우저에서 열고 현재 올려 있는 글을 확인한다.

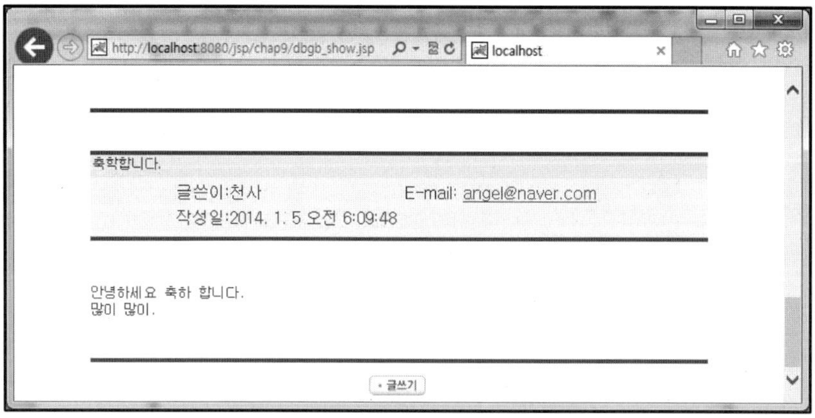

[그림 9-5] dbgb_show.jsp 실행 결과

※ 주의 : getXXX( ) 메서드를 사용하여 한번 그 내용을 읽어온 다음에 다시 getXXX( ) 메서드를 사용하면 null 값 오류가 발생한다. 한번 읽어오게 되면 그 내용이 초기화되기 때문인데 컬럼 값을 여러번 읽어서 참조해야 하는 경우에는 변수에 저장해 놓고 변수를 이용하도록 한다.

⑤ 글을 올리자마자 즉시 블로그 목록에서 내용을 확인할 수 있도록 dbgb_save.jsp 페이지를 다음과 같이 수정한다.

수정내용

▶ 38~42 : 삭제하거나 주석처리(문 앞에 "//"삽입) 한다.

▶ 49~51 : 삭제하거나 주석처리(HTML 태그 〈!-- --〉사용) 한다.

▶ 맨 끝 : 다음 문을 추가하여 저장한 다음 즉시 블로그 글들을 보여주는 페이지로 이동될 수 있도록 한다.

```
<jsp:forward page="dbgb_show.jsp" />
```

수정예제 dbgb_save.jsp(수정)

```
38  // if (cnt >0) {
39  //    out.println("데이터가 성공적으로 입력되었습니다.");
40  // } else {
41  //    out.println("데이터가 입력되지 않았습니다. ");
42  // }
... ...
49  <!-- <P>
50  <A href="dbgb_show.jsp">[블로그 보기]</A>  
51  <A href="dbgb_write.htm">[글 올리는 곳으로]</A> -->
52  <jsp:forward page="dbgb_show.jsp" />
```

테스트하기

dbgb_write.htm 페이지를 브라우저에서 열고 내용을 입력한 다음 [저장] 버튼을 눌렀을 때 블로그 글들을 보여주는 페이지로 즉시 이동되는지 확인한다.

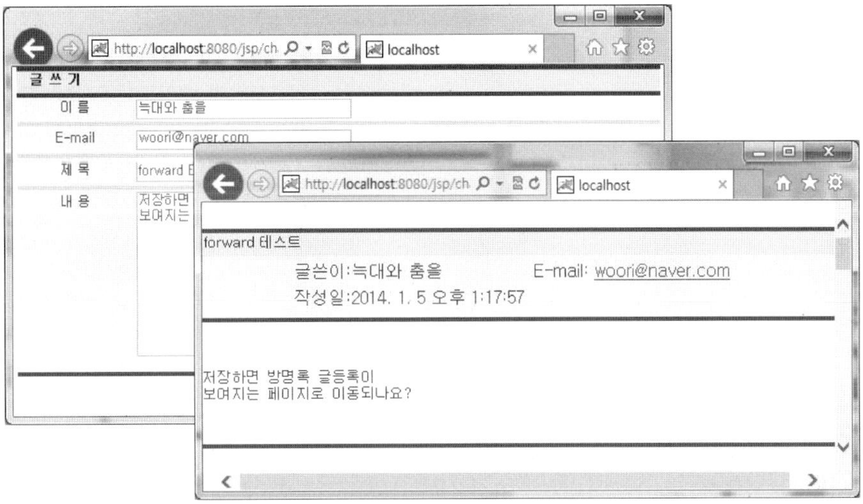

[그림 9-6] forward를 적용한 실행 결과

9.2 페이지 나누기

블로그에 올려진 글들을 보여줄 때, 한 페이지에서 모든 레코드를 보여주는 대신 레코드들을 여러 페이지에 걸쳐 몇 개의 레코드(로우)씩 잘라서 보여주고 현재보고 있는 레코드들 이외에 남아있는 레코드가 있는지에 대한 정보(예를 들어서 [다음] 버튼이나 링크를 활성화시킨다든지 해서)와 이전 레코드들이 있는지에 대한 정보도 사용자가 알 수 있도록 한다.

JSP에서는 기본적으로 한 페이지가 포함할 수 있는 로우(레코드) 개수를 제어하는 기능을 제공하지 않기 때문에 각 페이지에 포함되는 로우(레코드)들을 계산하기 위해 로우(레코드)들을 Vector에 저장해 놓은 다음 Vector를 제어한다.

현재 보고 있는 페이지에서 사용자가 〈이전〉이나 〈다음〉링크를 눌렀을 때 몇 번째 페이지(블로그 글을 보여줌에 있어서 페이지)를 보여 주어야 하는 지를 질의 문자열 형태(서버 페이지 이름 다음의 물음표 뒤에 붙여지는 형태)로 전송한다.

페이지 나누기의 플로우차트를 보면 [그림 9-7]과 같다.

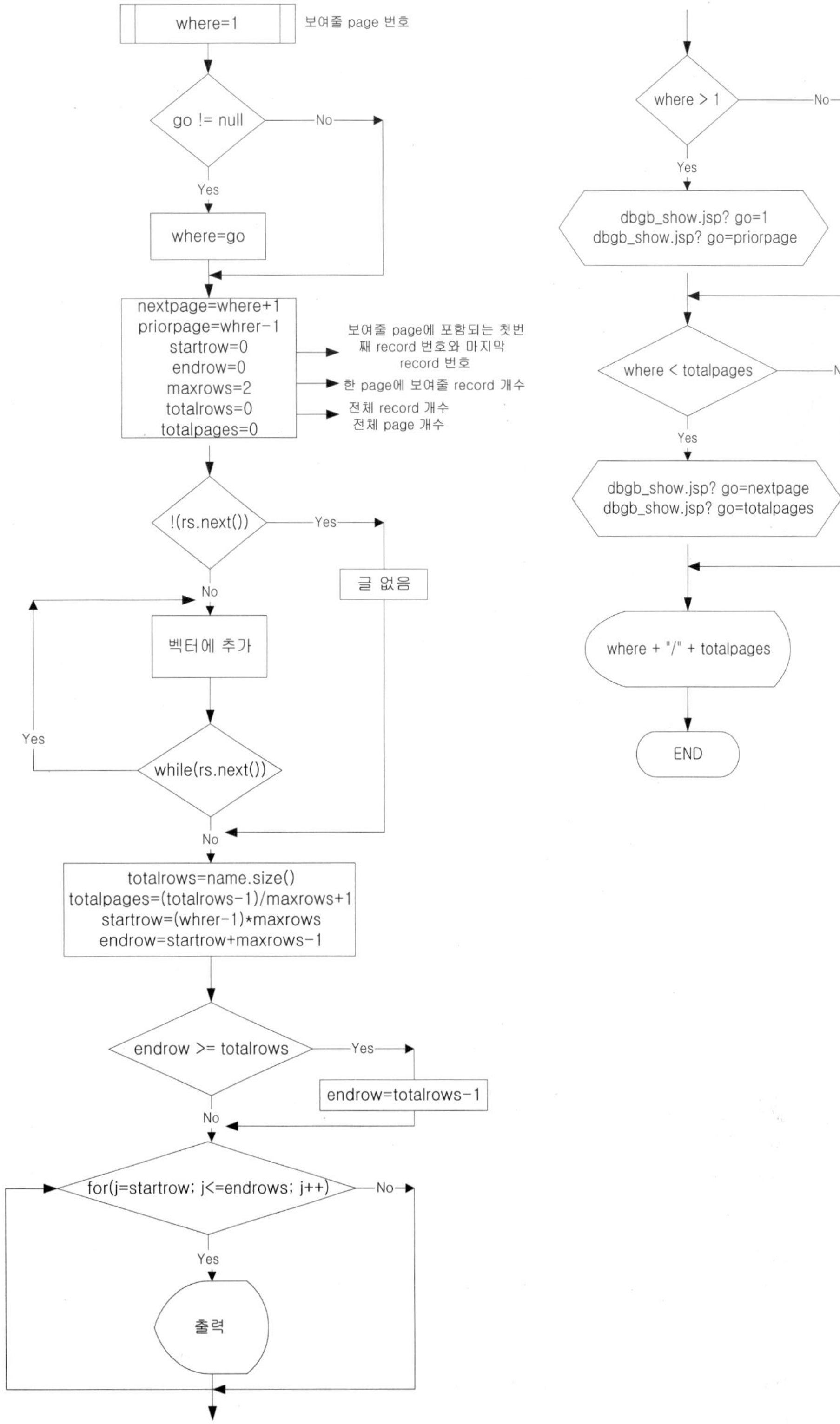

[그림 9-7] 페이지 나누기 플로우차트

앞 절에서 작성한 dbgb_show.jsp(블로그 데이터의 목록을 보여주는 페이지) 파일을 열고 다음과 같이 수정한다.

수정내용

▶ 02 : Vector클래스를 사용하기 위해 Vector클래스가 정의되어 있는 "java.util"패키지를 포함한다.

```
<%@ page language="java" import="java.sql.*,java.util.*" %>
```

▶ 09-1~09-5 : 로우의 각 컬럼 값을 저장하기 위한 Vector를 생성한다.

▶ 09-7~09-9 : 이 페이지를 호출할 때 같이 전송된 "go"라는 이름의 변수 값이 있다면 그 값을 보여줄 페이지(where 변수) 번호로 설정한다. 없는 경우(즉, 처음 호출된 경우)에는 보여줄 페이지를 1로 설정된다. 전송되는 변수 값은 언제나 String형이므로 int형으로 변경하기 위해 parseInt( ) 메서드를 사용한다.

▶ 09-12~09-13 : 보여줄 페이지에 포함되는 첫 번째 로우(레코드) 번호와 마지막 번째 로우 번호를 저장하기 위한 변수를 정의한다.

▶ 09-15 : 한 페이지에서 보여줄 로우의 개수를 2로 설정한다. 즉 한 페이지에는 2개의 블로그 글이 포함된다. 테스트를 빠르게 하기 위해서 설정한 값이다.

▶ 09-16~09-17 : 현재 저장되어 있는 전체 로우 개수(블로그에 올린 글의 수)와 전체 페이지 수를 저장하기 위한 변수를 정의한다.

▶ 29-1~29-6 : 테이블에 저장된 모든 로우를 차례로 읽어와서 각 컬럼 값을 해당되는 Vector에 추가한다.

▶ 29-7 : 저장된 Vector의 크기를 구해서 전체 로우 개수를 얻는다. 어떤 Vector를 사용해도 된다.

▶ 29-8 : 전체 페이지 수를 전체 로우 개수와 한 페이지에 포함될 로우 개수를 이용하여 구한다. 전체 로우 개0수에서 1을 뺀(totalrows-1) 이유는 전체 로우 개수가 2이고 한 페이지에 포함되어야 할 로우 수가 2인 경우를 계산해보면 이해할 수 있을 것이며 계산 된 값에서 1을 더한 것은 전체 로우 개수가 1이고 한 페이지에 포함되어야 할 로우 수가 2인 경우를 계산해보면 이해할 수 있을 것이다.

▶ 29-9~29-10 : 현재 보여줄 페이지에서의 첫 번째 로우(0부터 시작)와 마지막 번째 로우 번호를 구한다. 첫 페이지인 경우에는 0과 1이 계산된다.

▶ 29-11~29-12 : 마지막 로우(레코드) 번호가 전체 로우(레코드) 개수보다 크거나 같은 경우를 검사하는데 마지막 페이지에 로우가 꽉 자지 않은 경우를 판단하는 것이다. 이런 경우에는 다시 마지막 로우를 전체 로우 개수-1(0부터 시작하므로)로 설정한다. 마지막 로우 번호는 전체 로우 수에서 1을 뺀 값이 된다.

▶ 29-13~76 : 계산된 페이지의 첫 번째 로우(레코드)에서 마지막 번째 로우(레코드) 번호까지의 로우들을 테이블 형태로 출력한다.

- 47 : 로우의 email 컬럼 값을 Vector로부터 가져온다. Vector는 Object 유형으로 반환하므로 Sring형으로 변환한 다음 가져온다. 참고로 이전에는 ResultSet으로부터 읽어왔다.
- 38,46,55,65 : 로우의 나머지 컬럼 값을 Vector로부터 가져온다. 참고로 이전에는 ResultSet

으로부터 읽어왔다.

- 76 : 이전의 while 문을 삭제한다. (여기에서는 for 문으로 대치되었다.)
- 77 : rs.close()를 for 문이 종료 뒤에 위치한다.(여기서는 78번째 줄 "}" 다음에 위치하면 된다.)

▶ 83-1~83-15 : 보여줄 페이지에서 [처음] 그리고 [이전]과 [다음], 그리고 [마지막] 페이지로 갈 수 있는 링크를 만들고 보여줄 페이지가 첫 페이지인 경우에는 [처음]과 [이전]을 링크로 만들지 않고 마지막 페이지인 경우에는 [다음]과 [마지막]을 링크로 만들지 않는다. 또한 각 페이지에 대한 페이지 번호를 함께 전송하기 위해 질의 문자열(페이지 이름 다음의 물음표 뒤에서 지정)을 사용한다.

수정예제 dbgb_show.jsp(수정)

```
01    <%@ page contentType="text/html; charset=euc-kr" %>
02    <%@ page language="java" import="java.sql.*,java.util.*" %>
03    <HTML>
04    <head>
05    <link href="filegb.css" rel="stylesheet" type="text/css">
06    </head>
07    <BODY>
08      <CENTER>
09      <%
09-1      Vector name=new Vector();
09-2      Vector email=new Vector();
09-3      Vector inputdate=new Vector();
09-4      Vector subject=new Vector();
09-5      Vector content=new Vector();
09-6
09-7      int where=1;
09-8      if (request.getParameter("go") != null)
09-9        where = Integer.parseInt(request.getParameter("go"));
09-10     int nextpage=where+1;
09-11     int priorpage = where-1;
09-12     int startrow=0;
09-13     int endrow=0;
09-14     int maxrows=2;
09-15     int totalrows=0;
09-16     int totalpages=0;
09-17
10        String em=null;
11        Connection con= null;
12        Statement st =null;
13        ResultSet rs =null;
14
15        try {
16          Class.forName("org.gjt.mm.mysql.Driver");
```

```
    } catch (ClassNotFoundException e) {
      out.println(e);
    }

    try {
    con = DriverManager.getConnection("jdbc:mysql://localhost:3306/gboard?
          useUnicode=true&characterEncoding=euckr","root","multi");
    st = con.createStatement();
    rs = st.executeQuery("select * from guestboard order by inputdate desc");

    if (!(rs.next())) {
      out.println("블로그에 올린 글이 없습니다");
    } else {
      do {
        name.addElement(rs.getString("name"));
        email.addElement(rs.getString("email"));
        inputdate.addElement(rs.getString("inputdate"));
        subject.addElement(rs.getString("subject"));
        content.addElement(rs.getString("content"));
      } while(rs.next());
      totalrows = name.size();
      totalpages = (totalrows-1)/maxrows +1;
      startrow = (where-1) * maxrows;
      endrow = startrow+maxrows-1;
      if (endrow >= totalrows)
        endrow=totalrows-1;
      for(int j=startrow; j<=endrow; j++) {
        out.println("<table border='0' width='600' cellspacing='0'
         cellpadding='2'>");
        out.println("<tr align='right'>");
        out.println("<td height='22'> </td></tr>");
        out.println("<tr align='center'>");
        out.println("<td height='1' bgcolor='#1F4F8F'></td>");
        out.println("</tr>");
        out.println("<tr align='center' bgcolor='#DFEDFF'>");
        out.println("<td class='button' bgcolor='#DFEDFF'>");
        out.println("<div align='left'><font size='2'>"+
         subject.elementAt(j));
        out.println("</div></td>");
        out.println("</tr>");
        out.println("<tr align='center' bgcolor='#FFFFFF'>");
        out.println("<td align='center' bgcolor='#F4F4F4'>");
        out.println("<table width='100%' border='0' cellpadding='0'
         cellspacing='4'>");
```

```
          out.println("<tr bgcolor='#F4F4F4'>");
          out.println("<td width='13%' height='7'></td>");
          out.println("<td width='38%' height='7'>글쓴이:"+name.elementAt(j)
           +"</td>");
          String temp=(String)email.elementAt(j);
          if ((temp != null) && (!(temp.equals(""))) )
            em = "<A href=mailto:" + temp + ">" + temp + "</A>";
          out.println("<td width='38%' height='7'>E-mail: "+ em +"</td>");
          out.println("<td width='11%' height='7'></td>");
          out.println("</tr>");
          out.println("<tr bgcolor='#F4F4F4'>");
          out.println("<td width='13%'></td>");
          out.println("<td colspan=2>작성일:" + inputdate.elementAt(j) + "</td>");
          out.println("<td width='11%'></td>");
          out.println("</tr></table>");
          out.println("</td></tr>");
          out.println("<tr align='center'>");
          out.println("<td bgcolor='#1F4F8F' height='1'></td>");
          out.println("</tr>");
          out.println("<tr align='center'>");
          out.println("<td style='padding:10 0 0 0'>");
          out.println("<div align='left'><br>");
          out.println("<font size='3' color='#333333'><PRE>"+
           content.elementAt(j));
          out.println("</PRE></div>");
          out.println("<br>");
          out.println("</td></tr>");
          out.println("<tr align='center'>");
          out.println("<td class='button' height='1'></td>");
          out.println("</tr>");
          out.println("<tr align='center'>");
          out.println("<td bgcolor='#1F4F8F' height='1'></td>");
          out.println("</tr>");
          out.println("</table><p>");
        }
      }
      rs.close();
      st.close();
      con.close();
    } catch (SQLException e) {
      out.println(e);
    }
    if(where > 1) {
      out.println("[<A href=\"dbgb_show.jsp?go=1\">처음</A>]");
```

```
        out.println("[<A href=\"dbgb_show.jsp?go="+priorpage +"\">이전</A>]");
    } else {
        out.println("[처음]") ;
        out.println("[이전]") ;
    }
    if (where < totalpages) {
        out.println("[<A href=\"dbgb_show.jsp?go="+ nextpage+ "\">다음</A>]");
        out.println("[<A href=\"dbgb_show.jsp?go="+ totalpages + "\">마지막
         </A>]");
    } else {
        out.println("[다음]");
        out.println("[마지막]");
    }
        out.println (where+"/"+totalpages);
    %>
    <p>
    <A href="dbgb_write.htm">
    <img src="image/write.gif" width="54" height="19" border=0></A>
    </CENTER>
  </BODY>
  </HTML>
```

테스트하기

dbgb_write.htm 페이지를 브라우저에서 열고 내용을 입력한 다음 [저장] 버튼을 눌렀을 때 블로그 글들이 페이지로 나뉘어서 보여주는 지 확인한다. 글을 여러 번 올려서 테스트한다. 또한 현재 페이지에 따라서 [처음], [이전]과 [다음], [마지막] 링크가 활성화되거나 비활성화 되며 활성화되어 있을 때 클릭 하면 다음 글이나 이전 글이 보여지는지도 확인한다.

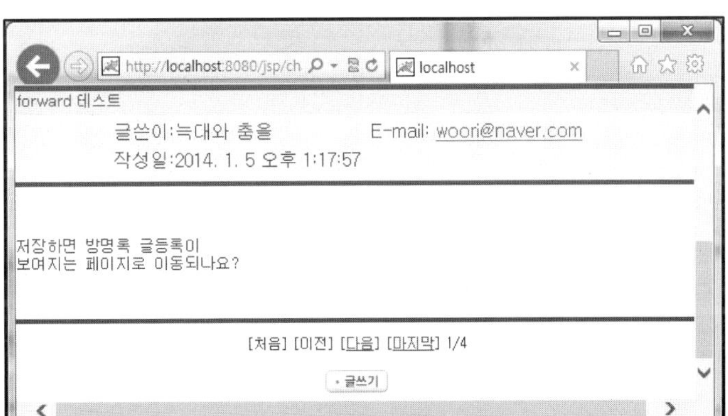

[그림 9-8] 실행 결과

9.3 그룹으로 페이지 나누기

단순히 [이전]이나 [다음] 페이지로만 이동하지 않고 원하는 페이지 번호를 선택하여 이동될 수 있는 기능을 추가한다.

또한 한 페이지에서 선택 가능한 페이지의 범위를 그룹으로 묶어서 보여주도록 하고 [이전]이나 [다음] 링크의 기능은 페이지로 이동하지 않고 이전 그룹이나 다음 그룹으로 이동되도록 변경한다.

다음 게시판은 게시판 첫 화면에서 [다음] 링크를 눌렀을 때(두 번째 페이지 그룹) 보여주는 화면인데 11페이지부터 20페이지까지 중에서 해당 페이지를 검색할 수 있도록 페이지 번호를 보여주고 있고 현재 그룹(11-20페이지) 이전(1-10페이지)으로 가기 위한 [Prev] 링크와 다음 그룹(21-30페이지)으로 가기 위한 [Next] 링크를 보여주고 있다. 그리고 가장 첫 그룹과 마지막 그룹으로 이동하는 [First]와 [Last] 링크를 포함하고 있다.

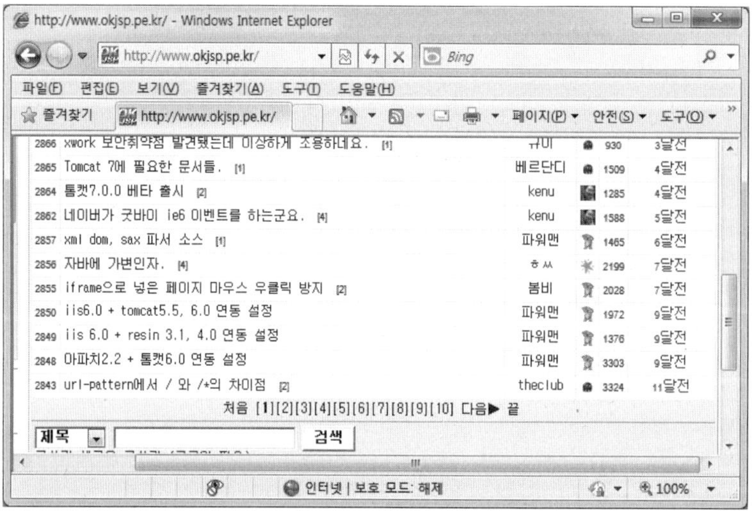

[그림 9-9] 게시판 예제 화면

이전 절에서는 한 페이지에 포함할 레코드(로우)개수를 설정하여 제어했었다. 마찬가지 개념으로 페이지들을 그룹으로 묶기 위해서는 한 그룹에 포함될 페이지 수를 정의해야 한다. 또한 한 페이지의 시작 레코드(로우)와 마지막 레코드(로우)를 계산했듯이 특정 그룹에 포함되는 첫 번째 페이지와 마지막 페이지를 계산해야 한다.

그리고 현재 보여 주고 있는 페이지에 대해서는 링크 기능을 추가하지 않도록 하며 이전 그룹이나 다음 그룹으로 이동되는 경우에 기본적으로 보여주는 페이지는 그룹의 첫 번째 페이지에 해당하는 페이지로 설정한다.

그룹으로 페이지 나누기의 플로우차트를 보면 [그림 9-10]과 같다.

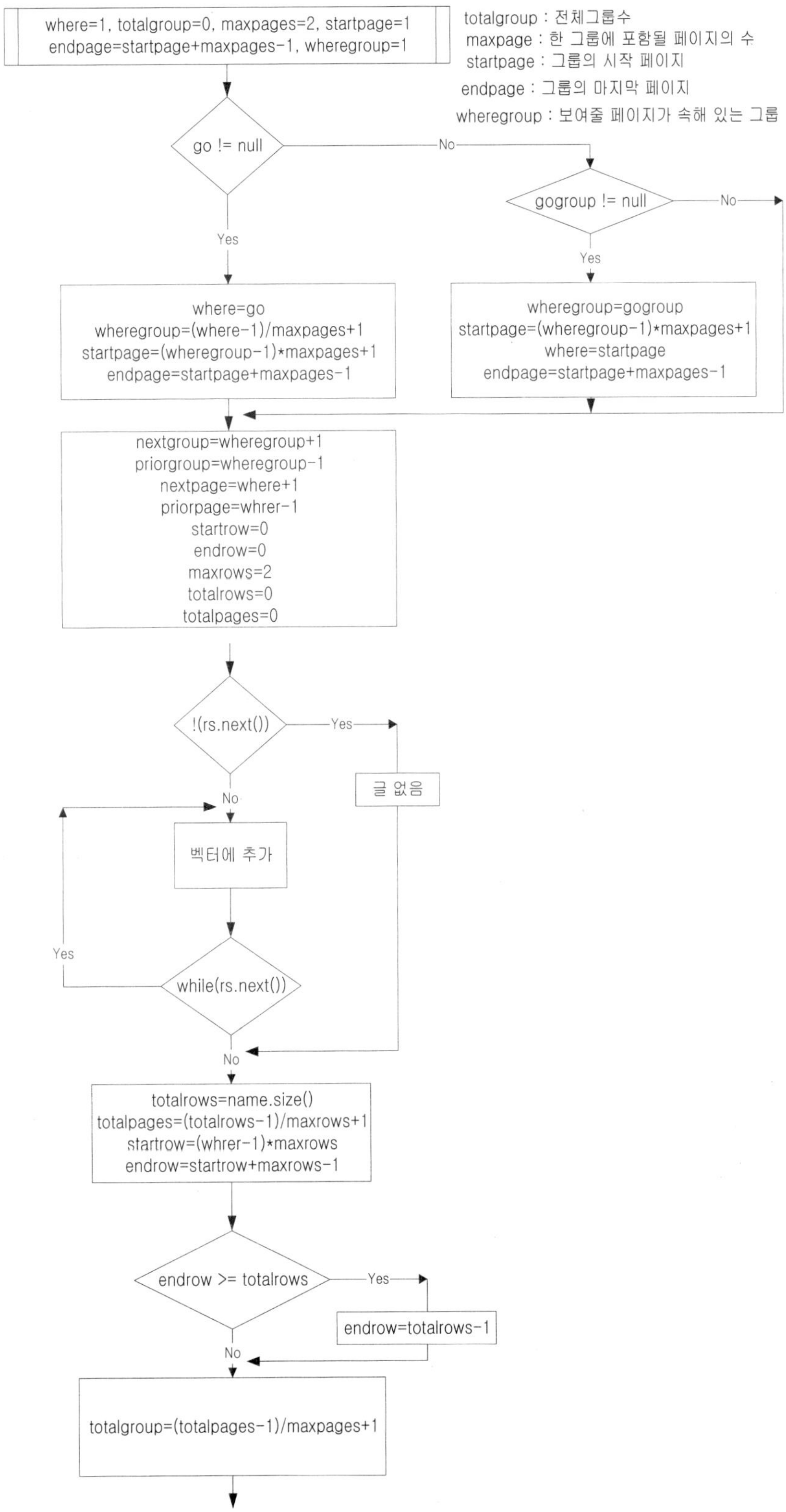

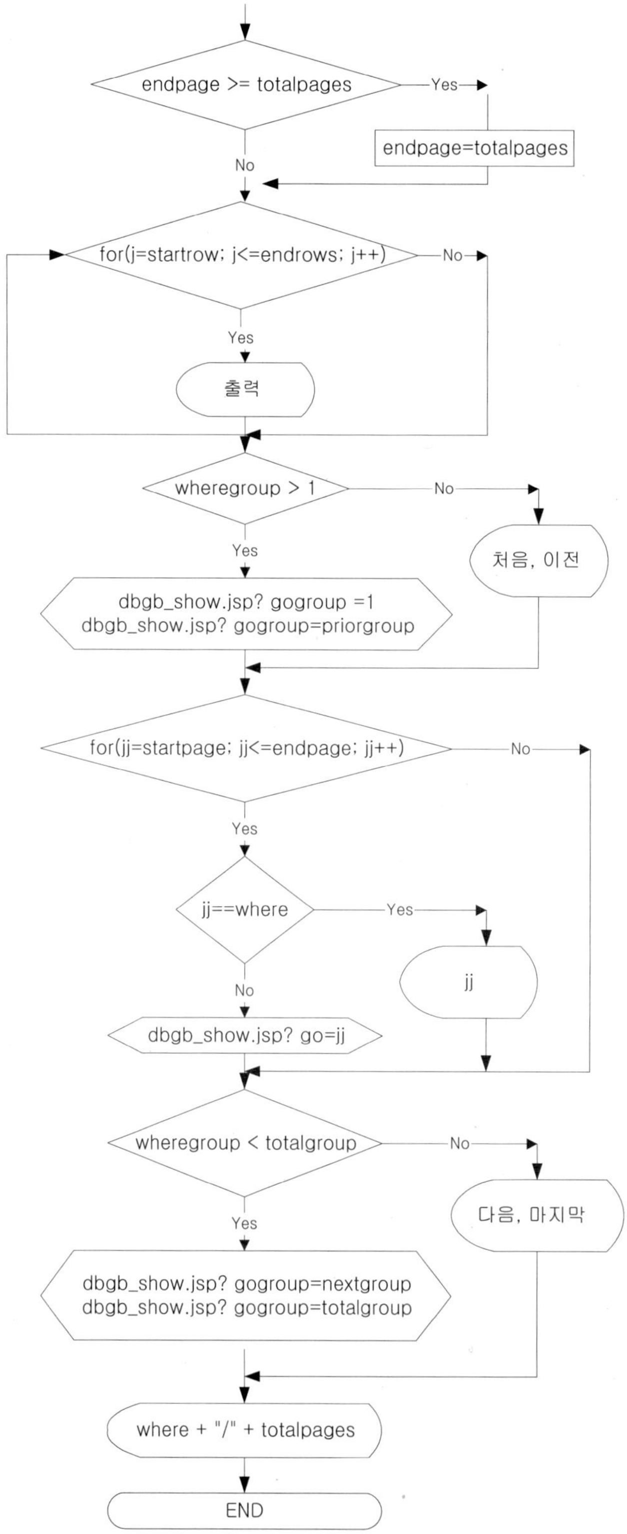

[그림 9-10] 그룹 페이지 나누기 플로우차트

앞 절에서 작성한 dbgb_show.jsp(블로그 데이터의 목록을 보여주는 페이지) 파일을 열고 다음과 같이 수정한다.

수정내용

▶ 09-7-1~09-7-5 : 그룹으로 묶기 위해 필요한 변수들을 정의한다. 전체 그룹 수(totalgroup), 한 그룹에 포함될 페이지의 수(maxpages), 그룹의 시작 페이지(startpage), 그룹의 마지막 페이지(endpage), 보여줄 페이지가 속해있는 그룹(wheregroup)을 저장할 변수들이다. 각각 초기 값(첫 그룹의 첫 페이지를 기본으로)을 설정해 놓는다. 한 그룹에 포함될 페이지의 수를 2로 설정하였다.

▶ 09-8~09-9-3 : 이전 내용에서는 페이지를 호출할 때 같이 전송된 "go"라는 이름의 변수 값이 있을 경우에 실행되는 문장이 한 개였으므로 괄호({})가 필요 없었으나 여기에서는 몇 개의 문장을 처리해야 하기 때문에 괄호({})를 추가한다. [페이지 번호] 링크를 누른 경우에 해당된다.

- 09-9-1 : 보여줄 페이지가 포함되는 그룹(wheregroup)을 계산한다.
- 09-9-2 : 보여줄 페이지가 포함되는 그룹의 첫 번째 페이지를 계산한다.
- 09-9-3 : 보여줄 페이지가 포함되는 그룹의 마지막 페이지를 계산한다.

▶ 09-9-4~09-9-9 : 페이지를 호출할 때 같이 전송된 "gogroup"이라는 이름의 변수 값이 있을 경우에 실행된다. 즉 [다음], [이전], [처음], [마지막] 링크를 누른 경우에 해당된다.

- 09-9-5 : 보여줄 페이지가 포함되는 그룹을 전송된 "gogroup"값으로 설정한다. 넘어온 값은 String유형이므로 int형으로 변경하는 parseInt( ) 메서드를 사용한다.
- 09-9-6 : 보여줄 페이지가 포함되는 그룹의 첫 번째 페이지(startpage)를 계산한다.
- 09-9-7 : 보여줄 페이지(where)를 그룹의 첫 번째 페이지(startpage)로 설정한다.
- 09-9-8 : 보여줄 페이지가 포함되는 그룹의 마지막 페이지를 계산한다.

▶ 09-9-10 : 보여줄 페이지가 포함되는 그룹의 다음 그룹(nextgroup)을 계산한다.

▶ 09-9-11 : 보여줄 페이지가 포함되는 그룹의 이전 그룹(priorgroup)을 계산한다.

▶ 30-12-1 : 전체 그룹의 수(totalgroup)를 계산한다.

▶ 30-12-2~30-12-3 : 계산된 그룹의 마지막 페이지 번호(endpage)가 전체 페이지 수(totalpages)보다 큰 경우에는 마지막 페이지 번호(endpage)를 전체 페이지 수(totalpages)로 다시 설정한다.

▶ 84-1 : 보여줄 페이지가 속한 그룹이 첫 번째 그룹인 경우를 확인하는 내용으로 변경한다. (where=>wheregroup) 참고로 앞에서는 보여줄 페이지가 첫 번째 페이지인가를 확인했었다.

- 84-2~84-3 : 보여줄 페이지에서 [처음] 그리고 [이전]을 누른 경우에 처음 그룹이나 이전 그룹으로 이동될 수 있도록 매개변수 이름을 "go"에서 "gogroup"으로 변경하고 전송하는 값도 그룹 값으로 변경한다. 참고로 앞에서는 [처음] 그리고 [이전]을 누른 경우에 처음 페이지와 이전 페이지로 이동되도록 했다.

▶ 84-7-1~84-7-6 : 보여줄 페이지가 속한 그룹의 첫 번째 페이지부터 마지막 페이지까지의 링크를 추가한다. 이때, 보여줄 페이지에 해당하는 번호는 링크를 지정하지 않는다.

▶ 84-8 : 보여줄 페이지가 속한 그룹이 마지막 그룹인 경우를 확인하는 내용으로 변경한다.

(where=> wheregroup, totalpages=>totalgroup) 참고로 앞에서는 보여줄 페이지가 마지막 페이지인가를 확인했다.

▶ 84-9~84-15 : 보여줄 페이지에서 [다음] 그리고 [마지막]을 누른 경우에 보여줄 페이지가 속해있는 그룹의 다음 그룹이나 마지막 그룹으로 이동될 수 있도록 매개변수 이름을 "go"에서 "gogroup"으로 변경하고 전송하는 값도 그룹 값으로 변경한다.

수정예제 dbgb_show.jsp(수정)

```
01       <%@ page contentType="text/html; charset=euc-kr" %>
02       <%@ page language="java" import="java.sql.*,java.util.*" %>
03       <HTML>
04       <head>
05       <link href="filegb.css" rel="stylesheet" type="text/css">
06       </head>
07       <BODY>
08         <CENTER>
09         <%
09-1         Vector name=new Vector();
09-2         Vector email=new Vector();
09-3         Vector inputdate=new Vector();
09-4         Vector subject=new Vector();
09-5         Vector content=new Vector();
09-6
09-7         int where=1;
09-7-1       int totalgroup=0;
09-7-2       int maxpages=2;
09-7-3       int startpage=1;
09-7-4       int endpage=startpage+maxpages-1;
09-7-5       int wheregroup=1;
09-8         if (request.getParameter("go") != null) {
09-9           where = Integer.parseInt(request.getParameter("go"));
09-9-1         wheregroup = (where-1)/maxpages + 1;
09-9-2         startpage= (wheregroup-1) * maxpages+1;
09-9-3         endpage=startpage+maxpages-1;
09-9-4       } else if (request.getParameter("gogroup") != null) {
09-9-5         wheregroup = Integer.parseInt(request.getParameter("gogroup"));
09-9-6         startpage= (wheregroup-1) * maxpages+1;
09-9-7         where = startpage ;
09-9-8         endpage=startpage+maxpages-1;
09-9-9       }
09-9-10      int nextgroup=wheregroup+1;
09-9-11      int priorgroup= wheregroup-1;
09-10
```

```
int nextpage=where+1;
int priorpage = where-1;
int startrow=0;
int endrow=0;
int maxrows=2;
int totalrows=0;
int totalpages=0;

String em=null;
Connection con= null;
Statement st =null;
ResultSet rs =null;

try{
  Class.forName("org.gjt.mm.mysql.Driver");
} catch (ClassNotFoundException e) {
  out.println(e);
}

try{
con = DriverManager.getConnection("jdbc:mysql://localhost:3306/gboard?
     useUnicode=true&characterEncoding=euckr","root","multi");
st = con.createStatement();
rs = st.executeQuery("select * from guestboard order by inputdate desc");

if (!(rs.next())) {
  out.println("블로그에 올린 글이 없습니다");
} else {
  do{
    name.addElement(rs.getString("name"));
    email.addElement(rs.getString("email"));
    inputdate.addElement(rs.getString("inputdate"));
    subject.addElement(rs.getString("subject"));
    content.addElement(rs.getString("content"));
  }while(rs.next());
  totalrows = name.size();
  totalpages = (totalrows-1)/maxrows +1;
  startrow = (where-1) * maxrows;
  endrow = startrow+maxrows-1;
  if (endrow >= totalrows)
    endrow=totalrows-1;
  totalgroup = (totalpages-1)/maxpages +1;
  if (endpage > totalpages)
```

```
    endpage=totalpages;
  for(int j=startrow; j<=endrow; j++) {
    out.println("<table border='0' width='600' cellspacing='0' cellpadding='2'>");
    out.println("<tr align='right'>");
    out.println("<td height='22'> </td></tr>");
    out.println("<tr align='center'>");
    out.println("<td height='1' bgcolor='#1F4F8F'></td>");
    out.println("</tr>");
    out.println("<tr align='center' bgcolor='#DFEDFF'>");
    out.println("<td class='button' bgcolor='#DFEDFF'>");
    out.println("<div align='left'><font size='2'>"+subject.elementAt(j));
    out.println("</div></td>");
    out.println("</tr>");
    out.println("<tr align='center' bgcolor='#FFFFFF'>");
    out.println("<td align='center' bgcolor='#F4F4F4'>");
    out.println("<table width='100%' border='0' cellpadding='0' cellspacing='4'>");
    out.println("<tr bgcolor='#F4F4F4'>");
    out.println("<td width='13%' height='7'></td>");
    out.println("<td width='38%' height='7'>글쓴이:"+name.elementAt(j)+"</td>");
    String temp=(String)email.elementAt(j);
    if ((temp != null) && (!(temp.equals(""))) )
      em = "<A href=mailto:" + temp + ">" + temp + "</A>";
    out.println("<td width='38%' height='7'>E-mail: "+ em +"</td>");
    out.println("<td width='11%' height='7'></td>");
    out.println("</tr>");
    out.println("<tr bgcolor='#F4F4F4'>");
    out.println("<td width='13%'></td>");
    out.println("<td colspan=2>작성일:" + inputdate.elementAt(j)+"</td>");
    out.println("<td width='11%'></td>");
    out.println("</tr></table>");
    out.println("</td></tr>");
    out.println("<tr align='center'>");
    out.println("<td bgcolor='#1F4F8F' height='1'></td>");
    out.println("</tr>");
    out.println("<tr align='center'>");
    out.println("<td style='padding:10 0 0 0'>");
    out.println("<div align='left'><br>");
    out.println("<font size='3' color='#333333'><PRE>"+ content.
```

```
             elementAt(j));
          out.println("</PRE></div>");
          out.println("<br>");
          out.println("</td></tr>");
          out.println("<tr align='center'>");
          out.println("<td class='button' height='1'></td>");
          out.println("</tr>");
          out.println("<tr align='center'>");
          out.println("<td bgcolor='#1F4F8F' height='1'></td>");
          out.println("</tr>");
          out.println("</table><p>");
        }
      }
      rs.close();
      st.close();
      con.close();
      } catch (SQLException e) {
        out.println(e);
      }
      if(wheregroup > 1) {
        out.println("[ <A href=\"dbgb_show.jsp?go=1\">처음</A>] ");
        out.println("[ <A href=\"dbgb_show.jsp?gogroup="+ priorgroup +"\">
         이전</A>] ");
      } else {
        out.println("[처음]") ;
        out.println("[이전]") ;
      }
      for(int jj=startpage; jj<=endpage; jj++) {
        if (jj == where)
          out.println("[ "+jj+"] ") ;
        else
          out.println("[ <A href=\"dbgb_show.jsp?go="+jj+"\">" + jj + "</A>] ") ;
      }
      if (wheregroup < totalgroup) {
        out.println("[ <A href=\"dbgb_show.jsp?gogroup="+ nextgroup+ "\">다음
         </A>] ");
        out.println("[ <A href=\"dbgb_show.jsp?gogroup="+ totalgroup + "\">마
         지막</A>] ");
      } else {
        out.println("[다음]");
        out.println("[마지막]");
      }
        out.println (where+"/"+totalpages);
```

```
    %>
    <p>
    <A href="dbgb_write.htm">
    <img src="image/write.gif" width="54" height="19" border=0></A>
</CENTER>
</BODY>
</HTML>
```

테스트하기

dbgb_show.jsp 페이지를 브라우저에서 열고, 현재 페이지에 따라서 [처음], [이전]과 [다음], [마지막] 링크가 활성화되거나 비 활성화되는지, 활성화되어 있을 때 클릭 하면 이전 그룹이나 다음 그룹으로 이동되면서 그룹에 포함되는 페이지 번호들이 제대로 출력되는지 확인한다.

블로그의 글이 몇 개 안 되는 경우에는 테스트하기가 어려우므로 dbgb_write.htm 페이지를 열어서 글을 몇 건 저장한 후에 테스트한다.

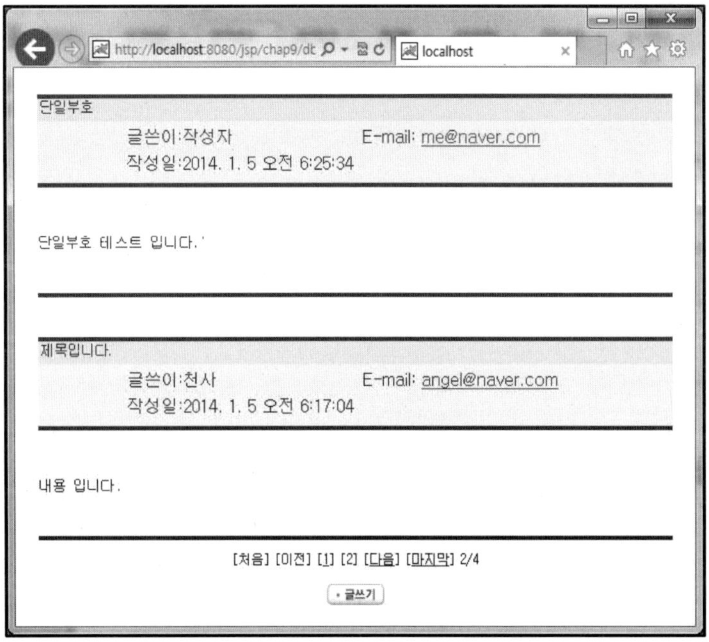

[그림 9-11] 처음 페이지 그룹 실행 결과

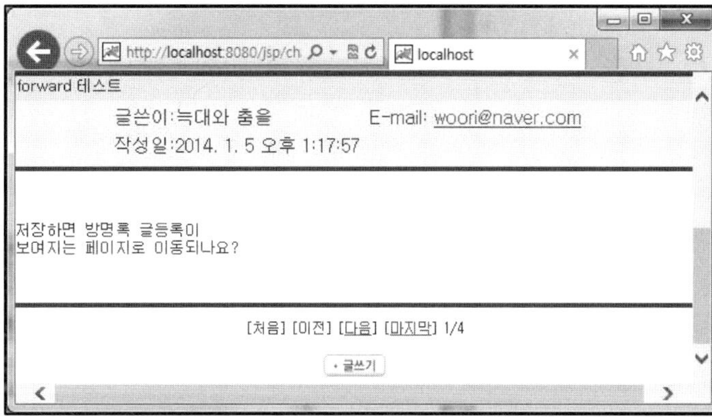

[그림 9-12] 마지막 페이지 그룹 실행 결과

마지막 페이지 그룹이며 4 페이지의 내용을 보여주고 있는 상태에서의 [3]은 링크가 설정되지 않는다. 또한 다음 그룹이나 마지막 그룹으로 이동하는 [다음], [마지막] 링크 역시 비 활성화되어 있으며 그룹에 포함되는 페이지 수를 2로 설정했지만 마지막 그룹에서는 마지막 페이지에 해당하는 [페이지 번호]까지만 보여준다.

Chapter 10

게시판

Chapter 10

게시판

학습목표

본 장에서는 게시판에 올릴 글을 입력하기 위한 페이지와 입력한 내용을 테이블에 저장하는 페이지, 입력되어 있는 글을 보여주는 페이지를 학습한다. 또한 게시판에 올려져 있는 글에 대한 답변을 작성할 수 있도록 계층형 게시판 구현 방법을 학습한다.

이 장에서는 단순한 게시판에서부터 계층적 게시판까지 단계적으로 만들어 본다.

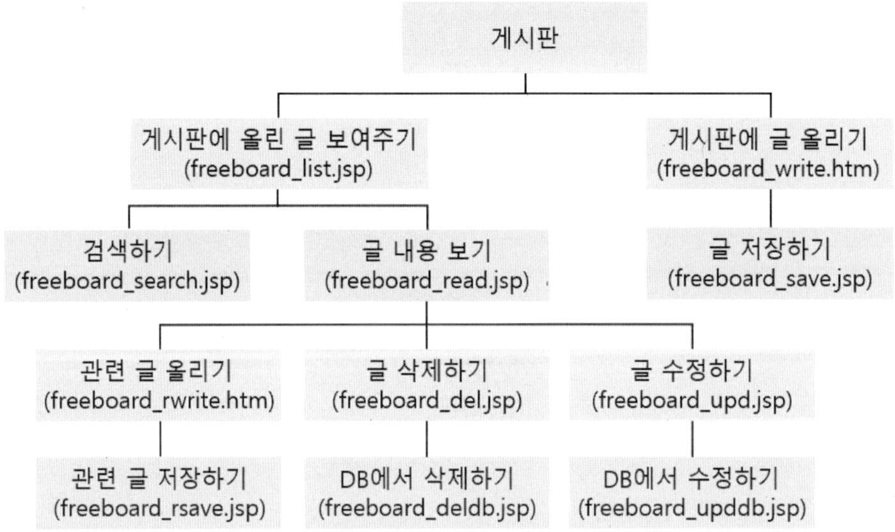

[그림 10-1] 게시판 구성도

● 게시판 테이블

게시판에서 사용할 테이블을 다음과 같이 각 데이터베이스 시스템에 맞게 준비해 놓는다.

다음부터 설명하는 코딩 소스는 다음과 같은 환경을 기반으로 한다.

테이블 이름 : freeboard

데이터베이스 이름: fboard

데이터베이스 사용자 ID와 암호는 정의 안함.

[표 10-1] 게시판 데이터를 위한 테이블 구조

필드 이름	데이터 유형		빈 문자열(Null) 허용	비고
	Access	MySQL 서버		
id	숫자	int		키
name	텍스트(10)	varchar(10)	아니오(Not Null)	
password	텍스트(10)	varchar(10)	예(Null 허용)	
email	텍스트(50)	varchar(50)	예(Null 허봉)	
subject	텍스트(50)	varchar(50)	아니오(Not Null)	
content	메모	text	아니오(Not Null)	
inputdate	텍스트(50)	varchar(50)	아니오(Not Null)	글 올린 날짜
masterid	숫자	int	기본값 (0)	기본 글 : 자신 id 값 답변 글 : 대상 글의 masterid 값
readcount	숫자	int	기본값 (0)	조회 수
replynum	숫자	int	기본값 (0)	기본 글 : 0 답변 글 : 1부터 시작, 두 번째 답변 글은 2, ...n번째 답변 글은 n 답변글의 답변글 : 답변 글의 replynum과 같은 값
step	숫자	int	기본값 (0)	계층구조에서의 단계 기본 글 : 0 답변 글 : 1 답변글의 답변글 :2

10.1 기본적인 게시판

가장 기본적인 게시판을 만든다. 게시판에 올릴 글을 입력하기 위한 페이지와 입력한 내용을 테이블에 저장하는 페이지, 그리고 입력되어 있는 글을 보여주는 페이지로 구성된다.

10.1.1 글 올리기

① 게시판에 글을 올리기 위해 사용자로부터 내용을 입력받는 HTML 파일을 작성한다.

예제 freeboard_write.htm

```
<HTML>
<HEAD>
```

```
<SCRIPT language="javascript">
function check() {
  with(document.msgwrite) {
    if(subject.value.length == 0) {
      alert("제목을 입력해 주세요!!");
      subject.focus();
      return false;
    }
    if(name.value.length == 0) {
      alert("이름을 입력해 주세요!!");
      name.focus();
      return false;
    }
    if(password.value.length == 0) {
      alert("비밀번호를 입력해 주세요!!");
      password.focus();
      return false;
    }
    if(content.value.length == 0) {
      alert("내용을 입력해주세요!!");
      content.focus();
      return false;
    }
    document.msgwrite.submit();
  }
}
</SCRIPT>
<link href="filegb.css" rel="stylesheet" type="text/css">
</HEAD>
<BODY>
<P>
<FORM name="msgwrite" method="post" action="freeboard_save.jsp">
<CENTER>
<table width="600"cellspacing="0" cellpadding="2">
  <tr>
    <td colspan="2" bgcolor="#1F4F8F" height="1"></td>
  </tr>
  <tr>
    <td colspan="2" bgcolor="#DFEDFF" height="20" class="notice"> 
       <font size="2">새글 쓰기</font></td>
  </tr>
  <tr>
    <td colspan="2" bgcolor="#1F4F8F" height="1"></td>
```

```
</tr>
<tr>
  <td width="124" height="30" align="center" bgcolor="#f4f4f4">이름</td>
  <td width="494" style="padding:0 0 0 10"><input type=text name=name class="input_style1"></td>
</tr>
<tr>
  <td width="124" align="center" bgcolor="#f4f4f4">E-mail</td>
  <td width="494" style="padding:0 0 0 10" height="25"><input type=text name=email class="input_style1"></td>
</tr>
<tr>
  <td width="124" align="center" bgcolor="#f4f4f4">제 목</td>
  <td width="494" style="padding:0 0 0 10" height="25"><input type=text name=subject size="60" maxlength="60" class="input_style2"></td>
</tr>
<tr>
  <td width="124" height="162" align="center" valign="top" bgcolor="#f4f4f4" style="padding-top:7px;">내 용</td>
  <td width="494" valign="top" style="padding:5 0 5 10">
    <textarea cols="65" rows="10" name=content maxlength="2000" class="textarea_style1"></textarea>
  </td>
</tr>
<tr>
  <td width="124" align="center" bgcolor="#f4f4f4">암 호</td>
  <td width="494" style="padding:0 0 0 10" height="25">
    <input type=password name=password class="style1"><br>(비밀번호를 입력하면 수정 또는 삭제가 가능합니다.)
  </td>
</tr>
<tr>
  <td colspan="2" height="1" class='button'></td>
</tr>
<tr>
  <td colspan="2" height="1" bgcolor="#1F4F8F"></td>
</tr>
<tr>
  <td colspan="2" height="10"></td>
</tr>
<tr>
  <td colspan="2" align="right">
    <table width="100%" border="0" cellpadding="0" cellspacing="0">
```

```
        <tr>
          <td width="28%"> </td>
          <td width="51%"> </td>
          <td width="12%"><a href="#" onClick="history.go(-1)"><img src=
           "image/cancle.gif" width="46" height="20" border="0"></td>
          <td width="9%"><a href="#" onClick="check();"><img src="image/
           ok.gif" width="46" height="20" border="0"></a></td>
        </tr>
      </table>
    </td>
  </tr>
</table>
</CENTER>
</FORM>
</BODY>
</HTML>
```

② 글을 입력받은 Form의 내용을 테이블에 저장하기 위한 JSP 파일을 작성한다. 9장에서의 dbgb_save.jsp 파일의 내용과 다른 부분만 설명하며 그 외 내용은 9장을 참고한다.

예제 freeboard_save.jsp

```
<%@ page contentType="text/html; charset=euc-kr" %>
<%@ page language="java" import="java.sql.*,java.util.*,java.text.*" %>
<% request.setCharacterEncoding("euc-kr"); %>
<%
  String na = request.getParameter("name");
  String em = request.getParameter("email");
  String sub = request.getParameter("subject");
  String cont = request.getParameter("content");
  String pw = request.getParameter("password");
  int id =1;
  int pos=0;
  if (cont.length() == 1)
    cont = cont+" " ;

  while ((pos=cont.indexOf("\'", pos)) != -1) {
    String left=cont.substring(0, pos);
    String right=cont.substring(pos, cont.length());
    cont = left + "\'" + right;
    pos += 2;
```

```
  }

  java.util.Date yymmdd = new java.util.Date() ;
  SimpleDateFormat myformat = new SimpleDateFormat("yy-MM-d h:mm a");
  String ymd=myformat.format(yymmdd);

  String sql=null;
  Connection con=null;
  Statement st=null;
  ResultSet rs=null;
  int cnt=0;

  try{
    Class.forName("org.gjt.mm.mysql.Driver");
  } catch (ClassNotFoundException e) {
    out.println(e.getMessage());
  }

  try{
    con = DriverManager.getConnection("jdbc:mysql://localhost:3306/fboard?
         useUnicode=true&characterEncoding=euckr","root","multi");

    st = con.createStatement();
    sql = "select max(id) from  freeboard";
    rs = st.executeQuery(sql);
    if (!(rs.next()))
      id=1;
    else{
      id= rs.getInt(1) + 1 ;
      rs.close();
    }
    sql= "insert into freeboard(id,name,password,email,subject," ;
    sql= sql + "content,inputdate,masterid,readcount,replynum,step)" ;
    sql= sql + " values(" +id + ", '" +  na + "','" + pw + "','"+ em ;
    sql= sql + "','" + sub + "','" + cont + "','" + ymd + "'," +id+"," ;
    sql= sql + "0,0,0)";

    cnt = st.executeUpdate(sql);
    if (cnt >0)
      out.println("데이터가 성공적으로 입력되었습니다.");
    else
      out.println("데이터가 입력되지 않았습니다. ");

```

```
62         st.close();
63         con.close();
64     } catch (SQLException e) {
65         out.println(e);
66     }
67  %>
68  <br><A href="freeboard_write.htm">[글 올리는 곳으로]</A>
```

줄번호	설명
02	날짜 형식을 설정하기 위한 SimpleDateFormat 클래스를 사용하기 위해 SimpleDateFormat 클래스가 정의된 "java.text" 패키지를 import한다.
05~09	넘어온 Form의 데이터 값들을 저장한다.
10	게시판 테이블의 키 필드인 id값을 저장하기 위한 변수이다.
12~13	게시판 본문의 내용 길이가 1인 경우에는 뒤에 공백("")을 추가한다.
15~20	입력한 글 내용 중에 단일 부호(')가 입력된 경우에는 각 단일 부호 앞에 역 슬래쉬(\) 문자를 삽입하는 작업을 추가한다.
22~24	게시판에 글을 올린 날짜는 입력받지 않고 시스템으로부터 현재 날짜를 구한 다음 지정한 형식으로 변환한다. 이때, "java.util"을 지정하지 않으면 "java.sql"과 "java.util" 중에 어느 패키지에 포함된 Date 클래스인지를 판단하지 못해서 오류가 발생한다.
39	"fboard"는 mysql에서 생성한 데이터베이스(database) 이름이다.
42	게시판 테이블의 키 필드인 id 필드 값을 결정하기 위해 현재 저장되어 있는 레코드 중에서 가장 큰 id 값을 찾는다.
44~49	큰 값을 찾았으면 찾은 값에서 1을 증가시키고 찾지 못했으면(즉, 현재 글이 첫 레코드인 경우) 1로 설정한다. 기존에 레코드가 있는 경우에만 RecordSet(rs)을 닫는다.
50~54	레코드를 한 개 추가하는 SQL명령을 쪼개서 이어 붙인다.
56	Form에 입력한 내용과 원하는 형식으로 변경한 현재 날짜, 그리고 기본 값 등을 가진 레코드(로우)를 freeboard테이블에 추가한다.

테스트하기

freeboard_write.htm 페이지를 브라우저에서 열고 내용을 입력한 다음 [저장] 버튼을 눌러서 그 결과를 확인한다.

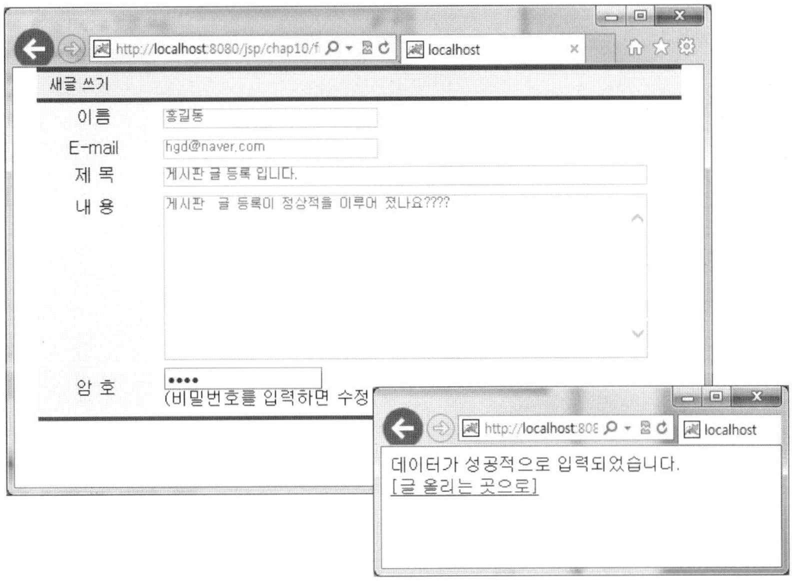

[그림 10-2] 게시판에 올리는 글이 정상적으로 처리된 결과

10.1.2 게시판 목록 보기

① 저장된 게시판 글을 게시판 형태의 목록으로 보여주는 JSP 페이지를 작성한다. 9장에서의 dbgb_show.jsp 파일의 내용과 다른 부분만 설명하며 그 외 내용은 9장을 참고한다.

예제 freeboard_list.jsp

```
<%@ page contentType="text/html; charset=EUC-KR" %>
<%@ page language="java" import="java.sql.*,java.util.*" %>
<HTML>
<HEAD><TITLE>게시판</TITLE>
<link href="freeboard.css" rel="stylesheet" type="text/css">
</HEAD>
<BODY>
<P>
<P align=center><FONT color=#0000ff face=굴림 size=3><STRONG>자유 게시판
 </STRONG></FONT></P>
<P>
<CENTER>
  <TABLE border=0 width=600 cellpadding=4 cellspacing=0>
    <tr align="center">
      <td colspan="5" height="1" bgcolor="#1F4F8F"></td>
    </tr>
    <tr align="center" bgcolor="#87E8FF">
      <td width="42" bgcolor="#DFEDFF"><font size="2">번호</font></td>
```

```
        <td width="340" bgcolor="#DFEDFF"><font size="2">제목</font></td>
        <td width="84" bgcolor="#DFEDFF"><font size="2">등록자</font></td>
        <td width="78" bgcolor="#DFEDFF"><font size="2">날짜</font></td>
        <td width="49" bgcolor="#DFEDFF"><font size="2">조회</font></td>
      </tr>
      <tr align="center">
        <td colspan="5" bgcolor="#1F4F8F" height="1"></td>
      </tr>
  <%
   Vector name=new Vector();
   Vector inputdate=new Vector();
   Vector email=new Vector();
   Vector subject=new Vector();
   Vector rcount=new Vector();



   int where=1;

   int totalgroup=0;
   int maxpages=2;
   int startpage=1;
   int endpage=startpage+maxpages-1;
   int wheregroup=1;

   if (request.getParameter("go") != null) {
     where = Integer.parseInt(request.getParameter("go"));
     wheregroup = (where-1)/maxpages + 1;
     startpage=(wheregroup-1) * maxpages+1;
     endpage=startpage+maxpages-1;
   } else if (request.getParameter("gogroup") != null) {
     wheregroup = Integer.parseInt(request.getParameter("gogroup"));
     startpage=(wheregroup-1) * maxpages+1;
     where = startpage ;
     endpage=startpage+maxpages-1;
   }
   int nextgroup=wheregroup+1;
   int priorgroup= wheregroup-1;

   int nextpage=where+1;
   int priorpage = where-1;
   int startrow=0;
   int endrow=0;
```

```
int maxrows=2;
int totalrows=0;
int totalpages=0;

int id=0;

String em=null;
Connection con= null;
Statement st =null;
ResultSet rs =null;

try {
  Class.forName("org.gjt.mm.mysql.Driver");
} catch (ClassNotFoundException e) {
  out.println(e);
}

try {
  con = DriverManager.getConnection("jdbc:mysql://localhost:3306/fboard?
        useUnicode=true&characterEncoding=euckr","root","multi");
} catch (SQLException e) {
  out.println(e);
}

try {
  st = con.createStatement();
  rs = st.executeQuery("select * from freeboard order by id desc");

  if (!(rs.next())) {
    out.println("게시판에 올린 글이 없습니다");
  } else {
    do {
      name.addElement(rs.getString("name"));
      email.addElement(rs.getString("email"));
      String idate = rs.getString("inputdate");
      idate = idate.substring(0,8);
      inputdate.addElement(idate);
      subject.addElement(rs.getString("subject"));
      rcount.addElement(new Integer(rs.getInt("readcount")));
    } while(rs.next());
    totalrows = name.size();
    totalpages = (totalrows-1)/maxrows +1;
    startrow = (where-1) * maxrows;
```

```
      endrow = startrow+maxrows-1;
      if (endrow >= totalrows)
        endrow=totalrows-1;

      totalgroup = (totalpages-1)/maxpages +1;
      if (endpage > totalpages)
        endpage=totalpages;

      for(int j=startrow;j<=endrow;j++) {
        String temp=(String)email.elementAt(j);
        if ((temp == null) || (temp.equals("")) )
          em= (String)name.elementAt(j);
        else
          em = "<A href=mailto:" + temp + ">" + name.elementAt(j) + "</A>";

        id= totalrows-j;
        if(j%2 == 0) {
          out.println("<TR bgcolor='#FFFFFF' onMouseOver=\" bgColor=
           '#DFEDFF'\" onMouseOut=\"bgColor=''\">");
        } else {
          out.println("<TR bgcolor='#F4F4F4' onMouseOver=\" bgColor=
           '#DFEDFF'\" onMouseOut=\"bgColor='#F4F4F4'\">");
        }
        out.println("<TD align=center>");
        out.println(id+"</TD>");
        out.println("<TD>");
        out.println(subject.elementAt(j) + "</TD>");
        out.println("<TD align=center>");
        out.println(em+ "</TD>");
        out.println("<TD align=center>");
        out.println(inputdate.elementAt(j)+ "</TD>");
        out.println("<TD align=center>");
        out.println(rcount.elementAt(j)+ "</TD>");
        out.println("</TR>");
      }
      rs.close();
    }
    out.println("</TABLE>");
    st.close();
    con.close();
  } catch (java.sql.SQLException e) {
    out.println(e);
  }
```

```
  if (wheregroup > 1) {
    out.println("[ <A href=freeboard_list.jsp?gogroup=1>처음</A>]");
    out.println("[ <A href=freeboard_list.jsp?gogroup="+priorgroup +">이전
     </A>]");
  } else {
    out.println("[처음]") ;
    out.println("[이전]") ;
  }
  if (name.size() !=0) {
    for(int jj=startpage; jj<=endpage; jj++) {
    if (jj == where)
      out.println("[ "+jj+"] ") ;
    else
      out.println("[ <A href=freeboard_list.jsp?go="+jj+">" + jj + "</A>]") ;
    }
  }
  if (wheregroup < totalgroup) {
    out.println("[ <A href=freeboard_list.jsp?gogroup="+ nextgroup+ ">다음
     </A>]");
    out.println("[ <A href=freeboard_list.jsp?gogroup="+ totalgroup + ">마지
     막</A>]");
  } else {
    out.println("[다음]");
    out.println("[마지막]");
  }
  out.println ("전체 글수 :"+totalrows);
 %>
<TABLE border=0 width=600 cellpadding=0 cellspacing=0>
  <TR>
    <TD align=right valign=bottom>
      <A href="freeboard_write.htm"><img src="image/write.gif" width="66"
       height="21" border="0"></A>
    </TD>
  </TR>
 </TABLE>
</BODY>
</HTML>
```

줄번호	설명
02	Vector클래스를 사용하기 위해 Vector클래스가 정의되어 있는 "java.util" 패키지를 포함한다.
09~25	게시판 형식에 맞도록 머리글과 테이블의 열 이름을 출력한다.
27~31	로우의 각 컬럼 값을 저장하기 위한 Vector를 생성한다.
37~41	그룹으로 묶기 위해 필요한 변수들을 정의한다. 전체 그룹 수(totalgroup), 한 그룹에 포함될 페이지의 수(maxpages), 그룹의 시작 페이지(startpage), 그룹의 마지막 페이지(endpage), 보여줄 페이지가 속해있는 그룹(wheregroup)을 저장할 변수들이다. 각 각 초기 값(첫 그룹의 첫 페이지를 기본으로)을 설정해 놓는다. 한 그룹에 포함될 페이지의 수를 2로 설정하였다.
43~47	[페이지 번호] 링크를 누른 경우에는 "go" 값이 전달되는데 이 페이지를 호출할 때 같이 전송된 "go" 라는 이름의 변수 값이 있다면 보여줄 페이지(where 변수)를 "go" 값으로 설정한다. 전송되는 변수 값은 언제나 String형이므로 int형으로 변경하기 위해 parseInt() 메서드를 사용한다. 또한 보여줄 페이지가 포함되는 그룹과 그룹의 첫 번째 페이지와 그룹의 마지막 페이지를 계산한다.
48~53	[다음], [이전], [처음], [마지막] 링크를 누른 경우에는 "gogroup" 값이 전달되는데 이 페이지를 호출할 때 같이 전송된 "gogroup" 라는 이름의 변수 값이 있다면 보여줄 페이지가 포함된 그룹(wheregroup 변수)을 "gogroup" 값으로 설정한다. 전송되는 변수 값은 언제나 String형이므로 int형으로 변경하기 위해 parseInt() 메서드를 사용한다. 또한 그룹의 첫 번째 페이지와 그룹의 마지막 페이지를 계산하며 보여줄 페이지를 그룹의 첫 번째 페이지로 설정한다.
54~55	다음 그룹과 이전 그룹을 계산한다.
59~60	보여줄 페이지에 포함되는 첫 번째 로우(레코드) 번호와 마지막 번째 로우 번호를 저장하기 위한 변수를 정의한다.
61	한 페이지에서 보여줄 로우의 개수를 2로 설정한다. 즉 한 페이지에는 2개의 게시판 글이 포함된다. 테스트를 빠르게 하기 위해서 설정한 값이다.
62~63	현재 저장되어 있는 전체 로우 개수(방명록에 올린 글의 수)와 전체 페이지 수를 저장하기 위한 변수를 정의한다.
65	게시판의 글 순서 번호로 사용할 변수(id)를 정의한다.
86	게시판 테이블에 저장된 로우들을 키 컬럼(id)의 내림차순(최근에 올려진 글이 제일 먼저)으로 가져온다.
91~99	테이블에 저장된 모든 로우를 차례로 읽어와서 각 컬럼 값을 해당되는 Vector에 추가한다.
95~96	저장되어 있는 날짜 값은 시간을 제외한 날짜 값 8자리(0~7)만 가져온다.
100	저장된 Vector의 크기를 구해서 전체 로우 개수를 얻는다. 어떤 Vector를 사용해도 된다.
101	전체 페이지 수를 전체 로우 개수와 한 페이지에 포함될 로우 개수를 이용하여 구한다.
102~103	현재 보여줄 페이지에서의 첫 번째 로우(0부터 시작)와 마지막 번째 로우 번호를 구한다. 첫 페이지인 경우에는 0과 1이 계산된다.

104	마지막 로우(레코드) 번호가 전체 로우(레코드) 개수보다 크거나 같은 경우를 검사하는데 마지막 페이지에 로우가 꽉 차지 않은 경우를 판단하는 것이다. 이런 경우에는 다시 마지막 로우를 전체 로우 개수-1(0부터 시작하므로)로 설정한다. 마지막 로우 번호는 전체 로우 수에서 1을 뺀 값이 된다.
107	전체 그룹 수(totalgroup)를 구한다.
108~109	계산된 그룹의 마지막 페이지 번호(endpage)가 전체 페이지 수(totalpages)보다 큰 경우에는 마지막 페이지 번호(endpage)를 전체 페이지 수(totalpages)로 다시 설정한다.
111~135	계산된 페이지의 첫 번째 로우(레코드)에서 마지막 번째 로우(레코드) 번호까지의 로우들을 테이블 형태로 출력한다.
112~116	로우의 email 컬럼 값을 Vector로부터 가져온다. Vector는 Object 유형으로 반환하므로 Sring형으로 변환한 다음 가져온다. email 컬럼 값이 null이 아니고 공백이 아닌 경우에는 이름(name 컬럼 값)을 보여줄 때 링크 형태(마우스로 클릭하면 메일을 보낼 수 있는 창이 뜨도록)로 보여주기 위한 태그를 앞뒤로 추가하여 변수(em)에 저장한다.
118	게시판의 글 순서 번호로 보여줄 번호를 전체 레코드 수에서 읽어온 레코드 순 번호를 뺀 값으로 설정한다. 예를 들어서 10개의 레코드 중에 3번째(읽어들이는 레코드의 번호는 0부터 시작하므로 2가 된다.) 읽은 레코드라면 8(10-2)이 된다. 따라서 10번째(숫자는 9)로 읽은 레코드의 게시판에서의 순서번호는 1(10-9)이 된다.
145~151	보여줄 페이지가 속한 그룹이 첫 번째 그룹인 경우를 확인하고 첫 번째 그룹에 속해 있지 않은 페이지에서 [처음] 그리고 [이전]을 누른 경우에 처음 그룹이나 이전 그룹으로 이동될 수 있도록 "gogroup"에 값을 넘겨준다.
152~159	보여줄 페이지가 속한 그룹의 첫 번째 페이지부터 마지막 페이지까지의 링크를 추가한다. "go"값으로 넘겨준다. 이때, 보여줄 페이지에 해당하는 번호는 링크를 지정하지 않는다. 또한 한 건도 없는 경우에는 for 문을 실행하지 않도록 한다.
160~166	보여줄 페이지가 속한 그룹이 마지막 그룹인 경우를 확인하고 마지막 그룹에 속해 있지 않은 페이지에서 [다음] 그리고 [마지막]을 누른 경우에 다음 그룹이나 마지막 그룹으로 이동될 수 있도록 "gogroup"에 값을 넘겨준다.
167	전체 글 수를 보여준다.

테스트하기

freeboard_list.jsp 페이지를 브라우저에서 열고, 현재 페이지에 따라서 [처음], [이전]과 [다음], [마지막] 링크가 활성화되거나 비 활성화되는지, 활성화되어 있을 때 클릭 하면 이전 그룹이나 다음 그룹으로 이동되면서 그룹에 포함되는 페이지 번호들이 제대로 출력되는지 확인한다.

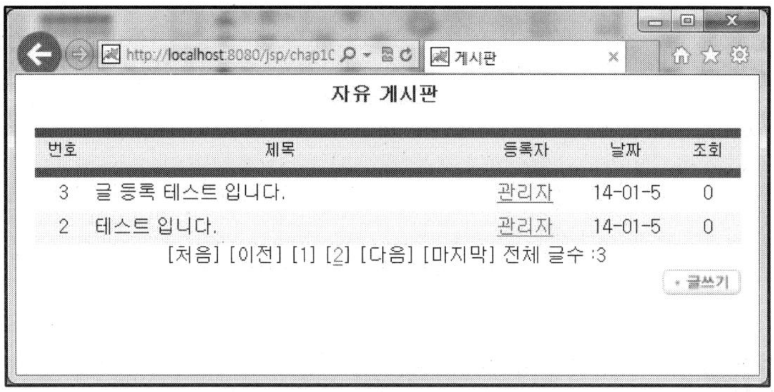

[그림 10-3] 첫 번째 그룹의 첫 번째 페이지

게시판의 글이 몇 개 안 되는 경우에는 테스트하기가 어려우므로 dbgb_write.htm 페이지를 열어서 글을 몇 건 저장한 다음 테스트한다.

② 글을 올리자마자 즉시 방명록 목록에서 내용을 확인할 수 있도록 freeboard_save.jsp 페이지를 다음과 같이 수정한다.

수정내용

▶ 57~60 : 삭제하거나 주석처리(문 앞에 "//"삽입) 한다.

▶ 68 : 삭제하고 다음 문을 입력한다.

<jsp:forward page="freeboard_list.jsp" />

수정예제 freeboard_save.jsp(수정)

```
57  // if (cnt >0)
58  //     out.println("데이터가 성공적으로 입력되었습니다.");
58  // else
69  //     out.println("데이터가 입력되지 않았습니다. ");
...
68  <jsp:forward page="freeboard_list.jsp" />
```

테스트하기

freeboard_write.htm 페이지를 브라우저에서 열고 내용을 입력한 다음 [저장] 버튼을 눌렀을 때 방명록 글들을 보여주는 페이지로 즉시 이동되는지 확인한다.

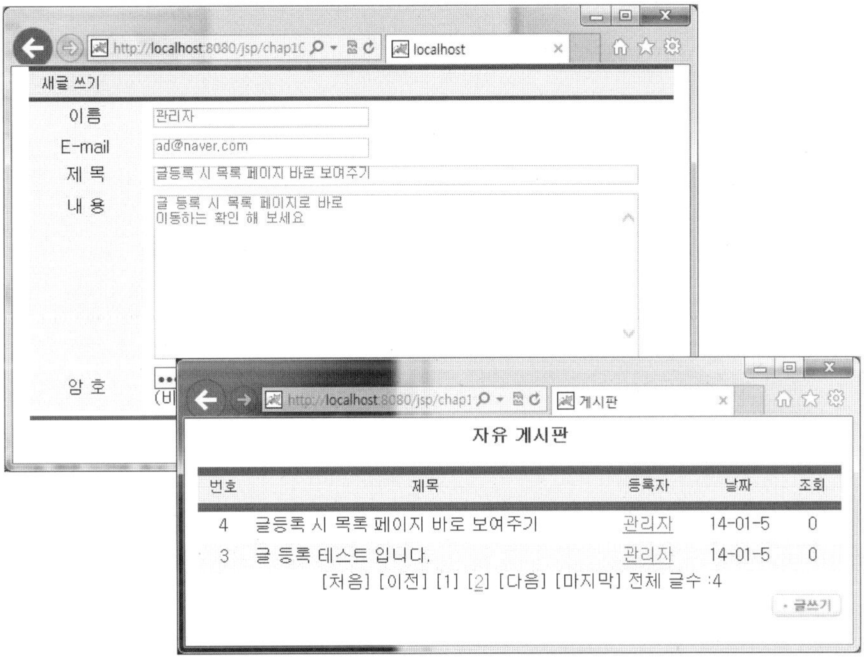

[그림 10-4] forward 적용한 실행 결과

10.1.3 내용 보기

게시판 목록에서 제목을 클릭하면 해당되는 글의 내용을 보여주고 글의 내용을 보여주는 페이지에서 다시 게시판 목록으로 돌아갈 때에 이전에 보고 있었던 페이지로 돌아갈 수 있도록 앞에서 작성된 파일들을 수정한다.

① 제목을 클릭하면 그 내용을 보여주는 페이지로 이동하기 위해 게시판 목록에서 제목을 보여줄 때 제목에 링크를 추가한다.

▶ **32** : 게시판 테이블의 키 필드(컬럼)인 id값을 저장할 Vector를 정의한다.

▶ **91-1** : 읽어온 레코드에서 키 필드인 id값을 Vector에 추가한다. Vector에는 Object 유형만 저장될 수 있으므로 int 형의 id 값을 이용하여 Integer 유형의 객체를 만든 다음 Vector에 추가한다.

▶ **126-1~126-2** : 게시판 목록을 보여주는 페이지에서 글 제목을 클릭하면 글의 내용을 보여주는 페이지로 이동될 수 있도록 제목(subject.elementAt(j))을 보여줄 때 링크 형태로 보여준다. 그리고 선택한 제목에 해당하는 글의 내용을 보여주기 위해 현재 선택한 글(레코드)의 키(id) 값을 "id"값으로 넘겨주고 글의 내용을 보여주는 페이지로 이동되었다가 다시 목록으로 돌아올 때 현재 보고있던 페이지로 돌아오기 위해 현재 페이지에 대한 정보를 "page" 값으로 넘겨준다.

▶ **127** : 링크 형태로 변경한 제목을 출력한다. 참고로 이전에는 "subject.elementAt(j)"를 그대로 출력했었다.

수정예제 freeboard_list.jsp(수정)

```
Vector rcount=new Vector();
Vector keyid=new Vector();
...
do {
  keyid.addElement(new Integer(rs.getInt("id")));
  name.addElement(rs.getString("name"));
...
  out.println("<TD>");
  String clink = "<A href=freeboard_read.jsp?id=" + keyid.elementAt(j) ;
  clink = clink + "&page=" + where + ">" + subject.elementAt(j) + "</A>";
  out.println(clink + "</TD>");
  out.println("<TD align=center>");
```

테스트하기

[그림 10-5] 제목에 링크를 추가한 결과

freeboard_list.jsp 페이지를 브라우저에서 열고 "제목"에 링크가 정의되었는지 확인한다. 클릭하면 이동되는 페이지는 다음 단계에서 작성할 것이다.

② 제목을 클릭하면 해당 글의 내용을 보여주는 JSP 파일을 작성한다.

예제 freeboard_read.jsp

```
<%@ page contentType="text/html; charset=EUC-KR" %>
<%@ page language="java" import="java.sql.*,java.util.*" %>

<HTML>
<HEAD><TITLE>글 읽기</TITLE>

```

```
<link href="filegb.css" rel="stylesheet" type="text/css">
</HEAD>
<BODY>
<%
  String sql=null;
  Connection con= null;
  PreparedStatement st =null;
  ResultSet rs =null;

  int id = Integer.parseInt(request.getParameter("id"));

  try {
    Class.forName("org.gjt.mm.mysql.Driver");
  } catch (ClassNotFoundException e) {
    out.println(e);
  }

  try {
    con = DriverManager.getConnection("jdbc:mysql://localhost:3306/fboard?
          useUnicode=true&characterEncoding=euckr","root","multi");
  } catch (SQLException e) {
    out.println(e);
  }

  try {
    sql = "select * from freeboard where id=? ";
    st = con.prepareStatement(sql);
    st.setInt(1, id);
    rs = st.executeQuery();

    if (!(rs.next())) {
      out.println("해당 내용이 없습니다");
    } else {
    String em=rs.getString("email");
    if ((em != null) && (!(em.equals(""))) )
      em = "<A href=mailto:" +em + ">" + rs.getString("name")+"</A>";
    else
      em = rs.getString("name");
    out.println("<table width='600' cellspacing='0' cellpadding='2'>");
    out.println("<tr>");
    out.println("<td height='22'> </td></tr>");
    out.println("<tr align='center'>");
    out.println("<td height='1' bgcolor='#1F4F8F'></td>");
```

```
out.println("</tr>");
out.println("<tr align='center' bgcolor='#DFEDFF'>");
out.println("<td class='button' bgcolor='#DFEDFF'>");
out.println("<div align='left'><font size='2'>"+rs.getString("subject")
 + "</div> </td>");
out.println("</tr>");
out.println("<tr align='center' bgcolor='#FFFFFF'>");
out.println("<td align='center' bgcolor='#F4F4F4'>");
out.println("<table width='100%' border='0' cellpadding='0' cellspacing='4'
 height='1'>");
out.println("<tr bgcolor='#F4F4F4'>");
out.println("<td width='13%' height='7'></td>");
out.println("<td width='51%' height='7'>글쓴이 : "+ em +"</td>");
out.println("<td width='25%' height='7'></td>");
out.println("<td width='11%' height='7'></td>");
out.println("</tr>");
out.println("<tr bgcolor='#F4F4F4'>");
out.println("<td width='13%'></td>");
out.println("<td width='51%'>작성일 : " + rs.getString("inputdate") +
 "</td>");
out.println("<td width='25%'>조회 : "+(rs.getInt("readcount")+1)+"</td>");
out.println("<td width='11%'></td>");
out.println("</tr>");
out.println("</table>");
out.println("</td>");
out.println("</tr>");
out.println("<tr align='center'>");
out.println("<td bgcolor='#1F4F8F' height='1'></td>");
out.println("</tr>");
out.println("<tr align='center'>");
out.println("<td style='padding:10 0 0 0'>");
out.println("<div align='left'><br>");
out.println("<font size='3' color='#333333'><PRE>"+rs.getString("content")
 + "</PRE></div>");
out.println("<br>");
out.println("</td>");
out.println("</tr>");
out.println("<tr align='center'>");
out.println("<td class='button' height='1'></td>");
out.println("</tr>");
out.println("<tr align='center'>");
out.println("<td bgcolor='#1F4F8F' height='1'></td>");
out.println("</tr>");
```

```
88      out.println("</table>");
89  %>
90    <table width="600" border="0" cellpadding="0" cellspacing="5">
91      <tr>
92        <td align="right"><A href="freeboard_list.jsp?go=<%=request.getParameter
           ("page") %>">
93          <img src="image/list.jpg" border=0></a></td>
94      </tr>
95    </table>
96  <%
97      sql = "update freeboard set readcount= readcount + 1 where id= ?" ;
98      st = con.prepareStatement(sql);
99      st.setInt(1, id);
100     st.executeUpdate();
101     }
102     rs.close();
103     st.close();
104     con.close();
105   } catch (SQLException e) {
106     out.println(e);
107   }
108 %>
109 </BODY>
110 </HTML>
```

줄번호	설명
16	이 페이지가 호출될 때 같이 넘어온 "id"값(선택한 게시판 글의 키 필드 값)을 저장한다. String유형으로 전송되어 오기 때문에 int형으로 변경하기 위해 parseInt() 메서드를 사용한다.
30~34	요청으로부터 넘어온 글의 id번호를 가진 레코드를 가져온다. preparedStatemnet 객체를 사용하였고 SQL문의 매개변수 값(?에 해당하는 값)을 setInt() 메서드로 설정하였다. preparedStatemnet 객체는 7장을 참고한다.
36~37	요청으로부터 넘어온 글의 id번호를 가진 레코드가 없는 경우에 처리된다.
38~101	요청으로부터 넘어온 글의 id번호를 가진 레코드를 찾은 경우에 처리된다.
39~41	게시판 테이블의 "email" 컬럼 값이 null이 아니거나 null 문자가 아닌 경우에 이름을 클릭하면 메일을 보낼 수 있도록 이름에 링크를 추가한다.
44~88	레코드의 필드 값을 테이블 형태로 출력한다.
97~100	요청으로부터 넘어온 글의 id번호를 가진 레코드의 조회 수(readcount)를 1만큼 증가시킨다.

테스트하기

freeboard_list.jsp 페이지를 브라우저에서 열고 특정 글의 "제목"을 클릭하면 선택한 글의 내용을 보여주는 페이지로 이동되는지 확인한다. 또한 내용을 보여주는 페이지에서 [게시판 목록으로] 링크를 클릭했을 때 이전에 보고 있었던 페이지로 이동되는 지를 확인한다. 그리고 조회수가 증가했는지도 확인한다.

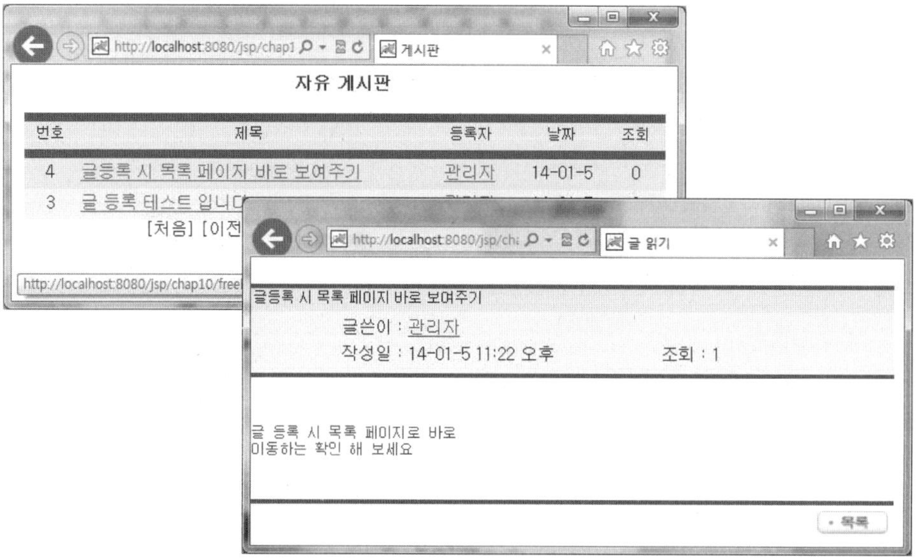

[그림 10-6] 특정 글의 "제목"을 클릭하면 선택한 글의 내용을 보여주는 페이지

10.1.4 내용 수정하기

게시판에 올린 글을 변경하거나 삭제할 수 있는 기능을 추가한다.
게시판 목록에서 제목을 클릭하면 선택한 글의 내용을 보여주게 되는데 이 페이지에서 내용을 변경하거나 삭제할 수 있도록 한다. 또한 올려져 있는 글을 변경하거나 삭제할 때에는 글을 올릴 때 입력했던 비밀번호를 알고 있는 경우에만 처리될 수 있도록 한다.

(1) 내용 수정하기

① 글 내용을 보는 페이지(freeboard_read.jsp)에 글을 수정하고 삭제하는 링크를 추가한다.

수정내용

▶ 93-1~93-2 : [수정] 링크를 클릭하면 수정작업을 하는 페이지(freeboard_upd.jsp)로, [삭제] 링크를 클릭하면 삭제작업을 하는 페이지로 이동되도록 93과 94 사이에 2개의 문장을 추가한다. 수정하고 삭제되는 글(레코드)의 키 값을 이 페이지(freeboard_read.jsp)가 호출 될 때 넘겨받았던 "id"값을 넘겨주고 수정/삭제한 다음 다시 게시판 목록으로 돌아갈 때 이전에 보고 있었던 페이지로 돌아갈 수 있도록 이 페이지(freeboard_read.jsp)가 호출 될 때 넘겨받았던 "page"값을 넘겨준다.

수정예제 freeboard_read.jsp(수정)

```
<img src="image/list.gif" border=0></a></td>
<td width="450" align="right"><A href="freeboard_upd.jsp?id=<%=id%>
 <img src="image/edit.jpg" border=0></A></td>
<td width="70" align="right"><A href="freeboard_del.jsp?id=<%=id%>
 &page=1"><img src="image/del.jpg" border=0></A></td>
</tr>
```

테스트하기

freeboard_list.jsp 페이지를 브라우저에서 열고 특정 글의 "제목"을 클릭한 다음 열리는 페이지(freeboard_read.jsp)에서 수정과 삭제를 실행하는 페이지로 가는 2개의 링크가 추가되었는지 확인한다.

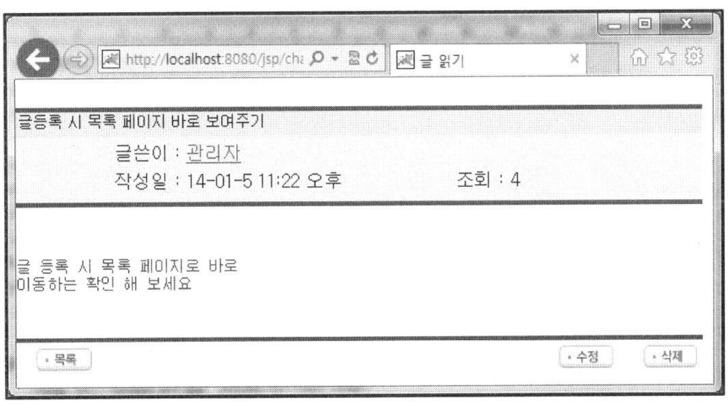

[그림 10-7] 수정과 삭제를 실행하는 페이지

② 글을 수정하는 JSP 파일을 작성한다.

예제 freeboard_upd.jsp

```
<%@ page contentType="text/html; charset=EUC-KR" %>
<%@ page language="java" import="java.sql.*" %>
<HTML>
<HEAD>
<SCRIPT language="javascript">
function check() {
  with(document.msgwrite) {
    if(subject.value.length == 0) {
      alert("제목을 입력해 주세요!!");
      subject.focus();
      return false;
```

```
      }
      if(name.value.length == 0) {
        alert("이름을 입력해 주세요!!");
        name.focus();
        return false;
      }
      if(password.value.length == 0) {
        alert("비밀번호를 입력해 주세요!!");
        password.focus();
        return false;
      }
      if(content.value.length == 0) {
        alert("내용을 입력해주세요!!");
        content.focus();
        return false;
      }
      document.msgwrite.submit();
    }
}
</SCRIPT>
<link href="filegb.css" rel="stylesheet" type="text/css">
</HEAD>
<BODY>
<P>
<%
  String sql=null;
  Connection con= null;
  PreparedStatement st =null;
  ResultSet rs =null;
  int cnt=0;
  int id = Integer.parseInt(request.getParameter("id"));
  String p= request.getParameter("page");

  try{
    Class.forName("org.gjt.mm.mysql.Driver");
  } catch (ClassNotFoundException e) {
    out.println(e);
  }

  try{
    con = DriverManager.getConnection("jdbc:mysql://localhost:3306/fboard?
     useUnicode=true&characterEncoding=euckr","root","multi");
  } catch (SQLException e) {
```

```
        out.println(e);
    }

    try {
        sql = "select * from freeboard where id=? ";
        st = con.prepareStatement(sql);
        st.setInt(1, id);
        rs = st.executeQuery();
        if (!(rs.next())) {
            out.println("해당 내용이 없습니다");
        } else {
%>
<FORM name="msgwrite" method=POST action="freeboard_upddb.jsp?id=<%=id%>
 &page=<%=p%>">
  <table width="600" cellspacing="0" cellpadding="2">
    <tr>
      <td colspan="2" bgcolor="#1F4F8F" height="1"></td>
    </tr>
    <tr>
      <td colspan="2" bgcolor="#DFEDFF" height="20" class="notice">  
       <font size="2">글 수정하기</font></td>
    </tr>
    <tr>
      <td colspan="2" bgcolor="#1F4F8F" height="1"></td>
    </tr>
    <tr>
      <td width="124" height="30" align="center" bgcolor="#f4f4f4">이 름</td>
      <td width="494" style="padding:0 0 0 10">
        <input type=text name=name value="<%=rs.getString("name")%>" class=
         "input_style1">
      </td>
    </tr>
    <tr>
      <td width="124" align="center" bgcolor="#f4f4f4">E-mail</td>
      <td width="494" style="padding:0 0 0 10" height="25">
        <input type=text name=email value="<%=rs.getString("email")%>"
         class="input_style1">
      </td>
    </tr>
    <tr>
      <td width="124" align="center" bgcolor="#f4f4f4">제 목</td>
      <td width="494" style="padding:0 0 0 10" height="25">
        <input type=text name=subject size="60" value="<%=rs.getString
```

```
("subject")%>" class="input_style2">
        </td>
      </tr>
      <tr>
        <td width="124" height="162" align="center" valign="top" bgcolor="#f4f4f4" style="padding-top:7;">내 용</td>
        <td width="494" valign="top" style="padding:5 0 5 10">
          <textarea name=content cols="65" rows="10" class="textarea_style1"><%=rs.getString("content")%> </textarea>
        </td>
      </tr>
      <tr>
        <td width="124" align="center" bgcolor="#f4f4f4">암 호</td>
        <td width="494" style="padding:0 0 0 10" height="25">
          <input type='password' name='password' class="input_style1"><br>(정확한 비밀번호를 입력해야만 수정이 됩니다.)
        </td>
      </tr>
      <tr>
        <td colspan="2" height="1" class='button'></td>
      </tr>
      <tr>
        <td colspan="2" height="1" bgcolor="#1F4F8F"></td>
      </tr>
      <tr>
        <td colspan="2" height="10"></td>
      </tr>
      <tr>
        <td colspan="2" align="right">
          <table width="100%" border="0" cellpadding="0" cellspacing="0">
            <tr>
              <td width="64%"> </td>
              <td width="12%"><a href="#" onClick="check();"><img src="image/ok.gif" border="0"></a></td>
              <td width="12%"><a href="#" onClick="history.go(-1)"><img src="image/cancle.gif" border="0"></td>
              <td width="12%"><A href="freeboard_list.jsp?go=<%=request.getParameter("page") %>"> <img src="image/list.jpg" border=0></a></td>
            </tr>
          </table>
        </td>
      </tr>
```

```
128     </table>
129   </FORM>
130
131   <%
132       }
133       rs.close();
134       st.close();
135       con.close();
136     } catch (SQLException e) {
137       out.println(e);
138     }
139   %>
140   </BODY>
141   </HTML>
```

줄번호	설명
6~30	사용자가 입력한 폼의 내용(이름, 제목, 내용, 비밀번호) 중에 공백이 있는 경우에는 폼을 전송하지 않도록 하는 자바 스크립트이다.
28	공백이 없는 경우에만 폼을 전송(서버에게)한다.
42~43	이 페이지가 호출될 때 같이 넘어온 "id"값(선택한 게시판 글의 키 필드 값)과 "page"값을 저장한다. String유형으로 전송되어 오기 때문에 int형으로 변경하기 위해 parseInt() 메서드를 사용한다.
58-61	요청으로부터 넘어온 글의 id번호를 가진 레코드를 가져온다. preparedStatemnet 객체를 사용하였고 SQL문의 매개변수 값(?에 해당하는 값)을 setInt() 메서드로 설정하였다. preparedStatemnet 객체는 단원 5를 참고한다.
62~63	요청으로부터 넘어온 글의 id번호를 가진 레코드가 없는 경우에 처리된다.
64~132	요청으로부터 넘어온 글의 id번호를 가진 레코드를 찾은 경우에 레코드의 필드 값을 변경 가능한 Form의 <INPUT TYPE=>요소 값으로 출력한다. 결국에는 이 Form의 요소 값들이 freeboard_upddb.jsp 페이지로 전송된다(66번 줄 참조).
123	다시 게시판 목록 페이지로 돌아갈 때 이전에 보고 있었던 페이지로 돌아가기 위해 이 페이지가 호출될 때 같이 전송된 "page"값을 그대로 "go"값으로 넘겨준다.

③ 단계 ②에서 작성한 JSP 페이지(freeboard_upd.jsp)로부터 변경된 글의 내용이 전송된 경우에 테이블의 레코드를 수정하는 JSP 파일을 작성한다. 게시판에 새로운 글을 테이블에 저장하는 페이지인 freeboard_save.jsp의 내용과 거의 비슷하기 때문에 여기에서는 다른 점만을 설명하며 그 외의 설명은 freeboard_save.jsp의 설명을 참조한다.

예제 freeboard_upddb.jsp

```
<%@ page contentType="text/html; charset=EUC-KR" %>
<%@ page language="java" import="java.sql.*" %>
<% request.setCharacterEncoding("euc-kr"); %>
<HTML>
<HEAD><TITLE>글 수정하기</TITLE></HEAD>
<BODY>
[ <A href="freeboard_list.jsp?go=<%=request.getParameter("page")%>">게시판
 목록으로 </A>]

<%
  String sql=null;
  Connection con= null;
  PreparedStatement st =null;
  ResultSet rs =null;
  int cnt=0;
  int pos=0;
  String cont=request.getParameter("content");

  if (cont.length() == 1)
    cont = cont+" " ;
    while ((pos=cont.indexOf("\'", pos)) != -1) {
      String left=cont.substring(0, pos);
      String right=cont.substring(pos, cont.length());
      cont = left + "\'" + right;
      pos += 2;
    }

    int id = Integer.parseInt(request.getParameter("id"));

    try {
      Class.forName("org.gjt.mm.mysql.Driver");
    } catch (ClassNotFoundException e) {
      out.println(e);
    }

    try {
      con = DriverManager.getConnection("jdbc:mysql://localhost:3306/fboard?
            useUnicode=true&characterEncoding=euckr","root","multi");
    } catch (SQLException e) {
      out.println(e);
    }

```

```
41        try {
42          sql = "select * from freeboard where id=? ";
43          st = con.prepareStatement(sql);
44          st.setInt(1, id);
45          rs = st.executeQuery();
46          if (!(rs.next())) {
47            out.println("해당 내용이 없습니다");
48          } else {
49            String pwd= rs.getString("password");
50            if (pwd.equals(request.getParameter("password"))) {
51              sql = "update freeboard set name= ? ,email=?,";
52              sql = sql + "subject=?,content=? where id=? " ;
53              st = con.prepareStatement(sql);
54              st.setString(1, request.getParameter("name"));
55              st.setString(2, request.getParameter("email"));
56              st.setString(3, request.getParameter("subject"));
57              st.setString(4, cont);
58              st.setInt(5, id);
59              cnt = st.executeUpdate();
60              if (cnt >0)
61                out.println("정상적으로 수정되었습니다.");
62              else
63                out.println("수정되지 않았습니다.");
64            } else
65              out.println("비밀번호가 틀립니다.");
66          }
67          rs.close();
68          st.close();
69          con.close();
70        } catch (SQLException e) {
71          out.println(e);
72        }
73  %>
74  </BODY>
75  </HTML>
```

줄번호	설명
07	다시 게시판 목록 페이지로 돌아갈 때 이전에 보고 있었던 페이지로 돌아가기 위해 이 페이지가 호출될 때 같이 전송된 "page"값을 그대로 "go"값으로 넘겨준다.
42~45	요청으로부터 넘어온 글의 id번호를 가진 레코드를 가져온다. preparedStatemnet 객체를 사용하였고 SQL문의 매개변수 값(?에 해당하는 값)을 setInt() 메서드로 설정하였다. preparedStatemnet 객체는 7장을 참고한다.

46~47	요청으로부터 넘어온 글의 id번호를 가진 레코드가 없는 경우에 처리된다.
48~66	요청으로부터 넘어온 글의 id번호를 가진 레코드를 찾은 경우에 처리된다. 글을 올릴 때 저장되었던 비밀번호와 다른 값을 입력하여 수정을 요구한 경우에는 수정하지 못하도록 하고 일치하는 경우에는 레코드의 필드 값을 변경한다.

테스트하기

freeboard_list.jsp 페이지를 브라우저에서 열고 특정 글의 "제목"을 클릭한 다음 열리는 페이지(freeboard_read.jsp)에서 [수정] 링크를 선택한다.

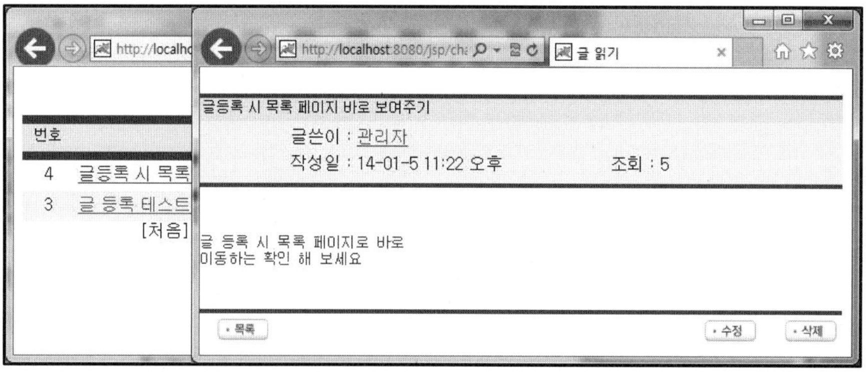

[그림 10-8] 특정 글의 "제목"을 클릭한 다음 열리는 페이지

글의 내용을 변경하고 정확한 비밀번호를 입력한 다음 [확인] 버튼을 누른다. 정상적으로 수정되었다면 다음과 같은 결과가 나온다. [게시판 목록으로] 링크를 클릭한다.

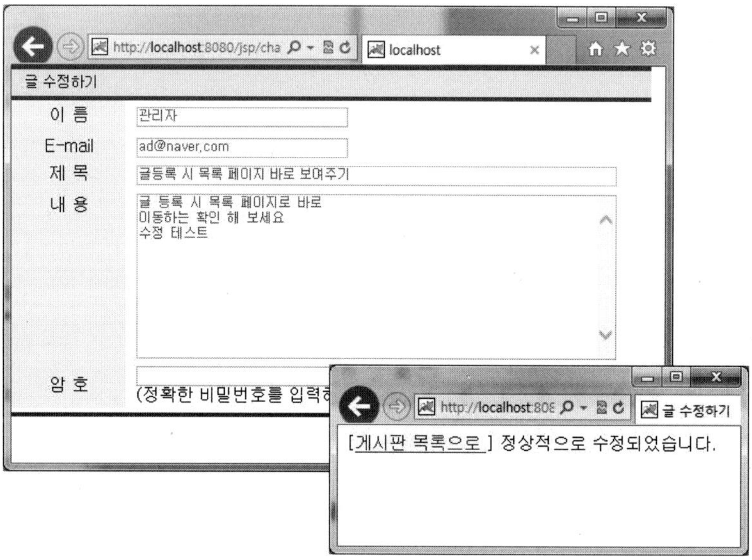

[그림 10-9] 변경하려는 내용과 비밀 번호를 입력하고 [확인] 버튼을 누른 결과

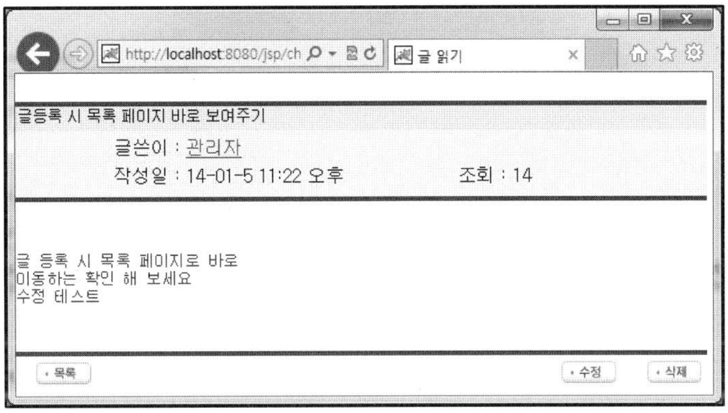

[그림 10-10] 변경된 글의 내용을 확인한 페이지

게시판 목록 페이지(freeboard_list.jsp)에서 수정한 글을 선택하여 변경되었는지 확인한다.

10.1.5 글 삭제하기

글을 삭제하는 페이지도 글을 수정하는 페이지와 마찬가지로 글의 내용을 보여주는 페이지로부터 링크되며 글을 올렸을 때 입력했던 비밀번호를 알고 있는 경우에만 정상적으로 삭제 처리될 수 있도록 한다.

① 삭제하기 위해 비밀 번호를 입력받는 JSP 페이지를 작성한다. 이 페이지는 글의 내용을 보여주는 페이지(freeboard_read.jsp)로부터 링크되며 이때 해당 글의 id값(키 값)과 이전에 보고 있었던 게시판 목록의 페이지 정보를 넘겨받는다. 글의 id값은 삭제를 원한 글(레코드)을 찾기 위함이고 페이지 정보는 삭제한 다음 다시 게시판 목록으로 돌아갈 때 이전에 보고 있던 페이지로 이동될 수 있도록 하기 위해서다.

예제 freeboard_del.jsp

```
<%@ page contentType="text/html; charset=EUC-KR" %>
<%@ page language="java" import="java.io.*,java.sql.*,java.util.*" %>
<HTML>
<HEAD>
<SCRIPT language="javascript">
function check() {
  with(document.msgdel) {
    if(password.value.length == 0) {
      alert("비밀번호를 입력해 주세요!!");
      password.focus();
      return false;
    }
    document.msgdel.submit();
```

```
  }
}
</SCRIPT>
<link href="freeboard.css" rel="stylesheet" type="text/css">
</HEAD>
<BODY>
<CENTER>
<FORM name="msgdel" method=post action=freeboard_deldb.jsp>
  <input type="hidden" name="id" value="<%=request.getParameter("id")%>" >
  <input type="hidden" name="page" value="<%=request.getParameter
   ("page")%>" >
  <table width="70%" cellspacing="0" cellpadding="2">
    <tr>
      <td colspan="2" bgcolor="#1F4F8F" height="1"></td>
    </tr>
    <tr>
      <td colspan="2" bgcolor="#DFEDFF" height="20" class="notice"><b>글 삭제
       하기</b></td>
    </tr>
    <tr>
      <td colspan="2" bgcolor="#1F4F8F" height="1"></td>
    </tr>
    <tr>
      <td width="124" height="30" bgcolor="#f4f4f4" align='center' class=
       'style2'>비밀번호</td>
      <td width="494"><input type="password" name=password class='input_
       style1'></td>
    </tr>
    <tr>
      <td colspan="2" height="1" class='button'></td>
    </tr>
    <tr>
      <td colspan="2" height="1" bgcolor="#1F4F8F"></td>
    </tr>
    <tr>
      <td colspan="2" height="10"></td>
    </tr>
    <tr>
      <td colspan="2" align="right">
        <table width="100%" border="0" cellpadding="4" cellspacing="4">
          <tr>
            <td width="84%"> </td>
            <td width="8%"><a href="freeboard_list.jsp?go=<%=request.
             getParameter("page")%> "><img src="image/list.jpg" width="48"
```

```
                    height="19" border="0"></a></td>
53                 <td width="8%"><a href="#" onClick="check();"><img src="image/
                    del.jpg" width="46" height="19" border="0"></a></td>
54               </tr>
55             </table>
56           </td>
57         </tr>
58       </table>
59     </form>
60     </center>
61     </BODY>
62     </HTML>
```

줄번호	설명
21~59	삭제하기 위해 비밀번호를 입력하는 것을 폼의 테이블 형태로 보여준다.
21	폼이 전송될 서버 페이지(freeboard_upddb.jsp)와 요구 형태를 지정한다.
22~23	폼이 전송될 서버 페이지(freeboard_upddb.jsp)에 게시판 목록으로부터 넘어온 현재 페이지 번호와 글의 키 값(id)을 Form의 요소로 넘기기 위해 hidden 유형으로 정의한다. hidden 유형은 사용자로부터 입력받지 않은 정보를 request에 함께 전송하기 위해 사용된다.
52	다시 게시판 목록 페이지로 돌아갈 때 이전에 보고 있었던 페이지로 돌아가기 위해 이 페이지가 호출될 때 같이 전송된 "page"값을 그대로 "go"값으로 넘겨준다.

② 단계 ①에서 작성한 페이지(freeboard_del.jsp)에서 입력한 비밀번호를 검사하여 해당 글(레코드)을 테이블로부터 삭제하는 JSP 파일을 작성한다.

예제 freeboard_deldb.jsp

```
<%@ page contentType="text/html; Charset=EUC-KR" %>
<%@ page language="java" import="java.sql.*" %>
<% request.setCharacterEncoding("euc-kr"); %>
<HTML>
<HEAD><TITLE>글 삭제하기</TITLE>
<link href="filegb.css" rel="stylesheet" type="text/css">
</HEAD>
<BODY>
[<a href="freeboard_list.jsp?go=<%=request.getParameter("page")%>">게시판
 목록으로 </a>]
<%
  String sql=null;
  Connection con= null;
```

```
PreparedStatement st =null;
ResultSet rs =null;
int cnt=0;

int id = Integer.parseInt(request.getParameter("id"));

try{
  Class.forName("org.gjt.mm.mysql.Driver");
} catch (ClassNotFoundException e) {
  out.println(e);
}

try{
  con = DriverManager.getConnection("jdbc:mysql://localhost:3306/fboard?useUnicode=true&characterEncoding=euckr","root","multi");
} catch (SQLException e) {
  out.println(e);
}

try{
  sql = "select * from freeboard where id=? ";
  st = con.prepareStatement(sql);
  st.setInt(1, id);
  rs = st.executeQuery();
  if (!(rs.next())) {
    out.println("해당 내용이 없습니다");
  } else {
    String pwd= rs.getString("password");
    if (pwd.equals(request.getParameter("password"))) {
      sql = "delete from freeboard where id=?";
      st = con.prepareStatement(sql);
      st.setInt(1, id);
      cnt = st.executeUpdate();
      if (cnt >0)
        out.println("정상적으로 삭제되었습니다.");
      else
        out.println("삭제되지 않았습니다.");
    } else {
      out.println("비밀번호가 틀립니다.");
  }
}
rs.close();
st.close();
```

```
55      con.close();
56    } catch (SQLException e) {
57       out.println(e);
58    }
59  %>
60  </BODY>
61  </HTML>
```

줄번호	설명
09	다시 게시판 목록 페이지로 돌아갈 때 이전에 보고 있었던 페이지로 돌아가기 위해 이 페이지가 호출될 때 같이 전송된 "page"값을 그대로 "go"값으로 넘겨준다.
32~35	요청으로부터 넘어온 글의 id번호를 가진 레코드를 가져온다. preparedStatemnet 객체를 사용하였고 SQL문의 매개변수 값(?에 해당하는 값)을 setInt() 메서드로 설정하였다. preparedStatemnet 객체는 11장을 참고한다.
36~37	요청으로부터 넘어온 글의 id번호를 가진 레코드가 없는 경우에 처리된다.
38~52	요청으로부터 넘어온 글의 id번호를 가진 레코드를 찾은 경우에 처리된다. 글을 올릴 때 저장되었던 비밀번호와 다른 값을 입력하여 삭제를 요구한 경우에는 삭제하지 못하도록 하고 일치하는 경우에는 레코드를 삭제한다.

테스트하기

freeboard_list.jsp 페이지를 브라우저에서 열고 특정 글의 "제목"을 클릭한 다음 열리는 페이지(freeboard_read.jsp)에서 [삭제] 링크를 선택한다.

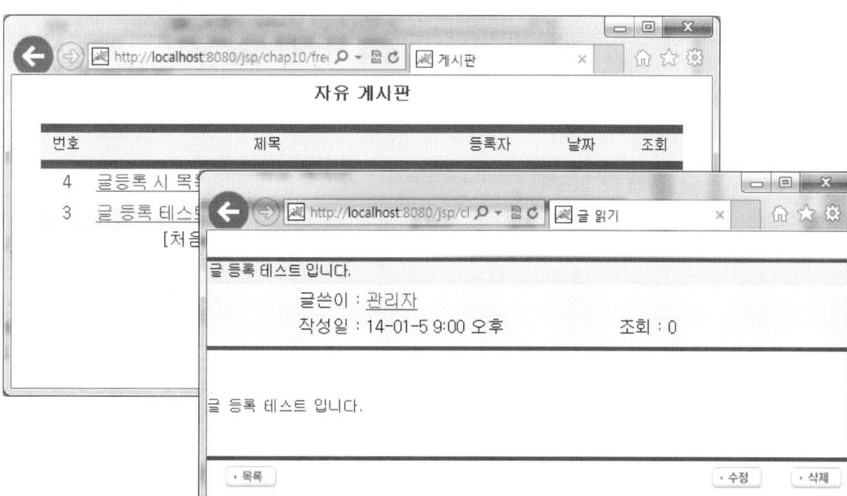

[그림 10-11] 특정 글의 "제목"을 클릭한 다음 열리는 페이지

정확한 비밀번호를 입력한 다음 [삭제] 버튼을 누른다. 비밀번호가 일치하고 삭제가 정상적으로 처리되었다면 다음과 같은 페이지가 보여질 것이다. [게시판 목록으로] 링크를 클릭한다.

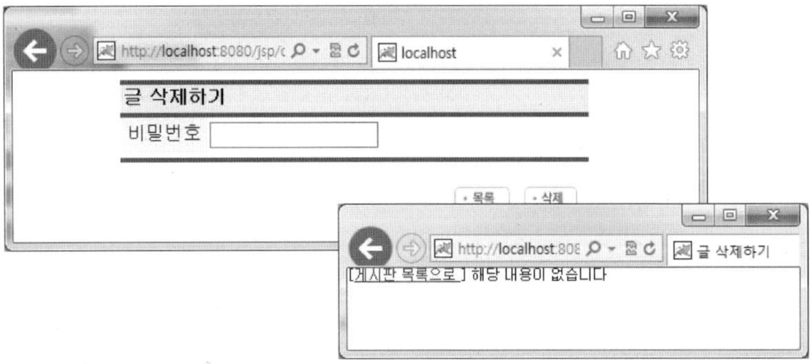

[그림 10-12] 삭제가 정상적으로 처리된 페이지

삭제된 글이 게시판 목록(freeboard_list.jsp)에 보이지 않는지 확인한다.

10.2 계층형의 게시판 만들기

게시판에 올려져 있는 글에 대한 답변을 작성하여 해당 글 밑에서 계층적으로 보여주도록 한다.

특정 글에 대한 답변의 계층은 3단계까지만 허용한다. 즉 처음에 올린 글에 대한 답변을 올 릴 수 있고, 그 답변에 대한 답변까지만 올릴 수 있도록 하는데, 답변 글을 올리는 페이지는 해당 글의 내용을 보여주는 페이지로부터 링크 되도록 한다. 이때 세 번째 단계의 글인 경우에는 답변 글에 대한 링크를 보여주지 않으면 3단계까지의 게시판 형태를 만들 수 있다.

이제까지 게시판 테이블로부터 글들을 가져와서 게시판 목록에서 보여줄 때 최근에 올린 글 순서로 보여주었다. 그러나 계층형 구조에서 최근에 올린 글 순서로 보여주게 되면, 답변 글이 대상이 되는 글부터 나중에 올린 글이기 때문에 답변 글이 먼저 나오고 대상이 되는 글이 나중에 나오게 된다.

따라서 계층형 구조로 보여주기 위해서는 몇 가지 상황을 고려해야하고 또한 테이블로부터 글들을 몇 가지 정렬 방법만을 적용하여 가져오도록 레코드의 나머지 필드(컬럼)들을 활용해야 한다.

계층형 게시판을 보여주기 위해 사용되는 필드들은 다음과 같다.

[표 10-2] 계층형 구조를 위해 사용되는 필드(컬럼)

필드 이름	기본 값	각각의 경우에 대한 값		
		기본 글	답변 글	답변 글의 답변글
masterid	0	자신의 id	기본 글의 id	기본 글의 id
replynum	0	0	첫 번째 답변 글은 1, 두 번째 답변 글은 2, n번째 답변 글은 n	답변 글의 replynum과 같은 값
step	0	0	1	2

다음과 같은 순서로 입력된 경우를 예로 들어보자.

① 게시판에 새로운 글이 올려졌는데 다음과 같은 값으로 테이블에 저장되었다.

[표 10-3] 새로운 글의 레코드 필드 값

id	name	...	subject	...	masterid	replynum	step
102	가	...	기본 글	...	102	0	0

② 게시판에 5 건의 새로운 글들이 올라온 다음 id가 102인 글에 대한 답변이 2개 연속해서 올려졌는데 다음과 같은 값으로 테이블에 저장되었다.

[표 10-4] 게시판 글 102에 대한 답변 글 2개의 레코드 필드 값

id	name	...	subject	...	masterid	replynum	step
102	가	...	기본 글	...	102	0	0
...							
108	나	...	Re:기본 글-1	...	102	1	1
109	다	...	Re:기본 글-2	...	102	2	1

③ 다시 게시판에 3 건의 새로운 글들이 올라온 다음 id가 108인 글(id가 102인 글의 답변)에 대한 답변이 2개 올려졌는데 다음과 같은 값으로 테이블에 저장되었다.

[표 10-5] 게시판 글 102에 대한 첫 번째 답변 글의 답변 글 2개의 레코드 필드 값

id	name	...	subject	...	masterid	replynum	step
102	가	...	기본 글	...	102	0	0
...							
108	나	...	Re:기본 글-1	...	102	1	1
109	다	...	Re:기본 글-2	...	102	2	1
...							
113	라	...	Re:Re:기본 글-1(1)	...	102	1	2
114	마	...	Re:Re:기본 글-1(2)	...	102	1	2

④ 게시판 글 102와 관련된 글들은 함께 묶어서 다음과 같은 구조로 보여주어야 한다. 이와 같은 구조로 보여주기 위해 사용되는 필드들 값을 표에서 함께 보여주고 있는데 이 필드의 순서로 정렬하여 테이블로부터 가져오면 계층형 구조로 보여줄 수 있게 된다.

```
select * from freeboard order by masterid desc, replynum, step, id;
```

[표 10-6] 게시판 글 102에 대한 관련 글들을 함께 묶어서 보여주는 계층형 구조

번호	제목	글쓴이	...	사용된 필드 값			
				masterid	replynum	step	id
n+1	...			103			
n	기본 글	가		102	0	0	102
n-1	Re:기본 글-1	나		102	1	1	108
n-2	ReRe:기본 글-1(1)	라		102	1	2	113
n-3	ReRe:기본 글-1(2)	마		102	1	2	114
n-4	Re:기본 글-2	다		102	2	1	109
n-5	...			101			

10.2.1 답변 글쓰기

① 게시판 목록에서 선택한 글의 내용을 보여주는 페이지(freeboard_read.jsp)에서 답변 글을 올릴 수 있는 링크를 만든다.

수정내용

▶ **93-0 :** 현재 보고 있는 글이 세 번째 단계(step :2)가 아닌 경우에만 답변 글을 입력하는 페이지(freeboard_rwrite.jsp)로 이동되도록, 즉 답변 글을 올릴 수 있도록 링크를 93과 93-1 사이에 추가한다. 답변 글의 대상이 되는 글(레코드)의 키 값을 이 페이지(freeboard_read.jsp)가 호출 될 때 넘겨받았던 "id"값으로 넘겨주고 답변 글을 올린 다음 다시 게시판 목록으로 돌아갈 때 이전에 보고 있었던 페이지로 돌아갈 수 있도록 이 페이지(freeboard_read.jsp)가 호출 될 때 넘겨받았던 "page"값을 넘겨준다.

수정예제 freeboard_read.jsp(수정) // 답변글 쓰기 버튼

```
92    <td align="right" width="450"><A href="freeboard_list.jsp?go=<%=request.
       getParameter("page") %>">
93    <img src="image/list.jpg" border=0></a></td>
93-0  <td width="70" align="right"><A href="freeboard_rwrite.jsp?id=<%= request.
       getParameter("id")%>&page=<%=request.getParameter("page")%>"> <img src=
       "image/reply.jpg" border=0></A></td>
93-1  <td width="70" align="right"><A href="freeboard_upd.jsp?id=<%=id%>&page=1">
      <img src="image/edit.jpg" border=0></A></td>
```

테스트하기

freeboard_list.jsp 페이지를 브라우저에서 열고 특정 글의 "제목"을 클릭한 다음 열리는 페이지(freeboard_read.jsp)에서 [답변] 링크가 추가되었는지 확인한다.

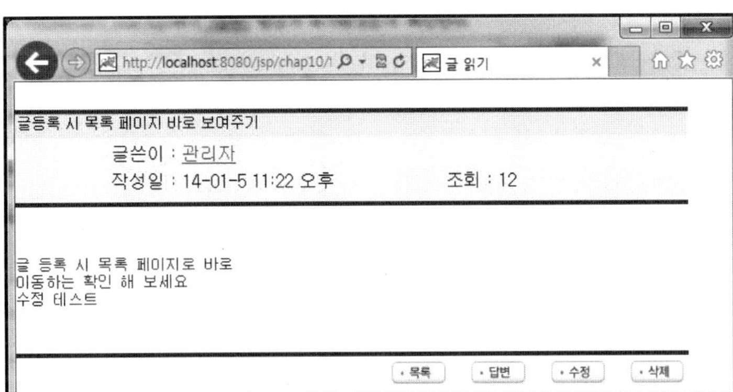

[그림 10-13] 특정 글의 "제목"을 클릭한 다음 열리는 페이지

② 답변 글을 올리는 페이지를 작성한다. 10.1.4절에서 작성했던 freeboard_upd.jsp 파일의 내용과 대부분 비슷하다.

예제 freeboard_rwrite.jsp

```
<%@ page contentType="text/html; charset=EUC-KR" %>
<%@ page language="java" import="java.sql.*,java.util.*" %>
<HTML>
<HEAD>
<SCRIPT language="javascript">
function check() {
  with(document.msgrewrite) {
    if(subject.value.length == 0) {
      alert("제목을 입력해 주세요!!");
      subject.focus();
      return false;
    }
    if(name.value.length == 0) {
      alert("이름을 입력해 주세요!!");
      name.focus();
      return false;
    }
    if(password.value.length == 0) {
      alert("비밀번호를 입력해 주세요!!");
      password.focus();
      return false;
    }
    if(content.value.length == 0) {
      alert("내용을 입력해주세요!!");
      content.focus();
      return false;
    }
    document.msgrewrite.submit();
  }
}
</SCRIPT>
<link href="filegb.css" rel="stylesheet" type="text/css">
</HEAD>
<BODY>
<P>

<%
  String sql=null;
  Connection con= null;
  Statement st =null;
  ResultSet rs =null;
```

```
  int pos=0;
  String sub=null;
  String cont=null;
  int step=0;
  int rnum=0;
  int mid=0;
  int id = Integer.parseInt(request.getParameter("id"));

  try {
    Class.forName("org.gjt.mm.mysql.Driver");
  } catch (ClassNotFoundException e) {
    out.println(e);
  }

  try {
    con = DriverManager.getConnection("jdbc:mysql://localhost:3306/fboard?useUnicode=true&characterEncoding=euckr","root","multi");
  } catch (SQLException e) {
    out.println(e);
  }

  try {
    sql = "select * from freeboard where id="+id ;
    st = con.createStatement();
    rs = st.executeQuery(sql);
    if (!(rs.next())) {
      out.println("해당 내용이 없습니다");
    } else {
      cont = ">" + rs.getString("content") ;
      while ((pos=cont.indexOf("\n", pos)) != -1) {
        String left=cont.substring(0, pos+1);
        String right=cont.substring(pos+1, cont.length());
        cont = left + ">" + right;
        pos += 2;
      }

      step = rs.getInt("step");
      mid = rs.getInt("masterid");
      rnum = rs.getInt("replynum");
%>
<FORM name='msgrewrite' method=POST action="freeboard_rsave.jsp?id=<%=id%>&page=<%=request.getParameter("page")%>">
  <table width="600" cellspacing="0" cellpadding="2">
```

```
      <tr>
        <td colspan="2" bgcolor="#1F4F8F" height="1"></td>
      </tr>
      <tr>
        <td colspan="2" bgcolor="#DFEDFF" height="20" class="notice">  <font size="2">글 답변하기</font></td>
      </tr>
      <tr>
        <td colspan="2" bgcolor="#1F4F8F" height="1"></td>
      </tr>
      <tr>
        <td width="124" height="30" align="center" bgcolor="#f4f4f4">이 름</td>
        <td width="494" style="padding:0 0 0 10"><input type=text name=name class="input_style1"></td>
      </tr>
      <tr>
        <td width="124" align="center" bgcolor="#f4f4f4">E-mail</td>
        <td width="494" style="padding:0 0 0 10" height="25"><input type=text name=email class="input_style1"></td>
      </tr>
      <tr>
        <td width="124" align="center" bgcolor="#f4f4f4">제 목</td>
        <td width="494" style="padding:0 0 0 10" height="25">
          <input type=text name=subject size="60" class="input_style2" value="Re :<%=rs.getString("subject")%>"></td>
      </tr>
      <tr>
        <td width="124" height="162" align="center" valign="top" bgcolor="#f4f4f4" style="padding-top:7;">내 용</td>
        <td width="494" valign="top" style="padding:5 0 5 10">
          <textarea name=content cols="65" rows="10" class="textarea_style1">

          -----------------------------------------------------------------------<%=cont%></textarea></td>
      </tr>
      <tr>
        <td width="124" align="center" bgcolor="#f4f4f4">암 호</td>
        <td width="494" style="padding:0 0 0 10" height="25">
          <input type='password' name='password' class="input_style1"><br>(정확한 비밀번호를 입력해야만 수정이 됩니다.)
        </td>
      </tr>
      <tr>
```

```
        <td colspan="2" height="1" class='button'></td>
      </tr>
      <tr>
        <td colspan="2" height="1" bgcolor="#1F4F8F"></td>
      </tr>
      <tr>
        <td colspan="2" height="10"></td>
      </tr>
      <tr>
        <td colspan="2" align="right">
          <table width="100%" border="0" cellpadding="0" cellspacing="0">
            <tr>
              <td width="64%"> </td>
              <td width="12%"><a href="#" onClick="check();"><img src="image/ok.gif" border="0"></a></td>
              <td width="12%"><a href="#" onClick="history.go(-1)"><img src="image/cancle.gif" border="0"></td>
              <td width="12%"><A href="freeboard_list.jsp?go=<%=request.getParameter("page") %>"> <img src="image/list.jpg" border=0></a></td>
            </tr>
          </table>
        </td>
      </tr>
    </table>
    <INPUT type="hidden" name="step" value="<%=step%>">
    <INPUT type="hidden" name="mid" value="<%=mid%>">
    <INPUT type="hidden" name="rnum" value="<%=rnum%>">
  </FORM>
  <%
    }
    st.close();
    con.close();
    } catch (SQLException e) {
      out.println(e);
    }
  %>
  </BODY>
  </HTML>
```

줄번호	설명
06~30	사용자가 입력한 폼의 내용(이름, 제목, 내용) 중에 공백이 있는 경우에는 폼을 전송하지 않도록 하는 자바 스크립트이다.
48	이 페이지가 호출될 때 같이 넘어온 "id"값(선택한 게시판 글의 키 필드 값)을 저장한다. String 유형으로 전송되어 오기 때문에 int형으로 변경하기 위해 parseInt() 메서드를 사용한다.
63~65	요청으로부터 넘어온 글의 id번호를 가진 레코드를 가져온다.
69~75	답변 글의 내용에 대상이 되는 글의 내용이 포함되어 나타날 때 각 줄 앞에 ">" 표시를 추가하여 대상이 되는 글의 내용임을 표시한다. 줄 바뀜은 "\n"이 있는지를 판단하면 된다.
77~79	답변 글을 저장할 때 필요한 대상이 되는 글의 필드 값을 각각 저장해 놓는다.
109~110	답변 글의 본문을 입력하는 상자에 대상 글의 답변 내용을 입력하기 위한 공간 몇 줄을 뛰운 다음 줄(----)을 긋고 다음에 대상 글의 내용(줄마다 앞에 "<" 문자가 삽입된 형태)을 보여준다. 답변 글의 내용에는 대상이 되는 글의 내용도 저장된다.
140~142	입력한 답변 글의 정보(Form에 입력된 내용)를 테이블에 저장하는 페이지로 전송하면서 답변 글을 저장할 때 필요한 대상 글의 필드 값을 함께 넘겨주기 위해 hidden유형으로 정의한다.

③ 입력한 답변 글을 게시판 테이블에 저장하는 JSP 파일을 작성하는데, 게시판에 새로운 글을 저장하는 freeboard_save.jsp 파일의 내용과 중복되는 부분이 많다.

예제 freeboard_rsave.jsp

```
<%@ page contentType="text/html; charset=EUC-KR" %>
<%@ page language="java" import="java.sql.*,java.util.*,java.text.*" %>
<% request.setCharacterEncoding("euc-kr"); %>
<%
  String na = request.getParameter("name");
  String em = request.getParameter("email");
  String sub=request.getParameter("subject");
  String cont = request.getParameter("content");
  String pw = request.getParameter("password");
  int mid = Integer.parseInt(request.getParameter("mid"));
  int rnum=Integer.parseInt(request.getParameter("rnum"));
  int step = Integer.parseInt(request.getParameter("step")) + 1;
  int id =0;
  int pos=0;
  if (cont.length() == 1)
    cont = cont+" " ;
    while ((pos=cont.indexOf("\'", pos)) != -1) {
      String left=cont.substring(0, pos);
```

```
      String right=cont.substring(pos, cont.length());
      cont = left + "\'" + right;
      pos += 2;
    }

    java.util.Date yymmdd = new java.util.Date() ;
    SimpleDateFormat myformat = new SimpleDateFormat("yy-MM-d h:mm a");
    String ymd=myformat.format(yymmdd);

    String sql=null;
    Connection con=null;
    Statement st=null;
    ResultSet rs=null;
    int cnt=0;

    try{
      Class.forName("org.gjt.mm.mysql.Driver");
    } catch (ClassNotFoundException e) {
      out.println(e.getMessage());
    }

    try{
      con = DriverManager.getConnection("jdbc:mysql://localhost:3306/fboard?
           useUnicode=true&characterEncoding=euckr","root","multi");
      st = con.createStatement();
      sql = "select max(id) from freeboard";
      rs = st.executeQuery(sql);
      if (!(rs.next()))
        id=1;
      else{
        id= rs.getInt(1) + 1 ;
        rs.close();
      }
      if (step == 1){
        sql = "select max(replynum) from freeboard where masterid="+mid;
        rs=st.executeQuery(sql);
        if (!(rs.next()))
          rnum=1;
        else
          rnum=rs.getInt(1)+1;
      }
      sql= "insert into freeboard(id,name,password,email,subject," ;
      sql= sql + "content,inputdate,masterid,readcount,replynum,step)" ;
```

```
61          sql= sql + " values (" +id + ", '" +  na + "','" + pw + "','"+ em ;
62          sql= sql + "','" + sub + "','" + cont + "','" + ymd + "'," +mid+"," ;
63          sql= sql + "0,"+rnum+ "," + step+")";
64
65          cnt = st.executeUpdate(sql);
66          st.close();
67          con.close();
68        } catch (SQLException e) {
69          out.println(e);
70        }
71        response.sendRedirect("freeboard_list.jsp?go="+request.getParameter
           ("page"));
72    %>
```

줄번호	설명
02	날짜 형식을 설정하기 위한 SimpleDateFormat 클래스(25번 참고)를 사용하기 위해 SimpleDateFormat 클래스가 정의된 "java.text" 패키지를 import한다.
05~11	넘어온 Form의 데이터 값(hidden 유형의 값까지 포함)들을 저장한다.
12	step값은 대상이 되는 글보다 항상 1이 더 많으므로 넘어온 값에서 1을 더한다.
13	게시판 테이블의 키 필드인 id값을 저장하기 위한 변수이다.
15~16	게시판 본문의 내용 길이가 1인 경우에는 뒤에 공백("")을 추가한다.
17~22	입력한 글 내용 중에 단일 부호(')가 입력된 경우에는 각 단일 부호 앞에 역 슬래쉬(\)문자를 삽입하는 작업을 추가한다.
24~26	게시판에 글을 올린 날짜는 입력받지 않고 시스템으로부터 현재 날짜를 구한 다음 지정한 형식으로 변환한다. 이때, "java.util"을 지정하지 않으면 "java.sql"과 "java.util"중에 어느 패키지에 포함된 Date 클래스인지를 판단하지 못해서 오류가 발생한다.
43	게시판 테이블의 키 필드인 id 필드 값을 결정하기 위해 현재 저장되어 있는 레코드 중에서 가장 큰 id 값을 찾는다.
45~50	큰 값을 찾았으면 찾은 값에서 1을 증가시키고 찾지 못했으면(즉, 현재 글이 첫 레코드인 경우) 1로 설정한다.
51~58	현재 답변 글의 단계가 1인 경우에 고려해야할 replynum 필드를 위해 동일한 대상 글에 대한 또 다른 답변 글이 있었는지 찾아서 있었다면 replynum값을 가장 최근에 저장된 reply 값(max(replynum))에 1을 더하고 첫 번째 답변 글이라면 1로 설정한다. 참고로 글의 단계가 2인 경우에는 대상 글의 replynum 값(rnum이라는 변수에 저장되어 전송된다.)을 그대로 저장하면 된다.
59~63	레코드를 한 개 추가하는 SQL명령을 쪼개서 이어 붙인다.

71	실행 한 다음 즉시 게시판 목록을 보여주는 페이지freeboard_lst.jsp)로 이동되고 이전에 보고 있었던 페이지로 이동하기 위해 이 페이지가 호출 될 때 넘겨받았던 페이지의 정보를 "go"값으로 넘겨준다.

④ 여기에서 잠깐, 게시판 목록을 열고 특정 글을 선택한 다음, [글쓰기] 링크를 누르고 답변 글을 작성한다. 그리고 데이터베이스에 기록하기 위해 [글쓰기] 버튼을 누른다. 정상적으로 처리되었다면 다음 페이지가 나타날 것이다.

테스트하기

freeboard_list.jsp 페이지를 브라우저에서 열고 특정 글의 "제목"을 클릭한 다음 열리는 페이지(freeboard_read.jsp)에서 [답변] 링크를 누른다.

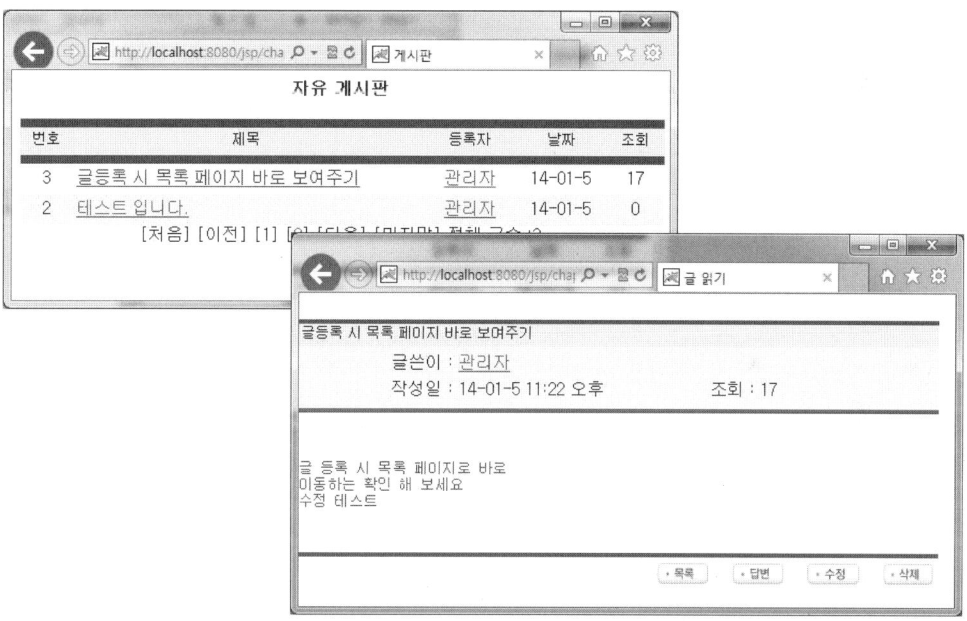

[그림 10-14] 특정 글의 "제목"을 클릭한 다음 열리는 페이지

답변 글을 올리는 페이지에 대상 글의 내용과 제목이 보이는 지 확인하고 답변 글의 정보를 입력한다. 이때, 기본적으로 입력되어 있는 제목(Re:대상글제목)을 다른 값으로 변경해도 된다. [확인] 버튼을 누르면 게시판 목록 페이지로 이동되는 지도 확인한다. 하지만 아직까지는 게시판 목록이 계층형 구조로 보여주지는 않는다. 답변글이 제일 마지막으로 올린 글이므로 목록 가장 위에서 보여질 것이다.

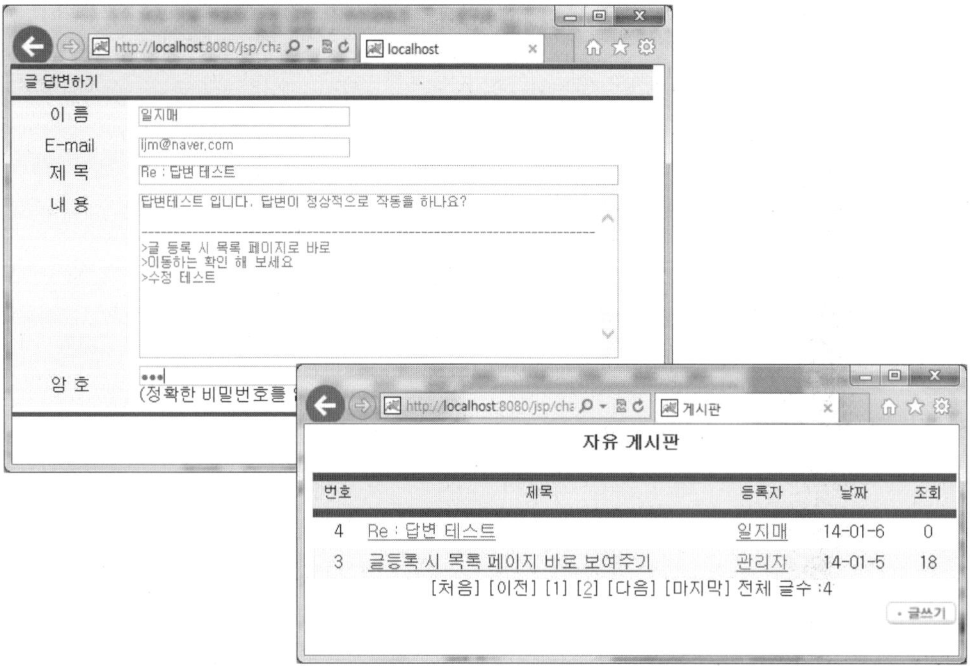

[그림 10-15] 게시판 목록 페이지로 이동

10.2.2 관련 글을 계층적 구조로 보여주기

게시판 목록에서 관련 글은 대상이 되는 글 아래에서 보여주도록 한다. 또한 답변 글은 기본 적인 글보다 약간 오른쪽 위치에서 제목이 보여지도록 한다.

① 게시판 목록을 보여주는 JSP 파일을 열고 다음 부분을 수정한다. 변경되는 부분만 설명한다.

수정내용

▶ **33 :** 글의 계층 단계에 따라서 다르게 보여주기(안으로 약간 들어간 형태로) 위해 레코드의 step 필드 값을 저장하기 위한 Vector 객체를 정의한다.

▶ **61 :** 계층적인 구조를 한 페이지에서 확인하기 위해 한 페이지에 포함되는 레코드(로우)수를 5로 변경한다. 이전에는 2였다.

▶ **85-1~85-2 :** 게시판 테이블에 저장된 글(레코드)들을 지정한 정렬 순으로 정렬하여 가져온다. 이 절의 앞부분에 설명한 내용을 참고한다.

▶ **126-03~126-07 :** 답변 글(step:1)이면 두 칸 들어간( ) 위치에, 답변 글의 답변 글(step:2)이면 네 칸 들어간(   ) 위치에 제목이 출력되도록 한다. Vector에 저장된 값은 Object유형이므로 int형으로 그 값을 얻기 위해서 먼저 Object 유형을 Integer 유형으로 변환한 다음 가지고 있는 값을 int 형으로 변경해주는 intValue( ) 메서드를 사용하였다.

수정예제 freeboard_list.jsp(수정)

```
<%@ page contentType="text/html; charset=EUC-KR" %>
<%@ page language="java" import="java.sql.*,java.util.*" %>
<HTML>
<HEAD><TITLE>게시판</TITLE>
<link href="freeboard.css" rel="stylesheet" type="text/css">
</HEAD>
<BODY>
<P>
<P align=center><FONT color=#0000ff face=굴림 size=3><STRONG>자유 게시판</STRONG></FONT></P>
<P>
<CENTER>
  <TABLE border=0 width=600 cellpadding=4 cellspacing=0>
    <tr align="center">
      <td colspan="5" height="1" bgcolor="#1F4F8F"></td>
    </tr>
    <tr align="center" bgcolor="#87E8FF">
      <td width="42" bgcolor="#DFEDFF"><font size="2">번호</font></td>
      <td width="340" bgcolor="#DFEDFF"><font size="2">제목</font></td>
      <td width="84" bgcolor="#DFEDFF"><font size="2">등록자</font></td>
      <td width="78" bgcolor="#DFEDFF"><font size="2">날짜</font></td>
      <td width="49" bgcolor="#DFEDFF"><font size="2">조회</font></td>
    </tr>
    <tr align="center">
      <td colspan="5" bgcolor="#1F4F8F" height="1"></td>
    </tr>
 <%
  Vector name=new Vector();
  Vector inputdate=new Vector();
  Vector email=new Vector();
  Vector subject=new Vector();
  Vector rcount=new Vector();

  Vector step=new Vector();
  Vector keyid=new Vector();
  int where=1;

  int totalgroup=0;
  int maxpages=2;
  int startpage=1;
  int endpage=startpage+maxpages-1;
```

```
int wheregroup=1;

if (request.getParameter("go") != null) {
  where = Integer.parseInt(request.getParameter("go"));
  wheregroup = (where-1)/maxpages + 1;
  startpage=(wheregroup-1) * maxpages+1;
  endpage=startpage+maxpages-1;
} else if (request.getParameter("gogroup") != null) {
  wheregroup = Integer.parseInt(request.getParameter("gogroup"));
  startpage=(wheregroup-1) * maxpages+1;
  where = startpage ;
  endpage=startpage+maxpages-1;
}
int nextgroup=wheregroup+1;
int priorgroup= wheregroup-1;

int nextpage=where+1;
int priorpage = where-1;
int startrow=0;
int endrow=0;
int maxrows=5;
int totalrows=0;
int totalpages=0;

int id=0;

String em=null;
Connection con= null;
Statement st =null;
ResultSet rs =null;

try {
  Class.forName("org.gjt.mm.mysql.Driver");
} catch (ClassNotFoundException e) {
  out.println(e);
}

try {
  con = DriverManager.getConnection("jdbc:mysql://localhost:3306/fboard?
        useUnicode=true&characterEncoding=euckr","root","multi");
} catch (SQLException e) {
  out.println(e);
}
```

```

    try {
      st = con.createStatement();
      String sql = "select * from freeboard order by" ;
      sql = sql + " masterid desc, replynum, step, id" ;
      rs = st.executeQuery(sql);

      if (!(rs.next())) {
        out.println("게시판에 올린 글이 없습니다");
      } else {
        do {
          keyid.addElement(new Integer(rs.getInt("id")));
          name.addElement(rs.getString("name"));
          email.addElement(rs.getString("email"));
          String idate = rs.getString("inputdate");
          idate = idate.substring(0,8);
          inputdate.addElement(idate);
          subject.addElement(rs.getString("subject"));
          rcount.addElement(new Integer(rs.getInt("readcount")));
          step.addElement(new Integer(rs.getInt("step")));
        }while(rs.next());
        totalrows = name.size();
        totalpages = (totalrows-1)/maxrows +1;
        startrow = (where-1) * maxrows;
        endrow = startrow+maxrows-1;
        if (endrow >= totalrows)
          endrow=totalrows-1;

        totalgroup = (totalpages-1)/maxpages +1;
        if (endpage > totalpages)
          endpage=totalpages;

        for(int j=startrow;j<=endrow;j++) {
          String temp=(String)email.elementAt(j);
          if ((temp == null) || (temp.equals("")) )
            em= (String)name.elementAt(j);
          else
            em = "<A href=mailto:" + temp + ">" + name.elementAt(j) + "</A>";

          id= totalrows-j;
          if(j%2 == 0) {
            out.println("<TR bgcolor='#FFFFFF' onMouseOver=\" bgColor=
             '#DFEDFF'\" onMouseOut=\"bgColor=''\">");
```

```
          } else {
            out.println("<TR bgcolor='#F4F4F4' onMouseOver=\" bgColor=
             '#DFEDFF'\" onMouseOut=\"bgColor='#F4F4F4'\">");
          }
          out.println("<TD align=center>");
          out.println(id+"</TD>");
          out.println("<TD>");
          int stepi= ((Integer)step.elementAt(j)).intValue();
          if (stepi > 0 ) {
            for(int count=0; count < stepi; count++)
            out.print("   ");
          }
        String clink = "<A href=freeboard_read.jsp?id=" + keyid.elementAt(j) ;
        clink = clink + "&page=" + where + ">" + subject.elementAt(j) + "</A>";
        out.println(clink + "</TD>");
        out.println("<TD align=center>");
        out.println(em+ "</TD>");
        out.println("<TD align=center>");
        out.println(inputdate.elementAt(j)+ "</TD>");
        out.println("<TD align=center>");
        out.println(rcount.elementAt(j)+ "</TD>");
        out.println("</TR>");
        }
        rs.close();
      }
      out.println("</TABLE>");
      st.close();
      con.close();
    } catch (java.sql.SQLException e) {
    out.println(e);
    }

    if (wheregroup > 1) {
      out.println("[ <A href=freeboard_list.jsp?gogroup=1>처음</A>] ");
      out.println("[ <A href=freeboard_list.jsp?gogroup="+priorgroup +">이전
       </A>] ");
    } else {
      out.println("[처음]") ;
      out.println("[이전]") ;
    }
    if (name.size() !=0) {
      for(int jj=startpage; jj<=endpage; jj++) {
        if (jj == where)
```

```
          out.println("[ "+jj+"] ") ;
        else
          out.println("[ <A href=freeboard_list.jsp?go="+jj+">" + jj + "</A>] ") ;
      }
    }
    if (wheregroup < totalgroup) {
      out.println("[ <A href=freeboard_list.jsp?gogroup="+ nextgroup+ ">다음
       </A>] ");
      out.println("[ <A href=freeboard_list.jsp?gogroup="+ totalgroup + ">마
       지막</A>] ");
    } else {
      out.println("[다음]");
      out.println("[마지막]");
    }
    out.println ("전체 글수 :"+totalrows);
%>
<TABLE border=0 width=600 cellpadding=0 cellspacing=0>
  <TR>
    <TD align=right valign=bottom>
      <A href="freeboard_write.htm"><img src="image/write.gif" width="66"
       height="21" border="0"></A>
    </TD>
  </TR>
</TABLE>
</BODY>
</HTML>
```

테스트하기

freeboard_list.jsp 페이지를 브라우저에서 연다. 답변 글쓰기를 몇 번 실행한 다음 다시 목록을 확인해 보자.

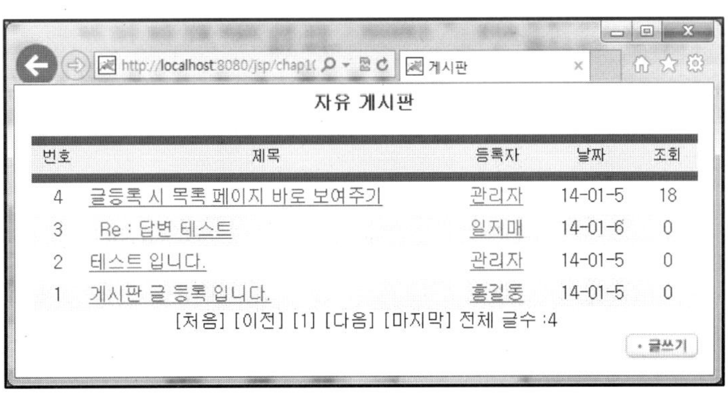

[그림 10-16] 계층형 구조의 게시판

10.3 검색하기

올려진 글 들 중에서 원하는 값을 가진 글만을 가져올 수 있는 검색 기능을 게시판에 추가한다. 전체 글을 보여주는 페이지(freeboard_list.jsp)에서 검색을 시작할 수 있도록 한다.

① 전체 글을 보여주는 페이지(freeboard_list.jsp)에서 검색을 시작할 수 있도록 하기 위해 전체 글을 보여주는 페이지에 검색 대상(이름, 주제, 내용...)과 검색하는 값을 입력받기 위한 목록 상자와 텍스트 상자를 추가한다.

수정내용

▶ 175-1~175-22 : 페이지에 검색 대상(이름, 주제, 내용...)과 검색하는 값을 입력받기 위한 목록 상자와 텍스트 상자를 추가하고 이 내용을 처리하는 페이지(freeboard_searh.jsp)에 검색 값을 전송하기 위해 〈FORM〉태그를 사용한다. 이전에 있었던 169~175번 문장을 삭제하고 이 내용을 추가한다.

수정예제 freeboard_list.jsp(수정)

```
   05  <link href="freeboard.css" rel="stylesheet" type="text/css">
 05-1  <SCRIPT language="javascript">
 05-2    function check() {
 05-3      with(document.msgsearch) {
 05-4        if(sval.value.length == 0) {
 05-5          alert("검색어를 입력해 주세요!!");
 05-6          sval.focus();
 05-7          return false;
 05-8        }
 05-9        document.msgsearch.submit();
05-10      }
05-11    }
05-12  </SCRIPT>
   06  </HEAD>
  ...
  168   %>
  169  <!--<TABLE border=0 width=600 cellpadding=0 cellspacing=0>
  170    <TR>
  171      <TD align=right valign=bottom>
  172        <A href="freeboard_write.htm"><img src="image/write.gif" width="66"
            height="21" border="0"></A>
  173      </TD>
  174    </TR>
  175  </TABLE>//-->
```

```
<FORM method="post" name="msgsearch" action="freeboard_search.jsp">
<TABLE border=0 width=600 cellpadding=0 cellspacing=0>
  <TR>
    <TD align=right width="241">
      <SELECT name=stype >
        <OPTION value=1 >이름
        <OPTION value=2 >제목
        <OPTION value=3 >내용
        <OPTION value=4 >이름+제목
        <OPTION value=5 >이름+내용
        <OPTION value=6 >제목+내용
        <OPTION value=7 >이름+제목+내용
      </SELECT>
    </TD>
    <TD width="127" align="center">
      <INPUT type=text size="17" name="sval" >
    </TD>
    <TD width="115"> <a href="#" onClick="check();"><img src="image/
     serach.gif" border="0" align='absmiddle'></A></TD>
    <TD align=right valign=bottom width="117"><A href="freeboard_write.htm">
     <img src="image/write.gif" border="0"></TD>
  </TR>
</TABLE>
</FORM>
```

테스트하기

freeboard_list.jsp 페이지를 브라우저에서 연다. 검색 대상과 값을 입력할 수 있는 상자가 추가되었는지 확인한다.

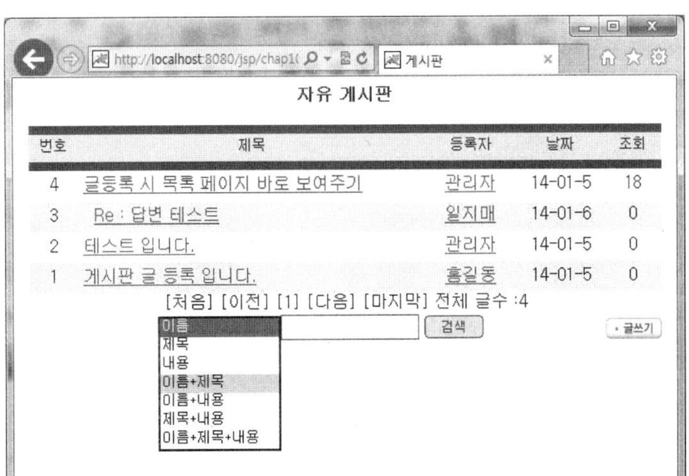

[그림 10-17] 검색 대상과 값을 입력할 수 있는 상자가 추가된 페이지

② 전체 글을 보여주는 페이지로(freeboard_list.jsp)부터 검색 대상과 값을 넘겨받아서 검색을 수행한 다음 그 결과를 보여주는 JSP 페이지를 작성한다. 자신의 페이지에서 또 다시 검색할 수도 있도록 해야 하며 다시 일반 모드(전체 글을 보여주는 페이지)로 이동할 수 있는 링크도 추가한다.

전체 글을 보여주는 페이지(freeboard_list.jsp)의 내용과 다른 부분만 설명한다.

예제 freeboard_search.jsp

```
<%@ page contentType="text/html; charset=EUC-KR" %>
<%@ page language="java" import="java.sql.*,java.util.*" %>
<% request.setCharacterEncoding("euc-kr"); %>
<HTML>
<HEAD><TITLE>게시판(검색모드)</TITLE>
</HEAD>
<BODY>
<P>
<P align=center>
  <FONT color=#0000ff face=굴림 size=3>
    <STRONG>자유 게시판(검색모드)</STRONG>
  </FONT>
</P>
<FORM method=post name=search action="freeboard_search.jsp">
  <TABLE border=0 width=95%>
    <TR>
      <TD align=left width=30% valign=bottom>
        [ <A href="freeboard_list.jsp">자유 게시판(일반모드)</A>] </TD>
      <TD align=right width=70% valign=bottom>
        <FONT size=2 face=굴림>
          <SELECT name=stype >
<%
  String cond = null;
  int what = 1;
  String val=null;
  if (request.getParameter("stype") != null) {
    what = Integer.parseInt(request.getParameter("stype"));
    val= request.getParameter("sval");
    if (what == 1) {
      out.println("<OPTION value=1 selected>이름");
      cond = " where name like '%"+ val+ "%'";
    } else
      out.println("<OPTION value=1 >이름");
    if (what == 2) {
      out.println("<OPTION value=2 selected>제목");
```

```
            cond = " where subject like '%"+ val+ "%'";
        } else
            out.println("<OPTION value=2>제목");
        if (what == 3) {
            out.println("<OPTION value=3 selected>내용");
            cond = " where content  like '%"+ val+ "%'";
        } else
            out.println("<OPTION value=3>내용");
        if (what == 4) {
            out.println("<OPTION value=4 selected>이름/제목");
            cond = " where name  like '%"+ val + "%'";
            cond = cond + " or  subject  like '%"+ val+ "%'";
        } else
            out.println("<OPTION value=4>이름/제목");
        if (what == 5) {
            out.println("<OPTION value=5 selected>이름/내용");
            cond = " where name  like '%"+ val + "%'";
            cond = cond + " or  content  like '%"+ val+ "%'";
        } else
            out.println("<OPTION value=5>이름/내용");
        if (what == 6) {
            out.println("<OPTION value=6 selected>제목/내용");
            cond = " where subject  like '%"+ val + "%'";
            cond = cond + " or  content  like '%"+ val+ "%'";
        } else
            out.println("<OPTION value=6>제목/내용");
        if (what == 7) {
            out.println("<OPTION value=7 selected>이름/제목/내용");
            cond = " where name  like '%"+ val + "%'";
            cond = cond + " or  subject  like '%"+ val+ "%'";
            cond = cond + " or  content  like '%"+ val+ "%'";
        } else
            out.println("<OPTION value=7>이름/제목/내용");
        if (val.trim().equals(""))
            cond = "";
        }
%>
                </SELECT>
            </FONT>
            <INPUT type=text name="sval" value="<%=request.getParameter
             ("sval")%>">
            <INPUT type=submit value="검색">
        </TD>
    </TR>
```

```
  </TABLE>
</FORM>
<CENTER>
<TABLE border=0 width=600 cellpadding=4 cellspacing=0>
  <tr align="center">
    <td colspan="5" height="1" bgcolor="#1F4F8F"></td>
  </tr>
  <tr align="center" bgcolor="#87E8FF">
    <td width="42" bgcolor="#DFEDFF"><font size="2">번호</font></td>
    <td width="340" bgcolor="#DFEDFF"><font size="2">제목</font></td>
    <td width="84" bgcolor="#DFEDFF"><font size="2">등록자</font></td>
    <td width="78" bgcolor="#DFEDFF"><font size="2">날짜</font></td>
    <td width="49" bgcolor="#DFEDFF"><font size="2">조회</font></td>
  </tr>
  <tr align="center">
    <td colspan="5" bgcolor="#1F4F8F" height="1"></td>
  </tr>

<%
  Vector name=new Vector();
  Vector inputdate=new Vector();
  Vector email=new Vector();
  Vector subject=new Vector();
  Vector rcount=new Vector();
  Vector keyid=new Vector();
  Vector step=new Vector();

  int where=1;

  int totalgroup=0;
  int maxpages=2;
  int startpage=1;
  int endpage=startpage+maxpages-1;
  int wheregroup=1;

  if (request.getParameter("go") != null) {
    where = Integer.parseInt(request.getParameter("go"));
    wheregroup = (where-1)/maxpages + 1;
    startpage=(wheregroup-1) * maxpages+1;
    endpage=startpage+maxpages-1;
  } else if (request.getParameter("gogroup") != null) {
    wheregroup = Integer.parseInt(request.getParameter("gogroup"));
    startpage=(wheregroup-1) * maxpages+1;
    where = startpage ;
```

```
        endpage=startpage+maxpages-1;
    }
    int nextgroup=wheregroup+1;
    int priorgroup= wheregroup-1;

    int nextpage=where+1;
    int priorpage = where-1;
    int startrow=0;
    int endrow=0;
    int maxrows=5;
    int totalrows=0;
    int totalpages=0;

    int id=0;

    String em=null;
    Connection con= null;
    Statement st =null;
    ResultSet rs =null;

    try {
      Class.forName("org.gjt.mm.mysql.Driver");
    } catch (ClassNotFoundException e) {
      out.println(e);
    }

    try {
      con = DriverManager.getConnection("jdbc:mysql://localhost:3306/fboard?useUnicode=true&characterEncoding=euckr","root","multi");
    } catch (SQLException e) {
      out.println(e);
    }

    try {
      st = con.createStatement();
      String sql = "select * from freeboard " + cond;
      sql = sql + " order by id desc" ;
      rs = st.executeQuery(sql);
      if (!(rs.next())) {
        out.println("해당하는 글이 없습니다");
      } else {
        do {
          keyid.addElement(new Integer(rs.getInt("id")));
          name.addElement(rs.getString("name"));
```

```
            email.addElement(rs.getString("email"));
            String idate = rs.getString("inputdate");
            idate = idate.substring(0,8);
            inputdate.addElement(idate);
            subject.addElement(rs.getString("subject"));
            rcount.addElement(new Integer(rs.getInt("readcount")));
            step.addElement(new Integer(rs.getInt("step")));
          } while(rs.next());
          totalrows = name.size();
          totalpages = (totalrows-1)/maxrows +1;
          startrow = (where-1) * maxrows;
          endrow = startrow+maxrows-1;
          if (endrow >= totalrows)
            endrow=totalrows-1;

          totalgroup = (totalpages-1)/maxpages +1;
          if (endpage > totalpages)
            endpage=totalpages;

          for(int j=startrow;j<=endrow;j++) {
            String temp=(String)(email.elementAt(j));
            if ((temp == null) || (temp.equals("")) )
              em= (String)name.elementAt(j);
            else
              em = "<A href=mailto:" + temp + ">" + name.elementAt(j) + "</A>";
            id= totalrows-j;
            if(j%2 == 0) {
              out.println("<TR bgcolor='#FFFFFF' onMouseOver=\" bgColor=
                '#DFEDFF'\" onMouseOut=\"bgColor=''\">");
            } else {
              out.println("<TR bgcolor='#F4F4F4' onMouseOver=\" bgColor=
                '#DFEDFF'\" onMouseOut=\"bgColor='#F4F4F4'\">");
            }
            out.println("<TD align=center>");
            out.println(id+"</TD>");
            out.println("<TD>");
            int stepi= ((Integer)step.elementAt(j)).intValue();
            if (stepi > 0 ) {
              for(int count=0; count < stepi; count++)
                out.print("  ");
            }
            String clink = "<A href=freeboard_read.jsp?id=" + keyid.elementAt(j) ;
            clink = clink + "&page=" + where + ">" + subject.elementAt(j) + "</A>";
            out.println(clink + "</TD>");
```

```
          out.println("<TD align=center>");
          out.println(em+ "</TD>");
          out.println("<TD align=center>");
          out.println(inputdate.elementAt(j)+ "</TD>");
          out.println("<TD align=center>");
          out.println(rcount.elementAt(j)+ "</TD>");
          out.println("</TR>");

      }
      rs.close();
    }
    out.println("</TABLE>");
    st.close();
    con.close();
    } catch (java.sql.SQLException e) {
      out.println(e);
    }
    if (wheregroup > 1) {
      out.print("[ <A href=freeboard_search.jsp?gogroup=1");
      out.print(" &stype="+ what+" &sval=" + val +">처음</A>] ");
      out.print("[ <A href=freeboard_search.jsp?gogroup="+priorgroup);
      out.print(" &stype="+ what+" &sval=" + val +">이전</A>] ");
    } else {
      out.println("[처음]") ;
      out.println("[이전]") ;
    }
    if (name.size() !=0) {
      for(int jj=startpage; jj<=endpage; jj++) {
        if (jj == where)
          out.println("["+jj+"]") ;
        else {
          out.print("[ <A href=freeboard_search.jsp?go="+jj);
          out.print(" &stype="+ what+" &sval=" + val +">" + jj + "</A>] ") ;
        }
      }
    }
    if (wheregroup < totalgroup) {
      out.print("[ <A href=freeboard_search.jsp?gogroup="+ nextgroup);
      out.print(" &stype="+ what+" &sval=" + val +">다음</A>] ");
      out.print("[ <A href=freeboard_search.jsp?gogroup="+totalgroup);
      out.print(" &stype="+ what+" &sval=" + val +">마지막</A>] ");
    } else {
      out.println("[다음]");
      out.println("[마지막]");
```

```
252     }
253     out.println ("검색된 글 수 :"+totalrows);
254  %>
255  </BODY>
256  </HTML>
```

줄번호	설명
14	현재 검색 페이지에서 다시 검색을 요구하는 경우를 위해 Form을 정의했으며 자신 페이지(freeboard_searh.jsp)로 Form의 데이터를 넘겨서 처리되도록 한다.
18	전체 글을 보여주는 페이지로 이동하는 링크를 설정한다.
21~73	검색 대상(이름, 제목, 내용..)을 선택할 수 있는 목록 상자를 정의하는데 이 페이지를 호출했을 때 넘어온 값(변수what에 저장된 stype)이 목록에서 선택된 상태로 보여준다. 또한 대상에서 검색해야 하는 값(변수 val에 저장된 sval)을 이용하여 select문의 조건 절(where)을 만들어 놓는다.
69~70	검색해야하는 값을 공백으로 입력한 경우에는 select 문의 조건 절을 공백으로 설정한다.
75	검색 값을 입력받는 텍스트 상자이며 이전에 입력한(자신 페이지에서나 전체 목록을 보여주는 페이지로부터) 값(sval)을 기본적으로 보여준다.
157~158	선택한 검색 대상과 값을 이용하여 만든 조건 절(cond)을 select 문에 연결하여 sql 문을 만든다. 이때의 결과는 계층형 구조일 수 없으므로 최근 글 순서로 정렬한다.
225~252	검색된 결과에서 페이지를 이동하도록 검색 대상과 값을 같이 넘겨준다.

테스트하기

freeboard_list.jsp 페이지를 브라우저에서 열고 검색할 대상을 목록에서 선택하고 검색할 값을 입력한 다음 [검색] 버튼을 누른다.

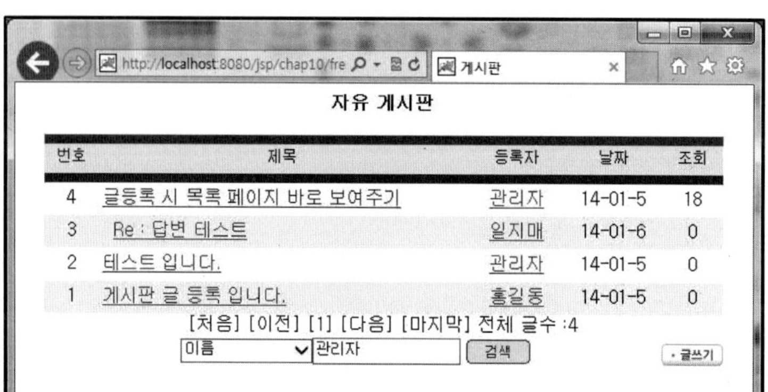

[그림 10-18] 검색할 대상을 목록에서 선택하고 검색할 값을 입력하는 페이지

검색된 결과를 보여주는 페이지로 이동되는 지 확인하고 또 다른 값을 검색하여 그 결과를 확인한다.

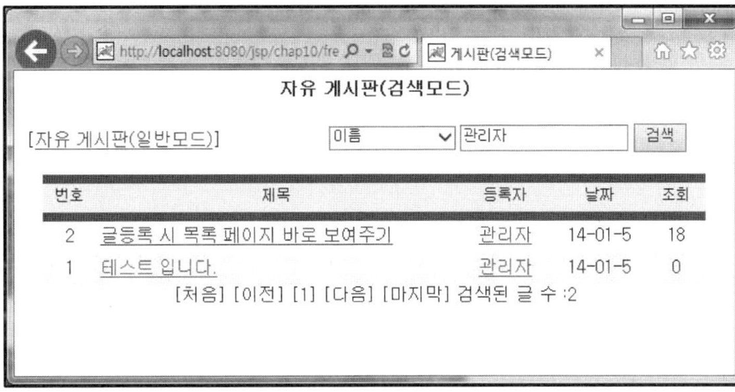

[그림 10-19] 검색된 결과

◇ 참고 : 검색된 결과 페이지(freeboard_search.jsp)에서 특정 글의 제목을 클릭하여 그 글의 내용을 보는 페이지(freeboard_read.jsp)로 이동한 다음 그 페이지에서 [게시판 목록]으로 링크를 누르게 되면 게시판 전체 글의 내용을 보여주는 페이지(freeboard_list.jsp)로 이동된다. 이때 현재 보고 있던 페이지 정보는 검색된 결과 페이지(freeboard_search.jsp)로부터의 정보이므로 엉뚱한 페이지가 열리게 된다. 글의 내용을 보는 페이지(freeboard_read.jsp)를 복사하여 다른 이름으로 저장한 다음 검색된 결과 페이지(freeboard_search.jsp)와 링크시켜 놓으면(줄 번호 210) 쉽게 해결될 것이다. 이때 잊지 말 것은 id, page정보와 함께 검색대상이 되는 항목(stype)과 값(sval)까지도 같이 넘겨주어야만 다시 돌아올 때 그 값을 가지고 검색 페이지가 정상적으로 열리게 된다. 수정이나 삭제, 관련 글을 올리는 페이지 모두 이 점만 고려하면 쉽게 해결할 수 있을 것이다.

10.4 아이콘 추가하기

게시판 목록의 제목에 아이콘을 추가한다.

단순하게 아이콘을 제목 앞에 보여주려면 게시판 글을 보여주는 페이지에서 제목을 출력하기 전에 이미지를 지정하기만 하면 된다.

삽입되는 문장 : 〈IMG src="이미지파일경로" width="너비값" height="세로값"〉

```
210        String clink = "<A href=freeboard_read.jsp?id=" + keyid.elementAt(j) ;
```

하지만 마우스 커서가 제목 위로 올라갔을 때의 이미지와 마우스 커서가 밖에 있는 경우의 이미지를 다르게 하기 위해서는 몇 가지 작업을 추가해야하며 또한 다음 그림에서 보이는 것처럼 기본 글과 대상이 되는 글의 아이콘을 다르게 보여 주기 위해서는 글의 단계를 확인하는 작업이 필요하다.

그리고 현재 마우스가 올라온 제목에 대한 아이콘을 변경하기 위해서는 마우스가 올라온 제목에 해당하는 아이콘이 어떤 아이콘인가를 알려주어서 그 아이콘의 이미지를 다른 파일로 변경할 수 있도록 해야 한다.

〈IMG〉태그에서 아이콘 이미지의 이름을 각각 "icon"+"현재 페이지에서의 자신의 글 위치"로 설정하여 그 값을 자바스크립트 함수에 넘겨준다. 자바스크립트 함수는 이 값을 가지고 해당하는 아이콘의 이미지를 변경할 수 있다.

"현재 페이지에서의 자신의 글 위치"는 Vector로부터 가져온 인덱스(j)에서 현재 페이지에서의 시작 레코드 번호(startrow)를 빼면 된다. 즉, 한 페이지에서의 아이콘들은 "icon0", "icon1"이라는 이름이 붙여진다.

```
예 : 현재 페이지 번호 : 3
     한 페이지의 레코드 수(로우 수) : 5
     현재 페이지에서 두 번째 글의 Vector로부터 가져온 인덱스 번호 : 11
     현재 페이지의 첫 번째 레코드(로우) 번호 : 10(0부터 시작하므로 첫 페이지는 0부터 4)

     현재 페이지에서의 자신의 글 위치 : 11-10 =1 (0부터 시작)
```

① 먼저, 기본 글과 답변 글에 대한 아이콘을 준비해 놓는다. 또한 마우스 커서가 올라왔을 때 보여주려는 아이콘도 각각 준비해 놓는다.

② 게시판 글을 보여주는 페이지를 다음과 같이 수정한다.

수정내용

▶ **05-12~05-25** : 특정 제목위로 마우스가 올라왔을 때와 나갔을 때에 대한 아이콘을 변경해 주는 자바 스크립트 함수이다. 어떤 아이콘인가를 판단하기 위한 아이콘 이름(p1)과 마우스가 올라간 상태인지 나간 상태인지를 1 또는 2라는 값(p2)으로 넘겨받는다.

▶ **126-1** : 현재 마우스가 올라가거나 나간 제목이 페이지에서 몇 번째 글에 해당하는 가를 계산한다.

▶ **126-3~126-5** : 현재 마우스가 올라가거나 나간 글이 답변 글인 경우에 처리된다. 답변 글인 경우에는 두 칸 정도 들어가서 아이콘을 표시하고 답변 글의 답변 글인 경우에는 네 칸 정도 들어가서 아이콘을 표시한 다음 아이콘을 출력한다.

  ▸ **126-9~126-10** : 링크(제목)위로 마우스가 올라가면(onmouseover) 해당 아이콘 이름과 1을 매개변수로 하여 자바스크립트 함수인 imgchg( )를 호출하고 링크(제목) 밖으로 마우스가 나가면(onmouseout) 해당 아이콘 이름과 2를 매개변수로 하여 자바스크립트 함수인 imgchg( )를 호출한다.

▶ **126-11~126-17** : 현재 마우스가 올라가거나 나간 글이 답변 글이 아닌 경우에 처리된다.

  ▸ **126-15~126-16** : 링크(제목) 위로 마우스가 올라가면(onmouseover) 해당 아이콘 이름과 1을 매개변수로 하여 자바스크립트 함수인 imgchg( )를 호출하고 링크(제목) 밖으로 마우스가 나가면(onmouseout) 해당 아이콘 이름과 2를 매개변수로 하여 자바스크립트 함수인 imgchg( )를 호출한다.

수정예제 freeboard_list.jsp(수정)

```
<%@ page contentType="text/html; charset=EUC-KR" %>
<%@ page language="java" import="java.sql.*,java.util.*" %>
<HTML>
<HEAD><TITLE>게시판</TITLE>
<link href="freeboard.css" rel="stylesheet" type="text/css">
<SCRIPT language="javascript">
  function check() {
    with(document.msgsearch) {
      if(sval.value.length == 0) {
        alert("검색어를 입력해 주세요!!");
        sval.focus();
        return false;
      }
      document.msgsearch.submit();
    }
  }
  function rimgchg(p1,p2) {
    if (p2 == 1)
      document.images[p1].src= "image/open.gif";
    else
      document.images[p1].src= "image/arrow.gif";
  }

  function imgchg(p1,p2) {
    if (p2 == 1)
      document.images[p1].src= "image/open.gif";
    else
      document.images[p1].src= "image/close.gif";
  }
</SCRIPT>
</HEAD>
<BODY>
<P>
<P align=center><FONT color=#0000ff face=굴림 size=3><STRONG>자유 게시판
</STRONG></FONT></P>
<P>
<CENTER>
  <TABLE border=0 width=600 cellpadding=4 cellspacing=0>
    <tr align="center">
      <td colspan="5" height="1" bgcolor="#1F4F8F"></td>
    </tr>
```

```
    <tr align="center" bgcolor="#87E8FF">
      <td width="42" bgcolor="#DFEDFF"><font size="2">번호</font></td>
      <td width="340" bgcolor="#DFEDFF"><font size="2">제목</font></td>
      <td width="84" bgcolor="#DFEDFF"><font size="2">등록자</font></td>
      <td width="78" bgcolor="#DFEDFF"><font size="2">날짜</font></td>
      <td width="49" bgcolor="#DFEDFF"><font size="2">조회</font></td>
    </tr>
    <tr align="center">
      <td colspan="5" bgcolor="#1F4F8F" height="1"></td>
    </tr>
<%
 Vector name=new Vector();
 Vector inputdate=new Vector();
 Vector email=new Vector();
 Vector subject=new Vector();
 Vector rcount=new Vector();

 Vector step=new Vector();
 Vector keyid=new Vector();
 int where=1;

 int totalgroup=0;
 int maxpages=2;
 int startpage=1;
 int endpage=startpage+maxpages-1;
 int wheregroup=1;

 if (request.getParameter("go") != null) {
   where = Integer.parseInt(request.getParameter("go"));
   wheregroup = (where-1)/maxpages + 1;
   startpage=(wheregroup-1) * maxpages+1;
   endpage=startpage+maxpages-1;
 } else if (request.getParameter("gogroup") != null) {
   wheregroup = Integer.parseInt(request.getParameter("gogroup"));
   startpage=(wheregroup-1) * maxpages+1;
   where = startpage ;
   endpage=startpage+maxpages-1;
 }
 int nextgroup=wheregroup+1;
 int priorgroup= wheregroup-1;

 int nextpage=where+1;
 int priorpage = where-1;
```

```
int startrow=0;
int endrow=0;
int maxrows=5;
int totalrows=0;
int totalpages=0;

int id=0;

String em=null;
Connection con= null;
Statement st =null;
ResultSet rs =null;

try {
  Class.forName("org.gjt.mm.mysql.Driver");
} catch (ClassNotFoundException e) {
  out.println(e);
}

try {
  con = DriverManager.getConnection("jdbc:mysql://localhost:3306/fboard?
        useUnicode=true&characterEncoding=euckr","root","multi");
} catch (SQLException e) {
  out.println(e);
}

try {
  st = con.createStatement();
  String sql = "select * from freeboard order by" ;
  sql = sql + " masterid desc, replynum, step, id" ;
  rs = st.executeQuery(sql);

  if (!(rs.next())) {
    out.println("게시판에 올린 글이 없습니다");
  } else {
    do {
      keyid.addElement(new Integer(rs.getInt("id")));
      name.addElement(rs.getString("name"));
      email.addElement(rs.getString("email"));
      String idate = rs.getString("inputdate");
      idate = idate.substring(0,8);
      inputdate.addElement(idate);
      subject.addElement(rs.getString("subject"));
```

```
        rcount.addElement(new Integer(rs.getInt("readcount")));
        step.addElement(new Integer(rs.getInt("step")));
      } while(rs.next());
      totalrows = name.size();
      totalpages = (totalrows-1)/maxrows +1;
      startrow = (where-1) * maxrows;
      endrow = startrow+maxrows-1;
      if (endrow >= totalrows)
        endrow=totalrows-1;

      totalgroup = (totalpages-1)/maxpages +1;
      if (endpage > totalpages)
        endpage=totalpages;

      for(int j=startrow;j<=endrow;j++) {
        String temp=(String)email.elementAt(j);
        if ((temp == null) || (temp.equals("")) )
          em= (String)name.elementAt(j);
        else
          em = "<A href=mailto:" + temp + ">" + name.elementAt(j) + "</A>";

        id= totalrows-j;
        if(j%2 == 0) {
          out.println("<TR bgcolor='#FFFFFF' onMouseOver=\" bgColor=
           '#DFEDFF'\" onMouseOut=\"bgColor=''\">");
        } else {
          out.println("<TR bgcolor='#F4F4F4' onMouseOver=\" bgColor=
           '#DFEDFF'\" onMouseOut=\"bgColor='#F4F4F4'\">");
        }
        out.println("<TD align=center>");
        out.println(id+"</TD>");
        out.println("<TD>");
        int stepi= ((Integer)step.elementAt(j)).intValue();
        int imgcount = j-startrow;
        if (stepi > 0 ) {
          for(int count=0; count < stepi; count++)
            out.print("   ");
            out.println("<IMG name=icon"+imgcount+" src=image/arrow.gif>");
            out.print("<A href=freeboard_read.jsp?id=");
            out.print(keyid.elementAt(j) + "&page=" + where);
            out.print(" onmouseover=\"rimgchg(" + imgcount + ",1)\"");
            out.print(" onmouseout=\"rimgchg(" + imgcount + ",2)\">");
        } else {
```

```
          out.println("<IMG name=icon"+imgcount+" src=image/close.gif>");
          out.print("<A href=freeboard_read.jsp?id=");
          out.print(keyid.elementAt(j) + "&page=" + where);
          out.print(" onmouseover=\"imgchg(" + imgcount + ",1)\"");
          out.print(" onmouseout=\"imgchg(" + imgcount + ",2)\">");
        }
        out.println(subject.elementAt(j) + "</TD>");
        out.println("<TD align=center>");
        out.println(em+ "</TD>");
        out.println("<TD align=center>");
        out.println(inputdate.elementAt(j)+ "</TD>");
        out.println("<TD align=center>");
        out.println(rcount.elementAt(j)+ "</TD>");
        out.println("</TR>");
      }
      rs.close();
    }
    out.println("</TABLE>");
    st.close();
    con.close();
  } catch (java.sql.SQLException e) {
    out.println(e);
  }

  if (wheregroup > 1) {
    out.println("[ <A href=freeboard_list.jsp?gogroup=1>처음</A>]");
    out.println("[ <A href=freeboard_list.jsp?gogroup="+priorgroup +">이전
</A>]");
  } else {
    out.println("[처음]") ;
    out.println("[이전]") ;
  }
  if (name.size() !=0) {
    for(int jj=startpage; jj<=endpage; jj++) {
      if (jj==where)
        out.println("["+jj+"]") ;
      else
        out.println("[ <A href=freeboard_list.jsp?go="+jj+">" + jj + "</A>]") ;
    }
  }
  if (wheregroup < totalgroup) {
    out.println("[ <A href=freeboard_list.jsp?gogroup="+ nextgroup+ ">다음
     </A>]");
```

```
        out.println("[ <A href=freeboard_list.jsp?gogroup="+ totalgroup + ">마지막</A>] ");
    } else {
        out.println("[다음]");
        out.println("[마지막]");
    }
    out.println ("전체 글수 :"+totalrows);
%>
<!--<TABLE border=0 width=600 cellpadding=0 cellspacing=0>
    <TR>
        <TD align=right valign=bottom>
            <A href="freeboard_write.htm"><img src="image/write.gif" width="66" height="21" border="0"></A>
        </TD>
    </TR>
</TABLE>//-->
<FORM method="post" name="msgsearch" action="freeboard_search.jsp">
<TABLE border=0 width=600 cellpadding=0 cellspacing=0>
    <TR>
        <TD align=right width="241">
            <SELECT name=stype >
                <OPTION value=1 >이름
                <OPTION value=2 >제목
                <OPTION value=3 >내용
                <OPTION value=4 >이름+제목
                <OPTION value=5 >이름+내용
                <OPTION value=6 >제목+내용
                <OPTION value=7 >이름+제목+내용
            </SELECT>
        </TD>
        <TD width="127" align="center">
            <INPUT type=text size="17" name="sval" >
        </TD>
        <TD width="115"> <a href="#" onClick="check();"><img src="image/serach.gif" border="0" align='absmiddle'></A></TD>
        <TD align=right valign=bottom width="117"><A href="freeboard_write.htm"><img src="image/write.gif" border="0"></TD>
    </TR>
</TABLE>
</FORM>
</BODY>
</HTML>
```

테스트하기

freeboard_list.jsp 페이지를 브라우저에서 열고 아이콘들이 글의 단계에 따라서 다르게 나오는 지 확인하고 마우스 커서를 특정 제목 위로 올려놓았다가 다시 밖으로 이동했을 때 각각 다른 이미지를 보여주는지 확인한다.

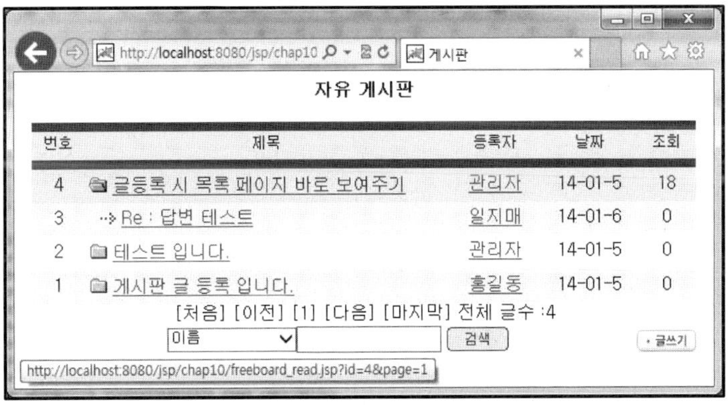

[그림 10-20] 롤오버 기능 확인 페이지

Chapter

11

자료실

Chapter 11

자료실

학습목표

이 장에서는 게시판에 자료를 올려놓고 다운 받을 수 있는 자료실을 만들어본다. 10장에서 만든 게시판에 자료를 업로드하고 다운로드 할 수 있는 기능을 추가하는 형태로 만들 것이며 게시판에 추가되는 작업 위주로 설명한다.

JSP가 지원하는 클래스들만으로 파일을 업로드하려면 전송된 헤더 정보에서 파일의 이름과 파일의 내용을 골라내는 작업을 해야 하며 인코딩 유형이 multipart/form-data로 전송된 경우에는 파일의 내용이 여러 개로 분리되어 전송되기 때문에 각각을 구분하기 위해 또 다른 작업이 필요하게 된다. 이 장에서는 MultipartRequest를 이용하여 파일 업로드 작업을 간단히 해결한다.

MultipartRequest의 클래스들은 파일(또는 파일들)을 서버에 업로드하고 데이터베이스에 데이터를 업로드하며 업로드된 파일을 제어하고 파일과 Form의 필드들을 함께 제어한다. 또한 파일을 다운로드하고 파일의 크기나 파일의 형식을 제한 할 수 있으며 Apache, NT, Unix, Linux, IIS 어떤 플랫폼에서도 사용 가능하다.

MultipartRequest의 클래스들은 다음 사이트를 방문하여 다운 받을 수 있다.

http://www.servlets.com/ 사이트에 접속한다. 왼쪽 메뉴에서 "com.oreilly.servlet" 링크를 클릭해서 다운로드 받는다.

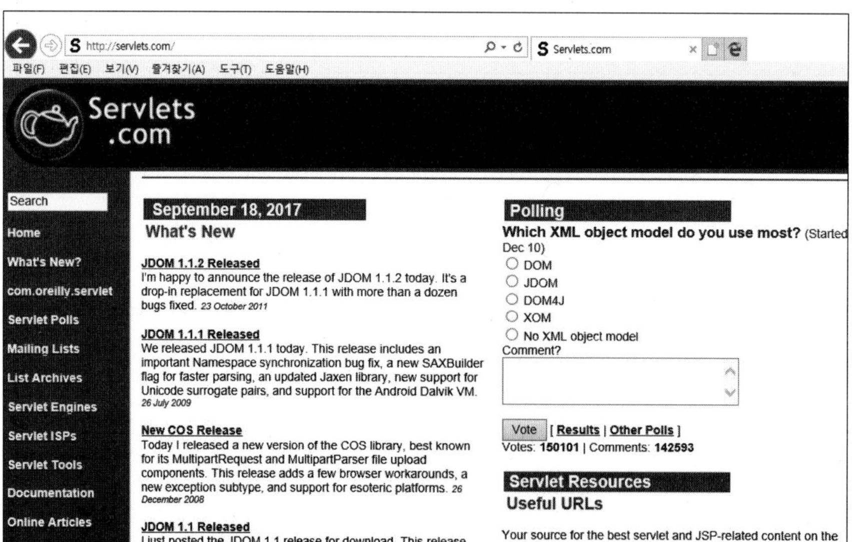

[그림 11-1] www.servlets.com 메인 화면

왼쪽의 com.oreilly.servlet 메뉴 클릭 화면이다. 스크롤을 내려보면 [그림 11-3]과 같이 화면이 나타나는데 cos-26Dec2008.zip을 다운 받으면 된다.

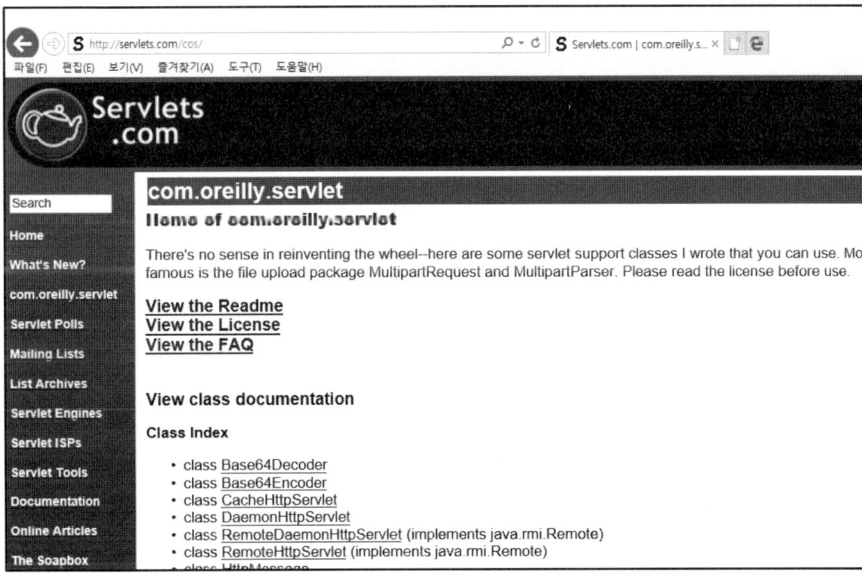

[그림 11-2] 왼쪽의 com.oreilly.servlet 클릭 화면

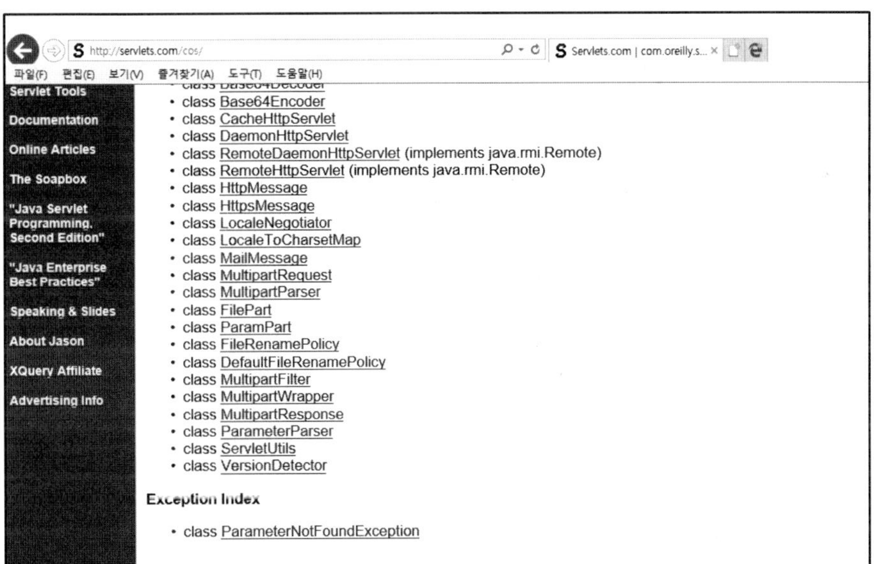

[그림 11-3] 왼쪽의 com.oreilly.servlet 클릭 화면

11.1 MultipartRequest 클래스

MultipartRequest 클래스를 이용하여 JSP 페이지에서 파일을 업로드하고 다운 받기 위해서는 다음과 같은 설치 작업이 필요하다.

● MultipartRequest 클래스들의 설치 디렉토리

다운 받은 cos-26Dec2008.zip의 압축을 풀면 일반적으로 압축을 푼 디렉토리 안에 "lib" 라는 디렉토리가 만들어지고 그 안에 cos.jar 파일이 있다. cos.jar 파일을 복사하여 "C:₩tomcat₩lib" 디렉토리 안에 붙여 넣는다.

● MultipartRequest 클래스의 생성

- 생성자의 개요

```
MultipartRequest(javax.servlet.http.HttpServletRequest request,
java.lang.String save Directory, int maxPostSize,
java.lang.String encoding, FileRenamePolicy policy)
```

MultipartRequest 클래스의 객체를 생성하는 예를 살펴보면 다음과 같다.

```
MultipartRequest multi = new MultipartRequest(request, fileDirectory, 1024*5,
                         "euc-kr", new DefaultRenamePolicy());
```

MultipartRequest 클래스의 객체 multi가 생성되었다. MultipartRequest 클래스는 다섯개의 매개 변수로 구성되어 있다. 첫 번째 매개 변수는 request 객체이고, 두 번째 매개 변수(fileDirectory)는 업로드된 파일이 저장될 파일의 경로이며, 세 번째 매개 변수는 업로드할 파일의 최대 크기를 나타낸다. 네 번째 매개 변수(euc-kr)는 인코딩 타입을 지정하고, 다섯 번째 매개 변수(new DefaultRenamePolicy())는 기존에 업로드된 파일명과 이름이 같을 경우에 덮어쓰는 것을 방지하기 위해 설정되는 부분이다.

[표 11-1] MultipartRequest 클래스의 메서드

Method Summary	
return type, method	**설명**
java.lang.String getContentType(java.lang.String name)	업로드된 파일의 콘텐트 타입을 반환하는 것으로, 업로드된 파일이 없으면 null을 리턴
java.io.File getFile(java.lang.String name)	서버 상에 업로드된 파일을 파일 객체 타입으로 리턴. 업로드된 파일이 없다면 null을 리턴

java.Enumeration getFileNames( )	폼의 요소들 중 〈input type="file"〉로 된 파라미터들을 받아서 Enumeration 타입의 객체를 리턴
java.lang.String getFilesystemName(java.lang.String name)	사용자가 업로드한 파일의 서버 상에 실제 파일명을 리턴
java.lang.String getOriginalFileName(java.lang.String name)	사용자가 업로드한 파일의 원래 파일명을 리턴. 파일명이 중복 될 경우 이름이 변경되며, 변경되기 전의 원래 파일명이 리턴
java.lang.String getParameter(java.lang.String name)	namc에 해당하는 파라미터의 값을 리턴
java.lang.Enumeration getParameter( )	폼의 요소들 중 〈input type="file〉 아닌 파라미터들을 Enumeration 객체 타입으로 리턴
java.lang.String[] getParameterValues(java.lang.String name)	하나의 파라미터에 대해 여러 개의 값을 가지는 〈input type="checkbox"〉와 같은 경우에 파라미터의 값을 얻어내기 위해 사용

11.2 자료 올리기

이 절에서는 JSP 페이지에서 jspSmartUpload 클래스들을 사용하여 자료를 서버에 올리는 자료실을 만든다.

자료실의 구조는 다음과 같다.

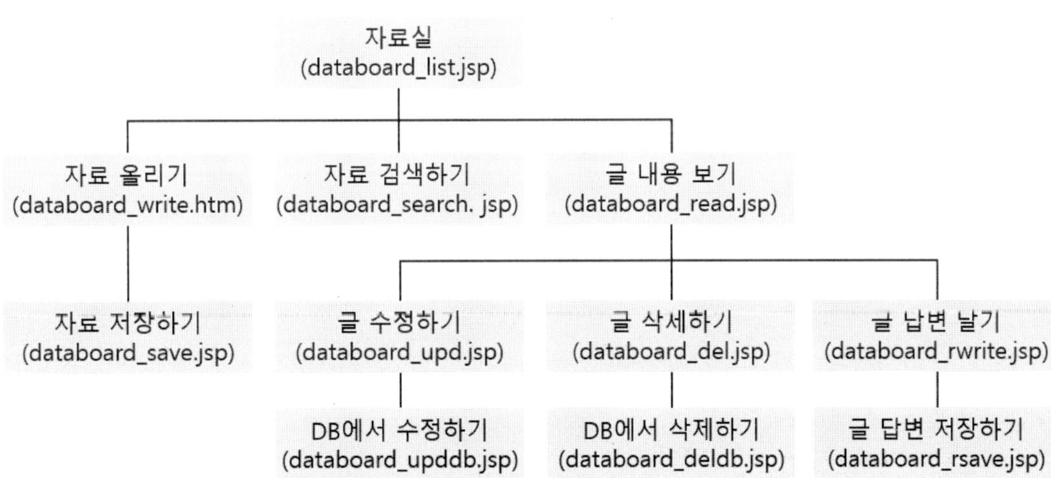

[그림 11-4] 자료실의 구성도

● 자료실 테이블 구조

게시판에서 사용할 테이블을 다음과 같이 각 데이터베이스 시스템에 맞게 준비해 놓는다. 12장에서 게시판을 위해 만들었던 게시판 테이블의 내용과 거의 동일하며 업로드한 파일 이름과 파일 크기를 저장하는 2개의 필드(filename:텍스트, filesize:숫자)를 추가한다.

다음부터 설명하는 코딩 소스는 다음과 같은 환경을 기반으로 한다.

테이블 이름 : databoard

데이터베이스 이름 : dboard

데이터베이스 사용자 ID와 암호 : root와 multi

[표 11-2] 자료실 위한 테이블 구조

필드 이름	데이터 유형		빈 문자열(Null) 허용	비고
	Access	MySQL 서버		
id	숫자	int		키
name	텍스트(10)	varchar(10)	아니오(Not Null)	
password	텍스트(10)	varchar(10)	예(Null 허용)	
email	텍스트(50)	varchar(50)	예(Null 허용)	
subject	텍스트(50)	varchar(50)	아니오(Not Null)	
content	메모	text	아니오(Not Null)	
inputdate	텍스트(50)	varchar(50)	아니오(Not Null)	글 올린 날짜
masterid	숫자	int	기본값 (0)	기본 글 : 자신 id 값 답변 글 : 대상 글의 masterid 값
readcount	숫자	int	기본값 (0)	조회 수
replynum	숫자	int	기본값 (0)	기본 글 : 0 답변 글 : 1부터 시작, 두 번째 답변 글은 2, ...n번째 답변 글은 n 답변글의 답변글 : 답변 글의 replynum과 같은 값
step	숫자	int	기본값 (0)	계층구조에서의 단계 기본 글 : 0 답변 글 : 1 답변글의 답변글 :2
filename	텍스트(50)	varchar(50)		
filesize	숫자	int	기본값 (0)	

◇ 참고 : 이 장에서는 자료실 글에 대한 답변(관련)글/자료를 올리는 것과 올려진 자료를 수정하고 삭제하는 내용은 10장의 게시판의 내용과 중복이 되므로 다루지 않는다.

(1) 자료 올리기

① 자료와 기타 다른 정보들을 입력하기 위한 HTML 페이지를 작성한다. 게시판에 글을 올리는 페이지(freeboard_write.htm)에서 첨부하는 파일을 올리는 내용을 제외하고 거의 동일하다.

예제 databoard_write.htm

```
<HTML>
<HEAD>
<SCRIPT language="javascript">
function check() {
  with(document.msgwrite) {
     if(subject.value.length == 0) {
        alert("제목을 입력해 주세요!!");
        subject.focus();
        return false;
     }
     if(name.value.length == 0) {
        alert("이름을 입력해 주세요!!");
        name.focus();
        return false;
     }
     if(password.value.length == 0) {
        alert("비밀번호를 입력해 주세요!!");
        password.focus();
        return false;
     }
     if(content.value.length == 0) {
        alert("내용을 입력해주세요!!");
        content.focus();
        return false;
     }
     document.msgwrite.submit();
  }
}
</SCRIPT>
<link href="databoard.css" rel="stylesheet" type="text/css">
</HEAD>
<BODY>
<P>
<FORM name="msgwrite" method=post enctype="multipart/form-data" action="databoard_save.jsp">
<CENTER>
<table width="600"cellspacing="0" cellpadding="2">
  <tr>
```

```
        <td colspan="2" bgcolor="#1F4F8F" height="1"></td>
    </tr>
    <tr>
        <td colspan="2" bgcolor="#DFEDFF" height="20" class="notice">  <font size="2">자료 올리기</font></td>
    </tr>
    <tr>
        <td colspan="2" bgcolor="#1F4F8F" height="1"></td>
    </tr>
    <tr>
        <td width="124" height="30" bgcolor="#f4f4f4" style="padding:0 0 0 14">
            <div align="center"><font size="2">이 름</font></div>
        </td>
        <td width="494" style="padding:0 0 0 10">
            <input type=text name=name>
        </td>
    </tr>
    <tr>
        <td width="124" bgcolor="#f4f4f4" style="padding:0 0 0 14">
            <div align="center"><font size="2">E-mail</font></div>
        </td>
        <td width="494" style="padding:0 0 0 10" height="25">
            <input type=text name=email>
        </td>
    </tr>
    <tr>
        <td width="124" bgcolor="#f4f4f4" style="padding:0 0 0 14">
            <div align="center"><font size="2">제 목</font></div>
        </td>
        <td width="494" style="padding:0 0 0 10" height="25">
            <input type=text name=subject size="60" maxlength="60">
        </td>
    </tr>
    <tr>
        <td width="124" height="162" bgcolor="#f4f4f4" style="padding:7 0 0 14" valign="top">
            <div align="center"><font size="2">내 용</font></div>
        </td>
        <td width="494" valign="top" style="padding:5 0 5 10">
            <textarea cols="65" rows="10" name=content maxlength="2000"></textarea>
        </td>
    </tr>
    <tr>
```

```
        <td width="124" bgcolor="#f4f4f4" style="padding:0 0 0 14">
          <div align="center">첨부파일</div>
        </td>
        <td width="494" style="padding:5 0 5 10" height="25">
          <input type="file" name="file" size=30>
        </td>
      </tr>
      <tr>
        <td width="124" bgcolor="#f4f4f4" style="padding:0 0 0 14">
          <div align="center"><font size="2">암 호</font></div>
        </td>
        <td width="494" style="padding:5 0 5 10" height="25">
          <input type=password name=password>
          <br> (비밀번호를 입력하면 수정 또는 삭제가 가능합니다.) </td>
      </tr>
      <tr>
        <td colspan="2" height="1" class='button'></td>
      </tr>
      <tr>
        <td colspan="2" height="1" bgcolor="#1F4F8F"></td>
      </tr>
      <tr>
        <td colspan="2" height="10"></td>
      </tr>
      <tr>
        <td colspan="2" align="right">
          <table width="100%" border="0" cellpadding="0" cellspacing="0">
            <tr>
              <td width="28%"> </td>
              <td width="51%"> </td>
              <td width="12%"><a href="#" onClick="history.go(-1)"><img
               src="image/cancle.gif" width="56" height="21" border="0">
               </a></td>
              <td width="9%"><a href="#" onClick="check();"><img src="image/
               ok.gif" width="56" height="21" border="0"></a></td>
            </tr>
          </table>
        </td>
      </tr>
    </table>
    </CENTER>
    </FORM>
    </BODY>
    </HTML>
```

◇ 참고 : SmartUpload 클래스를 이용하여 파일을 업로드할 때 지금 올리려는 파일의 이름과 같은 파일이 기존에 있는 경우에는 현재 올리는 파일로 덮어쓰게 된다. 만일 기존에 동일한 파일이름이 있는 경우에는 현재 시간과 날짜를 뒤에 붙여서 파일이름을 저장하는 등의 추가적인 작업을 하거나 디렉토리를 다른 곳으로 할당하거나 또는 새로운 디렉토리를 만들거나 하는 등의 작업을 하면 이전 파일을 덮어쓰지 않도록 할 수 있다.

② 자료실에 올리는 파일과 내용이 입력된 Form의 내용을 테이블에 저장하고 파일을 서버에 업로드하기 위한 JSP 파일을 작성한다. 10장에서의 freeboard_save.jsp 파일의 내용과 다른 부분만 설명하며 그 외 내용은 10장을 참고한다.

예제 databoard_save.jsp

```
<%@ page contentType="text/html;charset=euc-kr" %>
<%@ page language="java" import="java.sql.*, java.text.*,java.util.*,java.io.*" %>
<%@ page import="com.oreilly.servlet.MultipartRequest" %>
<%@ page import="com.oreilly.servlet.multipart.DefaultFileRenamePolicy" %>
<% request.setCharacterEncoding("euc-kr"); %>
<%

  String fileurl= "/jsp/chap11/upload/";
  String saveFolder="upload";
  String encType="euc-kr";
  int Maxsize = 5*1024*1024;

  try {
    MultipartRequest multi = null;

    DefaultFileRenamePolicy policy = new DefaultFileRenamePolicy();
    multi = new MultipartRequest(request,fileurl,Maxsize,encType,policy);
    String na = multi.getParameter("name");
    String em = multi.getParameter("email");
    String sub= multi.getParameter("subject");
    String cont = multi.getParameter("content");
    String pw = multi.getParameter("password");

    int id =1;
    int pos=0;
    if (cont.length()==1) {
      cont = cont+ " ";
    } else {
      while ((pos=cont.indexOf("\'", pos)) != -1) {
        String left=cont.substring(0, pos);
        String right=cont.substring(pos, cont.length());
        cont = left + "\'" + right;
        pos += 2;
      }
```

```
    }

    java.util.Date yymmdd = new java.util.Date() ;
    SimpleDateFormat myformat = new SimpleDateFormat("yy-MM-d h:mm a");

    String ymd=myformat.format(yymmdd);
    String sql=null;
    Connection conn=null;
    Statement st=null;
    ResultSet rs=null;
    int cnt=0;

    try {
      Class.forName("org.gjt.mm.mysql.Driver");
    } catch (java.lang.ClassNotFoundException e) {
      out.println(e.getMessage());
    }

    try {
      conn = DriverManager.getConnection("jdbc:mysql://localhost:3306/dboard?
            useUnicode=true&characterEncoding=euckr","root","multi");

      st = conn.createStatement();
      sql = "select max(id) from databoard";
      rs = st.executeQuery(sql);
      if (!(rs.next())) {
        id=1;
        } else {
          id= rs.getInt(1) + 1 ;
          rs.close();
      }

      Enumeration files = multi.getFileNames();
      String filename = "";
      String name = (String)files.nextElement();
      filename = (String)multi.getFilesystemName(name);

      File file = multi.getFile(name);
      if(filename!=null) {
        String original = multi.getOriginalFileName(name);
        String type = multi.getContentType(name);

        sql = "insert into databoard(id,name,password,email,subject," +
             "content,inputdate,masterid,readcount,replynum,step,filename,"+
```

```
78                " filesize) values(" +id + ", '" + na + "','" + pw + "','"+ em
79                + "','" + sub + "','" + cont + "','" + ymd + "'," +id+","
80                + "0,0,0,'"+filename+"',"+file.length()+")";
81
82         } else
83           sql = "insert into databoard(id,name,password,email,subject," +
84                "content,inputdate,masterid,readcount,replynum,step,filename,"+
85                " filesize) values(" +id + ", '" + na + "','" + pw + "','"+ em
86                + "','" + sub + "','" + cont + "','" + ymd + "'," +id+","
87                + "0,0,0,'',0)";
88
89         cnt = st.executeUpdate(sql);
90         if (cnt >0) {
91           if(filename!=null)
92             out.println("데이터가 성공적으로 입력되었습니다.");
93           else
94             out.println("업로드된 파일은 없지만 글은 올렸습니다.");
95         } else {
96           out.println("글을 올리지 못했습니다.");
97         }
98
99         st.close();
100        conn.close();
101
102      } catch (SQLException e) {
103        out.println(e);
104      }
105    } catch (IOException ioe) {
106      out.println(ioe);
107    }
108  %>
109  <A href="databoard_list.jsp">[게시판 목록으로]</A>  
110  <A href="databoard_write.htm">[글 올리는 곳으로]</A>
```

줄번호	설명
03~04	MultipartRequest 클래스들을 사용하기 위해 MultipartRequest 클래스들을 정의하고 있는 "com.oreilly.servlet.MultipartRequest", "com.oreilly.servlet.multipart.DefaultFileRenamePolicy" 패키지들을 imoprt한다.
08~09	파일이 업로드되는 폴더를 지정한다.
10	엔코딩 타입을 지정한다.
11	최대 업로드될 파일의 크기 5Mb을 지정한다.

14~16	전송을 담당할 컴포넌트를 생성한 후, 전송할 파일명을 가지고 있는 객체, 서버상의 절대경로, 최대 업로드 파일크기, 문자 코드, 기본 보안적용을 지정한다.
66	폼의 요소들 중 <input type="file">로 된 파라미터들을 받아서 Enumeration 타입의 객체를 리턴
68	자동적으로 현재의 요소를 읽은 후 다음 요소를 가리킨다.
69	사용자가 업로드한 파일의 서버상에 실제 파일명을 리턴
71	서버 상에 업로드된 파일을 파일 객체 타입으로 리턴
72~87	자료실 테이블에 한 레코드를 추가하는 sql문을 각각 이어 붙이지 않고 한 문장으로 처리했다(지금까지는 문자열 변수를 이어 붙이는 형태로 sql문을 만들었었다.). filename과 filesize는 업로드할 파일을 지정하여 79~83 sql문을 수행하게 된다. 만약 75의 문장(파일의 값이 공백이 아니라면)이 성립하지 않는다면 85~90 sql문을 수행하게 된다.
80	file.length()은 파일의 크기를 sql문 filesize필드에 저장한다.
91~92	자료실 테이블에 한 레코드가 정상적으로 추가되었고 파일을 업로드했다면(filename이 null 문자("")가 아닌 경우) 처리된다.
93~94	자료실 테이블에 한 레코드가 정상적으로 추가되었지만 파일을 지정하지 않아서 파일이 업로드되지 않은 경우에 처리된다.
95~96	자료실 테이블에 레코드가 정상적으로 추가되지 않은 경우에 처리된다.

테스트하기

databoard_write.htm 페이지를 브라우저에서 열고 내용과 업로드할 파일을 〈찾아보기〉 버튼을 눌러서 지정한 다음 [저장] 버튼을 누르고 그 결과를 확인한다.

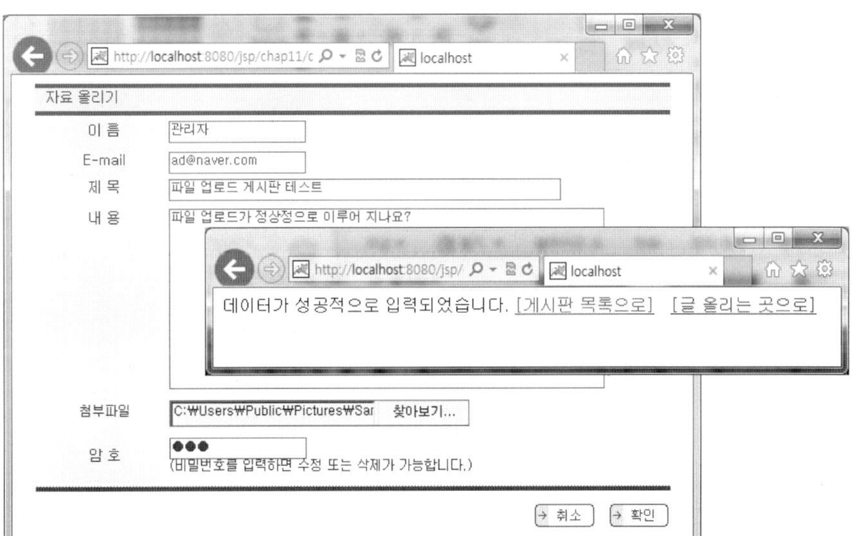

[그림 11-5] 업로드 할 파일을 지정한 다음 [저장] 버튼을 누른 결과

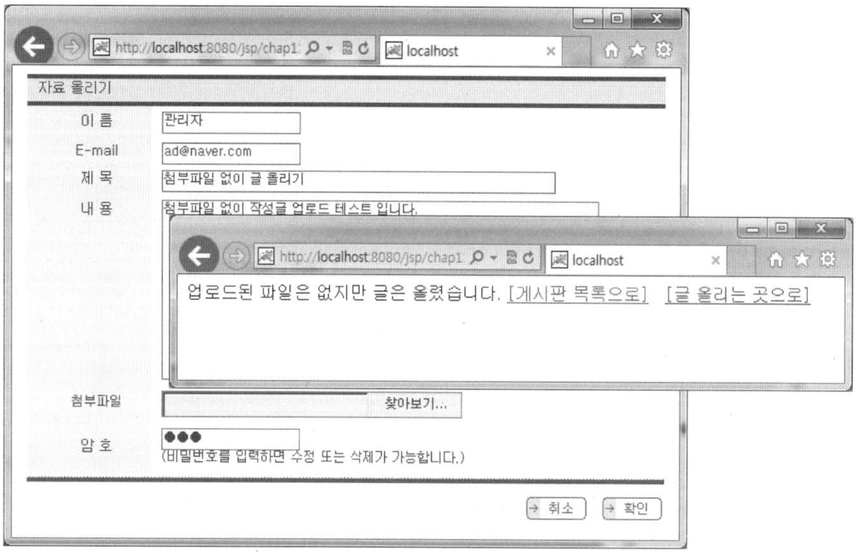

[그림 11-6] 업로드 할 파일을 지정하지 않고 [저장] 버튼을 누른 결과

서버 디렉토리(/databoard/upload)에 업로드한 파일(test.txt)이 있는지 확인한다.

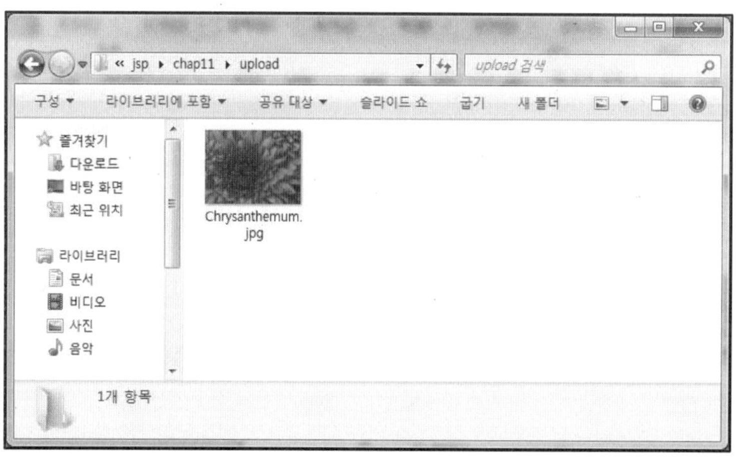

[그림 11-7] 지정한 경로(saveAs( )메서드에서)에 파일이 저장되어 있다.

(2) 자료실 목록 보기

① 저장된 자료실 글을 보고 자료를 다운받을 수 있도록 올려진 자료 목록을 보여주는 JSP 페이지를 작성한다. 10장에서의 freeboard_list.jsp 파일의 내용에서 추가되거나 변경되는 부분만 설명한다.

예제 databoard_list.jsp

```
<%@ page contentType="text/html; charset=EUC-KR" %>
<%@ page language="java" import="java.io.*,java.sql.*,java.util.*" %>
<% request.setCharacterEncoding("euc-kr"); %>
```

```
<HTML>
<HEAD><TITLE>게시판</TITLE>
<SCRIPT language="javascript">
function check() {
  with(document.msgsearch) {
    if(sval.value.length == 0) {
      alert("검색어를 입력해 주세요!!");
      sval.focus();
      return false;
    }
      document.msgsearch.submit();
  }
}

function imgchg(p1,p2) {
  if (p2==1)
    document.images[p1].src= "image/open.gif";
  else
    document.images[p1].src= "image/close.gif";
}
</SCRIPT>
<link href="databoard.css" rel="stylesheet" type="text/css">
</HEAD>
<BODY>
<center>
  <table width="600" cellspacing="0" cellpadding="4">
    <tr align="right">
      <td colspan="6" height="23"> 
    </tr>
    <tr align="center">
      <td colspan="6" height="1" bgcolor="#1F4F8F"></td>
    </tr>
    <tr align="center" bgcolor="#87E8FF">
      <td width="38" bgcolor="#DFEDFF"><font size="2">번호</font></td>
      <td width="259" bgcolor="#DFEDFF"><font size="2">제목</font></td>
      <td width="65" bgcolor="#DFEDFF"><font size="2">등록자</font></td>
      <td width="51" bgcolor="#DFEDFF"><font size="2">날짜</font></td>
      <td width="111" bgcolor="#DFEDFF"><font size="2">첨부파일</font></td>
      <td width="26" bgcolor="#DFEDFF"><font size="2">조회</font></td>
    </tr>
    <tr align="center">
      <td colspan="6" bgcolor="#1F4F8F" height="1"></td>
    </tr>
```

```
<%
  session = request.getSession(true);
  String where = request.getParameter("go");

  Vector name=new Vector();
  Vector inputdate=new Vector();
  Vector email=new Vector();
  Vector subject=new Vector();
  Vector rcount=new Vector();
  Vector keyid=new Vector();
  Vector step=new Vector();
  Vector fname=new Vector();
  String url = "http://localhost:8080/jsp/chap11/upload/";
  String finame=null;
  int stepcount=0;
  int count=0;
  int start=0;
  int end=0;
  int maxrows=10;
  int totalrows=0;
  int totalpages=0;
  int j=0;
  int totalgroup=0;
  int maxpages=10;
  int startp=0;
  int endp=0;
  int cg=0;
  int id=0;
  Integer i=(Integer)session.getValue("cp");

  if (where !=null) {
    cg = (i.intValue()-1)/maxpages + 1;
    if (where.equals("N")) {
      startp = cg * maxpages +1;
      endp= startp + maxpages -1;
      count=startp;
      cg += 1;
    } else if (where.equals("P")) {
      startp = (cg-2) * maxpages +1;
      cg -= 1;
      if (startp <= 0) {
        startp =1;
```

```
        cg=1;
      }
      endp= startp + maxpages -1;
      count=startp;
    } else {
      startp = (cg-1) * maxpages +1;
      endp= startp + maxpages -1;
      count=Integer.parseInt(where);
    }
  } else {
    startp = 1;
    endp= startp + maxpages -1;
    count = startp;
    cg=1;
  }

  session.putValue("cp", new Integer(count));
  String em=null;
  Connection conn= null;
  Statement st =null;
  ResultSet rs =null;

  try {
    Class.forName("org.gjt.mm.mysql.Driver");
  } catch (ClassNotFoundException e) {
    out.println(e);
  }

  try {
    conn = java.sql.DriverManager.getConnection("jdbc:mysql://localhost:3306/dboard?useUnicode=true&characterEncoding=euckr","root","multi");
  } catch (java.sql.SQLException e) {
    out.println(e);
  }

  try {
    st = conn.createStatement();
    String sqltext= "select * from databoard order by masterid desc,replynum asc,step desc, id asc" ;
    rs = st.executeQuery(sqltext);

    if (!(rs.next())) {
      out.println("자료실에 올린 글이 없습니다");
```

```
    } else {
      do {
        keyid.addElement(new Integer(rs.getInt("id")));
        name.addElement(rs.getString("name"));
        email.addElement(rs.getString("email"));
        subject.addElement(rs.getString("subject"));
        String idate = rs.getString("inputdate");
        idate = idate.substring(0,8);
        inputdate.addElement(idate);
        rcount.addElement(new Integer(rs.getInt("readcount")));
        step.addElement(new Integer(rs.getInt("step")));
        fname.addElement(rs.getString("filename"));
      }while(rs.next());
        totalrows = name.size();
        totalpages = (totalrows-1)/maxrows +1;
        totalgroup = (totalpages-1)/maxpages +1;
        if (startp > totalpages) {
          startp = (totalgroup-1) * maxpages +1;
          endp= startp + maxpages -1;
          count=startp;
          session.putValue("cp", new Integer(count));
        }
        if (endp > totalpages) {
          endp=totalpages;
        }

        start = count * maxrows - maxrows;
        end = start+maxrows;
        if (end > totalrows) {
          end=totalrows;
        }
        for(j=start;j<end;j++) {
          String temp=(String)email.elementAt(j);
          if (temp != null && temp !="") {
            em = "<A href=mailto:" ;
            em = em + temp ;
            em = em + ">" + name.elementAt(j) ;
            em = em + "</A>";
          }
        finame=(String)fname.elementAt(j);
        if(finame.length() != 0)
          finame = "<A href=down.jsp?file="+finame+">"+finame+"</A>";
        id= totalrows-j;
```

```
        if(j%2 == 0) {
          out.println("<tr align='center' bgcolor='#FFFFFF' onMouseOver=\
           "bgColor='#DFEDFF'\" onMouseOut=\"bgColor=''\">");
        } else {
          out.println("<tr align='center' bgcolor='#F4F4F4' onMouseOver=\
           "bgColor='#DFEDFF'\" onMouseOut=\"bgColor='#F4F4F4'\">");
        }
        out.println("<TD>");
        out.println(id+"</TD>");
        out.println("<TD align=left>");
        Integer stepi= (Integer)step.elementAt(j);
        int imgcount = j-start;
        if (stepi.intValue()> 0 ) {
          for(stepcount=0; stepcount < stepi.intValue(); stepcount++)
            out.print("  ");
          out.println("<img src='image/arrow.gif'>");
        }
        out.println("<IMG name=icon"+ imgcount +" src=image/close.gif>");
        out.print("<A href=\"databoard_read.jsp?id=");
        out.print(keyid.elementAt(j) + "&page=" + session.getValue("cp")+"\"" );
        out.print(" onmouseover=\"imgchg('icon" + imgcount + "',1)\"");
        out.print(" onmouseout=\"imgchg('icon" + imgcount + "',2)\">");
        out.println(subject.elementAt(j) + "</A></TD>");
        out.println("<TD>");
        if (em != null) {
          out.println(em+ "</TD>");
        } else {
          out.println(name.elementAt(j)+ "</TD>");
        }
        out.println("<TD>");
        out.println(inputdate.elementAt(j)+ "</TD>");
        out.println("<TD>");
        out.println(finame + "</TD>");
        out.println("<TD>");
        out.println(rcount.elementAt(j)+ "</TD>");
        out.println("</TR>");
      }
      out.println("<tr align='center'>");
      out.println("<td colspan='6' height='1' class='button'></td>");
      out.println("</tr>");
      out.println("<tr align='center'>");
      out.println("<td colspan='6' height='1' bgcolor='#1F4F8F'></td>");
      out.println("</tr>");
```

```
        out.println("<tr align='center'>");
        out.println("<td colspan='6' style='padding:10 0 0 0'>");
        if (cg > 1) {
          out.println("[<A href=\"databoard_list.jsp?go=P\">이전</A>]");
        } else {
          out.println("[이전]") ;
        }
        int  jj = startp;
        while (jj <= endp)  {
          if (jj != count) {
            out.println("[<A href=\"databoard_list.jsp?go="+jj+"\">" + jj +
             "</A>]") ;
          } else {
            out.println("[" + jj + "]") ;
          }
          jj += 1 ;
        }
        if (cg < totalgroup) {
          out.println("[<A href=\"databoard_list.jsp?go=N\">다음</A>]");
        } else {
          out.println("[다음]");
        }
        out.println ("전체 글수 :"+totalrows);
        out.println("</tr></table>");
      }

      rs.close();
      st.close();
      conn.close();
    } catch (java.sql.SQLException e) {
        out.println(e);
    }
%>

<FORM method="post" name="msgsearch" action="databoard_search.jsp">
  <TABLE border=0 width=600 cellpadding=0 cellspacing=0>
    <TR>
      <TD align=right width="241">
        <SELECT name=stype >
          <OPTION value=1 >이름
          <OPTION value=2 >제목
          <OPTION value=3 >내용
```

```
257                <OPTION value=4 >이름+제목
258                <OPTION value=5 >이름+내용
259                <OPTION value=6 >제목+내용
260                <OPTION value=7 >이름+제목+내용
261                <OPTION value=8 >파일이름
262              </SELECT>
263            </TD>
264            <TD width="127" align="center">
265              <INPUT type=text size="17" name="sval" >
266            </TD>
267            <TD width="115"><a href="#" onClick="check();"><img src="image/
                serach.gif" border="0"></A></TD>
268            <TD align=right valign=bottom width="117"> <A href="databoard_write.htm">
                <img src="image/write.gif" border="0"></A></TD>
269          </TR>
270        </TABLE>
271      </FORM>
272      </BODY>
273      </HTML>
```

줄번호	설명
41	게시판 목록에 "첨부파일" 컬럼을 추가한다.
59	자료실 테이블로부터 "filename" 컬럼 값을 저장하기 위해 Vector를 생성한다.
60	파일을 업로드한(저장된) 경로를 저장한다.
61	파일이름을 저장할 String 객체를 생성한다.
142	자료실 테이블의 "filename" 컬럼 값을 Vector에 추가한다.
170~172	Vector로부터 "filenaname" 값을 구한 다음 그 값이 null이 아니고 null문자("")가 아니면, 즉 업로드한 파일이 있으면 다운로드 받을 수 있도록 파일이름에 링크를 추가한다. 이때 앞에서 설정한 서버 디렉토리(85 참조)를 파일이름 앞에 붙인다.
249	자료실 목록 페이지에서도 게시판과 마찬가지로 검색할 수 있도록 하는데 이 단원에서는 databoard_search.jsp 페이지는 만들지 않는다. 12장에서 만든 freeboard_search.jsp 파일의 설명을 참조하면 쉽게 만들 수 있을 것이다.
261	게시판의 검색 대상에서 "파일이름"을 추가한다.

② 제목을 클릭하면 해당 글의 내용(첨부된 파일 포함)을 보여주는 JSP 파일을 작성한다. 다른 파일과 마찬가지로 10장에서 설명한 게시판의 freeboard_read.jsp에서 추가되거나 변경된 부분만을 설명한다.

예제 databoard_read.jsp

```
<%@ page contentType="text/html; charset=EUC-KR" %>
<%@ page language="java" import="java.io.*,java.sql.*,java.util.*" %>
<% request.setCharacterEncoding("euc-kr"); %>
<HTML>
<HEAD>
<TITLE>글 읽기</TITLE>
<link href="databoard.css" rel="stylesheet" type="text/css">
</HEAD>
<BODY>
<CENTER>
<%
  String sqltext=null;
  Connection conn= null;
  PreparedStatement st =null;
  ResultSet rs =null;
  int cnt=0;
  int id = Integer.parseInt(request.getParameter("id"));
  String url = "http://localhost:8080/jsp/chap11/upload/";

  try {
    Class.forName("org.gjt.mm.mysql.Driver");
  } catch (ClassNotFoundException e) {
    out.println(e);
  }

  try {
    conn = java.sql.DriverManager.getConnection("jdbc:mysql://localhost:3306/
          dboard?useUnicode=true&characterEncoding=euckr","root","multi");
  } catch (java.sql.SQLException e) {
    out.println(e);
  }

  try {
    sqltext = "select * from databoard where id=? ";
    st = conn.prepareStatement(sqltext);
    st.setInt(1, id);

    rs = st.executeQuery();
    if (!(rs.next())) {
      out.println("해당 내용이 없습니다");
    } else {
      String finame=rs.getString("filename");
```

```
        if ((finame != null) && (!(finame.equals("")))) {
          finame = "<A href=down.jsp?file="+finame+">" + finame + "</A>";
          finame = finame + " (" + rs.getInt("filesize") + " Bytes)";
        }
        sqltext = "update databoard set readcount= readcount + 1" ;
        sqltext = sqltext + " where id= ?" ;
        st = conn.prepareStatement(sqltext);
        st.setInt(1, id);
        st.executeUpdate();
        sqltext = "select * from databoard where id=? ";
        st = conn.prepareStatement(sqltext);
        st.setInt(1, id);

        rs = st.executeQuery();
        rs.next();
        out.println("<table width='600' cellspacing='0' cellpadding='2'>");
        out.println("<tr align='right'>");
        out.println("<td height='22'> </tr>");
        out.println("<tr align='center'>");
        out.println("<td height='1' bgcolor='#1F4F8F'></td>");
        out.println("</tr>");
        out.println("<tr align='center' bgcolor='#DFEDFF'>");
        out.println("<td class='button' bgcolor='#DFEDFF'>");
        out.println("<div align='left'><font size='2'>"+rs.getString
         ("subject") + "</div></td>");
        out.println("</tr>");
        out.println("<tr align='center' bgcolor='#FFFFFF'>");
        out.println("<td align='center' bgcolor='#F4F4F4'>");
        out.println("<table width='100%' border='0' cellpadding='0' cellspacing=
         '4' height='1'>");
        out.println("<tr bgcolor='#F4F4F4'>");
        out.println("<td width='13%' height='7'></td>");
        out.println("<td width='38%' height='7'>글쓴이 : "+rs.getString
         ("name")+"</td>");
        out.println("<td width='38%' height='7'>파일이름 : "+ finame +"</td>");
        out.println("<td width='11%' height='7'></td>");
        out.println("</tr>");
        out.println("<tr bgcolor='#F4F4F4'>");
        out.println("<td width='13%'></td>");
        out.println("<td width='38%'>작성일 : " + rs.getString("inputdate") +
         "</td>");
        out.println("<td width='38%'>조회 : "+rs.getInt("readcount")+"</td>");
        out.println("<td width='11%'></td>");
        out.println("</tr>");
```

```
        out.println("</table>");
        out.println("</td>");
        out.println("</tr>");
        out.println("<tr align='center'>");
        out.println("<td bgcolor='#1F4F8F' height='1'></td>");
        out.println("</tr>");
        out.println("<tr align='center'>");
        out.println("<td style='padding:10 0 0 0'>");
        out.println("<div align='left'><br>");
        out.println("<font size='3' color='#333333'><PRE>"+rs.getString("content") + "</PRE></div>");
        out.println("<br>");
        out.println("</td>");
        out.println("</tr>");
        out.println("<tr align='center'>");
        out.println("<td class='button' height='1'></td>");
        out.println("</tr>");
        out.println("<tr align='center'>");
        out.println("<td bgcolor='#1F4F8F' height='1'></td>");
        out.println("</tr>");
        out.println("</table>");
%>
<table width="600" border="0" cellpadding="0" cellspacing="5">
  <tr>
    <td width="56"><A href="databoard_upd.jsp?id=<%=request.getParameter("id")%>&page=<%=request.getParameter("page")%>"><img src="image/edit.gif" width="66" height="21" border=0></A></td>
    <td width="56"><A href="databoard_del.jsp?id=<%=request.getParameter("id")%>&page=<%=request.getParameter("page")%>"><img src="image/del.gif" width="66" height="21" border=0></A></td>
    <td width="66"><A href="databoard_rwrite.jsp?id=<%=request.getParameter("id")%>&page=<%=request.getParameter("page")%>"><img src="image/reply.gif" width="66" height="21" border=0></A></td>
    <td width="406"> </td>
    <td width="16"><A href="databoard_list.jsp?go=<%=request.getParameter("page")%>"><img src="image/list.gif" width="66" height="21" border=0></a></td>
  </tr>
</table>
<%
    }
    rs.close();
    st.close();
    conn.close();
```

```
117     } catch (java.sql.SQLException e) {
118        out.println(e);
119     }
120   %>
121   </CENTER>
122   </BODY>
123   </HTML>
```

줄번호	설명
18	파일을 업로드한(저장된) 경로를 저장한다.
41~47	가져온 RecordSet에서 "filename" 컬럼 값을 저장한다. 그 값이 null이 아니고 null문자가 아니면, 즉 업로드 한 파일이 있으면 다운로드 받을 수 있도록 파일이름에 링크를 추가하고 또한 파일 크기도 보여 줄 수 있도록 "filesize" 컬럼 값을 문자열에 붙인다. 이때 앞에서 설정한 서버 디렉토리를 파일이름 앞에 붙인다.
73	파일이름을 출력한다. 업로드한 파일이 있었다면 링크 형식으로 출력되며 파일이름 옆에 파일 크기도 보여준다.
105~106	관련 자료의 정보를 삭제하거나 수정하는 페이지로 연결시킨다. 10장의 내용과 중복되는 것이 많아서 이 장에서는 databoard_upd.jsp와 databoard_del.jsp의 내용은 다루지 않는다. 10장의 freeboard_upd.jsp와 freeboard_del.jsp 파일을 참조한다.
107	게시판에서와 마찬가지로 관련자료(답변 글)를 올릴 수 있도록 한다. 이 장에서는 databoard_rwrite.jsp 내용은 보여주지 않는데 10장의 freeboard_rwrite.jsp 파일을 참조하면 작성할 수 있을 것이다.

테스트하기

databoard_list.jsp 페이지를 브라우저에서 열고 특정 글의 "첨부파일"을 클릭하면 다운 받을 수 있는 창이 뜨는 지 확인한다.

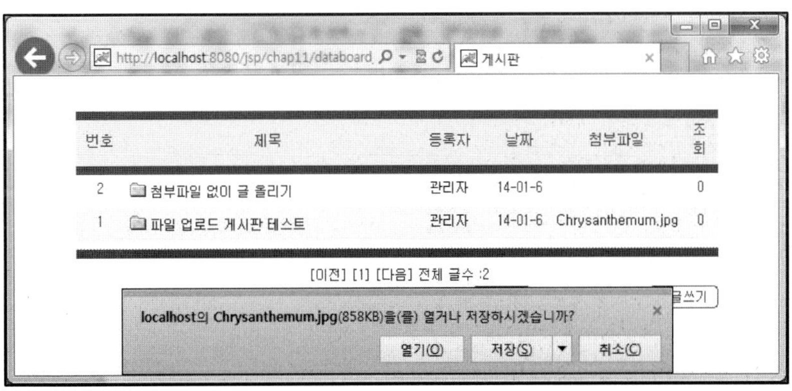

[그림 11-8] 특정 글의 "첨부파일"을 클릭한 화면

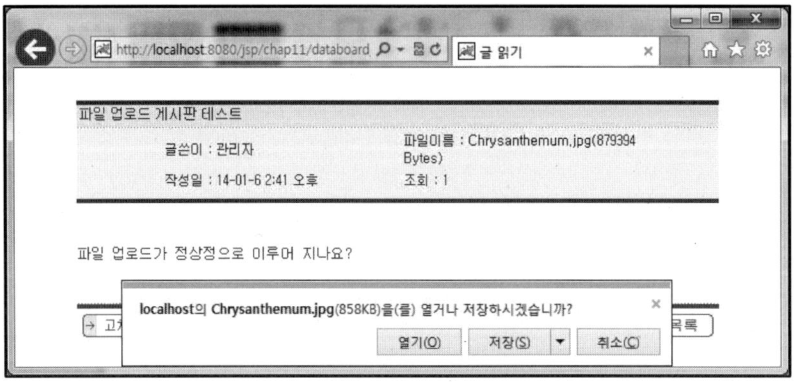

[그림 11-9] 특정 글의 "첨부파일" 을 클릭한 화면

또한 databoard_list.jsp 페이지에서 특정 글의 "제목"을 클릭하면 선택한 글의 내용을 보여주는 페이지로 이동되는지 확인하고 이 페이지에서 "첨부파일"을 클릭했을 때 파일을 다운 받을 수 있는 창이 뜨는 지 확인한다.

◇ 참고 : 관련 글을 올리는 페이지와, 수정 및 삭제하는 페이지 등은 10장의 내용과 중복이 되어서 이 장에서는 링크만 해놓고 소스는 다루지 않았는데 10장의 해당 내용을 참조하면 쉽게 작성할 수 있을 것이다.

Chapter 12

쇼핑몰 구축

Chapter 12

쇼핑몰 구축

학습목표

이 장에서는 지금까지 배운 문법을 이용하여 쇼핑몰 응용 프로그램을 구현해 봄으로써 JSP의 활용 능력을 익힌다.

인터넷을 통하여 물건을 사고팔거나 서비스를 주고받는 것을 전자상거래(Electronic Commerce)라고 한다.

전자상거래 사이트를 구축하기 위해서는 가장 기본적으로는 물건을 팔고 살 수 있도록 하기위한 시스템(상품관리 , 회원관리, 판매관리...)과 결제를 위한 시스템, 그리고 보안 시스템을 모두 준비해야 한다.

이장에서는 다음 그림에서 보는 것처럼 전자상거래 시스템에서 가장 기본적인 영역인 물건을 사고파는 시스템만을 JSP로 구현하는 방법을 설명한다.

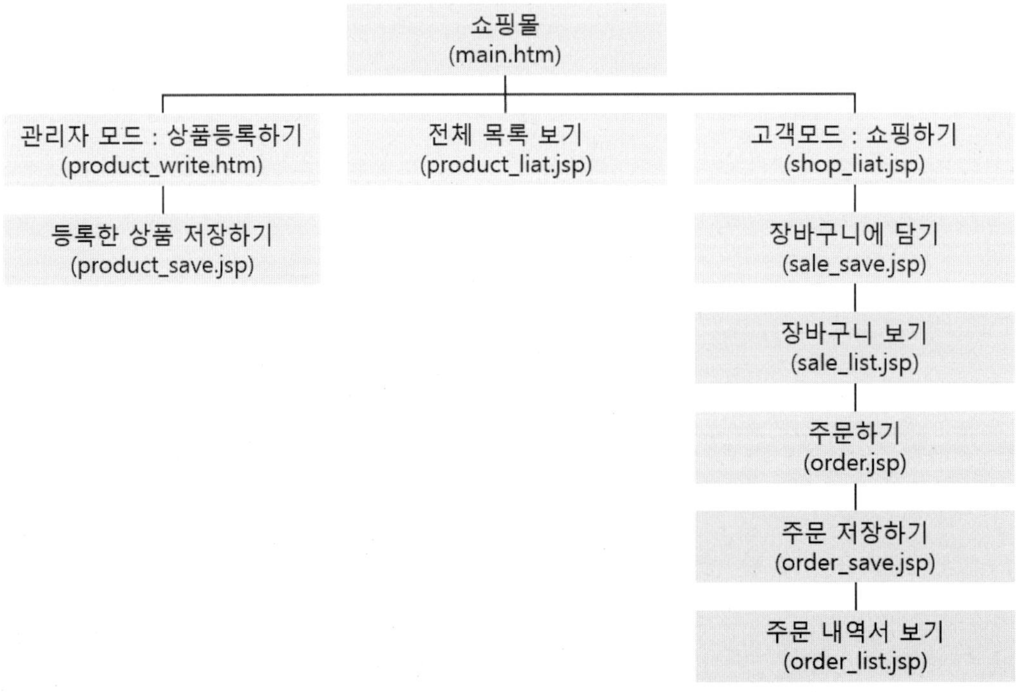

[그림 12-1] 쇼핑몰 구성도

여기에는 회원 등록과 회원 인증은 제외한다. 그리고 등록한 상품에 대한 수정과 삭제 작업도 게시판에 올린 글을 수정(가격 변화, 상품 수에 대한 변화 등)하고 삭제하는 작업과 다를게 없으므로 이 부분도 포함하지 않았다.
또한 앞 장에서 주제로 다루었던(페이지 나누기, 그룹으로 나누기 등) 내용은 간단하게 설명하며 작은 쇼핑몰을 구축하기 위해 새롭게 고려해야 할 사항을 중심으로 설명한다.

● 쇼핑몰을 위한 테이블 구조

쇼핑몰을 구축하기 위해서 사용할 테이블을 다음과 같이 각 데이터베이스 시스템에 맞게 준비해 놓는다. 한 데이터베이스에 3개의 테이블을 작성해야 한다.
또한 설명하는 코딩 소스는 다음과 같은 환경을 기반으로 한다.

테이블 이름 : product(상품 정보), saleorder(주문 정보), item(주문의 세부항목)

데이터베이스 이름 : shop

데이터베이스 사용자 id와 암호는 정의 안함

1. product **테이블** : 취급하는 상품에 대한 정보를 저장할 테이블이다.

[표 12-1] product 테이블 구조

필드이름	데이터 유형 (Access)	데이터 유형 (MySQL)	Null 허용	비고
id	숫자	int		category값+일련번호, 키
category	텍스트(10)	varchar(10)	아니오(Not Null)	상품분류
wname	텍스트(20)	varchar(20)	아니오(Not Null)	작성자 이름
pname	텍스트(20)	varchar(20)	아니오(Not Null)	상품 이름
sname	텍스트(20)	varchar(20)	아니오(Not Null)	제조원 이름
price	숫자	int	아니오(Not Null)	시중 가격
downprice	숫자	int	기본 값(0)	판매 가격
inputdate	텍스트(50)	varchar(50)		상품 올린 날짜
stock	숫자	int	기본 값(0)	재고량
description	메모	text		상품 설명
small	텍스트(20)	varchar(20)		상품의 작은 이미지
large	텍스트(20)	varchar(20)	예(Null)	상품의 큰 이미지

2. saleorder **테이블** : 주문 정보를 포함한다. saleorder 테이블의 레코드와 item 테이블의 레코드는 1:n 관계를 갖는다.

[표 12-2] saleorder 테이블 구조

필드이름	데이터 유형 (Access)	데이터 유형 (MySQL)	Null 허용	비고
id	숫자	int		키
name	텍스트(20)	varchar(20)	아니오(Not Null)	고객(주문자)이름
orderdate	텍스트(20)	varchar(20)	아니오(Not Null)	주문 날짜
addr	텍스트(50)	varchar(50)	아니오(Not Null)	배달 주소
tel	텍스트(20)	varchar(20)	아니오(Not Null)	연락 전화 번호
pay	텍스트(10)	varchar(10)	아니오(Not Null)	결제방법(cash/card)
cardno	텍스트(20)	varchar(20)	예(null)	결제방법이 카드인 경우에 만 입력
prodcount	숫자	int	기본 값(0)	주문 상품의 품목수
total	숫자	int	기본 값(0)	주문 상품의 총 금액

3. item **테이블** : 각 주문에 대한 상품 정보를 포함하며 주문의 상품 품목수가 3개이면 레코드도 3개가 저장된다. 키를 정의하지 않았지만 자동으로 증가하는 필드를 추가하여 키로 설정해도 된다.

[표 12-3] item 테이블 구조

필드이름	데이터 유형 (Access)	데이터 유형 (MySQL)	Null 허용	비고
orderid	숫자	int	아니오(Not Null)	saleorder테이블의 id값
mynum	숫자	int	아니오(Not Null)	주문 상품의 일련번호
prodid	숫자	int	아니오(Not Null)	주문 상품의 id (product 의 id)
pname	텍스트(40)	varchar(40)	아니오(Not Null)	주문 상품의 이름 (product 의 name)
quantity	숫자	int	기본값(0)	해당상품의 주문 수량
price	숫자	int	기본값(0)	해당 상품의 판매 가격 (product 의 downprice)

12.1 상품 등록하기

상품의 정보를 입력하고 입력한 내용을 테이블에 저장한다. 실제로는 상품을 등록하는 페이지는 상품을 등록할 수 있는 권한이 있는 사람만이(ID나 비밀번호를 확인한 다음) 볼 수 있도록 해야 할 것이다.

① 먼저 다음과 같은 쇼핑몰 메인 페이지를 작성한다.

예제 main.htm

```
<HTML>
<BODY>
<UL>
<LI><A href="product_write.htm">상품 등록하기</A>
<LI><A href=" shop list.jsp">쇼핑하기</A>
<LI><A href="product_list.jsp">전체 상품 보기</A>
</UL>
</BODY>
</HTML>
```

② 상품 정보를 입력하는 페이지를 위해 다음과 같은 HTML 파일을 작성한다.

예제 product_write.htm

```
<HTML>
<HEAD>
<SCRIPT language="javascript">

function check(f) {
  blank=false;
  for (i=0; i<f.elements.length;i++) {
    if (f.elements[i].value=="")
      if (f.elements[i].name != "large")
        blank= true;
  }
  if (blank==true)
    alert("모든 항목을 입력하셔야 합니다.");
  else
    f.submit();
  }
</SCRIPT>
</HEAD>
<BODY>
[<A href= "main.htm"> 메인으로 </A>]

<FORM method=post action="product_save.jsp" enctype="multipart/form-data" >
<TABLE border=0 width=300 >
  <TR>
    <TH bgcolor=#DFEDFF colspan=2>
```

```
        <FONT size=+1 color=black> 상품 올리기</FONT></TH>
    </TR>
    <TR>
      <TH width=20% bgcolor=#DFEDFF>
        <FONT size=-1 color=black> 작성자</FONT></TH>
      <TD bgcolor=#eeeeee> <INPUT type=text name=wname size=20>
      </TD>
    </TR>
    <TR>
      <TH width=20% bgcolor=#DFEDFF>
        <FONT size=-1 color=black>상품 분류</FONT></TH>
      <TD bgcolor=#eeeeee>
        <FONT size=-1 color=white>
          <SELECT name=category size=1>
            <OPTION value=11>가구
            <OPTION value=22>전기/전자
            <OPTION value=33>부엌용품
            <OPTION value=44>의류
            <OPTION value=55>보석 및 악세서리
            <OPTION value=66>헬스기구
            <OPTION value=77>컴퓨터 관련
            <OPTION value=88>기타
          </SELECT>
        </FONT>
      </TD>
    </TR>
    <TR>
      <TH width=20% bgcolor=#DFEDFF>
        <FONT size=-1 color=black>상품명</FONT></TH>
      <TD bgcolor=#eeeeee>
        <INPUT type=text name=pname size=30>
      </TD>
    </TR>
    <TR>
      <TH width=20% bgcolor=#DFEDFF>
        <FONT size=-1 color=black>제조원</FONT></TH>
      <TD bgcolor=#eeeeee>
        <INPUT type=text name=sname size=30>
      </TD>
    </TR>
    <TR>
      <TH width=20% bgcolor=#DFEDFF>
        <FONT size=-1 color=black>시중가</FONT>
```

```
      </TH>
      <TD bgcolor=#eeeeee>
        <INPUT type=text name=price size=10>
      </TD>
    </TR>
    <TR>
      <TH width=20% bgcolor=#DFEDFF>
        <FONT size=-1 color=black>판매가</FONT>
      </TH>
      <TD bgcolor=#eeeeee>
        <INPUT type=text name=dprice size=10>
      </TD>
    </TR>
    <TR>
      <TH width=20% bgcolor=#DFEDFF>
        <FONT size=-1 color=black>입고 수량</FONT>
      </TH>
      <TD bgcolor=#eeeeee>
        <INPUT type=text name=stock size=10>
      </TD>
    </TR>
    <TR>
      <TH width=20% bgcolor=#DFEDFF>
        <FONT size=-1 color=black>작은 이미지</FONT>
      </TH>
      <TD bgcolor=#eeeeee>
        <INPUT type=file name=small size=30>
      </TD>
    </TR>
    <TR>
      <TH width=20% bgcolor=#DFEDFF>
        <FONT size=-1 color=black>큰 이미지</FONT>
      </TH>
      <TD bgcolor=#eeeeee>
        <INPUT type=file name=large size=30>
      </TD>
    </TR>
    <TR>
      <TH bgcolor=#DFEDFF>
        <FONT size=-1 color=black> 상품 내용</FONT>
      </TH>
      <TD bgcolor=#eeeeee>
      </TD>
```

```
    </TR>
    <TR>
      <TD colspan=2>
        <TEXTAREA name=description cols=70 rows=5></TEXTAREA>
      </TD>
    </TR>
    <TR>
      <TD colspan=2>
        <INPUT type=button value=" 저장 " onClick="check(this.form)" >
        <INPUT type=reset value=" 다시쓰기 " >
      </TD>
    </TR>
  </TABLE>
  </CENTER>
  </FORM>
  </BODY>
  </HTML>
```

테스트하기

main.htm 페이지를 브라우저에서 [상품 등록하기] 링크를 클릭하면 다음과 같은 페이지가 열리는지 확인한다.

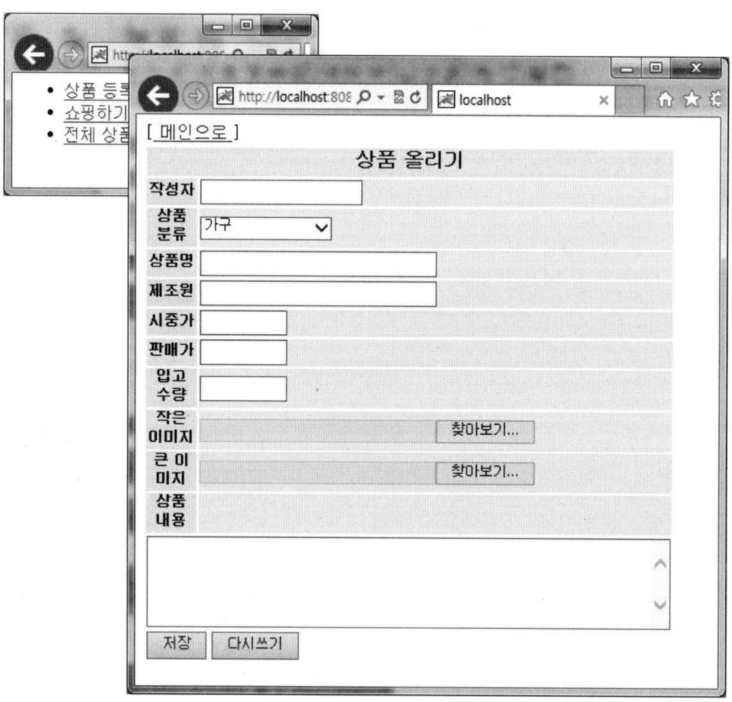

[그림 12-2] 메인 및 상품 등록 화면

③ 입력한 상품 정보를 테이블에 저장하는 JSP 파일을 작성한다. 상품 이미지 파일을 서버에 업로드 하기 위해 jspsmart 클래스를 사용한다.

예제 product_save.jsp

```
<%@ page contentType="text/html; charset=EUC-KR" %>
<%@ page language="java" import="java.sql.*,java.util.*,java.text.*" %>
<%@ page import="com.oreilly.servlet.MultipartRequest" %>
<%@ page import="com.oreilly.servlet.multipart.DefaultFileRenamePolicy"%>
<% request.setCharacterEncoding("euc-kr"); %>

<%
  String fileurl= "/jsp/chap12/upload/";
  String saveFolder="upload";
  String encType="euc-kr";
  int Maxsize = 5*1024*1024;


  MultipartRequest multi = null;
  DefaultFileRenamePolicy policy = new DefaultFileRenamePolicy();
  multi = new MultipartRequest(request,fileurl,Maxsize,encType,policy);

  String wn = multi.getParameter("wname");
  String cat= multi.getParameter("category");
  String pn = multi.getParameter("pname");
  String sn = multi.getParameter("sname");
  int price = Integer.parseInt(multi.getParameter("price"));
  int dprice = Integer.parseInt(multi.getParameter("dprice"));
  int stock = Integer.parseInt(multi.getParameter("stock"));
  String des = multi.getParameter("description");

  long id = 0;
  int pos=0;

  while ((pos=des.indexOf("\'", pos)) != -1) {
    String left=des.substring(0, pos);
    String right=des.substring(pos, des.length());
    des = left + "\'" + right;
    pos += 2;
  }

  java.util.Date yymmdd = new java.util.Date() ;
  SimpleDateFormat myformat = new SimpleDateFormat("yy-MM-d h:mm a");

```

```
  String ymd=myformat.format(yymmdd);

  String sql=null;
  Connection con=null;
  Statement st=null;
  ResultSet rs=null;
  int cnt=0;

  try{
    Class.forName("org.gjt.mm.mysql.Driver");
  } catch (java.lang.ClassNotFoundException e) {
    out.println(e.getMessage());
  }

  try{
    con = DriverManager.getConnection("jdbc:mysql://localhost:3306/shop?useUnicode=true&characterEncoding=euckr","root","multi");
    st = con.createStatement();
    sql = "select max(id) from product where category= '"+cat+"'";

    rs = st.executeQuery(sql);
    rs.next();
    id= rs.getLong(1);

    if (id==0)
      id=Integer.parseInt(cat+"00001");
    else
      id= id + 1 ;

    Enumeration files = multi.getFileNames();
    String fname1 = (String) files.nextElement();
    String filename1 = multi.getFilesystemName(fname1);
    String fname2 = (String) files.nextElement();
    String filename2 = multi.getFilesystemName(fname2);

    if (filename2 == null)
      filename2=filename1;
    sql ="insert into product(id,category,wname,pname,sname,price,downprice" ;
    sql = sql+",inputdate,stock,small,large,description) values ("+id+",'";
    sql = sql+cat+"','"+wn+"','"+pn+"','"+sn+"',"+price+","+dprice+",'"+ymd;
    sql = sql+"',"+stock+",'"+filename1+"','"+filename2+"','"+des+"')" ;

    cnt = st.executeUpdate(sql);

```

```
83        if (cnt >0)
84          out.println("상품을 등록했습니다.");
85        else
86          out.println("상품이 등록되지 않았습니다. ");
87
88        st.close();
89        con.close();
90
91    } catch (SQLException e) {
92        out.println(e);
93    }
94  %>
95  <P>
96  <A href="product_list.jsp">[상품 목록으로]</A>  
97  <A href="product_write.htm">[상품 올리는 곳으로]</A>
```

줄번호	설명
03~04	MultipartRequest 클래스들을 사용하기 위해 MultipartRequest 클래스들을 정의하고 있는 "com.oreilly.servlet.MultipartRequest", "com.oreilly.servlet.multipart.DefaultFileRenamePolicy" 패키지들을 import한다.
08~09	파일이 업로드되는 폴더를 지정한다.
10	인코딩 타입을 지정한다.
11	최대 업로드될 파일의 크기 5Mb를 지정한다.
14~16	전송을 담당할 컴포넌트를 생성한 후, 전송할 파일명을 가지고 있는 객체, 서버상의 절대경로, 최대 업로드 파일크기, 문자 코드, 기본 보안적용을 지정한다.
27	상품의 키값을 저장하기 위한 변수이다.
28~35	상품의 설명 중에 단일 부호(')가 입력된 것을 찾아서 그 앞에 제어 문자 역슬래시(\)를 각각 삽입한다.
57~59	입력한 상품의 분류에 따라서 상품의 키값을 설정하기 위해 같은 상품 분류 중에 최고 id값을 구한다.
60~61	sql을 실행한 다음 반환된 레코드 셋에서 레코드를 읽어 온다. 그리고 첫 번째 컬럼(max(id)값) 값을 변수 id에 저장한다.
63~66	변수 id에 저장된값이 0이면, 즉 현재 올리는 상품이 해당 상품 분류에서 첫 번째 상품인 경우라면 상품 분류 코드를 저장한 cat값과 "00001"을 연결한 다음 다시 int형으로 변경하여 변수에 저장한다. 또한 기존에 등록된 같은 분류의 상품이 있는 경우에는 기존 상품 중에 가장 id가 큰 값(max(id))에 1을 더한다.

68~72	<INPUT>태그의 TYPE속성이 FILE로 지정된 텍스트 상자의 개수(현재는 2개이다) 만큼의 값을 얻어온다.
74~75	filename2(큰 이미지 파일 이름)이 null 문자("")이면 filename1(작은 이미지 파일 이름) 값을 저장한다. 작은 이미지에서 확대하는 사진을 보여주고자 할 때 큰 이미지 파일이 없는 경우에는 작은 이미지를 그대로 보여주기 위한 목적이다. 만일 큰 이미지가 없는 경우에 웹문서가 없다는 오류 메시지를 그대로 보여준다면 이 문장은 생략해도 된다.

테스트하기

main.htm 페이지를 브라우저에서 열고 [상품 등록하기] 링크를 클릭한 다음 상품 정보를 입력한다. 그리고 [저장] 버튼을 누른다.

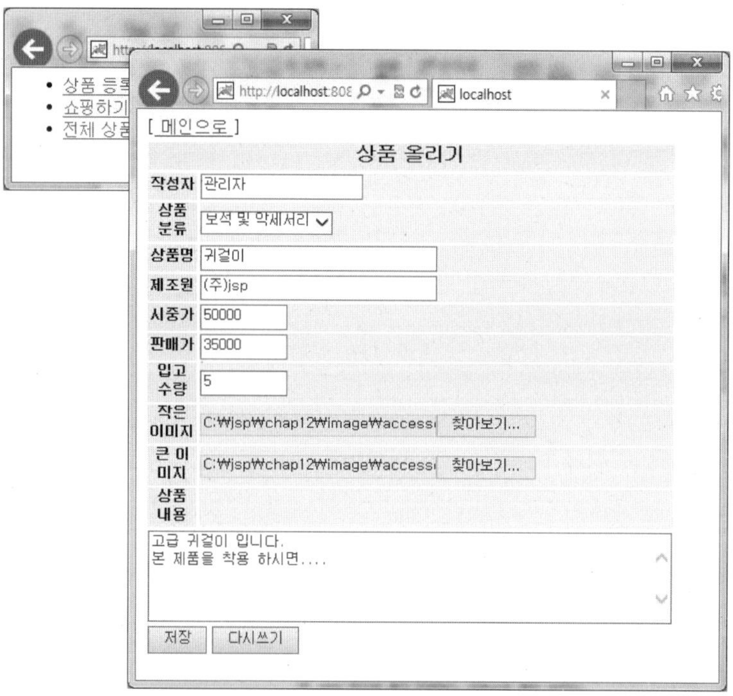

[그림 12-3] 상품 정보를 입력 페이지

오류가 없다면 다음과 같은 결과가 나타난다.

[그림 12-4] 실행 결과

12.2 전체 상품 목록 보기

등록된 상품의 전체 목록을 보여준다.

① 상품의 전체 목록을 게시판 형식으로 보여주는 JSP 파일을 작성한다. 전체 목록을 보여주는 페이지에서 상품 분류별로 검색할 수 있도록 하고 또한 특정 상품 이름을 입력하여 검색할 수도 있도록 한다.

예제 product_list.jsp

```
<%@ page contentType="text/html; charset=euc-kr" %>
<%@ page language="java" import="java.sql.*,java.util.*,java.text.*" %>
<% request.setCharacterEncoding("euc-kr"); %>
<HTML>
<HEAD><TITLE>상품 목록 </TITLE></HEAD>
<BODY>
<P align=center>
<FONT color=#0000ff face=굴림 size=+1>
<STRONG> 상품 목록 </STRONG></FONT></P>

<FORM method=post name=search action="product_list.jsp">
<TABLE border=0 width=95%>
  <TR>
    <TD align=right>
      <FONT size=-1>상품명으로 찾기</FONT>
      <INPUT type=text name=pname>
      <INPUT type=submit value="검색">
    </TD>
  </TR>
  <TR>
    <TH>
      <FONT size=-1>
        [<A href="main.htm">메인으로</A>]
        <A href="product_list.jsp">전체</A>-
        <A href="product_list.jsp?cat=11">가구</A>-
        <A href="product_list.jsp?cat=22">전기/전자</A>-
        <A href="product_list.jsp?cat=33">부엌용품</A>-
        <A href="product_list.jsp?cat=44">의류</A>-
        <A href="product_list.jsp?cat=55">보석 및 악세사리</A>-
        <A href="product_list.jsp?cat=66">헬스 기구</A>-
        <A href="product_list.jsp?cat=77">컴퓨터 관련</A>-
        <A href="product_list.jsp?cat=88">기타</A>
```

```
        </FONT>
      </TH>
    </TR>
  </TABLE>
  </FORM>

  <CENTER>
  <TABLE border=0 width=95% cellpadding=4 cellspacing=4 style="font-size:10pt">
    <TR>
      <TH width=5% bgcolor=#DFEDFF>
        <FONT color=black face=굴림>
          <NOBR>번호</NOBR>
        </FONT>
      </TH>
      <TH width=25% bgcolor=#DFEDFF>
        <FONT color=black face=굴림>
          <NOBR>상품명</NOBR>
        </FONT>
      </TH>
      <TH width=10% bgcolor=#DFEDFF>
        <FONT color=black face=굴림>
          <NOBR>코드번호</NOBR>
        </FONT>
      </TH>
      <TH width=15% bgcolor=#DFEDFF>
        <FONT color=black face=굴림>
          <NOBR>제조원</NOBR>
        </FONT>
      </TH>
      <TH width=10% bgcolor=#DFEDFF>
        <FONT color=black face=굴림>
          <NOBR>판매시작일</NOBR>
        </FONT>
      </TH>
      <TH width=10% bgcolor=#DFEDFF>
        <FONT color=black face=굴림>
          <NOBR>판매가(원)</NOBR>
        </FONT>
      </TH>
      <TH width=10% bgcolor=#DFEDFF>
        <FONT color=black face=굴림>
          <NOBR>재고량</NOBR>
        </FONT>
```

```
        </TH>
        <TH width=15% bgcolor=#DFEDFF>
          <FONT color=black face=굴림>
            <NOBR>분류</NOBR>
          </FONT>
        </TH>
      </TR>
<%
    String cond="";
    String ca="";
    String pn="";

    if (request.getParameter("cat") != null) {
      if( !(request.getParameter("cat").equals("")) ) {
        ca=request.getParameter("cat");
        cond= " where category = '"+ ca+"'";
      }
    }

    if (request.getParameter("pname") != null) {
      if ( !(request.getParameter("pname").equals("")) ) {
        pn=request.getParameter("pname");
        cond= " where pname like '%"+ pn+"%'";
      }
    }

    Vector pname=new Vector();
    Vector sname=new Vector();
    Vector keyid=new Vector();
    Vector cat=new Vector();
    Vector dprice=new Vector();
    Vector inputdate=new Vector();
    Vector stock=new Vector();
    String category=null;

    long id=0;

    NumberFormat nf = NumberFormat.getInstance();
    String downprice=null;

    int where=1;
    int totalgroup=0;
    int maxpages=2;
```

```
int startpage=1;
int endpage=startpage+maxpages-1;
int wheregroup=1;
if (request.getParameter("go") != null) {
  where = Integer.parseInt(request.getParameter("go"));
  wheregroup = (where-1)/maxpages + 1;
  startpage=(wheregroup-1) * maxpages+1;
  endpage=startpage+maxpages-1;
} else if (request.getParameter("gogroup") != null) {
  wheregroup = Integer.parseInt(request.getParameter("gogroup"));
  startpage=(wheregroup-1) * maxpages+1;
  where = startpage ;
  endpage=startpage+maxpages-1;
}
int nextgroup=wheregroup+1;
int priorgroup= wheregroup-1;

int startrow=0;
int endrow=0;
int maxrows=5;
int totalrows=0;
int totalpages=0;
Connection con= null;
Statement st =null;
ResultSet rs =null;

try{
  Class.forName("org.gjt.mm.mysql.Driver");
} catch (ClassNotFoundException e) {
  out.println(e);
}

try{
  con = DriverManager.getConnection("jdbc:mysql://localhost:3306/shop?
        useUnicode=true&characterEncoding=euckr","root","multi");
} catch (SQLException e) {
  out.println(e);
}

try{
  st = con.createStatement();
  String sql = "select * from product";
  sql = sql+ cond+ " order by id";
```

```
        rs = st.executeQuery(sql);
        if (!(rs.next()))  {
          out.println("상품이 없습니다");
        } else {
          do {
            keyid.addElement(new Long(rs.getLong("id")));
            cat.addElement(rs.getString("category"));
            pname.addElement(rs.getString("pname"));
            sname.addElement(rs.getString("sname"));
            dprice.addElement(new Integer(rs.getInt("downprice")));
            String idate = rs.getString("inputdate");
            idate = idate.substring(0,8);
            inputdate.addElement(idate);
            stock.addElement(new Integer(rs.getInt("stock")));
          }while(rs.next());

          totalrows = pname.size();
          totalpages = (totalrows-1)/maxrows +1;
          startrow = (where-1) * maxrows;
          endrow = startrow+maxrows-1;
          if (endrow >= totalrows)
            endrow=totalrows-1;
          totalgroup = (totalpages-1)/maxpages +1;
          if (endpage > totalpages)
            endpage=totalpages;
          for(int j=startrow;j<=endrow;j++) {
            id= ( (Long)keyid.elementAt(j) ).longValue();
            downprice=nf.format( ((Integer)dprice.elementAt(j)).intValue() );
            switch ( Integer.parseInt((String)cat.elementAt(j)) ) {
              case 11:
                category="가구";
                break;
              case 22:
                category="전기/전자";
                break;
              case 33:
                category="부엌용품";
                break;
              case 44:
                category="의류";
                break;
              case 55:
                category="보석 및 악세사리";
```

```
            break;
          case 66:
            category="헬스기구";
            break;
          case 77:
            category="컴퓨터관련";
            break;
          case 88:
            category="기타";
            break;
          default:
            break;
        }
        out.println("<TR>");
        out.println("<TH width=5% bgcolor=#eeeeee>");
        out.println(j+1+"</TH>");
        out.println("<TD width=25% bgcolor=#eeeeee>");
        out.print("<A href=\"product_read.jsp?id="+id + "&go=" + where);
        out.print("&cat="+ca+"&pname="+pn+"\">"+pname.elementAt(j));
        out.println("</A></TD>");
        out.println("<TD  width=10% bgcolor=#eeeeee>");
        out.println(id + "</TD>");
        out.println("<TD width=15% bgcolor=#eeeeee>");
        out.println(sname.elementAt(j) + "</TD>");
        out.println("<TD width=10% bgcolor=#eeeeee>");
        out.println(inputdate.elementAt(j)+ "</TD>");
        out.println("<TD width=10% bgcolor=#eeeeee align=right>");
        out.println(downprice+ "</TD>");
        out.println("<TD width=10% bgcolor=#eeeeee align=right>");
        out.println(stock.elementAt(j) + "</TD>");
        out.println("<TD width=15% bgcolor=#eeeeee>");
        out.println(category + "</TD>");
        out.println("</TR>");
      }
      rs.close();
    }
    out.println("</TABLE>");
    st.close();
    con.close();
  } catch (SQLException e) {
    out.println(e);
  }

```

```
247     if (wheregroup > 1) {
248       out.print("[<A href=\"product_list.jsp?gogroup=1");
249       out.print("&cat="+ca+"&pname="+pn+"\">처음</A>]");
250       out.print("[<A href=\"product_list.jsp?gogroup="+priorgroup);
251       out.print("&cat="+ca+"&pname="+pn+ "\">이전</A>]");
252     } else {
253       out.println("[처음]") ;
254       out.println("[이전]") ;
255     }
256 
257     if (totalrows !=0) {
258       for(int jj=startpage; jj<=endpage; jj++) {
259         if (jj==where)
260           out.println("["+jj+"]") ;
261         else {
262           out.print("[<A href=\"product_list.jsp?go="+jj) ;
263           out.print("&cat="+ca+"&pname="+pn+"\">"+jj + "</A>]") ;
264         }
265       }
266     }
267     if (wheregroup < totalgroup) {
268       out.print("[<A href=\"product_list.jsp?gogroup="+ nextgroup);
269       out.print("&cat="+ca+"&pname="+pn+"\">다음</A>]");
270       out.print("[<A href=\"product_list.jsp?gogroup="+ totalgroup);
271       out.print("&cat="+ca+"&pname="+pn+"\">마지막</A>]");
272     } else {
273       out.println("[다음]");
274       out.println("[마지막]");
275     }
276     out.println ("전체상품수 :"+totalrows);
277   %>
278   </BODY>
279   </HTML>
```

줄번호	설명
02	Vector클래스를 사용하기 위해 Vector클래스가 정의되어 있는 "java.util" 패키지를 포함하고 숫자를 포맷할 때(자릿수 3자리마다 쉼표를 넣는) 사용되는 NumberFormat 클래스를 위해 "java.text" 패키지를 포함한다.
11~37	상품 이름으로 검색할 수 있도록 <FORM>태그와 <INPUT> 태그들을 정의한다. 텍스트 상자에 입력한 상품 이름을 다시 자기 자신인 product_list.jsp 페이지로 전송하게 된다.

23~32 상품 분류별로 검색할 수 있도록 링크를 정의하며 이 링크들은 선택한 상품분류값과 함께 다시 자기 자신을 호출하게 된다.

84~86 sql문의 조건절(where)에서 사용할 변수를 초기화한다.

88~93 이 페이지가 호출될 때 상품 분류 값이 전송되었고 그 값이 null문자("")가 아니면 그 값을 저장하고 where 조건문을 만든다.

95~100 이 페이지가 호출될 때 상품 이름 값이 전송되었고 그 값이 null문자("")가 아니면 그 값을 저장하고 상품 이름에 대한 where 조건문을 만든다.

111 상품 레코드의 킷값을 저장할 변수를 정의한다.

113 가격을 표시할 때 세자리마다 쉼표(,)(로 구분하기 위해 사용되는 Number-Format클래스의 객체를 생성한다.

116~121 그룹으로 묶기 위해 필요한 변수들을 정의한다. 한 그룹에 포함될 페이지의 수를 2로 설정하였다.

136~140 보여줄 페이지에 포함되는 첫 번째 로우(레코드) 번호와 마지막 번째 로우번호를 저장하기 위한 변수, 그리고 한 페이지에서 보여줄 로우의 개수를 5로 설정한다. 즉, 한 페이지에는 5개의 상품이 포함된다. 테스트를 빠르게 하기 위해서 설정한 값이다. 또한 현재 저장되어 있는 전체 로우 개수(상품 테이블에 입력된 상품수)와 전체 페이지 수를 저장하기 위한 변수를 정의한다.

160 sql문에서의 where절과 order by절을 select문에 연결하는데, 만일 특정 상품을 검색하지 않고 상품 분류별로 검색하지 않는다면 cond 변수에는 null문자가("")가 저장되어 있으므로 사실상 where절이 없는 sql문을 만든다.

166~174 반환된 모든 로우를 차례로 읽어와서 각 컬럼값을 해당되는 Vector에 추가한다.

177 저장된 Vector의 크기를 구해서 전체 로우 개수와 한 페이지에 포함될 로우 개수를 이용하여 구한다.

178 전체 페이지 수를 전체 로우 개수와 한 페이지에 포함될 로우 개수를 이용하여 구한다.

179~180 현재 보여줄 페이지에서의 첫 번째 로우(0부터 시작)와 마지막 번째 로우 번호를 구한다.

181~182 마지막 로우(레코드) 번호가 전체 로우(레코드) 개수보다 크거나 같은 경우를 검사하는데 마지막 페이지에 로우가 꽉 차지 않는 경우를 판단하는 것이다. 이런 경우에는 다시 마지막 로우를 전체 로우 개수-1(0부터 시작하므로)로 설정한다.

183 전체 그룹수를 구한다.

184~185 계산된 그룹의 마지막 번호(endpage)가 전체 페이지 수(totalpages)보다 큰 경우에는 마지막 페이지 번호(endpage)를 전체 페이지 수(totalpages)로 다시 설정한다.

187 상품 레코드의 id필드(컬럼)값을 long변수로 저장하기 위해 Object 유형으로 저장되어 있는 Vector값을 Long 객체로 형 변환하고 다시 Long객체로 저장된 값을 long 유형의 값으로 변경하기 위해 longValue() 메서드를 사용하였다.

189 현재 판매가격을 출력할 때 숫자 세자리마다 쉼표(,)로 구분하기 위해 포맷한다. Vector에 저장된 Object 형 값을 Integer 클래스의 parseInt() 메서드를 사용하여 그 코드값에 따라서 상품 분류를 결정한다.

189~216	상품 분류 코드(catalog 필드) 값이 Object유형으로 저장되어 잇는 Vector값을 String 객체로 형 변환하고 다시 String객체로 지정된 값을 int유형의 값으로 변경하기 위해 Integer클래스의 parseInt() 메서드를 사용하여 그 코드 값에 따라서 상품 분류를 결정한다.
219	상품목록을 보여줄 때의 순서 번호를 1부터 하기 위해 Vector인덱스인j(0부터 시작하므로)에 1을 더했다. 참고로 게시판에서는 번호가 역순이었다.
220~223	상품이름을 클릭하면 상품에 대한 상세 정보를 보여주는 페이지로 이동하기 위한 링크를 설정한다. 이때 게시판이나 자료실과는 다르게 현재보고 있던 페이지 번호와 함께 현재 검색중인 상태였자면 다시 돌아올 때도 검색중인 상태의 목록으로 돌아올 수 있도록 하기 위해 현재 검색중인 값(상품 분류와 상품 이름)을 함께 넘겨주도록 하였다. 현재 검색 모드가 아닌 경우에는 이 값들이 null문자("")가 되는데 상품 분류별로 검색 중이었다면 상품 이름(pn)값이 null문자("")가 된다. 또한 상품이름으로 검색중인 상태에서 클릭한 경우라면 상품 분류(ca)값이 null문자("")가 된다.
247~251	현재 검색 모드가 아닌 경우에는 이 값들이 null문자("")가 되고 상품 분류별로 검색 중이었다면 상품 이름 (pn)값이 null문자 ("")가 된다. 또한 상품이름으로 검색중인 상태에서 클릭한 경우라면 상품 분류(ca)값이 null문자 ("")가 된다.
257~266	상품수가 1개라도 있는 경우(벡터의 크기가 0이 아닌 경우)에 처리된다. 현재 보여줄 페이지가 속한 그룹의 첫 번째 페이지부터 마지막 페이지까지의 링크를 추가한다. 이때, 보여줄 페이지에 해당하는 번호는 링크를 지정하지 않는다.

※ 주의 : 〈A〉 태그의 내용을 out 객체를 이용하여 몇 줄에 걸쳐서 출력할 경우에 〈A〉 태그의 내용이 한 줄로 출력되지 않으면 오류가 발생할 수 있으므로 println() 대신에 줄을 넘기지 않는 print() 메서드를 사용하여 출력한다.

테스트하기

main.htm 페이지를 브라우저에서 열고 [전체 상품보기] 링크를 클릭한 다음 열리는 페이지에서 상품 분류별로 또한 특정 상품 이름을 입력하여 그 결과를 확인한다. 상품을 여러 건 올린 다음 페이지 이동이 정상적으로 동작하는지도 확인한다.

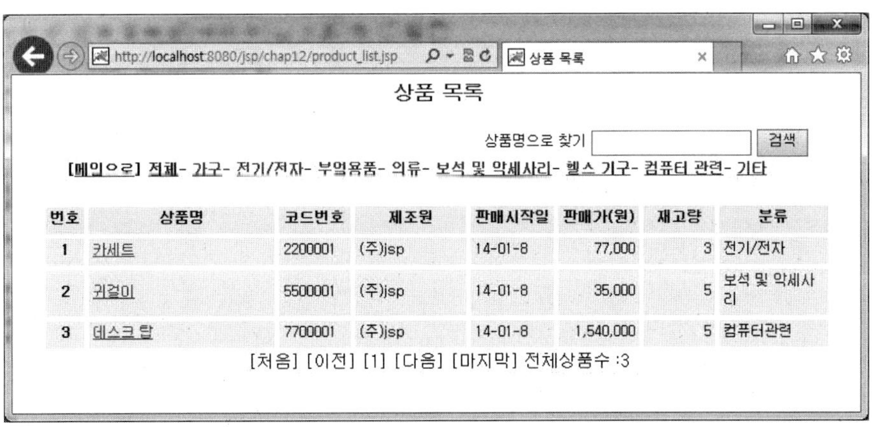

[그림 12-5] 전체 상품보기 링크를 클릭한 결과

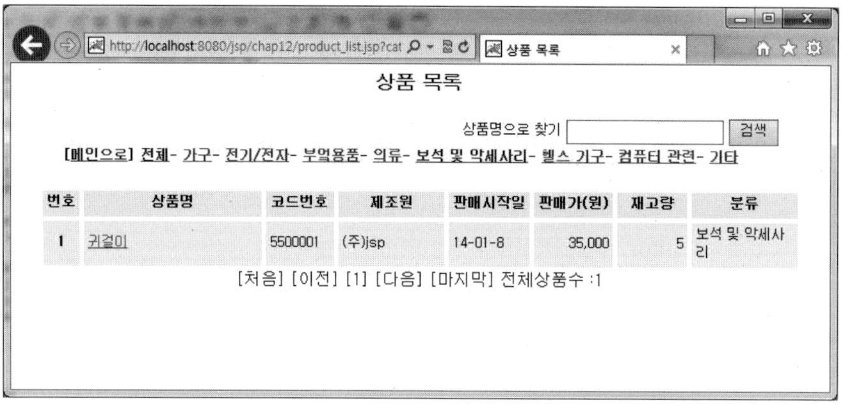

[그림 12-6] 보석 및 악세사리 분류로 상품을 검색한 결과

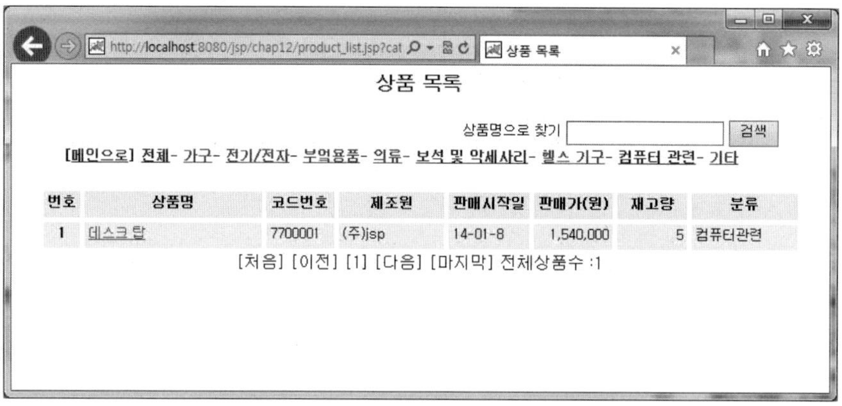

[그림 12-7] 상품 이름으로 검색한 결과

② 상품 목록에서 상품 이름을 클릭하면 상품에 대한 상세한 정보를 보여주는 JSP 페이지를 작성한다.

예제 product.read.jsp

```
<%@ page contentType="text/html; charset=EUC-KR" %>
<%@ page language="java" import="java.sql.*" %>
<HTML>
<HEAD><TITLE>상품 설명(이미지) 보기</TITLE>
<SCRIPT language="javascript">
  function view(temp) {
    filename = "http://localhost:8080/jsp/chap12/image/" + temp;
    i = window.open(filename, "win", "height=350,width=450,toolbar=0,
        menubar=0,scrollbars=1,resizable=1,status=0");
  }
</SCRIPT>
</HEAD>
<BODY>
```

```
<%

  String ca="";
  String pn="";

  if (request.getParameter("cat") != null)
    if( !(request.getParameter("cat").equals("")) )
      ca=request.getParameter("cat");
  if (request.getParameter("pname") != null)
    if ( !(request.getParameter("pname").equals("")) )
      pn=request.getParameter("pname");

  String sql=null;
  Connection con= null;
  Statement st =null;
  ResultSet rs =null;

  long id = Long.parseLong(request.getParameter("id"));

  String url = "http://localhost:8080/jsp/chap12/upload/";
  String small=null;

  out.print("[<A href=\"product_list.jsp?go="+ request.getParameter("go"));
  out.print("&cat="+ ca +"&pname="+pn+"\">상품 목록으로</A>]");

  try {
    Class.forName("org.gjt.mm.mysql.Driver");
  } catch (ClassNotFoundException e) {
    out.println(e);
  }

  try {
    con = DriverManager.getConnection("jdbc:mysql://localhost:3306/shop?
          useUnicode=true&characterEncoding=euckr","root","multi");
  } catch (SQLException e) {
    out.println(e);
  }

  try {
    st = con.createStatement();
    sql = "select * from product where id="+id;
    rs = st.executeQuery(sql);
    if (!(rs.next())) {
      out.println("해당 내용이 없습니다");
    } else {
```

```
57          small=url+rs.getString("small");
58          out.println("<TABLE width=500 border=0 >");
59          out.println("<TR><TH rowspan=3>");
60
61          out.println("<A href=JavaScript:view(\""+rs.getString("large")+"\")>");
62          out.println("<IMG width=100 height=100 src="+small+">");
63          out.println("<BR>확대</A></TH>");
64          out.println("<TH bgcolor=#003399>");
65          out.println("<FONT face=굴림 color=white>");
66          out.println(rs.getString("pname")+" ("+rs.getLong("id")+")");
67          out.println("---작성자:"+rs.getString("wname"));
68          out.println("</FONT></TH></TR>");
69          out.println("<TR>");
70          out.println("<TD>");
71          out.println("<U>상세 설명 :</U><BR>");
72          out.println(rs.getString("description") );
73          out.println("</TD></TR>");
74          out.println("<TR><TD align=right>");
75          out.println("제조(공급)원:"+rs.getString("sname")+"<BR>");
76          out.println("시중가:<STRIKE>"+rs.getString("price")+"</STRIKE>원");
77          out.println("판매가:"+rs.getString("downprice")+"원");
78          out.println("</TD></TR>");
79          out.println("</TABLE>");
80        }
81        rs.close();
82        st.close();
83        con.close();
84      } catch (SQLException e) {
85        out.println(e);
86      }
87    %>
88    </BODY>
89    </HTML>
```

줄번호	설명
05~10	상품의 큰 이미지를 새로운 창에서 보여주는 자바스크립트 함수이다.
15~16	상품 목록 페이지가 검색 모드인 상태에서 상품 이름을 클릭해서 현재 페이지로 이동된 것인지를 판단하여 검색 상태였다면 이 페이지에서 다시 상품 목록 페이지로 돌아갈 때 검색된 결과에서의 페이지로 돌아가기 위해 검색값을 저장하기 위한 변수들을 선언한다.
18~23	상품 목록 페이지가 검색모드인 상태에서 상품이름을 클릭하여 현재 페이지로 이동된 것인지를 판단한다. 넘어온 값이 있고 또 값이 null문자가 아니면 값을 저장한다. 다시 검색 결과 페이지로 돌아가기 위한 목적이다.

30	선택된 상품 이름을 가진 레코드의 id값을 long형으로 변환하여 저장한다.
32	상품의 이미지 파일이 저장된 경로를 설정한다.
35~36	다시 상품 목록으로 돌아가는 링크를 만든다.
61~63	상품의 작은 이미지를 출력하면서 클릭하면 새로운 창에서 상품의 큰 이미지를 보여주는 자바스크립트 함수를 호출하도록 링크를 설정한다.

테스트하기

전체 상품 목록을 보여주는 페이지에서 특정 상품 이름을 클릭하면 상품에 대한 상세 정보를 보여주는 페이지로 이동되는지 확인한다. 또한 [확대] 링크를 클릭하였을 때 상품의 큰 이미지를 보여주는 창이 열리는지, 다시 목록 페이지로 이동할 때 이전에 보고 있었던 페이지로 이동되는지도 확인한다.

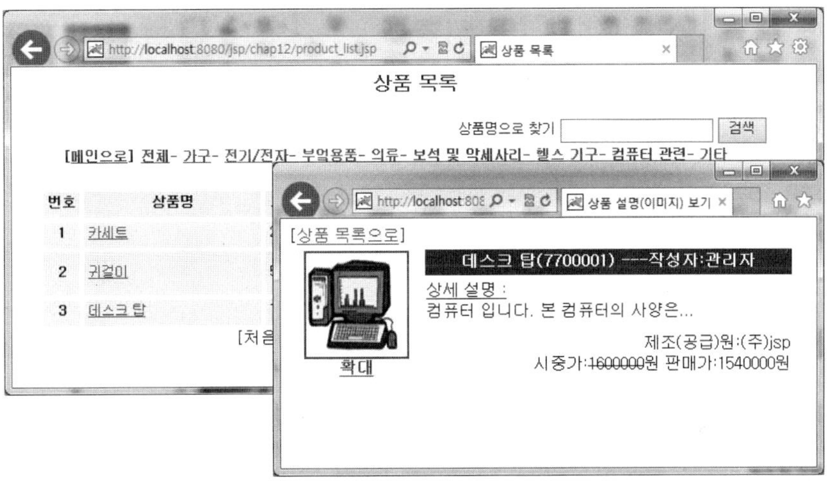

[그림 12-8] 전체 상품 목록에서 특정 상품 이름을 클릭한 결과

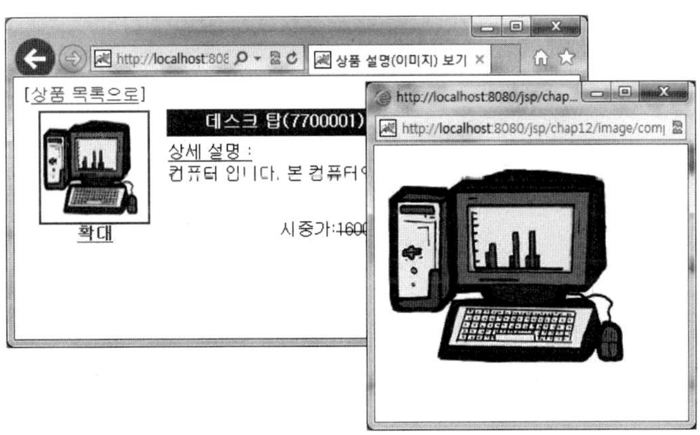

[그림 12-9] [확대] 링크를 누른 결과

그리고 상품 목록 페이지에서 상품 분류를 선택하거나 상품 검색을 입력한 다음 결과 페이지에서 특정 상품을 클릭했을 때 상품의 상세 정보 페이지로 이동되는지, 다시 목록으로 돌아왔을 때 보고 있었던 페이지인가도 확인한다.

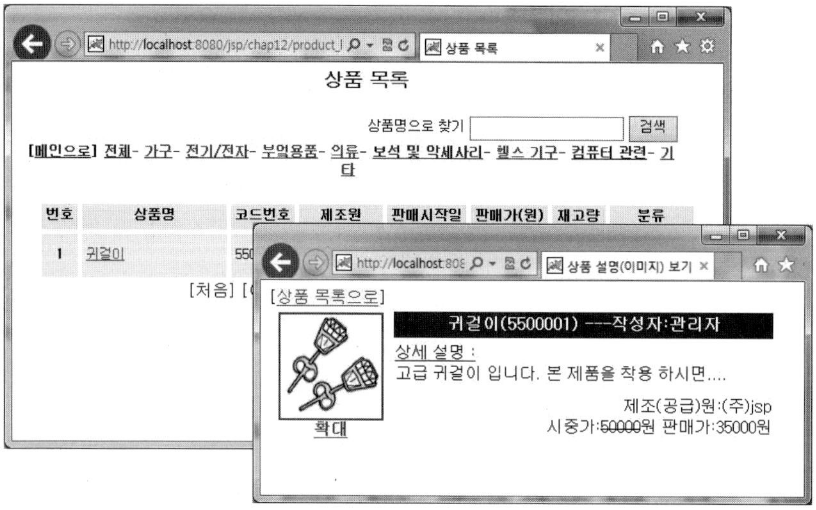

[그림 12-10] 상품 이름으로 검색한 상품 목록에서 상품 이름을 클릭한 결과

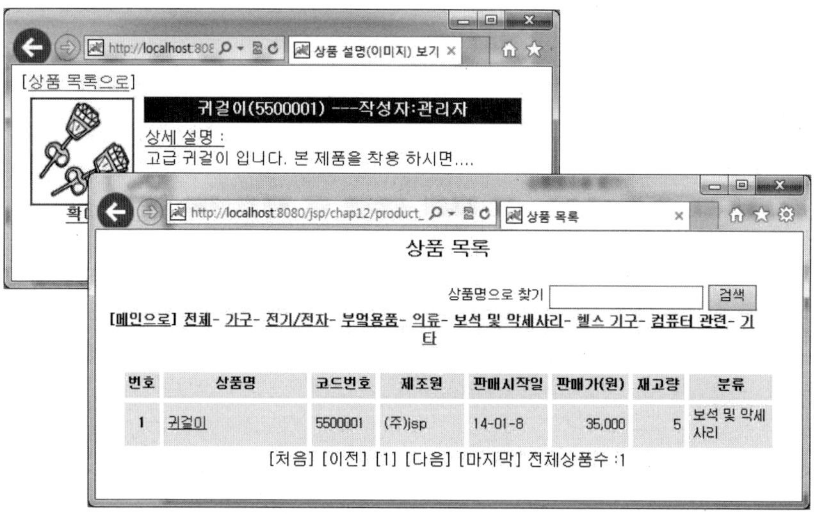

[그림 12-11] [상품 목록으로] 링크를 클릭하면 이전에 검색된 결과 페이지가 열린 결과

※ 주의 : product 테이블에 small 또는 large 필드가 id나 wname 필드보다 나중에 정의된 경우에 small/large 필드를 먼저 getXXX( ) 하게 되면 MS-SQL Server에서는 Invalid Descriptor Index 오류가 발생할 수 있다. 먼저 테이블에 정의된 필드 순서대로 getXXX( )를 실행하여 변수에 저장한 다음 그 변수를 사용하도록 한다.

[상품 목록으로] 링크 클릭 시 이전에 검색된 결과 페이지가 정상적으로 열리지 않는다면 24번째 줄에 `pn = new String(pn.getBytes("ISO-8859-1"),"euc-kr");`를 추가하여 테스트한다.

만약 위 코드를 추가하였음에도 정상적으로 나타나지 않는다면 톰캣 설정을 수정하여야 한다. C:₩tomcat₩conf₩server.xml 파일을 열면 `<Connector port="8080" protocol="HTTP/1.1" connectionTimeout="20000" redirectPort="8443" />`과 같은 노드가 있을 것이다. 이 노드에 `URIEncoding="euc-kr"` 내용을 추가한 후 tomcat을 리스타트 후 다시 테스트를 하게 되면 정상적으로 나타날 것이다.

```
<Connector port="8080" protocol="HTTP/1.1" connectionTimeout="20000"
 redirectPort="8443" />
```

↓

```
<Connector port="8080" protocol="HTTP/1.1" connectionTimeout="20000"
 redirectPort="8443"  URIEncoding="euc-kr" />
```

12.3 쇼핑하기

고객이 상품 목록을 보고 장바구니에 담은 다음 주문할 수 있게 한다. 상품들을 검색하면서 (사이트의 페이지들을 이동해 가면서) 쇼핑한 상품들에 대한 정보를 가지고 있다가 최종적으로 주문을 할 수 있도록 하기 위해 session 객체를 이용한다.

① 상품 목록을 보여주는 JSP 파일을 작성한다. 상품 목록에서 수량을 선택하고 바구니에 담을 수 있도록 한다. 앞에서 설명한 전체 상품을 보여주는 JSP(product_list.jsp) 파일의 내용에 장바구니에 담기 위한 작업이 추가된다. 또한 여기에서는 페이지를 그룹으로 묶지 않고 이전과 다음으로만 이동될 수 있도록 하였다.

예제 shop_list.jsp

```
<%@ page contentType="text/html; charset=EUC-KR" %>
<%@ page language="java" import="java.sql.*,java.util.*,java.text.*" %>
<% request.setCharacterEncoding("euc-kr"); %>
<HTML>
<HEAD><TITLE>쇼핑하기 </TITLE>
<SCRIPT language="javascript">
  function view(temp) {
    if (temp.length >0) {
      url = "http://localhost:8080/jsp/chap12/upload/" + temp;
        window.open(url, "win", "height=350,width=450,toolbar=0,menubar=0,
         scrollbars=1,resizable=1,status=0");
    }
```

```
  }
</SCRIPT>
</HEAD>
<BODY>
<P align=center>
  <FONT color=#0000ff face=굴림 size=3>
    <STRONG>쇼핑하기</STRONG>
  </FONT>
</P>

<FORM method=post name=search action="shop_list.jsp">
<TABLE border=0 width=95%>
  <TR>
    <TH align=right>
      <FONT size=-1>상품명으로 찾기</FONT>
      <INPUT type=text name=pname>
      <INPUT type=submit value="검색"></font>
    </TH>
  </TR>
  <TR>
    <TH>
      <FONT size=-1>
        [<A href="main.htm">메인으로</A>]
        <A href="shop_list.jsp">전체</A>-
        <A href="shop_list.jsp?cat=11">가구</A>-
        <A href="shop_list.jsp?cat=22">전기/전자</A>-
        <A href="shop_list.jsp?cat=33">부엌용품</A>-
        <A href="shop_list.jsp?cat=44">의류</A>-
        <A href="shop_list.jsp?cat=55">보석 및 악세사리</A>-
        <A href="shop_list.jsp?cat=66">헬스 기구</A>-
        <A href="shop_list.jsp?cat=77">컴퓨터 관련</A>-
        <A href="shop_list.jsp?cat=88">기타</A>
      </FONT>
    </TH>
  </TR>
</TABLE>
</FORM>

<CENTER>
<TABLE width=95% style="font-size:10pt">
<%
  String cond="";
  String ca="";
```

```
String pn="";

if (request.getParameter("cat") != null) {
  if( !(request.getParameter("cat").equals("")) ) {
    ca=request.getParameter("cat");
    cond= " where category = '"+ ca+"'";
  }
}

if (request.getParameter("pname") != null) {
  if ( !(request.getParameter("pname").equals("")) ) {
    pn=request.getParameter("pname");
    cond= " where pname like '%"+ pn+"%'";
  }
}

Vector pname=new Vector();
Vector sname=new Vector();
Vector keyid=new Vector();
Vector price=new Vector();
Vector dprice=new Vector();
Vector stock=new Vector();
Vector small=new Vector();
Vector large=new Vector();
Vector description=new Vector();

String url = "http://localhost:8080/jsp/chap12/upload/";

NumberFormat nf= NumberFormat.getNumberInstance();

int stocki;
String pricestr=null;
String dpricestr=null;
String filename="";

int where=1;

if (request.getParameter("go") != null)
  where = Integer.parseInt(request.getParameter("go"));

int nextpage=where+1;
int priorpage = where-1;
int startrow=0;
```

```
int endrow=0;
int maxrows=3;
int totalrows=0;
int totalpages=0;

long id=0;

Connection con= null;
Statement st =null;
ResultSet rs =null;

try {
  Class.forName("org.gjt.mm.mysql.Driver");
} catch (ClassNotFoundException e) {
  out.println(e);
}

try {
  con = DriverManager.getConnection("jdbc:mysql://localhost:3306/shop?
        useUnicode=true&characterEncoding=euckr","root","multi");
} catch (SQLException e) {
  out.println(e);
}

try {
  st = con.createStatement();
  String sql = "select * from product" ;
  sql = sql+ cond+  " order by id desc";
  rs = st.executeQuery(sql);

if (!(rs.next()))
  out.println("상품이 없습니다");
else {
  do {
    keyid.addElement(new Long(rs.getLong("id")));
    pname.addElement(rs.getString("pname"));
    sname.addElement(rs.getString("sname"));
    price.addElement(new Integer(rs.getInt("price")));
    dprice.addElement(new Integer(rs.getInt("downprice")));
    stock.addElement(new Integer(rs.getInt("stock")));
    description.addElement(rs.getString("description"));
    small.addElement(rs.getString("small"));
    large.addElement(rs.getString("large"));
```

```
      } while(rs.next());

      totalrows = pname.size();
      totalpages = (totalrows-1)/maxrows +1;

      startrow = (where-1) * maxrows;
      endrow = startrow+maxrows-1;

      if (endrow >= totalrows)
        endrow=totalrows-1;

      for(int j=startrow;j<=endrow;j++) {
        id= ((Long)keyid.elementAt(j)).longValue();
        stocki= ((Integer)stock.elementAt(j)).intValue();
        filename = url+(String)small.elementAt(j);
        pricestr= nf.format(price.elementAt(j));
        dpricestr=nf.format(dprice.elementAt(j));

        out.println("<TR ><TH rowspan=4>");
        out.println("<A href=JavaScript:view(\""+large.elementAt(j)+"\")>");
        out.println("<IMG border=0 width=70 height=70 src=\""+filename+"\">");
        out.println("<BR>확대</A></TH>");
        out.println("<TD bgcolor=#DFEDFF>");
        out.println("<FONT face='돋움체' color=black>");
        out.println( pname.elementAt(j)+"(코드:"+id+")");
        out.println("</FONT></TD></TR>");
        out.println("<TR>");
        out.println("<TD bgcolor=#eeeeee>");
        out.println(description.elementAt(j));
        out.println("</TD></TR>");
        out.println("<TR><TD align=right>");
        out.println("시중가: <STRIKE>"+ pricestr+"</STRIKE>원  ");
        out.println("판매가: "+ dpricestr+"원");
        out.println("</TD></TR>");
        out.println("<FORM method=post name=search action=\"sale.jsp\">");
        out.println("<TR>");
        out.println("<TD align=right >");
        out.println("제조(공급)원 : "+sname.elementAt(j)+"  ");

        if (stocki >0) {
          out.println("주문수량");
          out.println("<INPUT type=text name=quantity size=2 value=1>개");
          out.println("<INPUT type=hidden name=id value="+id+">");
```

```
            out.println("<INPUT type=hidden name=go value="+where+">");
            out.println("<INPUT type=hidden name=cat value="+ca+">");
            out.println("<INPUT type=hidden name=pname value="+pn+">");
            out.println("<INPUT type=submit value=\"바구니에 담기\">");
          } else
            out.println("품절");
            out.println("</TD></TR></FORM>");
          }
          rs.close();
        }
        out.println("</TABLE>");
        st.close();
        con.close();
      } catch (SQLException e) {
        out.println(e);
      }
      out.println("<HR color=#003399>");
      if (where > 1) {
        out.print("[<A href=\"shop_list.jsp?go=1");
        out.print("&cat="+ca+"&pname="+pn+"\">처음</A>]");
        out.print("[<A href=\"shop_list.jsp?go="+priorpage);
        out.print("&cat="+ca+"&pname="+pn+ "\">이전</A>]");
      } else {
        out.println("[처음]") ;
        out.println("[이전]") ;
      }

      if (where < totalpages) {
        out.print("[<A href=\"shop_list.jsp?go="+ nextpage);
        out.print("&cat="+ca+"&pname="+pn+"\">다음</A>]");
        out.print("[<A href=\"shop_list.jsp?go="+ totalpages);
        out.print("&cat="+ca+"&pname="+pn+"\">마지막</A>]");
      } else {
        out.println("[다음]");
        out.println("[마지막]");
      }

      out.println (where+"/"+totalpages);
      out.println ("전체 상품수 :"+totalrows);
    %>
    </BODY>
    </HTML>
```

줄번호	설명
03	Vector 클래스를 사용하기 위해 Vector 클래스가 정의 되어 있는 "java.util" 패키지를 포함하고 숫자를 포맷할 때(자릿수 3자리마다 쉼표를 넣는) 사용되는 NumberFormat 클래스를 위해 "java.text" 패키지를 포함한다.
06~13	상품의 큰 이미지를 새로운 창에서 보여주는 자바스크립트 함수이다. 새로운 창을 여는 window 객체의 open() 메서드에 지정한 3개의 매개변수는 차례로 새로운 창에서 여는 웹 페이지, 새로운 창의 이름, 그리고 새로운 창의 형태를 의미하는데 세 번째 매개변수는 창의 형태를 결정하는 속성과 값들을 쉼표(,)로 구분하여 지정하며 이들 간에 공백이 있으면 안 된다.
22~48	상품 이름으로 검색할 수 있도록 <FORM> 태그와 <INPUT> 태그들을 정의한다. 텍스트 상자에 입력한 상품 이름을 다시 자기 자신인 shop_list.jsp 페이지로 전송하게 된다.
34~43	상품 분류별로 검색 할 수 있도록 링크를 정의하며 이 링크들은 선택한 상품 분류 값과 함께 다시 자기 자신을 호출하게 된다.
53~55	sql문에 조건절(where)에서 사용할 변수를 초기화한다.
57~62	이 페이지가 호출될 때 상품 분류 값이 전송되었고 그 값이 null 문자("")가 아니면 그 값을 저장하고 where 조건문을 만든다.
64~69	이 페이지가 호출될 때 상품 이름값이 전송되었고 그 값이 null 문자("")가 아니면 그 값을 저장하고 상품 이름에 대한 where 조건문을 만든다.
81	상품의 이미지 파일이 저장된 경로를 설정한다.
83	가격을 표시할 때 세 자리마다 쉼표(,)로 구분하기 위해 사용되는 NumberFormat 클래스의 객체를 생성한다.
85~88	재고량을 판단하고 가격들을 포맷하고 상품의 큰 이미지 파일의 전체 경로명을 위한 변수들을 정의한다.
90~93	이 페이지를 호출할 때 같이 전송된 "go"라는 이름의 변수값이 있다면 그 값을 보여줄 페이지(where 변수) 번호로 설정한다. 없는 경우(즉, 처음 호출된 경우)에는 보여줄 페이지를 1로 설정된다. 전송되는 변수값은 언제나 String형이므로 int형으로 변경하기 위해 parseInt() 메서드를 사용한다.
95~101	보여줄 페이지에 포함되는 첫 번째 로우(레코드) 번호와 마지막 번째 로우 번호를 저장하기 위한 변수, 그리고 한 페이지에서 보여줄 로우의 개수를 3으로 설정한다. 즉 한 페이지에는 3개의 상품이 포함된다. 테스트를 빠르게 하기 위해서 설정한 값이다. 또한 현재 저장되어 잇는 전체 로우 개수(상품 테이블에 입력된 상품수)와 전체 페이지 수를 저장하기 위한 변수를 정의한다.
123~124	sql문에서의 where절과 select문에 연결하는데, 만일 특정 상품을 검색하지 않고 상품 분류별로 검색하지 않는다면 cond 변수에는 null 문자("")가 저장되어 있으므로 사실상 where절이 없는 sql문을 만든다.
131~139	반환된 모든 로우를 차례로 읽어 와서 각 컬럼값을 해당되는 Vector에 추가한다.
142	저장된 Vector의 크기를 구해서 전체 로우 개수를 얻는다. 어떤 Vector를 사용해도 된다.

143	전체 페이지 수를 전체 로우 개수와 한 페이지에 포함될 로우 개수를 이용하여 구한다.
145~146	현재 보여줄 페이지에서의 첫 번째 로우(0부터 시작)와 마지막 번째 로우 번호를 구한다.
148~149	마지막 로우(레코드) 번호가 전체 로우(레코드) 개수보다 크거나 같은 경우를 검사하는데 마지막 페이지에 로우가 꽉 차지 않은 경우를 판단하는 것이다. 이런 경우에는 다시 마지막 로우를 전체 로우 개수-1(0부터 시작하므로)로 설정한다.
152	상품 레코드의 id 필드(컬럼)값을 long 변수로 저장하기 위해 Object 유형으로 저장되어 있는 Vector값을 Long 객체로 형 변환하고 다시 Long 객체로 저장된 값을 long 유형의 값으로 변경하기 위해 longValue() 메서드를 사용하였다.
153	상품 레코드의 stock 필드(컬럼)값을 int 변수로 저장하기 위해 Object 유형으로 저장되어 있는 Vector값을 Integer 객체로 형 변환하고 다시 Integer 객체로 저장된 값을 int 유형의 값으로 변경하기 위해 intValue() 메서드를 사용하였다.
154	상품의 큰 이미지 파일의 전체 경로를 설정한다.
155~156	판매가격과 시중가격을 출력할 때 숫자 세자리마다 쉼표(,)로 구분하기 위해 포맷한다. nf는 줄 번호 77에서 NumberFormat 클래스로 선언된 객체이다. Vector에 저장된 Object형 값을 Integer 객체로 형 변환한 다음 다시 int 형의 값으로 반환하기 위해 intValue() 메서드를 사용하였다.

테스트하기

main.htm 페이지를 브라우저에서 열고 [쇼핑하기] 링크를 클릭한 다음 열리는 페이지에서, 전체 사움뿐만이 아니라 상품 분류별로 또한 특정 상품 이름으로 검색되는지 확인하고 각 상품의 [확인] 링크를 클릭하여 상품의 확대 이미지를 보여주는 창이 뜨는지도 확인한다.

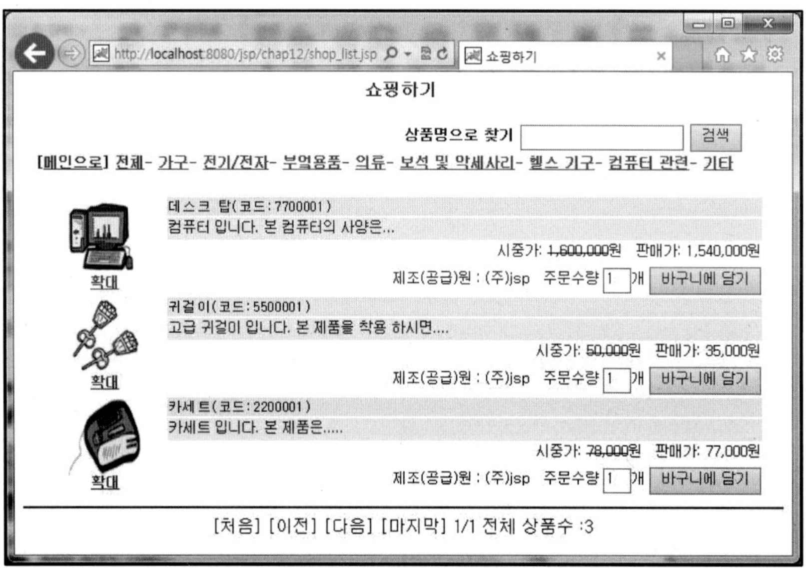

[그림 12-12] main.htm 페이지에서 쇼핑하기 링크를 클릭한 결과(전체 상품 목록)

② 상품 목록 페이지(shop_list.jsp)에서 상품의 주문 수량을 입력한 다음 [바구니에 담기] 버튼을 누르면 장바구니에 담는 작업을 수행하는 JSP 파일을 작성한다.

예제 sale.jsp

```
<%@ page contentType="text/html; charset=EUC-KR" %>
<% request.setCharacterEncoding("euc-kr"); %>
<%
try {

  session=request.getSession();
  String id = request.getParameter("id");
  int qty = Integer.parseInt(request.getParameter("quantity"));

  String ca="";
  String pn="";

  if (request.getParameter("cat") != null)
    if( !(request.getParameter("cat").equals("")) )
      ca=request.getParameter("cat");

  if (request.getParameter("pname") != null)
    if ( !(request.getParameter("pname").equals("")) )
      pn=request.getParameter("pname");

  String[] a = session.getValueNames();

  for (int i=0; i < a.length; i++) {
    if (id.equals(a[i])) {
      int old=((Integer)session.getValue(id)).intValue();
      qty = qty+old;
    }
  }

  session.putValue(id, new Integer(qty));
  out.println("바구니에 넣었습니다.");
  out.print("[<A href=\"shop_list.jsp?go="+ request.getParameter("go"));
  out.print("&cat="+ ca +"&pname="+pn+"\">계속 쇼핑하기</A>]");
  out.print("[<A href=\"sale_list.jsp?go="+ request.getParameter("go"));
  out.print("&cat="+ ca +"&pname="+pn+"\">장바구니 보기</A>]");

} catch (Exception e) {
  out.println(e);
}
%>
```

줄번호	설명
06	session 객체를 얻는다.
10~11	상품 목록 페이지가 검색모드인 상태에서 주문한 경우인지를 판단하여 검색상태였다면 이 페이지(sale.jsp)에서 다시 상품 목록 페이지(shop.jsp)로 돌아갈 때 검색된 결과에서의 페이지로 돌아가기 위해 검색값(상품 분류 또는 상품 이름)을 저장하기 위한 변수들을 선언한다.
13~19	상품 목록 페이지가 검색 모드(분류별 또는 상품 이름으로)인 상태에서 주문한 경우인지를 판단한다. 넘어온 값이 있고 또 값이 null 문자("")가 아니면 값을 저장한다. 다시 검색 결과 페이지로 돌아가기 위한 목적이다.
21	지금까지 현재 session에 저장되어 있는 이름들을 구하여 String 배열에 저장한다. 주문한 상품의 id값을 session에 이름으로 저장하기 때문에 이 이름들은 고객이 주문한 상품의 id값들이다.
23~28	배열의 길이만큼(session에 연결되어 있는 이름의 개수만큼) 반복 처리한다. 이전에 동일한 상품을 주문한 경우에 이전 주문수량에 현재 주문수량을 더하기 위한 목적이다.
30	session에 현재 주문한 상품 id를 이름으로, 그리고 주문수량을 값(값은 Object 유형만이 가능하므로 int형을 Integer 객체로 만든다)으로 설정한다.

테스트하기

쇼핑을 위한 상품 목록 페이지(shop_list.jsp)에서 특정 상품의 주문 수량을 입력하고 [바구니에 담기] 버튼을 클릭한다. 정상적으로 처리되었다면 다음과 같은 페이지가 보인다.

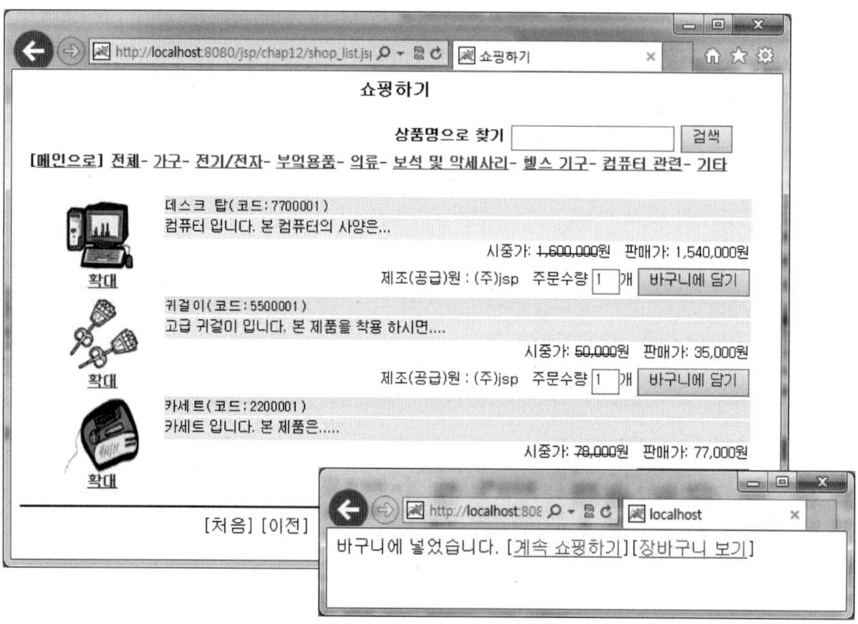

[그림 12-13] 상품 목록 페이지(shop_list.jsp)에서 특정 상품의 주문 수량을 입력하고 [바구니에 담기] 버튼을 클릭한 결과

③ 지금까지 쇼핑한 장바구니를 확인하여 내용을 수정하거나 삭제 작업을 요청하거나 주문 작업을 요청하는 JSP 파일을 작성한다.

예제 sale_list.jsp

```
<%@ page contentType="text/html; charset=EUC-KR" %>
<%@ page language="java" import="java.sql.*,java.text.*" %>
<% request.setCharacterEncoding("euc-kr"); %>
<HTML>
<HEAD><TITLE>쇼핑 목록 </TITLE>
<SCRIPT language="javascript">
  function setvalue(f) {
    f.quantity.value=0;
    f.submit();
  }
</SCRIPT>
</HEAD>
<BODY>
<P align=center>
  <FONT color=#0000ff face=굴림 size=+1>
    <STRONG> 쇼핑 목록 </STRONG>
  </FONT>
</P>
<CENTER>
<TABLE border=0 width=600 cellpadding=4 cellspacing=4 style="font-size:10pt">
  <TR>
    <TH width=5% bgcolor=#003399>
      <FONT color=black face=굴림><NOBR>번호</NOBR></FONT>
    </TH>
    <TH width=20% bgcolor=#003399>
      <FONT color=black face=굴림><NOBR>상품명</NOBR></FONT>
    </TH>
    <TH width=20% bgcolor=#003399>
      <FONT color=black face=굴림><NOBR>제조원</NOBR></FONT>
    </TH>
    <TH width=25% bgcolor=#003399>
      <FONT color=black face=굴림><NOBR>주문 수량</NOBR></FONT>
    </TH>
    <TH width=10% bgcolor=#003399>
      <FONT color=black face=굴림><NOBR>판매가(원)</NOBR></FONT>
    </TH>
    <TH width=15% bgcolor=#003399>
      <FONT color=black face=굴림><NOBR>합계(수량* 판매가)</NOBR></FONT>
```

```
      </TH>
    </TR>
<%
    long id=0;

    session = request.getSession();

    String[] a = session.getValueNames();

    String where="1";

    String ca="";
    String pn="";
    int qty=0;
    int count=0;

    if (request.getParameter("go") != null)
      if(!(request.getParameter("go").equals("")) )
        where = request.getParameter("go");

    if (request.getParameter("cat") != null)
      if( !(request.getParameter("cat").equals("")) )
        ca=request.getParameter("cat");

    if (request.getParameter("pname") != null)
      if ( !(request.getParameter("pname").equals("")) )
        pn=request.getParameter("pname");

    NumberFormat nf= NumberFormat.getNumberInstance();

    String pricestr="";
    String hap="";
    int price=0;
    long total=0;

    Connection con= null;
    Statement st =null;
    ResultSet rs =null;
    String sql=null;

    try {
      Class.forName("org.gjt.mm.mysql.Driver");
    } catch (ClassNotFoundException e) {
```

```
      out.println(e);
    }

    try {
      con = DriverManager.getConnection("jdbc:mysql://localhost:3306/shop?useUnicode=true&characterEncoding=euckr","root","multi");
    } catch (SQLException e) {
      out.println(e);
    }

    try {

      st = con.createStatement();

      for (int i=0; i< a.length ;i++) {
        id =Long.parseLong(a[i].trim());
        qty = ((Integer)session.getValue(a[i])).intValue();
        sql = "select * from product where id="+id;
        rs = st.executeQuery(sql);

        if (rs.next()) {
          count= count+1;
          price=rs.getInt("downprice");
          pricestr=nf.format(price);
          hap=nf.format(price*qty);
          total=total+(price*qty);
          out.println("<FORM method=post action=\'sale_upd.jsp\'>");
          out.println("<TR>");
          out.println("<TH width=5% bgcolor=#eeeeee>");
          out.println(i+1+"</TH>");
          out.println("<TD width=20% bgcolor=#eeeeee>");
          out.println(rs.getString("pname")+ "</TD>");
          out.println("<TD width=15% bgcolor=#eeeeee>");
          out.println(rs.getString("sname")+ "</TD>");
          out.println("<TD width=30% bgcolor=#eeeeee>");
          out.println("<INPUT type=text name=quantity size=2 value="+qty+">개<br/>");
          out.println("<INPUT type=hidden name=id value="+id+">");
          out.println("<INPUT type=hidden name=go value="+where+">");
          out.println("<INPUT type=hidden name=cat value="+ca+">");
          out.println("<INPUT type=hidden name=pname value="+pn+">");
          out.println("<INPUT type=submit value=수정>");
          out.println("<INPUT type=button value=삭제 onClick=\"setvalue
```

```
            (this.form);\">");
123         out.println("</TD>");
124         out.println("<TD width=10% bgcolor=#eeeeee align=right>");
125         out.println(pricestr+ "</TD>");
126         out.println("<TD width=10% bgcolor=#eeeeee align=right>");
127         out.println(hap+ "</TD>");
128         out.println("</TR></FORM>");
129       }
130     }
131 
132     out.println("<TR>");
133     out.println("<TD width=10% align=right colspan=6>");
134     out.println("주문 상품 :"+count+ "품목  ");
135     out.println("주문 총 합계 금액 :"+nf.format(total)+ "원</TD>");
136     out.println("</TR>");
137     out.println("</TABLE>");
138     st.close();
139     con.close();
140 
141     out.print("[<A href=\"shop_list.jsp?go="+ where);
142     out.print("&cat="+ ca +"&pname="+pn+"\">계속 쇼핑하기</A>]");
143 
144     out.println("[<A href=\"order.jsp?total="+total+"&count="+count+"\">주
        문하기</A>]");
145   } catch (SQLException e) {
146     out.println(e);
147   }
148 %>
149 </BODY>
150 </HTML>
```

줄번호	설명
07~10	장바구니에 담은 상품을 삭제하기 위한 버튼을 눌렀을 때 주문 수량을 0으로 설정하여 서버로 전송한다. 수정과 삭제를 한 파일에서 처리하도록 하기 위한 목적이다.
46	지금까지 현재 session에 저장되어 있는 이름들을 구하여 String 배열에 저장한다. 이 이름들은 고객이 주문한 상품의 id값들이다.
48	쇼핑하고 있었던 페이지(shop_list.jsp)로 돌아가기 위한 페이지 정보를 저장한다.

50~51	상품 목록 페이지가 검색모드인 상태에서 주문한 경우인지를 판단하여 검색 상태였다면 이 페이지(sale_list.jsp)에서 다시 상품 목록 페이지(shop_list.jsp)로 돌아갈 때 검색된 경과에서의 페이지로 돌아가기 위해 검색값(상품 분류 또는 상품 이름)을 저장하기 위한 변수들을 선언한다.
55~57	이 페이지를 단독으로 호출한 경우에는 "go" 값ㅇ 없으므로 이 경우에는 1로 설정되고 다른 페이지로부터 호출된 경우, "go"값이 넘어오므로 넘어온 값으로 설정한다. "go"는 쇼핑하고 있었던 페이지(shop_list.jsp)로 돌아가기 위한 페이지 번호를 포함한다.
59~65	상품 목록 페이지가 검색모드(분류별 또는 상품 이름으로)인 상태에서 주문한 경우인지를 판단한다. 넘어온 값이 있고 또 값이 null 문자("")가 아니면 값을 저장한다. 다시 검색 결과 페이지로 돌아가기 위한 목적이다.
67	가격을 표시할 때 세 자리마다 쉼표(,)로 구분하기 위해 사용되는 NumberFormat 클래스의 객체를 생성한다.
96	session 객체의 변수 이름을 select문에서 사용하기 위해 long 유형으로 변환하여 저장한다.
97	주어진 session 객체 변수값(주문한 상품 수량)을 int형으로 변환하여 저장한다.
98	long 유형으로 변환한 session 객체 변수 이름을 킷값으로 갖고 있는 레코드를 구한다.
107~128	출력된 결과에서 주문 수량을 수정하거나 주문한 상품을 삭제하는 작업을 요청할 수 있도록 Form을 정의한다. 수정이나 삭제 처리를 한 다음 다시 이 페이지로 돌아오기 위해 이 페이지가 호출될 때 넘겨받았던 값들을 hidden 유형으로 넘겨주고 또한 [삭제] 버튼을 누른 경우에는 주문 수량을 0으로 설정하여 전송하는 자바스크립트 함수를 호출한다.
134~135	전체 주문한 상품 품목수와 전체 주문 금액을 출력한다.
144	[주문하기] 링크를 클릭하면 주문서를 작성하는 페이지로 이동하는데, 이때 주문 상품의 품목수와 전체 금액을 함께 넘겨준다.

※ 주의 : MS-SQL Server를 사용하면서 테이블에 정의된 필드 순서대로 getXXX( )를 실행하지 않을 경우에는 Invalid Descriptor Index 오류가 발생할 수 있다. 필드값을 사용하기 전에 미리 정의된 필드 순서대로 getXXX( )를 실행하여 변수에 저장해 놓고 그 변수를 사용하도록 한다.

테스트하기

쇼핑을 위한 목록 페이지(shop_list.jsp)에서 특정 상품의 주문 수량을 입력하고 [바구니 담기] 버튼을 클릭한 다음 [장바구니 보기] 링크를 선택한다. 다음과 같이 쇼핑한 상품들이 출력되고 전체 합계 금액이 정상적으로 출력되는지 확인한다. 다음 페이지(sale_list.jsp) 경로를 url에 입력하여 확인할 수도 있다.

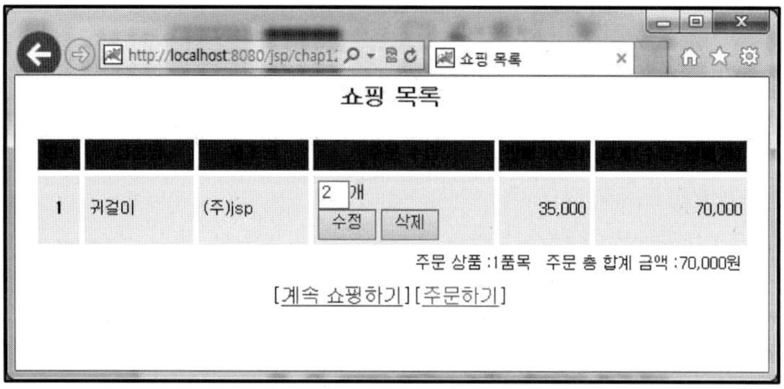

[그림 12-14] 쇼핑한 내용(장바구니)을 보여주는 페이지

④ 지금까지 쇼핑한 장바구니 목록에서 상품을 취소하거나 주문 수량을 변경하는 JSP 파일을 작성한다.

예제 sale_upd.jsp

```
<%@ page contentType="text/html; charset=EUC-KR" %>
<% request.setCharacterEncoding("euc-kr"); %>
<%
try{
  session=request.getSession();
  String id = request.getParameter("id");

  int qty = Integer.parseInt(request.getParameter("quantity"));
  String go= request.getParameter("go");
  String ca="";
  String pn="";

  if (request.getParameter("cat") != null)
    if( !(request.getParameter("cat").equals("")) )
      ca=request.getParameter("cat");

  if (request.getParameter("pname") != null)
    if ( !(request.getParameter("pname").equals("")) )
      pn=request.getParameter("pname");

  if (qty==0)
      session.removeValue(id);
  else
    session.putValue(id, new Integer(qty));

  response.sendRedirect("sale_list.jsp?go="+go+"&cat="+ca+"&pname="+pn);
```

```
27
28  } catch (Exception e) {
29     out.println(e);
30  }
31  %>
```

줄번호	설명
08	선택한 상품의 주문 수량(변경된 수량 또는 삭제된 경우에는 0)을 int형으로 변환하여 저장한다.
13~19	상품 목록 페이지가 검색모드(분류별 또는 상품 이름으로)인 상태에서 주문한 경우인지를 판단한다. 넘어온 값이 있고 또 값이 null 문자("")가 아니면 값을 저장한다. 다시 검색 결과 페이지로 돌아가기 위한 목적이다.
21~22	상품의 주문 수량이 0이면 요청된 작업이 삭제이므로 session에서 해당하는 이름을 삭제한다.
24	주문 수량의 수정 작업을 요청한 경우에 처리된다. 이전에 같은 이름으로 저장된 값을 새로운 값으로 설정한다.
26	이 페이지의 작업이 모든 처리된 다음에 자동으로 이전 페이지(sale_list.jsp)로 이동되도록 한다. 이때 이전 페이지(sale_list.jsp)가 처음 호출 될 때 넘겨받앗던 정보들(이 페이지가 호출될 때 hidden 유형으로 넘어왔었다)을 다시 넘겨준다.

테스트하기

쇼핑한 상품을 보여주는(sale_list.jsp)에서 페이지에서 주문 수량을 입력하고 [수정] 버튼을 눌러서 이전과 비교해 본다.

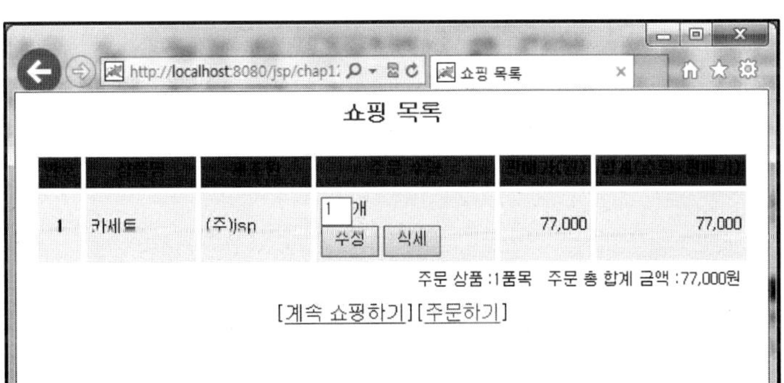

[그림 12-15] 주문 수량을 수정하기 전의 페이지

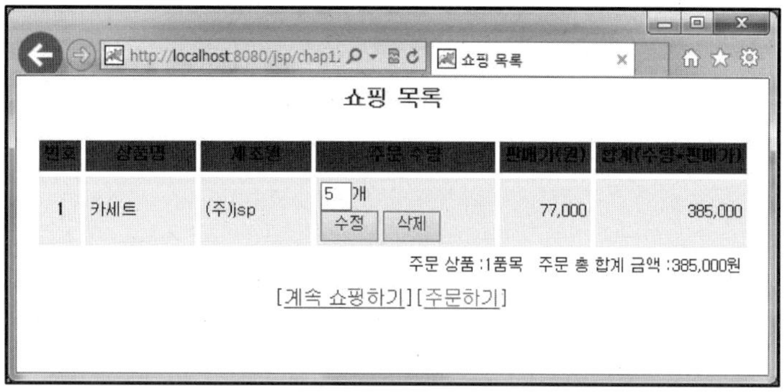

[그림 12-16] 상품의 주문 수량을 1에서 5로 변경한 다음 [수정] 버튼을 누른 결과

또한 특정 상품의 [삭제] 버튼을 눌러서 이전과 비교해 본다.

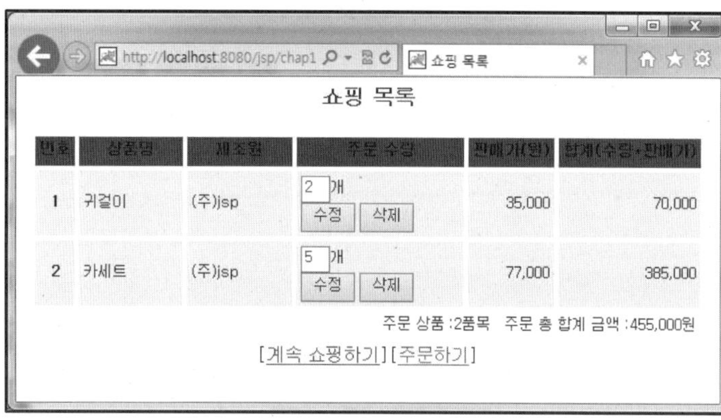

[그림 12-17] [삭제] 버튼을 누르기 전의 페이지

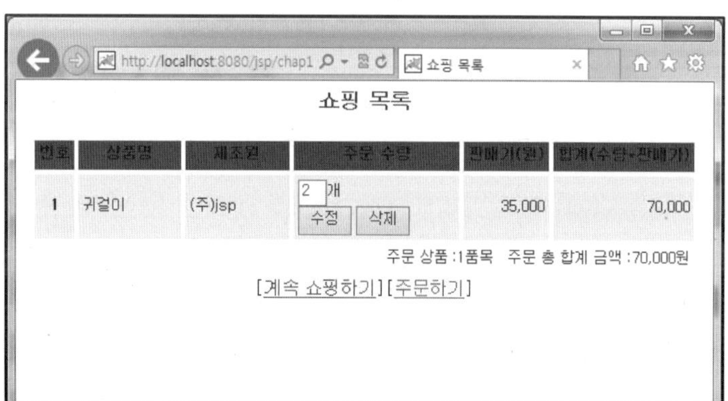

[그림 12-18] [그림 12-17]의 페이지에서 두 번째 상품을 〈삭제〉한 결과

⑤ 지금까지 쇼핑한 장바구니의 상품들을 주문하기 위한 JSP 파일을 작성한다. 즉, 상품 주문을 위한 테이블에 레코드들을 저장하는 작업이다. 먼저, 상품 주문을 위한 고객 정보를 입력받는 JSP 파일을 작성한다.

예제 order.jsp

```
<%@ page contentType="text/html;charset=EUC-KR" %>
<%@ page language="java" import="java.text.*" %>
<% request.setCharacterEncoding("euc-kr"); %>
<%

  int total=Integer.parseInt(request.getParameter("total"));
  int count=Integer.parseInt(request.getParameter("count"));

  NumberFormat nf= NumberFormat.getNumberInstance();
  String totalstr =  nf.format(total);

%>
<HTML>
<HEAD>
<SCRIPT language="javascript">
  function check(f) {
    blank=false;
    for (i=0; i<f.elements.length;i++) {
      if (f.elements[i].value=="") {
        if (f.elements[i].name != "number")
          blank=true ;
        if ((f.elements[i].name == "number") && (f.pay.value == "card"))
          blank=true ;
      }
    }

    if (blank==true)
      alert("모든 항목을 입력하셔야 합니다.");
    else
      f.submit();
  }
</SCRIPT>
</HEAD>
<BODY>
<P>
[ <A href= "sale_list.jsp">장바구니 다시 보기</A>]
<FORM method=post action="order_save.jsp">
<TABLE border=0 width=400 >
  <TR>
    <TH bgcolor=#003399 colspan=2>
      <FONT size=+1 color=white> 주문서 작성하기</FONT>
    </TH>
  </TR>
```

```
<TR>
  <TH width=30% bgcolor=#0033cc>
    <FONT size=-1 color=white>이름</FONT>
  </TH>
  <TD bgcolor=#eeeeee>
    <INPUT type=text name=wname size=30>
  </TD>
</TR>
<TR>
  <TH width=30% bgcolor=#0033cc>
    <FONT size=-1 color=white>결제 유형</FONT>
  </TH>
  <TD bgcolor=#eeeeee>
    <FONT size=-1>
      <INPUT type=radio name=pay value="card">카드
      <INPUT type=radio name=pay value="cash">온라인 입금
    </FONT>
  </TD>
</TR>
<TR>
  <TH width=30% bgcolor=#0033cc>
    <FONT size=-1 color=white>카드 번호</FONT>
  </TH>
  <TD bgcolor=#eeeeee>
    <INPUT type=text name=number size=30>
  </TD>
</TR>
<TR>
  <TH width=30% bgcolor=#0033cc>
    <FONT size=-1 color=white>배달 주소</FONT>
  </TH>
  <TD bgcolor=#eeeeee>
    <INPUT type=text name=addr size=30>
  </TD>
</TR>
<TR>
  <TH width=30% bgcolor=#0033cc>
    <FONT size=-1 color=white>전화번호</FONT>
  </TH>
  <TD bgcolor=#eeeeee>
    <INPUT type=text name=tel size=30>
  </TD>
</TR>
<TR>
  <TH width=30% bgcolor=#0033cc>
```

```
89          <FONT size=-1 color=white>주문 총 금액</FONT>
90        </TH>
91        <TD bgcolor=#eeeeee>
92          <%=totalstr%>원
93        </TD>
94      </TR>
95      <TR>
96        <TD colspan=2>
97          <INPUT type=hidden name=total value=<%=total%>>
98          <INPUT type=hidden name=count value=<%=count%>>
99          <INPUT type=button value=" 확인 " onClick="check(this.form)" >
100         <INPUT type=reset value=" 다시쓰기 " >
101       </TD>
102     </TR>
103   </TABLE>
104   </CENTER>
105   </FORM>
106   </BODY>
107   </HTML>
```

줄번호	설명
06	이 페이지가 호출될 때 넘어온 전체 주문 금액을 int 유형으로 변환하여 저장한다.
07	이 페이지가 호출될 때 넘어온 주문 상품의 품목 개수를 int 유형으로 변환하여 저장한다.
09	전체 주문 금액을 출력할 때 세 자리 수마다 쉼표로 구분하기 위해서 포맷한다.
15~33	주문서 작성을 위한 정보 중에 공백인 경우를 확인하기 위한 자바스크립트 함수이다. 결제 유형이 cash이면서 카드번호를 입력하지 않은 경우는 가능하다록 하였다.

⑥ 단계 ④에서 작성한 페이지에 입력한 정보와 쇼핑한 정보들을 주문을 위한 테이블에 저장하는 JSP 파일을 작성한다.

예제 order_save.jsp

```
<%@ page contentType="text/html; charset=EUC-KR" %>
<%@ page language="java" import="java.sql.*,java.util.*,java.text.*" %>
<% request.setCharacterEncoding("euc-kr"); %>
<%
  session = request.getSession();

  String[] a = session.getValueNames();

  String cardno="";
```

```
String wname = request.getParameter("wname");
String addr = request.getParameter("addr");
String tel = request.getParameter("tel");
String pay = request.getParameter("pay");

if (pay.equals("card"))
  cardno=request.getParameter("number");

int count = Integer.parseInt(request.getParameter("count"));
long total = Long.parseLong(request.getParameter("total"));

long id = 0;
int num= 0;
int qty= 0;
String pname= "";

java.util.Date yymmdd = new java.util.Date() ;
SimpleDateFormat myformat = new SimpleDateFormat("yy-MM-d h:mm a");
String ymd=myformat.format(yymmdd);
String sql=null;

Connection con=null;
Statement st=null;
ResultSet rs=null;

int cnt=0;
int cnt2=0;
int price=0;

try {
  Class.forName("org.gjt.mm.mysql.Driver");
} catch (java.lang.ClassNotFoundException e) {
  out.println(e.getMessage());
}

try {
  con = DriverManager.getConnection("jdbc:mysql://localhost:3306/shop?
        useUnicode=true&characterEncoding=euckr","root","multi");
  st = con.createStatement();

  sql = "select max(id) from saleorder";
  rs = st.executeQuery(sql);

  if (rs.next())
    id= rs.getLong(1) + 1 ;
```

```
    else
      id=1;

    sql= "insert into saleorder(id,name,orderdate,addr,tel," ;
    sql= sql + "pay,cardno,prodcount,total)" ;
    sql= sql + " values("+id+",'"+wname+"','"+ymd+"','"+addr+"','"+tel ;
    sql= sql + "','" + pay + "','" + cardno + "',"+count+","+total+")" ;
    cnt = st.executeUpdate(sql);

    if (cnt >0) {
      for (int i=0; i< a.length ;i++) {
        long pid =Long.parseLong(a[i].trim());
        qty = ((Integer)session.getValue(a[i])).intValue();
        num=i+1;
        sql = "select pname,downprice from product where id="+pid;
        rs = st.executeQuery(sql);
        rs.next();
        pname=rs.getString(1);
        price=rs.getInt(2);
        sql ="insert into item(orderid,mynum,prodid,pname,quantity,price)" ;
        sql = sql + " values("+id+","+num+","+pid+",'"+pname+"',"+qty+","+price+")" ;
        cnt2 = cnt2+st.executeUpdate(sql);
      }

      if (cnt2==count) {
        out.println("주문이 정상적으로 처리되었습니다.");
        session.invalidate();
        out.println("[<A href=\"order_list.jsp?id="+id+"\">주문서보기</A>]");
      } else {
        out.println("상품에 대한 주문이 처리되지 못했습니다.");
        out.println("[<A href=\"shop_list.jsp\">상품 목록으로</A>]");
      }
    }
    st.close();
    con.close();
  } catch (SQLException e) {
    out.println(e.getMessage());
  }
%>
```

줄번호	설명
07	지금까지 현재 세션에 저장되어 있는 이름들을 구하여 String 배열에 저장한다. 이 이름들은 고객이 주문한 상품의 id 값들이다.
10~19	넘어온 주문 상품의 품목수와 전체 주문 금액을 저장한다.
15~16	이전 페이지에 입력한 정보를 저장한다. 카드 번호는 결제를 카드로 한 경우에만 저장한다.
49~55	주문 테이블에 새로운 주문 레코드를 추가하기 위해 현재 주문 번호 중에 가장 큰 값을 구한다. 한 건도 없는 경우에는 1로, 큰 값을 구한 경우에는 그 값에 1을 더한 값으로 설정한다.
64~76	주문 테이블에 주문 레코드가 정상적으로 추가된 경우에는 주문한 상품들을 상품 품목별로 각각 한 레코드씩 item 테이블에 추가한다.

테스트하기

쇼핑을 몇 가지 더한 다음 상품을 보여주는(sale_list.jsp)에서 [주문하기] 링크를 클릭한다.

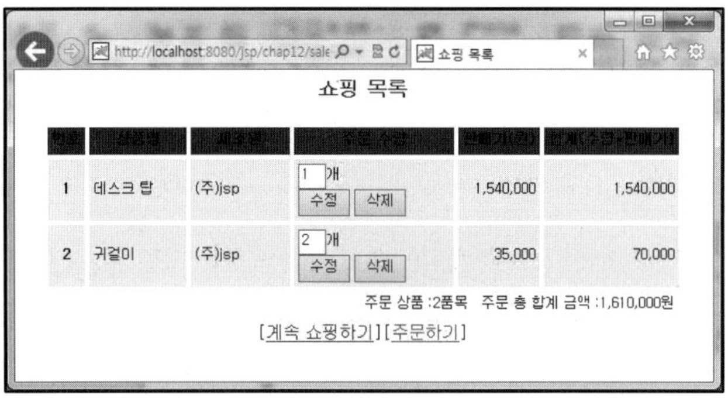

[그림 12-19] 쇼핑 후 상품 목록을 보여주는 페이지

주문을 위한 정보를 입력한 다음 [확인] 버튼을 누른다. 오류가 없다면 다음과 같은 결과가 나타난다.

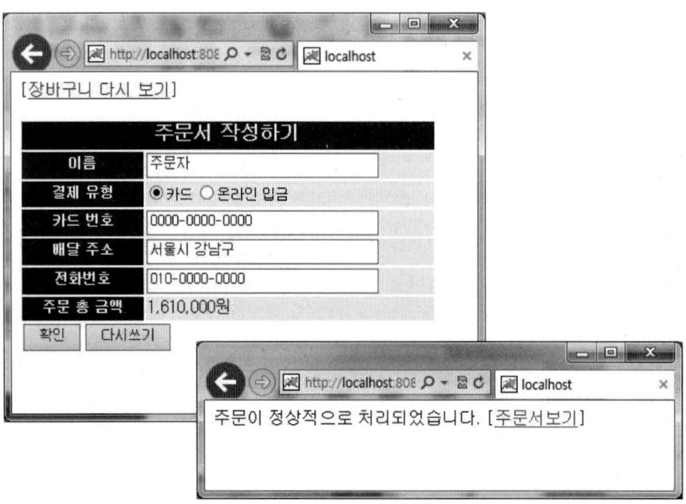

[그림 12-20] 주문 정보를 입력하고 [확인] 버튼을 누른 결과

⑦ 테이블에 저장된 주문 내역을 보여주는 JSP 파일을 작성한다. 주문서 작성을 끝낸 다음 [주문서 보기] 링크를 클릭하면 현재 자신의 주문 내역서만을 보여주도록 하고 다음 파일을 단독으로 열 경우에는 현재까지의 모든 주문내역을 최근 것부터 보여주도록 한다(테스트를 위하여).

예제 order_list.jsp

```
<%@ page contentType="text/html;charset=EUC-KR" %>
<%@ page language="java" import="java.sql.*,java.util.*,java.text.*" %>
<% request.setCharacterEncoding("euc-kr"); %>
<HTML>
<HEAD><TITLE>주문서 내역</TITLE></HEAD>
<BODY>
[<A href="shop_list.jsp">쇼핑 목록으로 </A>]
<%
  String sql=null;
  Connection con= null;
  Statement st1 =null;
  Statement st2 =null;
  ResultSet rs1 =null;
  ResultSet rs2 =null;

  int count=0;
  int price=0;
  int qty=0;
  String cond="";
  long id=0;

  if (request.getParameter("id")!=null) {
    id = Long.parseLong(request.getParameter("id"));
    cond = " where id="+id;
  } else
    cond = " order by id desc";

  NumberFormat nf= NumberFormat.getNumberInstance();
  String totalstr="";

  try{
    Class.forName("org.gjt.mm.mysql.Driver");
  } catch (ClassNotFoundException e) {
    out.println(e);
  }

  try{
    con = DriverManager.getConnection("jdbc:mysql://localhost:3306/shop?
```

```
         useUnicode=true&characterEncoding=euckr","root","multi");
    } catch (SQLException e) {
      out.println(e);
    }

    try{
      st1 = con.createStatement();
      st2 = con.createStatement();

      sql = "select * from saleorder"+ cond;
      rs1 = st1.executeQuery(sql);

      if (!(rs1.next()))
        out.println("해당 내용이 없습니다");
      else {
        do {
          totalstr =nf.format(rs1.getLong("total"));
          count =rs1.getInt("prodcount");
          id=rs1.getLong("id");
          out.println("<TABLE width=500 border=0 >");
          out.println("<TR><TH colspan=2 bgcolor=003399>");
          out.println("<FONT color=white>주문 내역서</FONT></TH></TR>");
          out.println("<TR><TD width=20% bgcolor=eeeeee>");
          out.println("주문 번호</TD>");
          out.println("<TD bgcolor=eeeeee>"+id+"</TD></TR>");
          out.println("<TR><TD width=20% bgcolor=eeeeee>");
          out.println("주문 날짜</TD>");
          out.println("<TD bgcolor=eeeeee>"+rs1.getString("orderdate")+
          "</TD></TR>");
          out.println("<TR><TD bgcolor=eeeeee>고객 이름</TD>");
          out.println("<TD bgcolor=eeeeee>"+rs1.getString("name")+
          "</TD></TR>");
          out.println("<TR><TD bgcolor=eeeeee>결제 유형</TD>");
          out.println("<TD bgcolor=eeeeee>");
          out.println(rs1.getString("pay")+" ("+rs1.getString("cardno")+")");
          out.println("</TD></TR>");
          out.println("<TR><TD bgcolor=eeeeee>배달 주소</TD>");
          out.println("<TD bgcolor=eeeeee>"+rs1.getString("addr")+
          "</TD></TR>");
          out.println("<TR><TD bgcolor=eeeeee>전화 번호</TD>");
          out.println("<TD bgcolor=eeeeee>"+rs1.getString("tel"));
          out.println("</TD></TR></TABLE>");

```

```
        sql = "select * from item where orderid="+id+" order by mynum";
        rs2 = st2.executeQuery(sql);

        if (rs2.next()) {
          out.println("<TABLE width=500 border=0 >");
          out.println("<TR><TH colspan=2 bgcolor=0033cc>");
          out.println("<FONT color=white>상품 코드</FONT></TH>");
          out.println("<TH bgcolor=0033cc>");
          out.println("<FONT color=white>상품 이름</FONT></TH>");
          out.println("<TH bgcolor=0033cc>");
          out.println("<FONT color=white>주문 수량</FONT></TH>");
          out.println("<TH bgcolor=0033cc>");
          out.println("<FONT color=white>판매가격</FONT></TH>");
          out.println("<TH bgcolor=0033cc>");
          out.println("<FONT color=white>판매가격* 수량</FONT></TH></TR>");

          do {
            qty=rs2.getInt("quantity");
            price=rs2.getInt("price");

            out.println("<TR><TH width=5% bgcolor=0033cc>");
            out.println("<FONT color=white>"+rs2.getInt("mynum"));
            out.println("</FONT></TH>");
            out.println("<TD width=15% bgcolor=eeeeee>");
            out.println(rs2.getLong("prodid")+"</TD>");
            out.println("<TD width=100 bgcolor=eeeeee>");
            out.println(rs2.getString("pname")+"</TD>");
            out.println("<TD align=right bgcolor=eeeeee>"+qty+"</TD>");
            out.println("<TD align=right bgcolor=eeeeee>");
            out.println(nf.format(price)+"</TD>");
            out.println("<TD align=right bgcolor=eeeeee>");
            out.println(nf.format(price*qty)+"</TD></TR>");
          } while(rs2.next());
            out.println("<TR><TD align=right colspan=6>");
            out.println("주문 상품 :"+count+"품목 합계금액 :"+totalstr+"원");
            out.println("</TD></TR></TABLE><BR>");
        }
      } while(rs1.next());
    }

    st1.close();
    st2.close();
    con.close();
```

```
121     } catch (SQLException e) {
122        out.println(e);
123     }
124  %>
125  </BODY>
126  </HTML>
```

줄번호	설명
22~26	쇼핑을 하고 주문서를 작성한 다음 이 페이지가 호출된 것이라면 주문번호가 같이 넘어오게 된다. 이런 경우에는 주문번호에 대한 레코드만을 검색하기 위해 where절을 만들고 이 페이지가 단독으로 호출된 경우에는 현재까지의 주문 내역을 최근 순으로 보여주기 위한 order by절을 만든다.
47	saleorder 테이블로부터 레코드셋을 가져온다. 한 레코드일 수도 있고, 모든 레코드일 수도 있다.

테스트하기

다시 처음부터 main.htm 페이지를 열고 쇼핑한 다음 주문하고 주문 내역서를 보는 것까지 따라가 본다.

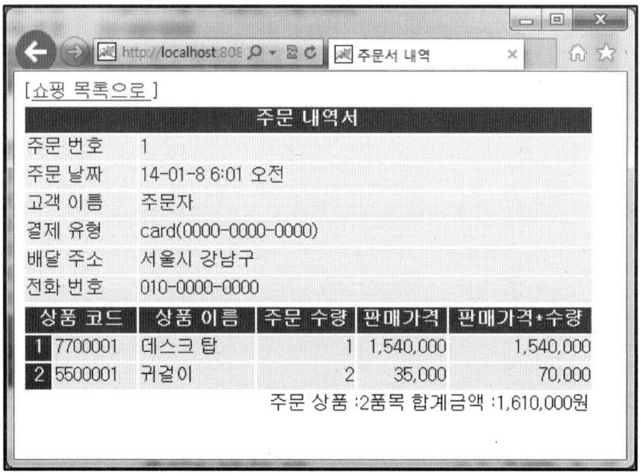

[그림 12-21] 쇼핑부터 시작하여 자신의 주문 내역만을 본 결과

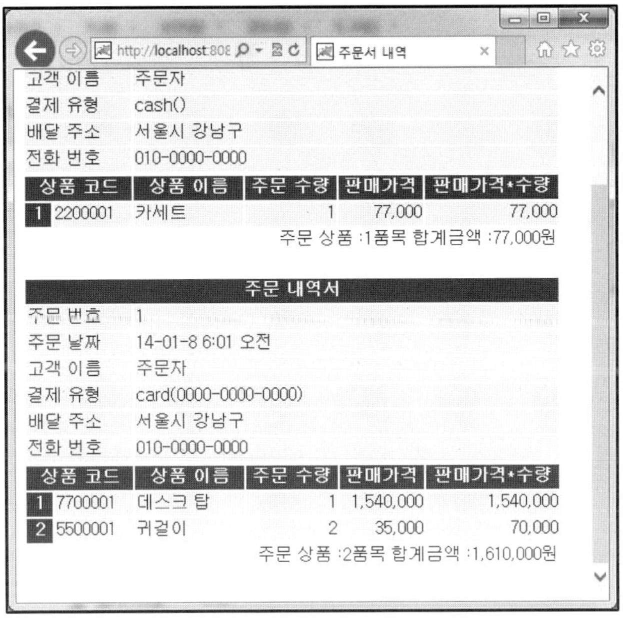

[그림 12-22] URL에 직접 order_list.jsp 경로를 입력하면 현재까지의 주문내역을 최근 순서로 보여준다.

◇ 참고 : 위의 소스를 기본으로 하여 회원, 비회원 고객에 대한 주문을 받고 내역서를 해당 회원별 주문내역서 전체를 보여주도록 하거나 특정 날짜에 발생한 주문 내역만을 볼 수 있도록 하는 작업을 각자 추가해 본다.